XINAN SHEHUI
LISHI LUNCONG

西南社会历史论丛

（第四辑）

田利军　主编

四川大学出版社

项目策划：高庆梅
责任编辑：高庆梅
责任校对：谢正强
封面设计：墨创文化
责任印制：王　炜

图书在版编目（CIP）数据

　　西南社会历史论丛．第四辑 / 田利军主编．-- 成都：
四川大学出版社，2019.9
　　ISBN 978-7-5690-3040-2

　　Ⅰ．①西… Ⅱ．①田… Ⅲ．①民族历史－西南地区－
文集②西南地区－地方史－文集 Ⅳ．① K280.7-53
② K297-53

　　中国版本图书馆 CIP 数据核字（2019）第 185428 号

书名	西南社会历史论丛·第四辑
主　　编	田利军
出　　版	四川大学出版社
地　　址	成都市一环路南一段 24 号（610065）
发　　行	四川大学出版社
书　　号	ISBN 978-7-5690-3040-2
印前制作	四川胜翔数码印务设计有限公司
印　　刷	四川盛图彩色印刷有限公司
成品尺寸	170mm×240mm
印　　张	22.5
字　　数	607 千字
版　　次	2019 年 11 月第 1 版
印　　次	2019 年 11 月第 1 次印刷
定　　价	68.00 元

扫码加入读者圈

四川大学出版社
微信公众号

前　言

　　2018 年 12 月，依托四川省重点学科"中国近现代史"，四川师范大学历史文化与旅游学院中国近现代史专业的"中国近现代西南区域政治与社会研究中心"获批成为四川省哲学与社会科学重点研究基地。这同之前获批的校级科研机构"中国近现代区域经济社会研究中心"（2004 年春季）和学校"校院共建科研创新团队""中国近现代西南区域研究"团队（2010－2016）、四川省教育厅科研创新团队"中国近现代西南区域研究（1800－1959）"（2017 年 1 月）是一脉相承的，一起印证了我们几代学人不断努力的轨迹。

　　至此，四川师范大学历史文化与旅游学院拥有了三个科研平台，即两个省级哲学社会科学重点研究基地：四川省武则天研究中心（2017 年 12 月获批）、"中国近现代西南区域政治与社会研究中心"（2018 年 12 月获批），以及一个副省级哲学社会科学重点研究基地，即成都市首批哲学社会科学重点研究基地："成都历史与成都文献研究中心"（2018 年 5 月获批）。三个基地，共同构成了四川师范大学西南区域研究的宽广平台。这，既是继承李安宅先生等老一辈西南研究学者的学术传统，又是新的发展，格外引人瞩目，令人备受鼓舞。此前，学院资深学者吴达德教授连续主编了三辑《西南社会历史论丛》，知名学者王川教授主编出版了四川师范大学"中国近现代西南区域研究书系"，并出版了《中国近现代西南区域典籍选目提要》等多部著作……在学院学科建设平台取得显著成绩的当下，我们接着编辑《西南社会历史论丛》第四辑，既是一种学术传统的接续，也是对学院数十年坚持西南区域研究的一次回望。

　　我们为什么要研究西南区域？为什么要打造西南区域研究的宽广平台？因为我们在成都，在四川，在西南！我们虽不一定生于斯，但长于斯，成于斯。西南是我们的立足点，是我们得天独厚的地利。记得有人曾言：当年罗尔纲求

学，不知从何入手。胡适与言：你是哪里人？答曰：广西。再问：广西近代有
何大事？答曰：太平天国运动。心领神会的罗尔纲后来成为太平天国历史研究
的大师。

面积为中国四分之一，人口为中国七分之一的西南地区在地缘政治上是一
个"历史的地理枢纽"。这里北靠新疆扼陕甘咽喉，西连南亚可通印度，南接
东南亚直下印度洋，有一大盆地、两大高原，高山大河纵横交错，城镇湖泊星
罗棋布；这里资源丰富，民族众多，宗教文化多元，自古以来"南方丝绸之
路""藏羌彝走廊"、川藏"茶马古道"、汉藏羌回等诸民族交融已留下深深的
历史烙印。近代以来，西南地区在中国的特殊性、重要性不断凸显，抗战爆
发，高校内迁，学人西进，工矿企业第一次进行现代化的西部大开发，西康建
省与刘文辉的"新西康"建设，西南成为民族复兴的根据地；三线建设，改革
开放，一带一路，西南地区迎来了第二次西部大开发，这里在经济发展、民族
团结、国家安全中的战略地位更加重要。今天，研究西南地区的社会历史有着
无与伦比的天时。

四川师范大学有着研究西南社会历史的学术传统。民国时期在西南研究和
边疆研究领域具有重要影响的李安宅、于式玉夫妇，晚年都在四川师范大学工
作。他们的学术思想及实践是四川师范大学西南区域研究的重要源流和精神财
富。目前四川师范大学已经形成西南区域研究集群：四川省省级重点学科"中
国近现代史"专业硕士点、四川省一流学科"巴蜀文化研究"、四川省社科重
点研究基地"中国近现代西南区域政治与社会研究中心"、成都市社科重点研
究基地"成都历史与成都文献研究中心"、四川省教育厅科研创新团队"中国
近现代西南区域研究（1800－1959）"以及校内"四川文化教育高等研究院"、
华西边疆研究所，创办有《西南社会历史论丛》《成都学刊》《华西边疆评论》
等学术辑刊和久负盛名的《四川师范大学学报》（社科版），一大批西南区域社
会历史研究的学者，以王川、凌兴珍、孙勇、汪洪亮、黄天华、邓绍辉、刘开
军、曹成建、田利军教授等为代表的学者正在中国近现代西南区域政治与军事
研究、中国近现代西南区域社会与文化研究、中国近现代西南边疆治理与开发
研究、"西南研究"学术史等方向辛勤耕耘，通力合作。这是西南社会历史研
究的人和。

特别值得一提的是四川师范大学历史文化与旅游学院中国近现代史专业。
四川师范大学历史文化与旅游学院中国近现代史专业硕士点于 1986 年开始招

生，开设有中国近现代政治史、经济史、社会史、民族史等研究方向，尤以西南区域社会历史研究为特色，特别在四川及周边地区近现代史、西康及康区史、西南少数民族史等方面研究成果突出。过去的 30 年中，在崔宗复、邓春阳、沈庆生、鲜于浩、彭久松、后云、侯德础、杨天宏、吴达德、邓绍辉、王川、凌兴珍、田利军、曹成建、王雪梅、汪洪亮、黄天华、刘开军、张晓川、李峻杰等几代学者的不断努力下，中国近现代史专业于 1996 年成为四川省省级重点学科，2003 年成为四川省重点建设的重点学科，2004 年成为四川省"重中之重"的"省级重点学科建设项目"，并于 2008 年、2015 年通过了两轮建设期考核。

四川师范大学历史文化与旅游学院中国近现代史专业有一代又一代致力于西南社会历史研究的学者，如崔宗复、邓春阳、沈庆生、彭久松、鲜于浩、后云、侯德础、杨天宏、吴达德、邓绍辉、王川、刘开军、田利军等。其中彭久松、侯德础、杨天宏、王川等在西南社会历史的研究领域有较大的影响。彭久松教授的四川自贡盐业研究，侯德础教授的抗战时期高校内迁和四川及周边地区经济与文教研究，杨天宏教授的中华基督教会与川康社会研究，王川教授的西藏昌都、西康地区的近代社会研究及近代藏区治理研究都颇受关注。沈庆生教授对四川历史文化的研究，鲜于浩教授对四川保路运动的研究，后云教授对四川五卅运动的研究，吴达德教授对吴玉章、云南新军及军事教育的研究，邓绍辉教授对近代西南地震灾害与生态环境史的研究，刘开军教授对近现代西南区域史学史的研究，田利军教授对川康藏区土司及红军长征与土司关系的研究，产出了一批批重要成果，有一定的学术影响。特别是吴达德教授主编的《西南社会历史论丛》第一二三辑给西南社会历史研究领域的青年学者提供了一个展示自己研究成果的大平台，赢得了较好的评价。到目前为止四川师范大学中国近现代史专业教师获得省级科研、教学成果奖 23 项，其中包括四川省哲学社会科学优秀成果一等奖 1 项，二等奖 3 项，三等奖 14 项，优秀成果奖 2 项。

四川师范大学历史文化与旅游学院中国近现代史专业培养了一批又一批着力于西南社会历史研究的人才，凌兴珍、曹成建、李玉、王雪梅、向玉成、黄天华、谭刚、汪洪亮、何洁福、黄辛建、邹敏、黄雪垠、谢敏、陈沛杉、朱晓舟、郭学诚等就是他们中的杰出代表。《四川师范大学学报》（社科版）主编凌兴珍编审长期专注于以四川为中心的西部边疆教育研究；四川师范大学图书馆馆长曹成建教授以南京国民政府的地方自治为依托研究了四川、重庆的地方行政制度改革；南京大学历史学院、南京大学中华民国史研究中心教授、《民国研究》执行主编李玉主要从事中国近现代经济史、企业制度史和中国国民党史研究，中国近现代西南区域史也是他关注的领域；中国近现代史专业硕士生导师王雪梅副教授专注于成都、重庆的商会、同乡会及近代中国的商事法律的研究；四川旅游学院旅游文化产业学院院长兼城市学院院长向玉成教授着力于近代外国人在康区、藏区游历活动研究；西南大学历史文化学院谭刚教授研究抗战时期以西南为中心的大后方交通与经济史；四川省民族研究所黄辛建研究员以抗日战争中的四川以及藏羌历史文化为研究中心，邹敏副教授则立志专研民国西藏历史与边疆治理，他们的研究均取得了较大成就。黄雪垠、王珍富、谢敏、陈沛杉、屈军、朱晓舟、廖华西、王睿、左茜、何芳芳、郭学诚等则是青年才俊，是西南社会历史研究及其他研究领域的后起之秀。

特别值得强调的是黄天华与汪洪亮在西南社会历史研究中所取得的成就。黄天华教授的《边疆政制建置与国家整合：以西康建省为考察中心》（人民出版社，2014 年 8 月）和《四川政潮与蒋介石的因应》（《历史研究》2017 年 4 月）；汪洪亮研究员的《民国时期的边政与边政学（1931－1948）》（人民出版社，2014 年 9 月）和《民国时期的边政研究与民族学》（《民族研究》2011 年 7 月）乃新时代边疆研究经典著述。相信身为中国近现代西南区域政治与社会研究中心主任的汪洪亮研究员、四川省学术与技术带头人后备人选黄天华教授能在省学术与技术带头人、省级重点学科"中国近现代史"负责人王川教授的支持下与其他学者一起和衷共济，把中国近现代西南社会历史研究推到更高一个层次。

四川师范大学历史文化与旅游学院中国近现代史专业培养的潜心于中国近现代西南区域社会历史研究的硕士生，有的成为四川师范大学历史文化与旅游学院中国近现代史专业的硕士生导师，如凌兴珍、曹成建、王雪梅、黄天华、汪洪亮；有的已经成为其他专业或者其他学校相关专业的博士生导师，如李玉、谭刚、汪洪亮、黄天华；有的成为四川省有突出贡献的优秀专家，如黄天华、汪洪亮；有的成为四川省学术技术带头人后备人选，如汪洪亮、黄天华、向玉成；有的正在各个高校、研究所从事西南社会历史文化及相关专业的研究与教学工作，如黄辛建、邹敏、黄雪垠、谢敏、陈沛杉、朱晓舟、郭学诚。他们中绝大多数都获得了历史学博士学位，多数在研究有关西南社会历史研究的国家社科基金课题或教育部课题。一个有趣的现象是四川师范大学中国近现代史专业毕业的研究生的研究生也在中国近现代西南社会历史的研究中取得了重要成果，如曹成建教授的研究生黄雪垠副教授，汪洪亮研究员的研究生何广平，黄天华教授的研究生郭学诚，等等。长江后浪推前浪，历史的脚步不断向前，历史研究的步伐亦然。正是他们这些后来者将李安宅、于式玉开创的，中经彭久松、侯德础、杨天宏、王川、黄天华、汪洪亮、刘开军等继往开来的四川师范大学中国近现代史专业西南社会历史研究的传统，一代一代传承下去并发扬光大。

四川师范大学的省级重点学科中国近现代史专业的西南社会历史研究产生了较大的社会影响。2013 年 4 月 3 日，《中国社会科学报》发表报告《关注西南，贯通古今——记四川师范大学的西南区域社会研究》，对四川师范大学中国近现代史专业的西南区域社会研究科研创新团队进行了专题报道①：

> 据记者了解，西南区域社会研究一直是四川师范大学中国近代史专业倾注精力的重要研究领域，近年来更是屡结硕果，获得教育部及国家社科基金多个立项，这些项目均以近代以来西南区域社会历史文化为研究对象，并逐渐形成了分头行动、集体攻关的团队优势……最近，团队在生态环境史、社会工作史、边疆民族史等方面用力甚勤，力求为当前国家和地方的建设和发展提供智力支持……
>
> 如今，该团队在西南地区民族、社会、经济及宗教研究方面已形成鲜明特色，在学术界产生了一定的影响力。

有鉴于四川师范大学的省级重点学科中国近现代史专业硕士点在中国近现代西南社会历史研究中的显著成就，《西南社会历史论丛》继续编撰第四辑。是辑特为一师生专辑，汇集中国近现代史专业几代师生研究西南社会历史的点滴成绩，管中窥豹，见证四川师范大学的省级重点学科中国近现代史专业的"中国近现代西南区域政治与社会研究中心"获批成为四川省哲学与社会科学重点研究基地，并为将来能成功申报博士点做一注解。②

编者于 2019 年 1 月　蓉城狮子山

---

① 郭潇雅、何广平：《关注西南，贯通古今——记四川师范大学的西南区域社会研究》，《中国社会科学》2013 年 4 月 3 日。

② 本文参阅并使用了王川、汪洪亮两位学者的有关论述，在此致谢！

目　录

以四川自贡盐业合资经营为代表的中国契约股份制之框架式研究

彭久松①

【摘　要】　四川自贡以盛产井盐闻名遐迩，向有"盐都"之称。在自贡盐业发展历史中，以卓筒井为标志的深井钻凿技术和契约股份制特别引人注目。契约股份制是从清代初年至中华人民共和国成立前夕，200 多年间自贡盐业经营者为因应合资经济正常运作而普遍实行的制度。这一制度是中国人建构的一种股份制民族形式，对其一般特征及形成条件进行分析，并对其进行学术定位非常必要。这篇文章是作者长达 50 万字的著作《中国契约股份制》的浓缩和概括，意在揭示这种股份制度的基本特点，探索其生成原因，判明其学术定位。文章采用粗线条手法提纲挈领，有意回避引用原始资料和冗长考证，以使行文清爽，故谓之框架式研究。

【关键词】　自贡盐业；契约股份制；一般特征；学术定位

一、引言

四川自贡以盛产井盐闻名遐迩，向有"盐都"之称。在这块神奇土地上历

---

① 作者简介：彭久松，男，1936 年生，四川自贡人，四川大学本科毕业，1964 年中国人民大学研究生毕业；1964 年在中国科学院中国近代史研究所任实习研究员，1966 年在自贡市盐业历史博物馆从事学术研究，主持《盐业史研究》，1980 年调四川师范大学历史系任讲师、副教授、教授、硕士生导师；在此期间历任系校省三级教师职称评审委员、校学位委员会委员、省社科评委、四川大学和教育部西南片区硕士点通讯评审专家、四川省重点学科学术带头人等学术职务，1998 年退休；现任《盐业史研究》杂志顾问、四川省教育厅人文社会科学重点研究基地"中国盐文化研究中心"顾问、四川省文史馆馆员；主要研究方向为中国近代史，已发表学术论文 60 余篇，出版专著有《中国契约股份制》《东夷传》（韩文版）《中国历史文献学》等 8 部，校译作品《无可置疑的文明》等 3 种，多次获奖。

千百载悠悠岁月逐步形成的丰富多彩的盐文化积淀中，有两项具有世界意义足以使国人骄傲自豪的发明创造，两者前后辉映，特别引人注目。

第一项发明创造是指以卓筒井为标志的深井钻凿技术。11世纪中叶，北宋庆历、皇祐年间，在荣州一带今自贡辖区内出现了一批井眼如碗大井深达200米左右的被称作"卓筒井"的小口径深盐井，从而告别了劳动者直接下至井底手工操作的原始挖井即所谓大口浅井阶段，步入机械钻井新时期。卓筒井历元、明、清三代改进完善，发展为有一整套工艺流程和相关工具群配合组成的钻井技术体系。同时期四川地区数以万计的盐卤和天然气井，包括自贡盐场众多1000米以上深井，都是用此种方法建成的。卓筒井以简洁而巧妙的构思，包含了近代深钻技术的基本要素，成为人类地质钻井史的开山鼻祖。有关卓筒井工艺设计评价和科技史地位判定，笔者已出系列专文，兹不赘论。

第二项发明创造便是在盐业生产力特别是钻井技术发展的基础上，清代初年至新中国成立前夕，200多年间自贡盐业经营者为因应合资经济正常运作而普遍实行的契约股份制。

股份制或称股份经济制，或称股份经营制，泛指一切实行合资营业并按照股份数额分享权利和承担义务的经济组织形式。它与商品生产密切联系，是商品经济发展到一定程度的产物。由于商品生产并不只属于某一个社会经济形态，故合资体制的股份经济就绝非仅为某一种生产方式所独具。实际上，股份制作为经济实体的形式制度，虽然名称各异程度不等但却绵延不绝范围广布地存在于所有进行商品生产的历史时代。在前资本主义时期，随着商品生产的发展，营利经营要求投资额不断提高，个人筹集常感力不从心，与此相因应，一些商人、自由民和手工业者乃至奴隶主贵族与土地所有者，便以一定数量的人、财、物等生产要素实行联合经营。这种两人以上合力，共同出资经营、共谋经济利益的做法，被称作"合伙制"，成为股份制经济的原始形式。到了近代，西方资本主义制度确立，社会经济蓬勃发展，法人制度日益完善，特别是经过产业革命，资本主义制度趋于成熟，用合伙制集合为数不多的单个私人资本，已容纳不下社会化了的生产力，公司制度由是应运而生。公司股份制广泛推行，给资本主义成长注入了强大活力。在多样的公司形式中，股份有限公司和有限责任公司，以其集资量大和运作灵便，集中体现了现代股份制度的特色，为当今世界经济发达国家所普遍采用。社会主义制度并不排斥股份经济，而是为它提供了新的土壤和环境；多种体制股份制的实行，为发展民族经济做出了巨大贡献。事实证明，股份制存在于不同的历史时代，经历了不同的社会经济形态和社会生产方式，可以为不同的社会制度服务，是人类共创共有的文明成果。

股份制研究包括其理论和历史的研究，对发展现实经济的作用和意义应该是不言自明的。当前，我国经济建设正处在关键时期。建立社会主义市场经济被确定为经济体制改革的目标模式。与经济体制改革相适应，经济运行机制特别是企业形式制度也要求随之转换。一个股份制高潮必将兴起于神州大地之上，为中华经济腾飞平添活力。从发展市场经济的角度看，股份制不过是一项措施，一种手段，本身属于中性的东西，谈不上什么阶级性，但它总是在一定的社会制度下实施，又不能不带有各自社会的特点。社会主义条件下推行股份制，如何在注意通用性即建立共同规则以便国际经济交往和规范性即制订相应法规以维持正常经济秩序的同时，充分注意驾驭性或调控性，即由国家从宏观角度主要通过法律手段和经济杠杆调控股份经济，使之有利于巩固和发展社会主义经济制度，有利于全民所有制为主体的多种所有制并存的全社会所有制结构协调一致的发展，便成为头等重要的问题，丝毫不得疏忽大意。经济理论工作者和有关学术研究者，有责任用多学科多角度多层面的研究成果，为现实经济决策提供学术咨询，这是历史昭示的光荣任务。

本文正是受到这种使命感的驱使而写作的。自贡盐场广泛实行的契约股份制，内容丰富，绝非区区一篇小文所能尽述。笔者近著《中国契约股份制》一书，以近50万字的篇幅，在广泛征引第一手资料的基础上，对这个制度进行具体剖析和全面展示，不日出版面世，读者如有进一步了解的兴趣，可迁读拙著。这篇文章，只是对专著研究一些主要方面的浓缩和概括。意在揭示这种股份制度的基本点，探索其生成原因，判明其学术定位，以便为中外股份制学术理论研究者和想要从历史经验中获取灵感的现实股份经济实践者提供一份简要说明书，使其不必花费太多时间，即可粗知大略，如斯而已。旨意既定，便用了粗线条手法，提纲挈领即可，而置丰满表述于不顾，有意回避引用原始资料和冗长考证，以使行文清爽，故谓之框架式研究。

二、中国人建构的一种股份制民族形式

如果把它最原始的形态计算在内，股份经济可以说是一种既古老又年轻的经济。西欧在中世纪之前，中国自周秦以降，就出现了合伙形式，发展至今，形成了世界规模的以股份公司为主要形式的现代股份制度。在股份制发展过程中，经历了不同的社会历史阶段，并且由于各个历史时期和各个国家的具体情

况不同而有不同的具体表现形式。这就是一般所说的股份制民族形式问题。股份制历史研究，除了重点把握总体发展脉络、各阶段基本特征以及一般规律外，对不同国家或地区存在过的特殊形式，亦应给予相当注意，实事求是地做出评价。因为唯有如此，才有可能体现股份制之作为人类共创共有文明成果的历史特点，才有可能进一步开拓学术咨询的范围，以便把股份制度史的研究提高到新的水平。完成这个任务，需要各国学者共同努力，尤其是有特别关系国家或地区的学者，占文献地利之便，更加负有义不容辞的责任。

本文研究的契约股份制是中国人建构的一种股份制民族形式。这种股份制，自18世纪前期至20世纪中叶，200多年间普遍存在于四川自贡盐场，成为那里最主要的企业形式制度。因其股份所有权的成立及转让一律用契约表现，并且通过契约全面展示股东关系和井史井章，特点十分突出，又因此种特点突出之股份制完全产自中国绝无舶来痕迹，故本文著者将它命名为"中国契约股份制"。

中国契约股份制绝非合伙制，这是本文研究的前提或出发点，必须首先揭明。何以知其绝非合伙制？因为它的全部资本划分为均等的股份，实行债务有限责任原则和所有权与经营权相分离的委托经营，凡此皆与合伙制不同，只能是一种较之合伙制更高级次的股份制，其理明如朗月，没有辩说的必要。至于中国契约股份制之学术定位，只有在展示其一般特征、形成条件并与股份制具体模式进行比较之后才能得出结论，后文申述，此不赘笔。

体现于自贡盐场合资经营的中国契约股份制，是在封闭的条件下发生发展起来的，并在这个制度自身的范围内达到了充分发育的程度。这里所谓封闭条件，主要是指没有受到外界因素的影响。在两百多年的存在期内，自贡盐场契约股份制始终保持着独立运转状态。经营者一代又一代退出历史舞台，运作条件已从手工工场部分地转入了机器生产，而合资体制率由旧章，若干修订和补充，都是出于对基本体制的完善，出于实践提出的需要。至20世纪40年代，自贡盐场契约股份制作为企业形式制度继续显示着活力，没有衰化迹象。对于这个制度本身的发展次第，学者见仁见智，可以做出不同判断，但对它作为中国人建构的一种股份制民族形式，这一提法，只要是尊重事实，谁都无法加以否认。

中国契约股份制与同时期西方公司股份制相比，既存在不少相通之处，又带着鲜明的个性特色。何以封闭形成而能导致相通？关键在同样面对商品经济。只要真正是为因应商品经济发展需要而形成的手段、措施或制度，且又在实践中被证明行之有效者，大抵都可以相互沟通，因而也可以相互借鉴，这应该是一条不以人们意志为转移的客观规律。至于在大体相通的基础上显示出个性特色，纯属正常现象，反映了商品经济发展程度和整个社会环境条件的差异性。自贡盐场所行契约股份制，其股份意识之强烈，集资方法之巧妙，债务原则之别致，股权转让之便易，管理制度之严密，凡此种种，皆给人留下深刻的印象。中国人建构的这一股份制民族形式，就这样以其共性和个性出神入化的结合，为人类共创共有的文明成果丰富了新的内容。

为了彰显中国先民创造契约股份制的不可磨灭的功绩，为了能够从此项创造中开掘出可供当前股份制建设的历史咨询，为了给人类股份制发展史补写本来应该设置的篇章，中国契约股份制的研究有必要迅速提上议事日程。此项事业，需要相关学科的学者携手合作，从不同角度和层面反复考察，始克有成。本文著者不揣浅陋，犯难先行，虽然探索不敢苟且，但断说实难全工，其失当欠周处，敬请读者及有关专家不吝赐教。

三、中国契约股份制之一般特征及形成条件

体现于自贡盐业合资经营的契约股份制，自18世纪前期至20世纪中叶，200年间，通过反复运作，获得了充分发育。笔者在前面提到的那本专著中，运用经济史和文献学等不同研究手段，对这个中国人民建构的股份制民族形式，进行了全面展示。这里，谨从经济学的角度，将中国契约股份制之一般特征，概括为十大项，依次简述之。对于特别抽不出时间的读者，只要把握了这些一般特征，就可以对中国契约股份制有一个基本了解，并从中得到历史启示。而对于欲明究里，决心通读《中国契约股份制》全书的读者，有此十项特征在胸，展卷而读，定可化艰滞为顺畅，坐收事半功倍之效。

中国契约股份制之一般特征：

第一项　合资模式

在本文研究的时限内，自贡盐场契约股份制井业实行两种并行不悖的合资模式——年限井与子孙井。

年限井是这样一种合资盐井或天然气井：作为独立的经济实体或企业，其井开凿见功正式生产，投资者开采收益具有时间限定，到时由井基地主将全井分属于投资者的股份全部无偿收回，也就是将包括全井累进投资形成的井身工程、厂房以及全部生产设备无偿收回，归其独占。地主即矿山土地所有者收井后，拥有全井产权，或自办或出租，可随意处置。投资者从此与合资井断绝一

切经济关系，成为局外之人。具体年限由地主和投资者在开办契约中商定书明，一般自 11、12 年至 20 年不等，个别井有超过 30 年者。年限一到，收井还井成为天经地义，没有讨价还价的余地。

子孙井是这样一种合资盐井或天然气井：作为独立的经济实体或企业，其井开凿见功正式生产，投资者开采收益没有时间限定，其股权可以永久享用、传之子孙。换言之，子孙井是投资者与井基地主的一种长期合作体制。因系长期合作，故无到期收井还井之说。

年限井与子孙井并不存在递擅关系，一般地也不存在转换关系，它们是独立并行的。只是随着开采地层的加深，难度增大，垫支资金转巨，子孙井在比例上有所扩展而已。不能简单地将子孙井与年限井相比较，得出地主权益全面减缩投资者权益大幅扩张的结论。实际情况往往是，投资股权的子孙化，实以付出高额垫支资本为代价，而地主虽然失去到期收井之权，却赢得了更高效益的股份，较之低产年限井，未必就算一种损失。地主与投资者权益之消长是多项经济指标的综合表现，评价应取全面的原则。合资模式的选择即究竟实行年限井还是实行子孙井，要受到若干宏观因素的制约，盐场总体经济的荣枯度，资金和井基的供求度，井位的优劣度，见功的希望度乃至开凿的困难度之类，都应列在考虑之列。一井之合资模式总是经过主客双方反复斟酌之后予以确定的。

第二项　股东类别

自贡盐场契约股份制合资井有三种不同性质的股份（盐场一般称作日份或锅份，性质相同，计算稍异，为行文方便，这里只说日份），分别为三类不同性质的股东所持有，他们是：地脉日份持有者、承首日份持有者和工本日份（又称客日份）持有者。

地脉日份持有者。一井之开凿，一定面积的井基土地的提供成为必不可少的先决条件。井基地主由于提供了井眼用地和凿井成功后的厂房及生产用地，便取得合资井若干股份，称作地脉日份。一般在 5 天左右，约占全井总股份数 30 天即 30 股的 1/6。地脉股是盐场契约股份制合资井中的一种"特别股"。它的持有者井基地主除了承担提供面积不大的用地外，在见功前的整个开凿期中，均不交付股金，不管开凿期如何耗日持久，累计投资如何巨额，甚至因终不见功而全部垫支资本化为乌有，都与他无干，而他的权利则是坐享其成，即在其井见功正式生产即进班分红，按照所占股份额，领取经济收益。与直接提供现金投资的日份相对举，地脉日份又被称作不出工本日份。

承首日份持有者。承首人，又称团首或承首主人，对地主而言，他是承租井基客人即投资者集团的带头人物，群龙之首，对客人而言，他又是集资负责人、凿井指挥者和见功生产的经营主持，形同主人，处在合资企业中十分关键的位置上。为了酬报承首人的组织劳动的经营指挥劳动，合资井设置了另一种"特别股"，作为所谓"费心之资"，归于承首人名下，叫作承首日份。和地脉日份一样，承首日份也是一种不出工本日份，只是在合资井一旦凿至目的层正式开工生产，随即进分享收益。承首日份的数额，一般在 2 至 3 天，对全井30 天股份来说，亦颇可观，并非区区小数。

工本日份持有者。工本日份是合资井中数量最大的一类股份，一般占全井股份数的 80％左右，约 23 至 24 天。这类日份的持有者，共同在地主提供的土地上投资谋利，习惯上被认为是地主的客人，其所占日份称为客日份。在凿井见功以前，客日份持有者用现金的形式负责提供全部凿办费用，保证凿井持续进行。但一当凿井见功正式生产，地脉日份和承首日份等不出工本日份按章进班，则工本日份持有者只能按他所领股额在 30 天日份中摊占的比例分享收益。不言而喻，工本日份持有者在合资井中承担了主要的投资责任和投资风险。

股东类别的形成，实源于不同性质股份的存在。但若落实到单个合资者，他可以同时持有不同性质的股份，如井基地主又认做客日份，甚至兼作承首人，又如承首人再投资客日份之类，形成在一合资井中一身而二任，或集三种股份持有人身份于一体的情形。因之，不能把股东分类问题与单个合资人实际身份问题混淆起来。

第三项　股东人数

自贡盐场契约股份制合资井的股东人数没有国家立法规定。从运作结果看，多数在 10 人至 20 人这个范围内。最低不少于 2 人，最高尚未见超过 40人者。这里所谓"人"，包括近代法律意义的自然人和其他合资井或独资井企业法人。当然，这些企业法人是通过各自井中的被称作"经手"的人来全权代表的。

第四项　土地股的性质——垄断性的矿山地租

地脉日份因提供土地而取得，习惯上被认作土地股。从表象看，地主似乎是以土地投资或土地入股，取得了股东资格。但土地并非劳动物化产品，只是一种自然物，其本身是没有价值的。一般的所谓地价，不过是土地所有权的货币表现。一切因土地所有权而获得的报酬，无论采用何种形式，本质上都只能是地租。据此，自贡盐场契约股份制合资井之地脉日份，其性质无疑也只能是地租，只不过表现为派定日份的形式，通过一定的股份所得进行收取或交纳，因而地脉日份持有者即井基地主就不可能是合资井的真正意义上的股东，他只是与投资客人通过土地的出租与承租建立了租佃关系，坐享自然物所有权的赐予，如此而已。

地主提供给合资井的生产用地，一井面积在 3 至 5 亩之间，平均大致为 4 亩。这 4 亩土地，在本文研究的时限内，若一次性实现地价进行出卖，可得银数十两或百数十两，如果出租，租金更低，每年不过数两而已。但合资井如一旦见功生产，则五天地脉日份所得收益将有可能十分可观。自贡盐场正常生产井，因丰歉不一，难得定数，约略言之，一井年赢利可数百两、数千两、数万两不等。个别特旺井有超过十万两者，并且一般能高产生产相当一段时间，或数年，十数年，二三十年，更有逾一个半世纪仍未停产转为废井的记载。这样一来，一井地脉日份的累积所得和其井立约开凿时一次性出卖井基土地所得相比或和逐年出租井基土地总收入相比，可以超出数百倍乃至数千倍。这种惊人的地租收益，使一般农业地租难以望其项背。它不仅毫无疑问地应当是一种矿山地租，而且应当是一种垄断性的矿山地租。

第五项　集资机制

自贡盐场契约股份制合资井的集资机制充满生机活力又极富个性特色。它是由一系列原则环环相扣，组合而成的。

第一，资本无定原则。开采盐卤和天然气，首先必须凿井。从开凿至见功，是为资本主要投放期，但究竟需要垫支多少资本之后方可迎来收益，无法在订约立井之际做出预定，因之不存在首先筹足注册总资本方能开办的概念，也不存在认做股份时即定出每股金额的概念。一般来说，只要全井工本股份持有者按股交出少量的启动资金（自贡盐场称为"底钱"），即可开始凿井工程。

第二，资本敷缴原则。凿井开始后，合资井必须经常保有一定的维持资金，由工本股东按份提供。所谓维持，是指以保证近期的凿井费用为度，敷缴即可，不必多筹，以免造成资金闲置。

第三，资本流水原则。维持资金必须定期补充，自贡盐场习惯以一月为一期。到时由井方出具"月结票"，通知各股东，书明上月凿井进度，经费收支，该股东累交、欠交及下月应交凿费数等项。各股东收到月结通知后，随即按通知要求交付下期凿费。这样一来，整个合资井的维持资金就如流水行渠，源源不断地得到了补充。

第四，资本接力原则。自贡盐场合资办井有一条人人必须遵守的铁则，就是凿井工程开始之后，不得中途停凿，如若中途停凿，地主有权无条件将井收回，投资客人不得言及先前资本。与此相因应，出现了资本接力法——做节制度。当第一投资集团感到无力筹措资金时，可以邀约第二投资集团参加合资行列，提留若干股份归己，成为不出工本日份，利之为上节，丢出若干股份与新投资集团，由其承担全井凿费，称为下节。下节即第二投资集团如又感财力不济，则又可如法炮制，形成第三、四投资集团，出现全井上、中、下节乃至下下节的格局。

第五，资本风险原则。经过多次接力，使不同节次新老投资股东加入合资井中。他们的股份由于接手情况各异，风险程度便不尽相同。投资风险的存在，可以为财力雄厚而又善于利用经济形势者提供更多机会，因而常常成为筹集资金的推动力量。

第六项　股份特点

自贡盐场契约股份制合资井的股份特点个性十分突出。首先是统一股份设立数额并灵活析分基本股份。整个盐场合资井，无论井产丰旺，规模大小，一律实行30股（即30天日份）和42股（即42口锅份）两种定式，"天"和"口"成为股份基本单位。为便集资与转让，基本股份又可以析分乃至多级析分，形成若干更小的股份单位。这就在客观上扩增了基本股份的设立数额，是对统一股份设立定数的因应措施。其次是股份产权一体化与股份表现契约化。在盐场合资人心目中从而在他们的经济行为中，股份与产权不过处在二而一的位置，产权是股份的财富依托，股份乃产权的计量表现，在一日份式合资井中占有一天日份也就等于拥有该井 1/30 产权，在一锅口式合资井中占有一口锅份也就等于拥有该井 1/24 产权，其余挂零股份依此类推。换言之，在同一见功生产合资井中，同额股份所代表的产权完全相等，所承担的义务和享受的权利也完全相等，具有均一性，可以互换而无碍。股份表彰产权，这是一个方面。另一方面，股份又以契约为表现形式。自贡盐场合资井，因不向社会公开募集资本，不存在发行股票问题，投资股东全系邀约而来，其股份所有权一律用契约来表示。此类契约，除一般书明井名、井地、井制（即年限井或子孙井）、井主、承首以及简明井史等项外，又必须着重书明执约人姓名、所占股份数额以及该项股份的由来和相应的权利义务等内容。同时，与立约人发生契约行为的有关方和中证人都必须到场并签字画押，使契约具有不可移易的法律效力。股份契约只是股份所有权的证明文书，并非通常的有价证券，但由于它和产权紧密联系，代表着一定的资本量，从这个意义上，也仅仅从这个意义上，可以把它看成是一种无面值的有价证券。不消说，这个"价"就是它所代表的产权量，正是有了这个"价"，契约股份才可以在一定的水准上进行交易转让。再次是股份转让途径的多样化与手续的灵便化。契约股份转让途径很多，主要有买卖、租佃、抵押、馈赠与继承之类。丢节也是一种转让，只不过是在提留一定数量基础上的分割式转让，其性质实为一种带有附加条件的买卖。转让手续其实并不困难，甚至可以说十分灵便，只要双方同意，中证到场，另立新约，所有权的转移就被确立了。

第七项 债务有限责任原则

由于实行了有力的预防性措施，主要指在大量用资阶段即凿井阶段的做节制度，以及个别股东不能继续提供凿费由全井股东代其出资从而取代他的相应股权的"抬做"制度，自贡盐场合资井不大可能出现负债倒闭情况。因之，在较长时期里，债务问题都未曾作为一个需要用特别原则处理的问题来提出。后来，随着凿井地层加深，井下事故增多，再加上其他多种原因，一些见功生产井陆续出现严重债务问题。为了使合资井债务不致牵连股东个人其他财产，盐场逐步形成了所谓"井债井还"制度。就是说，合资井的债务一律由井上负责偿还，与股东个人无干。债权人不能向股东个人求偿，股东个人有权拒绝这种求偿。如出现资不抵债，一般实行减额清偿，了结债务关系。"井债井还"实际上是一种债务有限责任原则。行此制度，有利于调动货币持有者投资的积极性。

第八项 所有权与经营权相分离的委托经营制度

自贡盐场契约股份制合资井实行所有权与经营权相分离的委托经营制度。合资井立约开凿之后，即成为经济实体，与股东个人财产相分离，独立运转。股东个人不能干预合资井开办业务，更不能以合资井的名义与第三者发生经济行为。股东作为一个整体对全井的控制是通过定期股东会议来进行的。日常凿办事务由股东会议委派承首人或有组织管理能力的人来执行，被称为经手。这种经营管理体制，可以叫作股东会议决策下的经手负责制。后来少数合资井因业务繁巨，管理体制趋向严密，实行股东大会下的董、监事会和经理制，进一步强化了委托经营制度。至于对仅具股东之名而实为土地出租者的井基地主的限制更为严厉，不仅不许他们插手井务，更不许他们主持管理，以免扰乱井事。

第九项 设立和中止程序

设立分两步进行。第一步，开凿设立。第二步，见功设立。投资者与土地所有者彼此有合作意愿，根据协商条件宣布合资井成立，随即开始凿井工程。凿井期一般为5年左右，长者可十数年乃至数十年。经过艰苦开凿，随之而来便是凿达目的层，使盐卤或天然气呈现可采状态，并具有实际开发价值，即所谓见功。达到见功标准后，赓即修建厂房，购置设备，申请注册，然后不出工本日份进班，书立起班约，举行开业庆典，至此合资井才算正式设立，而此前的开凿阶段，只能算做准备设立阶段。不过，这个准备设立阶段具有相当的特殊性。经营井盐业风险很大，集中用资的凿井阶段，姑不论如何漫长，更不可避免地面临成与败两种可能性。如积年累月终不见功，此前投资化为乌有，不仅无法实现正式设立，而且所谓准备设立阶段就没有任何实际意义。反之，如果胜利见功，合资井得以正式设立，则先前的准备阶段便在井史上占有重要地位，对尔后的事态发展产生直接影响。特别是开凿之初主客双方订立的契约，因集合资井成立通告、企业章程以及股东日份证明书于一体，自然成为全井日后一切契约行为的基础，在盐场被称为"开山约"或"祖约"，形同一井之"宪法"。

所谓中止，主要指年限井之收井还井而言。年限合资井，只要由开山约规定之见功生产期限一到，不管生产如何丰旺，投资客人都必须将全井交还地主，到时主客出席，中人到场，签订收井井约，手续即告完成，该井一轮契约关系就相应中止了。除了到期年限井而外，不论年限井或子孙井，客方如因资金不济而又不能及时招延投资接力人，遂至停凿，地主亦有权将井收回，一轮契约关系在准备设立阶段即遭夭折，此种情形亦得签订收井还井约，属于中止范围。当然，中止并不等于废止，一井之废止是指其井矿源罄尽，或虽未完全告罄但已无实际开采价值。废止表示一井开发生命之终结，经营者因无利可图而自然分手散场，无特别手续可言。中止只是一轮契约关系的完结，因井之开采价值犹存乃至正处兴旺，在此基础上又可另觅合作者建立新的契约关系，一般需要商定新的股份合资条件，重立新约，并更改井名。

第十项　不成文法

自清初至1949年，两个多世纪时间里，自贡盐场虽然广泛地实行了契约股份制，却没有形成相应的正式立法。规范盐场合资经济，全靠约定俗成的不成文法——厂规。

自贡盐场厂规是在长期经营实践中形成的一整套原则和规则的总和。这种成于民间、行于民间的不成文法规，在国家没有正式立法之时，对于当事人具有制约性，尤其是其中基本"规矩"，直如天经地义、不可动摇。但随着实践的发展，新情况不断出现，与此相因应，又需不断约定，而所约定的做法能在更多人乃至在整个盐场经营者中间形成共识，达于俗成，变为新的厂规，需要相当时日。一时尚未形成厂规的新约定，对既存厂规而言，无疑是一种违逆，但只要当事人双方同意，书进契约便成自定规模，局外人等无权厚非。就是说，流行厂规对盐场经营者之制约性，在一定条件下又具有相对性。与此同时，约定俗成之自贡盐场厂规又不可避免地带有粗疏性，从而引出理解上的歧异性和解释上的随意性。在发生经济纠纷，尤其涉及股东具体权益时，往往同规异说，水火不容，致使一些唯利是图之人得以纵横捭阖于其间，而行巧取豪夺之实，扰乱社会经济秩序。

共同规则是股份经济存在和发展的必要条件。自贡盐场厂规，作为民间不成文股份规范，对于推进契约股份制起了积极作用，但因为它并非国家颁发的正式法规，又使这种积极作用难以充分发挥。

至于说到自贡盐场契约股份制之形成条件，涉及面广，问题复杂，需作长文方能畅述，这里谨就其最主要方面归纳为四端，概乎言之。

第一，生产力提高要求企业形式制度与之相适应。

四川是我国主要井盐省区。其矿源深藏地中，自震旦系至白垩系地层均有储存，以三迭系为最丰。一般来说，最上的白垩系地层，容易开采，但储量少，品位低；大约在距地表 600 米的侏罗系砂岩中产黄卤，含盐量比白垩系所出为高，但不超过 13％；距地表 90 米上下的三迭系石灰岩中产黑卤或盐岩，含盐量分别为 18％左右或 25％左右。凿井愈深，盐卤和天然气的产量愈丰，品位愈高，但技术要求和工程难度也随之激增。因之，凿井能力和水平，便自然成为整个井盐业生产力发展程度的表征。自贡盐场的劳动者和经营者，在征服自然，向深部地层的进军中，不畏困难，大胆冲击，取得了突出成就。在清代乾嘉年间，一些深井已凿至二百六七十丈（接近 1000 米），道光年间，更出现了若干突破千米的超深井，创造了人类地质钻井史的奇迹。以井之深化为标志的自贡盐场盐业生产力的迅速提高，使得一井之投资数额大幅度增加，风险程度也随之成为突出问题，这就必然要求企业形式制度与之相适应。换言之，浅井或小井时期的独资或简单合伙形式已经容纳不下膨胀起来的生产力，迫切要求建立在集资机制方面和整个经营体制方面更为灵便，从而发展次第更为高级的合资企业形式。只有通过企业形式制度的更张，才有可能适应并进一步促进生产力的发展，以便盐业经营者夺取更丰厚的经济收益。

第二，社会资金匮乏呼唤新的集资机制。

明末清初连续数十年战乱，使四川人丁锐减，田园荒芜，社会经济遭到毁灭性破坏。清王朝采取一系列恢复措施，至康熙末年，四川经济包括盐业经济在内逐步得到恢复，雍、乾以后更开始了全面发展。这期间自贡盐场的经济形势，可以说希望与困难同时存在。所谓希望，是指社会经济的恢复并开始发展以及盐业生产力的提高，为盐业生产快速成长提供了机遇；所谓困难，是指资金匮乏，即一时无法用既成的单个大资本来满足深井建造提出的资金需求。这样一来，如何尽快解决资金筹集问题，如何提出集资新思路，便成为进一步发展盐业生产的关键所在，成为化困难为希望的决定性步骤。不消说，解决问题的途径应该是也只能是用积沙成塔、集腋成裘之法，将本地存在的闲散资本和外地流入寻找出路的资本汇集起来，使货币持有者与井基地主联手合作，有钱出钱，无钱供地，去揭开井盐经营史的新篇章。

第三，深井开凿前景变幻莫测，亟待风险分担。

具体考察盐井钻凿尤其是深盐井的钻凿，在当时科技条件下，其本身存在许多不定因素，使前景变幻莫测。首先是凿井时间长短无定。常程为 5 年左右。但一二十年或二三十年者亦往往有之，甚至历数代人而始成者亦非仅见。其次是凿井费用多少无定。一般需银数千两，有花耗数万两乃至更多者。再次是最终成败无定。凿井总得面临成与败两种结局，常程常费见功自是万幸，等而下之为耗时费资见功，最坏情形是历尽千辛万苦而无成，徒抱终天之恨，此种最坏情形使盐场投资者谈虎色变，但又无法从根本上加以避免。再次是见功投产之后效益高下无定。某些井虽然勉强见功，投入生产，但效益甚低，或仅够缴用，或略有盈余，实际等于背上个包袱、与不见功而报废之井相较，亦所剩无几。最后是幸而始成后井推事故发生无定。某些井因开凿过程中的质量原因形成井病，难以根除，致使后来井推不畅，更有突然事故，使旺井于顷刻之间报废，或虽未报废，由此转入低产，永无复兴之望。以上种种无定因素，使盐场投资者乐于接受股份制投资形式，尤其是乐于接受其中的资本接力原则以及股份转让原则，以便进退自如。这样一来，幸而见功不能独享大利，但不幸失败，便可以分担风险。

第四，强大的投资诱因招致谋利者结伴同行。

自贡盐场凿办盐井困难重重，风险特大，但投资者如饮狂泉，前仆后继，其根本奥秘在于存在一个强大的投资诱因。某些高产井尤其是特旺井，尽管开凿过程曲折坎坷，甚至陷入山穷水尽，但一朝见功，气喷泉涌，立地转向柳暗花明，投资者骤成巨富。有仅持一天高产井日份三两年间即购置千余石田产者。有仅凭一两口高产井起家而成为富甲一方的家族财团者。当然，重利必与巨险相伴，为避免因蒙受严重挫折而倾家荡产，自贡盐业经营者在为强大诱因招致的同时，多乐于进行股份制投资，以分散可能出现的风险损失。

以上种种条件无一不在呼唤较之简单合伙更高级别的股份制合资形式，而内容丰富并具有鲜明个性特色的自贡盐业契约股份制确乎在社会之声声呼唤中应运而生了。萌芽于明代中叶又历经战乱摧残恢复于清代康雍之际的自贡盐场资本主义生产，到乾嘉时期进入了手工工场阶段。这是契约股份制运转的背景或前提，必须予以特别的注意。不过，对此项资本主义生产发展程度的估计，学术界并没有不同意见，且论述已相当充分，为节省读者宝贵时间，这里不再赘论。

四、中国契约股份制之学术定位

中国契约股份制之一般特征及形成条件业已条析如上，请进而考察其学术定位。所谓学术定位，不外从学理角度判定它在世界股份制发展史上所处位置。学术位置既定，应用价值当不言自明。

自合资体制的发育程度而观，体现于四川盐业经营的中国契约股份制，绝非股份经济的合伙模式，亦非合作、合股模式，而是理所当然的公司模式。18世纪以降，迄于 20 世纪中叶，四川自贡盐场数以千计的以井、灶相称的合资企业，虽无公司之名，却富涵公司之实，这与一些徒具公司名号之合伙、合作或合股经济体者形成鲜明对照。可见所谓学术定位，关键在厘定其实，而不拘泥其名。经济领域也同样存在名实问题，必须加以注意。

公司股份制作为股份制经济的类别形态，本身又包含若干具体形式，如无限公司、有限公司、两合公司、股份有限公司以及股份两合公司之类。而两合公司实质是无限公司与有限公司的结合，股份两合公司实质是无限公司与股份有限公司的结合。故公司股份制之基本体式只有无限公司、股份有限公司和有限公司三种，其他变种皆缘此以生。以上述中国契约股份制的一般特征，与这三种公司体式进行比照，提出异于何者，同于何者，远于何者，近于何者，乃是解决中国契约股份制学术定位的唯一途径，舍此莫由。

无限公司主要特征：（1）无限公司的股东必须对公司债务负连带无限清偿责任，这是无限公司与其他公司最根本的区别所在。所谓连带无限责任，是指公司经营失败，其资产不足以清偿债务时，公司债权人可以就其未受清偿的债权额，直接向一名、数名或全体股东请求清偿，对求清偿的公司股东而言，不论其出资多少，盈亏如何，在该债权范围内是不能推卸的和没有限度的，当股东对公司债权人实行清偿后，公司对该债权人的债务消除，清偿股东就其出资比例摊算超出负担部分取得对未清偿股东的求偿权。总之，无限公司就是由无限责任股东组成的公司，又称无限责任公司。由于公司对本身债务负完全责任，使债权人的经济权益获得保障，有利于展开经营活动。但出资股东因为要对公司债务负连带无限清偿责任，风险太大，一旦公司破产，往往得以自身其他财产付赔，蒙受重大经济损失，有时甚至要由某一个股东来承担公司全部资所不抵之债，情形便更加严重。（2）无限公司是标准的人合公司。这种公司一般由关系密切、彼此信任的人组成，股东人数不多，两人或两人以上即可成立，组织简便，无须发起人，通常一切发起工作都由准备成为股东的人来承担，除现金外，劳务、技术、信用亦可作为出资，股东个人的信用至关重要，直接成为公司信用的基础。因不对外发行股票，自然不存在公开账目问题，公司外部关系也很简单。股东人选，由于要对公司债务负连带无限清偿责任，关系重大，一般得经过慎重挑选，以使出资人相互满意，而一旦正式加入，其出资便不得随意转让，非转让不可，必须得到全体股东的同意，实施起来相当困难。（3）无限公司实行所有权与经营权相结合的运行机制。全体股东都可以执行业务，直接参加公司的经营管理，同时又都具有对外代表公司的权利。当然，也可以通过章程规定，由股东二人或数人执行公司业务，其他不执行公司业务的股东享有监视权，可以随时质询公司营业情况，阅读公司账目及业务文件。直接管理，严密监督，积极性高，责任心强，是无限公司所有权与经营权相结合导致股东表现的一个显著特点。

股份有限公司主要特征：（1）股份有限公司又称股份公司，它的全部资本划分为若干股份，每份金额相等，实行股份均一原则。所谓股份均一原则，是指每个股份的权利义务大小均一即所代表的股东权完全相等，各个股份之间没有差别，可以互相替代。全部资本划分为若干等额股份，这是股份有限公司区别于其他形式公司的一个主要标志。其他公司的资本不以股份尤其不以等额股份的形式出现，一般表现为一定的货币额，不同的股东因投入不同的货币额而在全部资本中占据相应比例的资本。无限公司除货币外，劳务、技术、信用也可作为出资内容，在出资比例与收益分配的换算方面，情形就更为复杂。同时，全部资本划分为若干等额股份又是股份有限公司正常运作最重要的条件之一，不仅股东的出资以此为计算单位，而且股利的分配、表决权的行使乃至风险的承担等都要视股份的数量而定。（2）股份有限公司股东以其所认购的股份金额为限对公司债务负有限清偿责任，而且只对公司负责，不直接对公司的债权人负责，就是说，公司债权人只能向公司本身而不能直接对它的股东行使债权，一旦公司破产，股东只失去持有的股票，绝不致危及他个人的其他财产。这样一来，公司的信用程度较之无限公司不免转低，但股东的投资积极性却随着债务风险的减少而大大增加。（3）股份有限公司的股份以股票的形式公开向社会发行，并可以自由买卖。只要交付股金，即可获得股票，成为股东。股东没有资格限制，不存在慎重挑选以使股东之间彼此满意的问题。除某些公司对股东有国籍限制外，一般不问居所，股东可以遍布各地。股份有限公司的股东必须达到法定人数，这是公司成立的前提条件和生存的必要条件。各国公司法都规定了它较之其他形式公司更高的法定最低人数，并且一律没有最多人数的限制。由于每股股票金额较小，便于集中闲散小资本，拥有巨资者亦可多购股数，并不相妨，加之股票上市，买卖自由，随时能够兑现，凡此都为股份有限公司筹集资金创造了非常有利的条件。股份有限公司筹集资金的数量和能力，在理论上可以认为是无限的，只要准备充分，经营前景看好，一夜之间便能汇成一个社会大资本。（4）股份有限公司股东人数众多且不固定，不可能像无限公司那样将所有权与经营权紧密结合在一起，只能使所有权与经营权分离形成一种委托经营，这是股份有限公司的又一个重要特征。全体股东以按份共有关系掌握公司的所有权。但作为个人，股东无权对公司进行支配。实际负责公司经营活动的是董事会、经理以及由公司聘请的专门管理人员。人数众多的股东只是作为资本的所有者领取股息和红利。（5）股份有限公司的账目必须公开。由于股份有限公司实行公开募集资本，股票上市流通、有限责任原则以及委托经营管理等一整套特别机制，便使得与之发生经济关系的所有人员，要求及时准确地了解与把握公司有关情况。目前世界各国公司法一般都规定，股份有限公司在每个财政年度结束时，必须公布公司年度报告，其中包括董事会年度报告、公司损益表、资产负债表以及必要的专题材料之类，以便于股东监督和社会其他公司及个人了解。可以说。账目公开是股份有限公司总体机制所产生的一个必然结果，也是股份有限公司区别于其他形式公司的一个显著特征。

有限公司主要特征：（1）有限公司是由有限责任股东组成的公司，又称有限责任公司。股东仅以其出资额为限对公司负责，公司以其全部资产对其债务承担责任，股东对公司的债权人不负直接责任。换言之，有限公司的债权人不能直接向有限责任股东行使债权，只能对作为法人的有限公司行使债权。如果公司经营失败，股东最多不过损失他对公司的出资，绝不会涉及他个人的其他财产。这一点，有限公司与股份有限公司大体相同，所不完全相同者，股份有限公司的股东就其所认购的股份数所代表的股金额为限对公司债务负责，而有限公司的股东则以其出资额为限对公司债务负责。（2）有限公司股东的人数除了最低下限外还有最高上限，各国情况不尽相同，通常通过立法予以确定，如我国私营企业法规定有限公司的投资者为 2 人以上 30 人以下，日本有限公司法规定股东总数不得超过 50 人。一般来说，有限公司的股东人数和股份有限公司相比要小一些，个人信用仍然具一定的重要性。（3）有限公司是一种封闭性公司，不发行股票和公司债，股东虽也持有被称做股单的各自的份额权利证明书，但不像股份有限公司股票那样可以自由转让，转让得经过很多手续，比较困难。由于是封闭性的，公司的经营情况不直接牵连社会其他人的利益，因此就没有向社会公开账目的必要。（4）有限公司内部关系和外部关系都比较简单，容易组建，便于运作。股东人数少，有利于沟通情况、协调意见。组织机构明确简练，一般采用董事单轨制，即董事长和经理由同一人担任，集决策权与指挥权于一体，能有效地对整个经营管理系统实行直线领导。凡此种种，充分地显示出有限公司灵活性的特点。

以上并非对三种公司体制特征之全面描述，只是略举其要而已。那么，以中国契约股份制之一般特征与此项举要比照，可以看出什么问题和得出什么结论呢？

从债务清偿责任看，四川自贡盐场契约股份制合资井业，实践"井债井还"制度。所谓"井债井还"，如上文所指出的，是指合资井业的债务一律由井业以其全部资金担保并负责偿还，如出现资不抵债的情况，除拖付外，一般用高估井业存留资产的办法来抵充债务，则债权人所得偿资只是一种折呈偿资，但无论拖延付也好，折呈付也好，总之与其井日份或锅口持有人即股东无干，股东没有义务在他的既有投资之外，再以他的其他财产来偿付井业的债务，而井业的债权人也没有权利直接向单个股东索付偿金。如果不拘细节而问内容，则"井债井还"正是现代公司制度中的债务清偿有限责任原则。以之对照三种公司之相关特征，不难看出，与无限公司根本异趣，而与股份有限公司和有限公司大体相同。

从股东人数看，自贡盐场契约股份井，持股者在数人至 30 多人之间，20人左右者占多数，30 人左右者次之，现存契约所见最高者为 39 人。这个数字与目前世界各国包括我国在内对有限公司人数的上下限规定基本一致。其上限数，与股份有限公司和无限公司相比，在一般情况下，较前者为低，较后者为高。

从股份特点看，自贡盐场合资井显示了鲜明的个性。第一，总体股数设有定额。整个盐场合资井一律实行一井 42 锅口即 42 股和一井 30 天日份即 30 股两种股份数额式，不得增减。"天"和"口"成为基本股份单位。第二，基本股份可以析分。析分率自小数点以后一位数至五六位数不等。以一位数析分结果而言，等于将全井 42 或 30 基本股扩为 420 或 300 小股，由此按 10 倍递增计算，六位数析分结果，等于将全井 42 或 30 基本股扩为 4200 万或 3000 万小股。第三，股份表彰产权。占有日份一天，就意味着占有全井 1/30 产权，占有锅份一口，就意味着占有全井 1/42 产权，无论整天整口股份之后如何析分挂零，均以此为准折算，等量的股份数额所代表的产权与股东权完全相等，在合资当事人和盐场经营者中间，这种观念非常明确，非常强烈。第四，股份表现形式契约化。合资井的股份所有权一律用契约表示，一井自创立至于终结，股份主权变易频仍，每一次变易，无论是全井性的还是单个合资人的变易，均得订立相应的契约以为凭据。股份契约只是种记名权利证书，并非一般的书明面额的有价证券。第五，股权转移途径多样，手续不难。股份契约虽然不是一般的书明面额的有价证券，但因为和产权联系，在一定时间总代表一定的资本量，因之可以进行买卖、抵押、租佃、馈赠与继承。转移手续亦不太难，以出卖言，只是同井合资者有优先承购权，但不存在同意与否的问题，一旦成交书立契约，买者即成为新的执约合资人，综观自贡盐业合资井的股份设置。其同额等值原则和契约表现形式给人特别深刻的印象，可以分别构成与股份有限公司和有限责任公司的可比因素。这种股份同额等值原则，由于直接与整个企业的产权相联系，又由于基本股份单位尚可多位析分，较之股份有限公司的股份均一于大体相同之中，更增添了新的内容。其股份表现为契约与有限责任公司之出资形成股单，亦有相似处，唯契约乃收执人与产生股份经济行为的另一方所共立，并经中人到场公证，更具独立的法律效力，不像股单仅为有限公司发给出资人的凭单，属于依附性文件，又契约股份之转让通过订立新约即可，而有限公司转让出资须提出申请，经其他股东同意并由公司批准方可行，凡此，又为不似处，至于无限公司，因其总资本不划分成为股份，出资亦不能自由流转，和契约股份制迥不相类，无法比照，兹不赘言。

从所有权与经营权的结合或分离的状况看，自贡盐场契约股份制合资井，一律实行承首人或经手人经营责任制。全体股东每年聚会一次或数次，决定全井大政方针、检查营业账目以及分配红利等，全井日常经营活动由承首人即合资井发起者或经股东会指定的具有股东身份的经手人负责，其他所有股东不得干预井内具体经营事务，也无权对外代表全井，除领取红利外，股东不得支用企业资金。到了20世纪三四十年代，在个别事务繁巨之井，实行股东大会，董监事会以及对董事会负责受监事会监督的经理负责制，管理体制趋于严密，但股东个人无权干预井事的原则依然坚决执行。不难看出，自贡合资井的所有权与经营权是分离的，其分离的程度，不如股份有限公司那样彻底，而在一些方面却超过了有限责任公司。无限公司股东的所有权与经营权浑然一体，属两权结合型，与两权分离型分处两极，相去判然，不可同日而语。

从集资机制看，自贡盐场契约股份制合资井长期以来广泛实行一整套由若干相互联系的原则组成的非常特殊的办法，这些原则是：资本无定原则、资本敷缴原则、资本流水原则、资本接力原则和资本风险原则。简括地说：生产井盐必先凿井，而凿井工期长短无定，工程难易无定，则总投资必然无定，因而不存在每股法定金额问题，也不存在认购之时一次性交足问题，是谓资本无定原则。凿井开始后，其资本以维持工程进行度，不必多筹，亦不得短缺，是谓资本敷缴原则。此项维持工程资本，由出资股份责任人按期照拥有股份数的比例提供，是谓资本流水原则。凿井工程不能中断，维持资本必须持续提供，第一投资集团感到财力不济，于是邀约第二投资集团参加合资行列，提留若干不出工本股份归己。让出若干出资股份归第二集团，由其担负投资之责，继续凿井，依此规则，尚可形成第三、第四投资集团，是谓资本接力原则。按以上原则投资，必然形成不同节次的股份所有者，他们所得股份的单位投资量不会完全相等。可能投入资本量多而得到的股份数少，或投入资本量少而得到的股份数多，但凿井一旦见功，进入正式生产，又是按股份均一原则进行收益分配，这就必然形成投资损失差额。若凿井终不见功，不能实现收益，全井股东都会蒙受投资损失。而股份单位投资量大者损失要更大一些，凡此种种，均谓之资本风险原则。由以上原则所组成一整套集资用资机制，经自贡盐业发展史证明，确乎是行之有效并充满活力的。当然，这个机制之所以能在自贡盐场广泛实行，关键在于存在一个强大的投资诱因，即一旦凿成高产井，则投资者可以在一夜之间变为巨富，不过这是另一性质的问题，已在契约股份制形成条件中予以阐述，兹不具论。自贡契约股份制合资井之集资机制，个性色彩如此鲜明，以致在现代诸种公司形式中都难以找到与之相似处。从形式上看，此种集资机制所显示的资本原则，与股份有限公司实行"资本三原则"是否有共通处呢？按：所谓资本三原则是指资本确定原则、资本维持原则以及资本不变原则，是说公司设立时，必须在章程中写明资本总额，并须由股东全部认足，公司在其存续过程中必须保持与其设立资本额相当的财产，此种确定的资本额不得随意变动，如需增减，应按法定程序进行，并将改变结果公之于众。这个"三原则"的基本精神，是在资本确立的情况下，确保公司实际财产与注册资本相吻合，以便有效地维持社会交易的安全即保护公司债权人的利益。换言之，因为公司实行债务清偿有限原则，公司的实际财产便成了对公司债权人的唯一担保，有必要实行保证制度和公开制度。可见，自贡合资井的资本原则与股份有限公司的资本原则，不仅内容不同，且功能亦异，前者是为了确保自身资金筹集的内应机制，后者是为了维护债权人利益的外应机制。

通过不同侧面的展示，不难发现，实行契约股份制的四川自贡合资井灶企业，与现代公司股份制之无限公司、有限公司、股份有限公司等基本形式相比照，既存在共同点，也存在相异点，还存在一些已所独具而诸种公司形式皆无的个性特点。总体地看，最主要的共同点，均系由不同的财产主体按一定章程组建的以营利为目的并承担民事责任的经济联合体。分别地看，与三种公司形式各有异同，但异同的程度显然有别，与无限公司异多同少其去也远，与有限公司同多异少其去也近，与股份有限公司同异并存而同者多属主要方面唯程度不及故其去也不远。综合处置这些共同点、相异点、独具点以及远远近近的关系，必然形成一个个交汇坐标，不言而喻，这个交汇坐标正是我们要探求的中国契约股份制的学术定位，简言之，体现于四川自贡盐业经营的中国契约股份制之学术定位，可以表述如下：第一，它是一种公司形式；第二，它是一种近似于有限公司但又具有自己鲜明个性特点的公司形式。

在世界股份制度史上，公司的出现并形成多种具体形式，对于促进社会经济发展，具有特别重大的意义。各类公司因应发达商品经济的能力各异，其实践推广程度不尽相同。17世纪出现产业革命以后广泛流行的股份有限公司，集资数量大速度快、股东无资格限制且股权转让灵便，尤其它的所有权与经营权相分离的原则特别适应生产社会化的发展趋势，集中地反映了现代股份制的特点，成为当今世界上最重要的公司形式，因而也是股份制公司最典型的法律形式，就像其他公司形式存在优点的同时又相应地存在缺点一样，股份有限公司也有其自身不可避免的缺点。诸如股东众多往往导致大股东操纵局面、社会关系和内部机构复杂，组建困难又不便管理，以及股票自由买卖容易助长投机心理给社会生活带来某些混乱之类，不一而足。19世纪末叶，一种股东人数有限，组建和管理十分灵便、股东均负有限责任、股票不得上市交易的股份经济形式即有限公司形式应运而生，由于它在诸种公司形式中最为晚出属后起之秀，因而得以吸收各种公司的优点，在一定程度上克服它们的弊端，从而发展成为各种公司中数量最多的一类，显示出强大的生命力。考虑到本文论列的中国四川自贡盐场实行的契约股份制有直接文献可证的历史，截至1949年，已逾两个世纪，较之西方19世纪末产生于德国随即得到迅速推广的有限公司股份制，在时间上至少早出一百年。虽然客观地看，两种合资形式都是属于不同地区人民在历史分隔情况下的独立创造，不必抑扬轩轾，但若按历史的表述法而不按分析的表述法，则当是晚出的西方有限公司股份制近似于中国契约股份制，而不是相反。这一点，似应引起经济史研究者的注意。又考虑到这两百多年间自贡盐场的历史条件，虽然较早地产生了资本主义的萌芽，并逐步实现了手工工场向机器生产的一定程度的转变，商品经济有了明显发展，从而为实行契约股份制提供了必要前提。但是这个必要前提即社会经济基础相对于同时期的西方国家无疑要薄弱得多。自贡盐业经营者凭借这个相对薄弱的社会经济基础，巧妙地实施一系列因应弥补机制，使契约股份制充分发育，极大地推动了自贡地区盐业经济的发展。在我国近代史上，自 19 世纪 60 年代开始，先是在一些沿海沿江口岸，后来扩展到全国大多数省区，不少企业采用了西方公司形式，但因生搬硬套，收效甚微，至有因不同程度地扰乱社会经济秩序使人谈虎色变视公司为畏途者，可见实行股份制尤其是实行公司股份制以发展商品经济，同样存在一个结合实际的问题，小而言之，不同地区的实际，大而言之，不同国家的实际，自贡盐场的契约股份制，在注意公司股份制一般规则的同时，大力结合地区实际，形成了自己鲜明的个性特色，这方面的成功经验，似应引起经济史研究者更大的注意。

五、余论

以自贡为中心的川南盐区真可谓人杰地灵。仅在本文开篇顾带提及的卓筒井深钻技术的创造，可以毫不夸大地认为是继四大发明之后中国人民奉献给人类大家庭的一项伟大成果。其流所及，以深钻为手段开发地下资源的后之来者莫不仰承其惠，表明中国先民确是有科学头脑的。至于本文主要介绍的契约股份制，更是神思交汇、气象万千，与西方所创有限公司等股份制体式有异曲同工而又不失自身风韵之妙，其基本立意乃至若干具体做法，完全能够给现实股份经济特别是发展中国家股份经济，提供历史启示，开拓营运思路，丰富操作技巧，表明中国先民的确是有经济头脑的。此种富集科学智慧与经济智慧的文化积淀，对正在以经济建设为中心、实行改革开放之今日中国来讲，不啻为宝贵的历史资源，大力而及时地开发这种资源为现实所用，可以树立民族自尊心，增强民族自信心，加快实现现代化的步伐。

为学当有用于实际。中国传统文化其实存在一个重实学的传统。早在八百多年前，南宋著名学者郑樵即指斥那些徒以口舌争胜、虚妄相高的所谓学问为"欺天之学""欺人之学"，呼吁建立有裨于应用的"实学"。时至今日，社会已发展到如此程度，以致任何存在物都必须在一个"实"字面前辩明它存在的理由，确立它自身的价值，即令以清高自许的学术研究也概莫能外，社会总是喜欢它喜欢的东西而不喜欢它不喜欢的东西，这并非在说拗口令，实在是一种常识，也可以说是一条规律。传统文史类学科，如何因应这个"实"字，固然有不少具体困难。但与其埋怨学科危机、感叹价值低落，不如振作精神、发掘于世有用的历史资源，用"实"的成果，奉献于这"实"的社会，住笔收篇，立此余论，愿与同道共勉。

［本文原刊《四川师范大学学报》（社会科学版）1993 年第 2 期］

高校内迁与战时西南科技文化事业

侯德础　张　勤①

【摘　要】　抗战时期，濒于战火的几十所国立、省立和私立的高等院校络绎内迁，形成了我国教育史上一次自东向西的院校大转移，成千上万的专家教授、职员、工友和莘莘学子，为保存我国高等教育之精华，千里辗转，共赴国难，谱写出可歌可泣的教育诗篇。研究抗战时期高校内迁的过程，总结其成功的经验，肯定其对西南科技文化事业发展的巨大推动作用是非常有意义的。

【关键词】　抗战时期；高校内迁；西南科技文化

抗战时期，濒于战火的几十所国立、省立和私立的高等院校络绎内迁，形成了我国教育史上一次自东向西的院校大转移，成千上万的专家教授、职员工友和莘莘学子，为保存我国高等教育之精华，千里辗转，共赴国难，谱写出可歌可泣的教育诗篇。本文仅就抗战时期内迁院校的艰苦办学及其对发展内地科技文化事业的贡献，做一点分析、探讨。

---

① 作者简介：侯德础，男，1947年生，成都人，四川师范大学教授、硕士研究生导师，曾任四川师范大学历史文化与旅游学院院长、党总支书记，四川师范大学图书馆馆长，四川工商学院党委书记，兼任四川省历史学会及四川省地方志协会常务理事、四川省教育学会历史分会理事长。主要研究方向为中国近现代史、抗日战争史，在《四川师范大学学报》《民国档案》《抗日战争研究》等刊物发表论文数十篇，出版《中国工合运动》《抗日战争时期四川及周边地区的经济与文教》《抗日战争时期中国高校内迁史略》等专著多部，多次获奖。

张勤，女，1970年生，1995年在四川师范大学历史系中国近现代史专业研究生毕业并获历史学硕士学位，曾工作于四川省旅游学校，后赴美生活。

一

七七事变后，日军长驱直入，陷我大片河山，给本不发达的我国高教事业带来空前浩劫。据国民政府教育部统计，战前我国专科以上学校共 108 所[①]，但"至本年（1938 年）八月底止，此一百零八校中受敌人破坏者，共计九十一校，其中全部受敌人破坏者计十校"[②]。许多名牌大学损失惨重，如清华大学校舍损失约合 350 万元（法币，下同），加上图书设备损失和迁长沙后校舍被炸损失，总计达 605 万元。南开大学被炸毁，损失共 375 万元。浙江大学损失校舍约 130 万元，图书及仪器设备约 26 万元。设于南京的国立中央大学虽受政府眷顾搬迁较早，但也死伤 6 人，财产损失达 38.34 万元，这还不包括沦于敌手的校舍和不动产所值的 233.06 万元。[③] 严酷的事实表明，由于中国半殖民地半封建社会所造成的经济文化中心偏重于华北、华东大城市的畸形布局，致使战衅一开，多数高等学府便暴露在日军的炮火之下。生死关头，这些院校中不愿当亡国奴的师生员工为了保存中华民族教育之国脉，毅然内迁大西南复校办学。

抗战时期的高校内迁主要有两个高峰期：

第一个高峰为 1937—1939 年，其间全部或部分内迁的高校共 50 余所。[④] 抗战爆发后，先是平津的清华、北大、南开三校迁长沙，继因战事扩大，三校再迁昆明，合组为国立西南联合大学。同一时期，北平还有朝阳学院、北师大劳作专修科、北平艺专、北平铁道管理学院分别内迁川黔。北方诸省较早内迁的高校还有青岛的山东大学、济南齐鲁大学、唐山土木工程学院、青岛的山东省立医专、山西太谷的铭贤学校和九一八后迁至北平的东北大学等校，多移往川黔湘桂，而终以川境为归宿。

随着日寇侵华战火的蔓延，高校内迁西南的浪潮也迅速波及华东的宁、沪

---

① 国民政府教育部编：《第二次中国教育年鉴》第 1406 页所附民国二十一年至三十五年度（1932— 1946）《全国专科以上学校之校数》，商务印书馆，1948 年。

② 延安时事问题研究会编：《抗战中的中国文化教育》，上海人民出版社，1961 年，第 28 页。

③ 延安时事问题研究会编：《抗战中的中国文化教育》，上海人民出版社，1961 年，第 29～33 页。

④ 参阅《第二次中国教育年鉴》第 588～791 页私立大学、独立学院、专科学校概况；《抗战时期内迁西南的高等院校》各篇及第 352～356 页所附《抗战时期内迁西南的高等院校情况一览表》，贵州民族出版社，1988 年。

等市和华中、华南地区。设于南京的国立中央大学、中央政治学校于 1937 年 8、9 月间率先迁渝。金陵大学亦于 1937 年秋迁成都华西坝。此外，南京还有国立剧专、国立药专、国立牙专、中央工业职业学校、中央国术体育专科学校、蒙藏学校、金陵女子文理学院先后内迁，几经坎坷，最后基本上汇集于成、渝等地。上海作为中国最大的工商业城市和经济文化中心，高校云集。"八一三"以后有同济大学、大夏大学、复旦大学、光华大学、上海法学院、东吴大学、吴淞商船专科学校、私立两江女子体育专科学校等 8 所院校相继内迁。除大夏迁贵阳和赤水外，余均辗转奔向四川。

江浙方面，杭州浙江大学于 1939 年底出发，迁往贵州；杭州艺专、镇江江苏省立医政学院、无锡江苏省立教育学院和国学专修学校、扬州南通学院医科、苏州江苏省立蚕丝专科等学校，在经历了浙赣、湘桂、湘黔等反复播迁后，多数来到川省的重庆、璧山和嘉定（乐山）。中南方面，武汉迁校共 5 所：国立武汉大学、武昌中华大学、武昌华中大学、武昌文华图书馆专科、武昌艺专，除华中大学经桂林迁往大理喜洲外，其余均移往四川乐山、重庆和江津。华中还有南昌的中正医学院于 1939 年秋移昆明，次年又迁贵州镇宁，1941 年 8 月在蒋介石的压力下重回江西永新；长沙湘雅医学院 1939 年 10 月迁贵阳，1944 年 12 月再迁重庆。华南方面，广州中山大学于 1938 年 10 月迁罗定，嗣后又经广西龙州、云南澄江两度周折，1940 年秋又迁回粤北坪石；广东省立文理学院、省立法商学院，也在桂粤间几度流离。

战时高校内迁的第二个高峰期发生在 1940 年下半年至 1943 年春。因日寇加紧准备太平洋战争，从 1940 年夏季起，上海租界的形势日益恶化。1942 年 12 月战争终于爆发，租界旋被日军强占，原迁上海租界及东南各省的院校又不得已相继内迁。上海租界内迁的上海沪江大学、交通大学和立信会计专科学校，分别迁往重庆和万县。七七事变后辗转于安徽屯溪和上海的杭州之江文理学院，再迁贵阳，后与沪江、东吴两校合并。当时北平也有两校内迁：中法大学迁往昆明；燕京大学因系美国教会所办，珍珠港事件后被日军强行解散，师生千里流离，1942 年在成都复校。另外，香港华侨工商学院曾迁往梧州、柳州和四川江津，1945 年秋再迁重庆。

除两次高峰外，私立上海东亚体育专科学校在沪战时转入法租界，太平洋战争爆发后师生又汇集皖南，1944 年夏辗转来川，在泸县复校。抗战岁月中，若干内迁院校师生还在四川新设了 4 所院校，一般也将其归入内迁院校之列。即：乡村建设学院，前身系平教会 1930 年成立的"乡村建设育才院"，抗战中在巴县歇马场正式扩充为独立学院；社会教育学院，系以内迁的江苏省立教育学院师生为基础，1941 年 8 月正式成立于璧山县；国立音乐专科学校，前身是 1939 年内迁师生在重庆复兴关开办的音乐干部训练班，1943 年更名为"国立音乐学院分院"；国立女子师范学院，1940 年 9 月创办于江津白沙镇。

综上所述，抗战时期各地内迁西南的院校，内迁的军警院校和院校本地移动者，共 61 所。其中，大学 22 所，独立学院 17 所，专科学校 22 所。① 内迁地域分布相对集中，有 48 所即 78.7% 集中在四川，多在渝、蓉两地。盖因重庆为战时国统区的政治、经济、文化重心，所以不独与政府关系密切者如中央大学、中央政治学校、陆军大学、中央警察学校、蒙藏学校等要移往重庆，一般院校为各方面方便计，亦多集中于重庆，使该市内迁院校达 32 所之多：大学 9 所，大学研究院 1 所，独立学院 10 所，专科学院 12 所。加上原有或新办者，战时重庆地区的高校多达 39 所，居全国之冠②，从而奠定了重庆作为战时中国高等教育中心的基本格局。其他院校内迁成都 9 所，昆明 10 所，桂林 5 所，贵阳 5 所。其余则散布在大西南各地。内迁院校麇集处还形成了一些学府毗连、学子如云的学苑区，像重庆沙坪坝、成都华西坝、北碚夏坝、江津白沙坝，即为名噪一时的大后方"文化四坝"③。

值得注意的是，内迁院校一次迁定不再移动者仅有中央、武汉、金陵、光华等不到 20 所，不及内迁总数的 1/3。多数内迁院校因为国民政府对整个高校的迁办指导不力，更乏切实的支持，往往几度搬迁而难以安身。如同济大学就先后迁往上海公共租界、浙江金华、江西赣州和吉安、广西八步、云南昆明、四川南溪李庄，前后竟 7 次大搬家。由于许多学校搬迁频繁，师生大量流失。据国民政府教育部报告，抗战前，全国大学和专门学校学生 4 万余人，教职员约 7000 人，到 1938 年人数最低时，学生几减一半，教职员减少 30%。④ 减员最多的山东大学在战火中颠沛流离，师生几乎散失殆尽，不得不在渝宣布停办。各校图书、仪器设备的损失也极为严重，如中山大学在 4 次迁徙中丢失的仪器、标本、模型等即达 604 箱，散失图书杂志 20 多万册，其他设备、家

---

① 根据国民政府教育部编《第二次中国教育年鉴》第 588~791 页第二至四章公私立大学、独立学院、专科学院概况统计；参阅《四川文史资料》第 13 辑；《抗战时期内迁西南的高等院校》各篇及 352~356 页附表，贵州民族出版社，1988 年。

② 莫珍莉：《重庆——抗战时期的文教中心》，《四川与抗日战争》，（台湾）川康渝文物馆，1995 年 9 月印行，第 79~80 页。

③ 莫珍莉：《重庆——抗战时期的文教中心》，《四川与抗日战争》，（台湾）川康渝文物馆，1995 年 9 月印行，第 79~80 页。

④ 庄泽宣：《抗战十年来中国学校教育总检讨》，《中华教育界》1947 年第 1 期。

具损失无数。① 这些师生锐减、校产残破的院校漂泊到人地两生的大后方，不但仍要遭到日机的狂轰滥炸，还要面对恶性通货膨胀下经费、物资匮乏的困难，高等教育在大后方举步维艰。

二

抗战期间，内迁院校的师生员工和西南人民共患难，复兴抗战教育事业，弘扬从严治学、艰苦奋斗的传道授业精神，为我们留下了许多弥足珍贵的东西。

一是他们坚持抗战的铮铮浩气和教师苦教、学生苦读、职员苦干的"三苦"精神。

为了复兴教育，抗日报国，内迁院校师生千里跋涉，来到偏僻闭塞的西南城乡。当时由于战时通货膨胀，许多知名学者"始以积蓄贴补，继以典质救济"，甚至到了谋兼差、摆地摊的地步。闻一多就到中学兼了一个专任教员，晚上还要在灯下为人治印，方能维持一家八口的生计。就连联大校长梅贻琦和潘光旦、袁复礼等教授的夫人，为补贴家用也长期合制"定胜糕"，由梅夫人韩咏华提篮送至冠生园寄售。② 困苦之中，为人师表者敬业乐业，像西南联大因校舍分散，梅校长外出常常步行一二十里，总是以孔夫子"饱受波折、东奔西跑，栖栖惶惶，被困于蔡，绝粮于陈，但对教育事业始终如一"的事迹自勉自励。③ 闻一多每天都要在灯下备课到深夜。朱自清一次身患痢疾，批改一夜作文，竟腹泻 30 多次，翌晨仍强支病体匆匆赶去上课。④ 据西南联大的一项不完全统计，该校内迁后不计重复课开出的课程，每年都在 300 门以上。⑤ 连起码的温饱也难维持的教师们，犹如吐丝的春蚕，默默地为教育事业做出了最大的奉献。

内迁学子的生活极苦，许多院校的学生连掺杂着砂子、稗子、老鼠屎的"八宝饭"也难吃饱。但广大同学却苦学不辍，上课时教室人满为患，坐不下

---

① 梁山等：《中山大学校史》，上海教育出版社，1983 年，第 98 页。
② 萧超然等：《北京大学校史》，北京大学出版社，1988 年，第 360 页。
③ 熊明安：《中国高等教育史》，重庆出版社，1988 年，第 536 页。
④ 季镇淮：《朱自清年谱》，《朱自清文集》第 1 卷，江苏人民出版社，1978 年，第 66 页。
⑤ 南开大学校史编写组：《南开大学校史：1919—1949》，联大档案《训导处》卷，南开大学出版社，1989 年，第 263 页。

者就站在外面屏息而听。图书馆人多座少,街头茶馆便成了读书之地,不少人的作业、甚至毕业论文都是在茶馆完成的。由于图书奇缺,不少学生得靠上课记笔记和课后抄教科书来完成学业。各校学生的勤奋好学令当地群众称赞,贵州湄潭一老翁就曾感慨:"浙大的学风太好了! 先生、学生只在图书馆和实验室埋头工作,偶然看到岩上城墙边的浙大学生,手里总是拿着一本书,不是朗诵,就是默念……现在受了这种风气的陶熔,连我最顽皮的小孙子,也在整天读书了。"① 内迁院校的员工无不埋头苦干,1937 年 11 月日军进逼南京时,中央大学农学院畜牧饲养的种畜种禽尚未撤出,罗家伦校长只好宣布放弃。但中大畜牧场职工竟用民船把全部畜禽装运过江,沿豫南、鄂西徒步西进,费时两载,损失大半,剩下的终抵重庆。② 如迁蓉的金陵大学学生在华西坝明德楼借读,而驻地却在相距 3 公里以外的九眼桥红瓦寺。每天均由金大炊事员将午餐送到明德楼,春夏秋冬、刮风下雨从未间断和延误。③

二是坚持因陋就简的办学方针,进行院系调整,压缩行政机构,精减管理人员,提倡兼职兼课,提高了办学效率。

内迁院校抵西南后,多利用当地院校的校舍和设备以及民房和庙宇寺观从俭办学。如迁蓉的 4 所教会大学和国立牙专主要借用华西大学的校舍和设备。中山大学迁至云南澄江,仅文学院就借用了文庙、凤麓小学、玉光楼、观音阁、斗母阁和翠竹庵。④ 另据竺可桢记载,迁黔的浙大"师弟子在校者三千人。其讲堂、寝室、集会、办公、操练、疱之所,取诸廨宁寺观假诸第宅之羡者十八九"⑤。在此情况下,教学环境自然很简陋。当年就读西南联大的杨振宁回忆说:"教室是铁皮顶的房子,下雨的时候,叮当之声不停。地面是泥土压成的,几年以后,满是泥坑。窗户没有玻璃,风吹时必须要用东西把纸张压住,否则就会被吹掉。"⑥ 中山大学"各教室所用椅桌,均以木作柱,其上横置一板即为台,以土砖作基,其上置一板即为凳"⑦。然而,就在这样的茅屋

① 祝文白:《抗日时期的浙江大学》,《抗战时期内迁西南的高等院校》,贵州民族出版社,1988年,第 123 页。

② 刘敬坤:《中央大学迁川记》,江苏教育出版社,1989 年,第 251 页。

③ 金陵大学成都校友会:《迁蓉的金陵大学》,《抗战时期内迁西南的高等院校》,贵州民族出版社,1988 年,第 277 页。

④ 梁山等:《中山大学校史》,上海教育出版社,1983 年,第 99 页。

⑤ 竺可桢:《国立浙江大学黔省校舍记》,《抗战时期内迁西南的高等院校》,贵州民族出版社,1988 年,第 129 页。

⑥ 杨振宁:《读书教学四十年》,《光明日报》1983 年 12 月 1 日。

⑦ 梁山等:《中山大学校史》,上海教育出版社,1983 年,第 101 页。

陋室里，一大批有志青年学有所成，其中包括后来蜚声全球的诺贝尔奖获得者杨振宁、李政道和新中国两弹元勋邓稼先等。

为坚持正常教学，内迁院校还自制教学仪器。如西南联大化学系做实验没有烘箱，就用饼干箱代替；买不到双氧水、盐酸，就自行配制。[①] 1942 年，吴大猷教授由美国带回一具低压汞弧灯，在一所泥地泥墙的房子里拼凑成一个最原始的分光仪，试着做一些"拉曼效应工作"[②]。浙大师生亦自制云室和感光胶，自己动手吹制玻璃用具，用皮老虎鼓风，用酒精蒸气代替煤气，用油纸代替玻璃建温室，用废信封做育种袋，用瓦盆做蒸发器皿[③]，充分发挥了自己的聪明才智。

抗战前我国高校院系科目重叠，机构臃肿。为适应战争环境，各校在迁建时进行了合并和整顿。以西南联大为例，在联合时把原来重复与相近的院系合并归一，师资设备联合使用，这就集中人力物力形成了一定的学科优势，机构和人员也大为精减了。为了提高办学效率，当时各校都很注意发动教师参事议事。一是组织教授会，负责审议教学方案的改进，研究学生的管理，审定学生的毕业成绩与学位的授予，并对校务会其他工作提出建议。二是实行教授兼系主任制度，一般不设副职，至多有一名助教兼任助理。系主任及其助理要对本系的教学管理、教师聘退、课程的设置与取消、学生成绩的核定负全责。有些院校在常设机构和专职人员较少的情况下，常在校务委员会下设立各种由教师参加的专门委员会，协办行政和教学事务。如西南联大 8 年中设立过的专门委员会员就有 70 余个，诸如招考委员会、学生入学资格审查委员会、学生生活指导委员会、课程委员会、聘任委员会、图书设计委员会等等。[④] 委员均为兼职，没有报酬，事情办完，即行撤销。这就大大精减了学校的行政机构，办事效率明显提高。如迁蓉的金陵大学校长陈裕光除主持全面校务外，还担任了化学工业课教授，校长办公室职员仅 2 人。教务处、训导处负责人，均由有教学任务的教授兼任，各处办事员仅三四人。如教务处 3 人，包揽了招生、安排课

---

① 清华大学校史编写组：《清华大学校史稿》，中华书局，1981 年，第 339 页。

② 吴大猷：《回忆》，中国友谊出版公司，1984 年，第 92 页。

③ 贵州省遵义地区地方志编纂委员会：《浙江大学在遵义》，浙江大学出版社，1990 年，第 33 页。

④ 据北京大学档案 1336 号之一、之二《国立西南联合大学大事记》整理，见西南联合大学北京校友会校史编委会：《国立西南联合大学校史资料》，北京大学出版社、云南人民出版社，1986 年，第 5~71 页。

程、组织考试等繁重工作。① 另据西南联大 1939 年的统计，当时全校师生和职员工警共 3700 余人，其中学生约占 80%，而职员（含校医及技术人员）和工警不到 11%。②

三是各内迁院校都重视基础课教学，尤重培养文理"通才"，强调由名师开设高质量的基础课，严格考试和升留级制度，以保证教学质量。

各内迁院校必修基础课的比重都很大。如西南联大，当时文、法、理、工各科的一二年级学生，除必修"三民主义"、伦理学、军训体育外，还都必修国文、英文和中国通史。理工科学生还必修一门社会科学（在政治学、经济学、哲学、社会学和法学概论中任选一门）。同样，文、法科学生也必修一门自然科学课程（在普通物理、普通化学、普通生物、高等数学和科学概论中任选一门）。各院系还有自定的共同必修课目，如文、法学院规定，对上述社会科学基础课必修两门，并必修逻辑学。理、工学院规定，对上述自然科学基础课必修二至三门。当时一年级课程几乎全是学校和院系的共同必修课，如经济系一年级必修课 9 门，即国文、英文、中国通史、伦理学、逻辑学、自然科学（任选一门）、经济概论、体育、军训，共 40 学分。当时基础课教师多是各系的系主任和知名教授。如化学系主任杨石先、生物系主任李继侗等都为一年级新生讲过普通化学、普通生物学，而一般讲师却很难排上共同必修课。③ 这些名师名家开设的必修课，为学生的继续深造打下了较坚实的基础。

内迁院校也相当重视"通才"教育。如朱自清主张"大学教育应该注重通才而不应该一味注重专家"④。梅贻琦也主张，大学"重心所寄应在通而不在专"⑤。浙江大学校长竺可桢曾告诫学生："若侧重应用科学，而置纯科学、人文科学于不顾，这是谋食而不谋道的办法。"他要求理工学生不但要打好数理基础，还要兼学文史学科。文、法科学生也要兼通数理知识，二者不可偏废。⑥ 为实现这一目标，许多内迁院校都实行了选修制和辅修制。当时各校选

---

① 金陵大学成都校友会：《迁蓉的金陵大学》，《抗战时期内迁西南的高等院校》，贵州民族出版社，1988 年，第 277 页。

② 车铭等：《战争烽火中诞生的西南联合大学》，《抗战时期内迁西南的高等院校》，贵州民族出版社，1988 年，第 33 页。

③ 南开大学校史编写组编：《南开大学校史：1919—1949》，联大档案《训导处》卷，南开大学出版社，1989 年，第 365 页。

④ 朱自清：《论大学共同必修科目》，《高等教育季刊》第 1 卷第 3 期。

⑤ 杨立德：《西南联大教育史》，成都出版社，1995 年，第 39~40 页。

⑥ 贵州省遵义地区地方志编纂委员会：《浙江大学在遵义》，浙江大学出版社，1990 年，第 27 页。

课相当自由，选择的范围也很宽。有的课是在规定的范围内选择，有的则由学生自由选择，只要符合规定，可不受院系限制，可依专业需要或个人兴趣选本系或外系的课程。如当时化学系就有学生选"杂剧与传奇"，物理系亦有读"元曲选"等课者。许多院校还实行宽松的旁听制度，即使校外青年也可随意旁听。若干院校还可选读辅修课程，如化学系可选物理课程作辅系，机械系选农艺课程作辅系等。

为保证教育质量，内迁院校普遍制定了严格的考试和升留级制度。首先是对录取新生坚持"宁缺勿滥"。像迁渝的交通大学因在国内久负盛名，常有一些权贵为子女亲友入读说情，然而不到考试分数者，校长吴保丰一概拒绝。[①]许多院校对在校生皆有严格的考试制度，规定考试分期考、临考、补考、会考几种。临时考试的次数与日期由教员自行酌定，一般是每期1学分的课程至少考2次。若期考不及格，补考亦很严格。一般规定学生学期不及格科目之学分总数不满该期修习分总数1/3，其不及格科目成绩在40分以上者，得予补考，但以一次为限。补考仍不及格，应令重读，不及格科目不满40分者，不得补考，应直接重读。西南联大还特别规定，新生考入后只是分系，不算入系。经一年学习后，凡本系必修基础课考在70分以上者，方能正式入读本系，否则就得转系或转学。[②]

四是各院校结合抗战和大后方的实际需要，加强实用学科的教学和科研，成效颇著。

据国民政府教育部统计，1936年，全国大专院校各类系科为文科192个，法科82个，商科55个，教育58个，师范无，理科160个，工科99个，医科23个，农科54个，而到1944年，同类系科的数量已演变为文科158个，法科127个，商科94个，教育42个，师范137个，理科140个，工科164个，医科41个，农科106个。[③] 以上数字反映了抗战前一年与抗战胜利前一年我国大专院校系科增减的一般趋势。若以系科的增减来做一观察，则工科增加65个，高居榜首。其余依次为农、法、医、商4类，均呈正增长；文、理、教育3科呈负增长。除师范为大后方亟须属净增长外，增长最多的是与解决抗战军民衣食问题相关的农科，其下依次为医、商、工、法各科。这说明在抗战时期，以内迁院校为主体的高等教育十分重视与社会的实际需要相结合。内迁

① 刘露茜、陈贻芳：《交通大学校史》，上海教育出版社，1986年，第393页。
② 清华大学校史编写组：《清华大学校史稿》，中华书局，1981年，第292页。
③ 据国民政府教育部编《第二次中国教育年鉴》第1409页所附民国二十一至三十五年度（1932—1946）全国专科以上学系、学科一览表的数字计算。

院校许多专家也将研究的视角转向当地重大问题，如西南边疆问题研究、藏学研究、西南资源与生物物种的调查与开发、西南农学研究等，并取得成就，为优势学科的形成和发展奠定了基础。

三

高校内迁是抗战时期中国政治、经济、文化重心西渐运动的重要组成部分。它除了具有在全民族抗战中保存和发展我国高等教育的重大意义，还打破了西南地区长期封闭、发展停滞的状态，促使当地经济文化出现了一段"跳跃式"的发展，从而加快了西南地区近代化的过程。高校内迁对战时西南科技文化事业的影响，主要表现在以下两个方面。

（一）传播了新思想、新技术、新知识，推动了教育和公益事业的发展，开启了民智民风

直至抗战开始时期，西南多数地区还处于封闭的自然经济状态，工商稚拙，人们的观念亦很保守。像国立剧专迁到江安时，江安还是一个弥漫着封建思想的落后小城，学生读书历来是男女分校。看到剧专男女学生同学习、同歌舞、同上街，夏天还同江游泳，江安人始有微词，日久即见惯不惊了。[①] 当时大后方许多人不知"电""引擎"为何物，浙大工学院便特地在遵义展出飞机残骸和电话、电灯、发电机等，并现场表演电焊及土木工程方面的拉力、压力等实验。[②] 同济大学迁宜宾李庄时，还曾用直流发电机为自古点油灯松明子的当地乡亲发电照明。[③] 所有这些，都冲击了内地保守的风气，十分形象直观地传播了科技常识。

内迁院校对西南教育事业的发展也助益颇大。如迁遵义的浙大师范学院曾对黔、桂两省中等教育的师资培训、教学大纲的制定及教学的示范，做了许多很具体的工作。1941年4月曾由浙大教授主持召开教学辅导会议，并开办了两省教师进修班和星期讲习会。1944年春，又举办了教员函授学校，组织

---

① 肖能芳：《国立戏剧专科学校在江安》，《抗战时期内迁西南的高等学校》，贵州民族出版社，1988年，第350页。

② 贵州省遵义地区地方志编纂委员会：《浙江大学在遵义》，浙江大学出版社，1990年，第37页。

③ 翁智远等：《同济大学史》（第一卷），同济大学出版社，1987年，第89页。

"社会教育工作服务队"，开办学术讲座、民众夜校、青年补习班、民众阅览室、科普展览等。① 再如武昌华中大学迁大理喜洲后，其教育学院三四年级的学生，大部分都要到当地五台中学实习，有的教师也去兼课。8 年中培养了数以千计的高、初中毕业生，仅华中大学招收的云南学生就达 300 多人，而迄于30 年代初，喜洲全镇仅有大学生 3 人。②

为改善迁入地的卫生等公益事业，内迁各校也做了大量工作。浙大迁遵义后，针对贵州抽鸦片者众多且难戒绝的情况，竺可桢校长曾亲自组织学生为贫苦烟民戒毒募集经费而义演。学校还与地方政府合办了一所戒烟处，免费为穷人戒烟。③ 其时川南流行一种难治的"瘴病"，患者皮肤发麻或局部肌肉麻痹，症状延至胸部即会死亡。同济大学杜公振教授等通过动物实验反复研究，查明系因五通桥所产食盐中含有氯化钡，从根本上解决了该病的治疗和预防，挽救了成千上万的患者。④ 另外，西南联大教授陶葆楷还曾带队到昆明附近各县搞阴沟排水，大大改善了当地环境卫生。⑤

（二）培养了大批后方开发与建设的亟须人才，推动了西南地区学术文化的发展

抗战八年，大后方高校培养的 77600 余名毕业生中⑥，多数出自内迁院校。为培训各方面亟须人才，各校还举办了不少短期专修科、训练班、先修班等。如蒙藏学校的边疆教育行政、卫生教育、畜牧兽医、边疆政治等专修科和边疆师范专修科，朝阳学院的垦殖、茶叶、侨生先修班等，都培养了西南开发与建设的亟须人才。

为利用内迁院校的科技优势发展战时生产，国民政府经济、交通、军政三部会同航空委员会在 1938 年 5 月拟定了一个理工学院、职业学校与各种工厂合作的办法条例。经济部指定 11 所军需和被服厂，航委会指定 5 所修理厂，

---

① 贵州省遵义地区地方志编纂委员会：《浙江大学在遵义》，浙江大学出版社，1990 年，第 38 页。

② 范麟章：《抗日战争时期迁滇的武昌华中大学纪事》，《抗战时期内迁西南的高等院校》，贵州民族出版社，1988 年，第 107～108 页。

③ 贵州省遵义地区地方志编纂委员会：《浙江大学在遵义》，浙江大学出版社，1990 年，第 38～39 页。

④ 翁智远等：《同济大学史》（第一卷），同济大学出版社，1987 年，第 87 页。

⑤ 清华大学校史编写组：《清华大学校史稿》，中华书局，1981 年，第 366 页。

⑥ 据国民政府教育部编《第二次中国教育年鉴》第 528 页所附民国十七至三十六年度（1928—1947）全国专科以上学校毕业生数与科别表的数字统计。

各与所在地理工院校合作，以增加军需生产。这一尝试成效颇著。太平洋战争爆发后，日军对我国厉行封锁，国民政府抗战的外援物资一度断绝，燃料用油更是匮乏。是年冬，军令部函请转令各院校研究汽油代用品，各校响应。相继研究出每加仑桐油行车 18 公里的桐油汽车、煤炭汽车和用糖、酒、松香提炼代汽油的技术和工艺。某校教授周晓和等，还在江油猫儿沟、海棠铺等处发现优质油藏，并协助有关部门进行了开采。① 内迁院校师生还积极参与了大后方水力及矿产资源考察，并协助在四川的桃花溪和清渊洞、贵州修文河、云南富民等地建起了若干水电站。② 在大后方的交通建设，如修筑、筹建湘桂、叙昆、天宝等铁路，抢修滇缅、成渝、成兰、汉渝等公路及号称"特种工程"的大后方各军用机场的过程中，中央大学、交通大学、西南联大等工科院校学生大量被征调充当工程技术人员，参加了各工程的勘测、设计和施工，为疏通大后方的内部和国际交通，开辟盟军飞机出击日本本土的作战基地，做出了不可磨灭的贡献。

为解决抗战军民的衣食问题，内迁院校在农业科技的推广上下了很大功夫。如迁蓉的金陵大学建立了农科所，育成小麦新种"金大2905"，在川推广增产约 20%。由山西迁蓉的铭贤学院师生不仅写出了《四川金堂烟草生产制造及运销调查》等一批有价值的论文，还与四川烟叶示范场合办了金堂烟圃，与农林部合作进行植棉推广、稻虫防治、玉米和小麦良种的推广示范，并代办兽医讲习班，对当地农、牧品种的改良做了大量工作。③ 浙大在遵义和湄潭期间，先后进行了土豆、番茄的种植推广，以及黔北虫害防治和各种蔬菜种子的推广。④ 浙大农化系罗登义教授对贵州野果刺梨的营养成分进行了研究，使刺梨的经济价值受到关注，成为"新山珍""疏果之王"。英国著名科学家李约瑟甚至直呼刺梨为"罗登义果"⑤。

内迁院校汇集了当时中国最杰出的学者。如医学界的戚寿南、张孝骞，科技界的竺可桢、茅以升、熊庆来、周培源、华罗庚、苏步青、钱三强、王淦

① 张丽门、何保善：《十年来之石油事业》，谭熙鸿主编《十年来之中国经济》（上册），中华书局，1948 年，第 6～10 页。

② 孙果达：《民族工业大迁徙——抗日战争时期民营工厂的内迁》，中国文史出版社，1991 年，第 263 页。

③ 侯德础：《抗日战争时期成都学术文化的发展》，《解放》1994 年 1、2 期。

④ 贵州省遵义地区地方志编纂委员会：《浙江大学在遵义》，浙江大学出版社，1990 年，第 39 页。

⑤ 贵州省遵义地区地方志编纂委员会：《浙江大学在遵义》，浙江大学出版社，1990 年，第 45 页。

昌、吴大猷，文教界的吴贻芳、陶行知、叶圣陶、朱自清、闻一多、朱光潜、徐悲鸿，社会科学界的马寅初、梁漱溟、陈望道、费孝通、陈寅恪、钱穆、吴宓、翦伯赞、周谷城、徐中舒等。他们在大西南生活，耕耘了八年，造就了当地学术文化的空前繁荣。这首先表现为各类学术机构和团体的大量出现。仅以民初以来以消费城市著称而少有学术建树的成都而言，抗战中相继出现的学术机构即有：清华教授张怡荪创办的西陲文化书院；何其芳、朱光潜等为理事的"文协"成都分会；叶圣陶等为馆员的四川省立教育科学馆；社会学家李安宅主持的华西边疆研究所；留美生王善佺首任所长的四川农业改进所；史学家钱穆主持的华西大学历史研究部；吕叔湘、缪钺受聘的华大文化研究所。此外，还有金陵大学的农科研究所、化学研究部、农经系研究部；金女大的儿童福利实验所，以及清华大学航空研究所等。① 在陪都重庆，更汇集了内迁的中国科学社、中国工程师学会，以及中国地质、天文、气象、地理、物理、化学等学会，还有南开的经济研究所，复旦的商科研究所、文艺研究会、世界语研究会、国际问题研究会等。②

与学术机构的广泛建立、积极开展活动相适应，抗战时期大西南的学术刊物出版也堪称繁荣。如成都有《政治经济月刊》《四川教育》《现代科学》《大学月刊》《华西边疆学会杂志》《中华医学杂志》（英文版）等20多种。③ 重庆除了各学会的会志、会刊、通讯和各院校学报外，还有《科学》《科学与技术月刊》《宇宙》《地质评论》《四川经济季刊》等数十种学术刊物。这些刊物有力地促进了西南地区学术文化的发展。

在由高校内迁而营造起来的学术氛围中，出现了大批研究成果。文学方面，冯友兰自1939年起，先后出版了《新理学》《新事论》等系列理论著作。语言学家王力出版了《中国现代语法》和《现代语法摘要》，还与罗常培一起新开了汉藏语调查和汉越语研究的崭新领域。朱自清出版了《诗言志辨》《新诗杂谈》《经典常谈》等书稿。④ 郭沫若创作的历史剧《棠棣之花》《屈原》《虎符》《孔雀胆》，阳翰笙的《天国春秋》《塞上风云》，茅盾的小说《腐蚀》，老舍的小说《四世同堂》，吴祖光的剧本《风雪夜归人》，臧克家的诗集《泥土的歌》，都是脍炙人口的传世之作。

---

① 侯德础：《抗日战争时期成都学术文化的发展》，《解放》，1994年1、2期。
② 卢于道：《抗战七年来之科学界》，《革命文献》第59辑，第108页。
③ 参阅《成都报刊史料专辑》第1、3、6、8、10各辑；《四川档案史料》，1985年第4期。
④ 车铭等：《战争烽火中诞生的西南联合大学》，《抗战时期内迁西南的高等院校》，贵州民族出版社，1988年，第10页。

史学方面，七七事变后经史大师蒙文通由津返川，先后写成《周秦民族史》《中国史学史》和《古地甄微》。[1] 钱穆的《国史大纲》，冯友兰的《中国哲学史》被列为"部定"大学用书。郑天挺针对日本的满洲独立论，写了《清代皇族之氏族与血源》，还出版了《清史探微》等著作，吴晗写了《记明实录》，出版了《明太祖》一书。陈寅恪的《唐代政治史述论稿》，《隋唐制度渊源略论稿》，汤用彤的《两汉魏晋南北朝佛教史》，均属上乘之作[2]，郭沫若也写下了《屈原研究》《论曹植》《甲申三百年祭》，后者深得毛泽东赞许，认为"大有益于人民"，将其指定为中共整风必读文件。还要提到的是，1942 年至 1943 年，留美归来的史学家冯汉骥主持了成都西郊前蜀王建墓的大规模考古发掘，成为抗战时期西南考古最辉煌的一页。[3]

西南边疆与民族研究，是抗战时期学术研究的一大特色。1941 年，社会学家李安宅在成都发起筹建了华西边疆研究所，聘藏学家任乃强等到所工作。他本人于 1944 年夏深入西康北路，研究藏族各教派达半年之久，发表了一系列关于边疆问题的论著，出版了至今犹有参考价值的《边疆社会工作》一书。在藏学方面，李安宅这一时期的主要著作有《拉卜楞的护法神——佛教象征主义举例》《喇嘛教育制度》等。他主持的华西边疆研究所，还出版了刘立千所译《印藏佛教史》《续藏史鉴》，以及于式玉等所编《西北民歌》等书。[4] 西陲文化书院也于 1937 年和 1938 年 1 月出版了张怡荪编写的《藏汉集论词汇》和《藏汉语对勘》两书，其后又先后出版了《藏文书牍轨范》《汉藏语汇》和《藏汉译名大辞汇》，在此基础上，他们于 1945 年汇编成一部 10 大册《藏汉大辞典资料本》，成为全国藏汉辞书中资料最丰富的稿本。[5]

自然科学方面，当时仍有不少学者致力于基础理论研究，取得了令人瞩目的成就。如吴大猷关于多元分子振动光谱与结构的研究，马士俊的原子核及宇宙射线之同子理论，苏步青的曲线影射研究，李四光对南岭地质构造之研究，马延英关于珊瑚层的生长断定古代气候的分析，张青莲的重水研究，赵九章的大气之涡漩运动研究等，都是在困难条件下取得的成果。由英国返川的川大教授柯召，1938－1940 年间在数论中的二次型和不定方程方面做出了举世瞩目

---

① 李有明：《经史学家蒙文通》，四川省政协文史资料研究委员会、四川省文史馆编《四川近现代文化人物传》，四川人民出版社，1989 年，第 155 页。

② 车铭等：《战争烽火中诞生的西南联合大学》，《抗战时期内迁西南的高等院校》，贵州民族出版社，1988 年，第 11 页。

③ 《四川近现代人物传》第二辑，"冯汉骥"，四川省社会科学院出版社，1986 年。

④ 《四川近现代人物传》第六辑，"李安宅"，四川大学出版社，1990 年。

⑤ 《四川近现代人物传》第二辑，"张怡荪"，四川省社会科学院出版社，1986 年。

的贡献。动物学家郑义，对四川的寡毛类资源进行了深入的调查，共报道了34 个新种和 1 个新亚种，被外国同行称为中国研究寡毛类的奠基人。① 获英国爱丁堡大学博士学位的植物分类学家方文培，深入峨眉山观察植物，采集标本凡 4 年，编写出 200 多万字、插图 200 多幅的科学巨著《峨眉植物图志》，引起外界瞩目。②

以上事例表明，抗战时期是西南地区历史上学术文化空前繁荣的一个时期，而这种繁荣与内迁院校师生的艰苦努力是分不开的。

[本文原刊《抗日战争研究》1998 年第 2 期]

———————

① 《中国现代科学家传记》第 2 集 "柯召" "郑义" 传，科学出版社，1991 年。

② 许光瓒：《植物分类学家方文培》，四川省政协文史资料研究委员会、四川省文史馆编《四川近现代人物传》，四川人民出版社，1989 年，第 357 页。

中华基督教会在川、康边地的宗教活动

杨天宏[①]

【摘 要】 从 19 世纪 30 年代末开始，中华基督教会全国总会发起了一场"边疆服务"运动，基督教传播也同时展开。边疆服务带有"社会福音"的鲜明色彩。在这场运动中，总会同工深入川西北藏、羌山区及凉山彝族聚居地，配合教育、医疗卫生、生计等社会服务工作实施布道，力图构建基督教的"川西圣地"，并"复兴"西康地区已呈颓势的教会事业。这一努力虽取得一定成绩，但因川、康民族地区信仰状况复杂多元，以及未能处理好世俗性社会工作与神职人员秉承的传达"上帝旨意"之间的关系，总会未能实现在"喜马拉雅低地"构建基督教福音"高地"的预期目标。

【关键词】 中华基督教会；川康边地；社会福音

1939 年底，当抗日战争正艰难进行时，中华基督教会全国总会决定设立边疆服务部，进入川西北藏、羌山地及西康凉山彝族地区服务边民并从事基督

① 作者简介：杨天宏，男，1951 年生，四川成都人，历史学博士；先后就读于西南师范学院历史系、四川大学历史文化学院。曾任四川师大历史文化学院院长、校学术委员会副主任、校学位委员会副主任，四川师范大学"首席教授"，兼任中国宗教学会理事、中国现代史学会常务理事，曾任四川省历史学会常务理事、副会长。获四川省政府颁哲学社会科学优秀科研成果一等奖及二等奖各 1 次、三等奖 4 次，获四川省优秀教学成果一、二等奖各 1 次，其博士论文 2003 年入选"全国百篇优秀博士论文"。1997 年获国务院颁政府特殊津贴，1999 年获曾宪梓优秀教师奖，2000 年评为"四川省先进工作者"，2001 年被评为四川省学术和技术带头人，2003 年获"全国五一劳动奖章"。2003 年 9 月受聘四川大学历史文化学院，任教授、博导、"214 人才工程"第一层次人才、历史文化学院教授委员会副主席、校学术委员会委员、校学术道德委员会委员。2016 年荣获四川大学"卓越教学奖"一等奖。其治学领域宽广，研究学科跨越政治、法律、经济、文化、宗教、外交，所涉时段跨越晚清、民国及中华人民共和国。曾独立承担 1 项国家社会科学基金重点课题及 3 项国家社科基金一般课题，出版学术著作 6 部，译著 2 部，参与编写教材 2 部，发表学术论文 100 余篇，其中 30 篇在国家权威级学术刊物上发表，已经发表的著作总字数超过 400 万字，在国内外学术界产生了相当大的学术影响。

教传播。① 边疆服务的一项重要任务是在被视为通往西藏阶梯的"喜马拉雅低地"传播基督教，改善长期以来处于紧张状态的"夷"汉关系，以便将基督教福音传播到更加广袤的中国边疆。对此，总会英文秘书柯乐智（Archie R. Crouch）曾以彝、汉关系为例做了如下说明：

> 倮倮面临数十年前北美印第安人曾经忍受的与美洲殖民者相处几乎同样的命运，他们已被雄心勃勃且人口众多的汉人逼处到中国西部边陲，土地和财富被占用。他们惟一的想法堪称原始，那就是战斗，去反对那些有着较高文明和沉重人口压力的汉人带来的新奇古怪的事物。中华基督教会的领袖意识到，倮倮问题惟一合适的解决之道是服务而非诉诸武力；夷区问题惟一公正的解决途径，是基督教在倮倮和汉人之间调停。这一艰巨任务已由中华基督教会于 1939 年开始承担。如今在广袤的喜马拉雅低地开展的服务计划，是要将基督教的全部拯救暗示传递给中国边民，这是基督教会所欲实施的更大行动计划的重要组成部分。②

柯乐智对既有彝、汉关系的描述不免言过其实，却道出了中华基督教会急迫前往川、康民族地区传教的抱负。此项教会工作持续了 16 年，布道工作始终是期间全部工作的重心。③ 总会执行干事高瑞士（E. B. Copland）曾表示，边部的宣教工作与其他事业"一样是占有最根本而最重要的地位"；"边疆工作的推进，必须各方面密切联系，互为一体，才有成功的可能，而宗教工作尤其应与整个工作计划气息相通，密切配合"④。边部主任张伯怀也认为，就性质而言，边疆服务"从一开始就是一项基督教的传教运动"，强调的是"教会中

① 有关中华基督教会在中国西南边疆开展福音传播的研究，历来成果甚少，仅有少数学者在综合性的研究中以有限篇幅旁及，且大多语焉不详。具有一定参考价值的论著，有刘吉西等编：《四川基督教》，巴蜀书社，1992 年；秦和平：《基督宗教在西南民族地区的传播史》，四川民族出版社，2003 年；顾卫民：《基督教与近代中国社会》，上海人民出版社，1998 年；姚民权、罗伟虹：《中国基督教简史》，宗教文化出版社，2000 年；杨学政主编：《云南宗教史》，云南人民出版社，1999 年；韩军学：《基督教与云南少数民族》，云南人民出版社，2000 年。笔者在这一领域也做了一些研究，申请了一项国家哲学社会科学基金课题，终端成果《救赎与自救：战争与政制转型中的中华基督教会（1939—1955）》将由北京三联书店出版。

② 耶鲁大学神学院图书馆藏边部档案：Archie R. Crouch, The Presbyterian Board of Foreign Missions：Hymns in the Himalayas, RG17, Box 1 Folder 15.（该档案未注明页码及写作时间。本文所引用的全部耶鲁神学院档案均由本文作者翻译成中文，下同）

③ 耶鲁大学神学院图书馆藏边部档案：Evangelistic Work of the Border Mission of the G. A. of the C. C. C.，Box 1 Folder 9.

④ 高瑞士：《我对于边疆服务部工作的观感》，《边疆服务》第 24 期，1948 年 5 月，第 8 页；耶鲁大学神学院图书馆藏边部档案：Archie R. Crouch, Report on a Visit to the Border Mission, Box 1, Folder 9；《川西动态·圣诞节好礼物》，《边疆服务通讯》第 5 期，1946 年 2 月，第 7 页。

心"的原则。①

从地缘角度分析，总会发起边疆服务，将布道工作由沿海及内地通商口岸向被称为"边疆"的西部少数民族地区转移，既包含适应反对日本侵略、建设抗战后方需要的政治因素，也带有改变教会在华发展布局不合理状况的考量。② 但此前基督教在中国内地的发展步履维艰，晚清遭遇反洋教运动的压迫，民初又面临非基督教运动的冲击，一直处于逆境之中。将布道重心转向西部边疆少数民族地区，能否为教会开拓新的生存空间？居住在"边疆"的藏、羌、彝族民众对基督教持何种态度？中华基督教教会能否如愿以偿地在"喜马拉雅低地"构建福音传播的"高地"？这些问题不仅教会人士必须面对，今日的研究者也不能回避，因为它关系到完整的基督教在华传教史的重建。

一、诸神并祀的边地宗教环境

对于一个宗教团体而言，宣教无疑是全部工作的出发点和归宿。在教会各项事工中，布道具有明显不同于其他事工的特点，对既有宗教环境具有很强的选择性和依赖性。边地布道，宗教环境复杂，情况尤其如此。

以川西北地区为例。该区藏、羌、汉各族杂居，各民族间生活习性与宗教传统截然不同。羌人大多来自青海一带，他们中间流行着一个古老传说，谓其祖先系由神人引导，骑着骆驼自遥远的北方来到此地。据民族学家马长寿调查，川西羌人可分三部：一为"汉化羌"，住在汶川及理番境内的岷江东岸，汉化较深，有些已同汉人无甚分别；一为"嘉化羌"，住在理番北、松番西的黑水两岸；一为"博俫羌"，为文化较低的一部分羌人，居于黑水、岷江之间。在信仰上，羌人处于原始宗教阶段，居所附近山上有"神林"，为其敬拜天地山川诸神之处，居室内供奉有众多的"神"。他们敬祖先，拜白石，家家屋顶高处均置放白石一块。羌人社会中引领拜神者叫作"端公"，是羌民的"先知"，解难释疑，咸决于他，消灾禳祸，端赖于他。羌族主要分布在内地与藏区之间，与内地关系较密，隔阂不深，在羌民中开展宗教工作相对易于着手。又因风俗与藏族不同，没有专一虔诚的信仰及专职僧侣，无"惟一强大"的宗

---

① W. B. Djang, "An Oasis on a Vast Human Desert," in Chester S. Miao, ed., Christian Voices in China, New York: Friendship Press, 1948, pp. 181—182.

② 详见拙文：《新教在华路向变化与边疆服务的兴起》，《宗教学研究》2009 年第 1 期。

教组织，在羌族聚居地区传教，不易受到有组织的抗拒。①

1920 年代前往当地布道的英国传教士陶然士（Thomas Torrance）曾用"民族迁徙"说解释羌族独特的宗教信仰，认为该民族宗教文化中的许多特征（如信仰唯一最高之天神、不拜偶像、尚白以及杀羊还愿等），都与古犹太宗教传统或《圣经》中记载的习俗有神秘的内在联系。陶然士曾以传教士身份，将其对羌族文化的解释带到羌民社会。20 世纪三四十年代葛维汉（David C. Graham）前往岷江上游考察时，惊讶地发现许多羌民都自称是"以色列人的后裔"，并说他们信仰的天神就是"上帝耶和华"②。这一源于陶然士的说法虽不免牵强，但它能被部分羌民接受，至少表明基督教信仰与羌民固有信仰并不完全抵触。

川西高地则居住着被称做"嘉戎"的族群，系与汉人接触较多的藏族之一支。"嘉戎"是戎语 tarun 的译音，有人说是临近汉人的意思，也有人说是高山地带的意思。"戎人"大多居住在理番以西、雅砻江以东之大、小金川流域，大体分为两部分：一为"屯民"，即清朝时的"归服"者，国家将其纳入军队编制，平时在家务农，有事应征出战，"守备、千总、把总等称呼，现在仍保存在他们中间"；一为"土人"，即土司管辖的"戎人"。土司对属民有生杀予夺之权，俨然君王之于臣民，政府的势力，尚未完全达于这部分人当中。③ 戎人因系藏族一支，多信仰喇嘛教，境内有庄严雄伟的喇嘛寺庙，供其膜拜。戎人每家若生有男子二人，必有一人出家，到西藏"留学"，读经八年，便能考"格龙"，即一般通称的"喇嘛"。喇嘛在戎人中享有各种特权，生活优裕。④

羌、戎二族均有各自的语言，却没有文字。戎人虽无文字，但有少数人读

---

① 马长寿的研究结论参见《踏进了边疆服务部的工作区》，《田家半月报》第 9 卷第 2 期，1942 年 1 月 16 日，第 6 页。按：羌人的族群认同未必完全与马先生的分类相同，如"博俫羌"虽说羌语，但却被认为是藏族。近年台湾学者王明珂推出《羌在汉藏之间：川西羌族的历史人类学研究》（中华书局，2008 年）一书，基于历史学、文化人类学、民俗学及宗教学的理论方法，对羌族社会组织及其宗教信仰做了深入细致的研究，提出很多有价值的见解，可资参考。

② Thomas Torrance, China's First Missionaries: Ancient Israelites, London: Thynne & Co. Ltd., 1937, pp. 78−94; David C. Graham, The Customs and Religion of the Ch'iang, City of Washington: TheSmithsonian Institution, 1958, pp. 20−21.

③ 《踏进了边疆服务部的工作区》，《田家半月报》第 9 卷第 2 期，1942 年 1 月 16 日，第 6 页。另外，马长寿著《嘉戎民族社会史》一文，可供认知该民族族源、社会及宗教文化之参考，参见周伟洲编：《马长寿民族学论集》，人民出版社，2003 年，第 123～164 页。

④ 在杂谷脑布道的耿笃斋发现："杂谷脑番民较多，而汉化程度为浅。宗教单纯，除全境有十余位曾一度信奉基督教外，咸系喇嘛教势力范围。每户有弟兄三人者，多半有一人去学喇嘛，当了喇嘛，就觉得有无上的尊荣，转回家里，连自己的生身父母也奉之如神明，特别优待。"（《边疆服务之川西消息》，《公报》，第 12 卷第 9 期，1940 年 9 月，第 8～9 页）

藏经、用藏文，故被认为在文化上高于羌人。汶川、理番境内靠近汉人居住区的羌、戎边民，差不多都会说汉话，其子弟亦有入学堂读书者。[①]

两相比较，藏区传教要困难得多。原因在于藏区喇嘛教势力强大，组织严密，对外来宗教比较排斥。川西北藏区属安多藏区，与青海、西藏并为喇嘛教的"势力范围"。藏区既有宗教信仰状况给外来宗教的传播设置了障碍，但杂谷脑等地处于藏区东极，嘉绒藏族又是藏人中最接近内地文化的一支，信仰相对自由，故被边部视为"送福音进西藏的阶梯"。边部同工认为，在藏区传播福音，只能以"滴水穿石"的办法下手："这不是几个年代的事业，必须准备几个世纪的工夫。"[②]认为到藏区传教，工作人员除了接受基本的神学训练，尚须学习当地语言、翻译书籍、沟通文化、联络感情，最好选择邻近喇嘛寺的地点设立服务处，学习喇嘛教义，向青年喇嘛讲授近代知识和实用技艺，博取好感，否则难收成效。[③]

至于边地汉人，除少数公务人员外，大半是客居商民，另有一些过往商贩和以接送行旅为生的抬滑竿者，来源复杂，各省皆有，居所多靠近交通要道。由于边地文化欠发达，没有"正当"娱乐，致使烟、赌盛行。特别是抬滑竿者，生活困苦，疾病缠身，精神空虚，容易染上不良习性，这给边部开展福音传播以机会和条件。

中华基督教会在当地的布道工作并非拓荒。在边部进入川西服务区之前，已经有内地会人士到该地区布道，但收效甚微。[④]当地民众不知传教士缘何而来，心存疑忌，这是布道工作受阻的重要原因。1940年《总会宣教事工同年工会时刊》载文指出：布道工作开展之初，边部同工"每日在深沟游行，更不时到寨子内探望，并无本地人之介绍与领导，纯系单人开垦工作，以致引起番人之怀疑：有的认为是调查民情者，有的认为是蓄意卜居藉资营业者，还有疑

---

① 《羌戎二族的生活比较》，《田家半月报》第9卷第5、6期合刊，1942年3月1日，第7页。

② 上海市档案馆档案：刘龄九《边疆服务部工作简报》，《中华基督教会全国总会第五届总会议录》（苏州，1948年10月），第164页，编号：U102—0—16。

③ 一位考察者对当地社会生活做了如下记述："那一带地方，因为前几年遭遇兵灾杀戮之惨，以至男丁稀少。又因番民崇信喇嘛教，在社会上很有地位，人人都喜欢当喇嘛，结果喇嘛除外，男女人口的比例，现今成为男一女五之比，跟着而来就是入赘之风甚盛。番民向系一夫一妇制，因为男少女多的需要，转变成一男可以数易姓名入赘数女。地方调查户口不大容易，名册上男丁不少，实际每一丁而化名数户者居多。彼中民众，深受历年压制，似乎志气不扬，端赖心理建设之处极大。至于汉化，已具相当程度，可于户贴汉文门对见之，同时见每户贴有喇嘛符咒，皆藏文。"（《西行见闻记》，《公报》第12卷第6期，1940年6月，第1～6页）

④ 余牧人：《教会在川西的布道工作》，《公报》第13卷第5期，1941年5月，第4页。

为是算命先生"①。布道的边部同工被误认为是"算命先生",乃当地民众依据经验做出的判断,这一误判凸显了边部福音传播面临的巨大困难。

再以西康为例。西康在清季属川边特别区,战略位置重要,却一直未能有效治理。抗战开始、国民政府西迁后,方致力于对该地区的控制。1939年,西康正式建省。西康有雅属、宁属之分,雅属较为"开化",宁属相对"落后",是当局最感棘手的区域。该地为彝族(时人称为倮倮、倮罗、夷人等)聚居地,经济贫困,政令不举,彝汉关系紧张。若按中国学者习惯的社会形态区分法,当时的彝族尚处在"奴隶社会"②。彝人性情强悍,好"打冤家",常常造成不良社会后果。③

更为严重的是当地匪患、烟毒并行,致使社会动荡不宁。民国时期所谓"华北的黄河与凉山的夷匪,是中国的两大祸患"的说法④,虽有夸大之嫌,亦有部分事实存焉。退一步言,即便"匪"系包含敌意的贬称,亦可见视之为"匪"者与其对立甚深。西康省主席刘文辉曾制定以"德化"代替征服,以"同化"代替分化,以"进化"代替羁縻的"三化政策",但收效甚微。⑤ 到凉山为边民服务,被许多人认为是"以肉养虎",是"极大胆而极冒险的尝试"。天主教曾在该地区布道,"其活动主要限于汉人聚居的商业中心,没有表现出到少数部族中传教的意图"⑥。早先进入该地区的新教传教士也无功而返。但在边部同工眼里,"在中国所有的边地同胞中,夷人需要福音的程度,最为迫切"。遂决定迎难而上,暂缓办理云、贵苗民服务区而先在西康设立服务区,服务对象以彝族为主,兼及汉族。⑦

从信仰角度分析,彝族社会盛行学者视为"原始宗教"的信仰。彝人被认为"迷信"甚深,怕鬼而不敬神,相信"人的一生都在同鬼周旋,不是向鬼投降,就是与鬼作战"。其生活习性也因"鬼"而生出诸多禁忌,如携肉入室、

① 上海市档案馆档案:《边民宣教近况》,《总会宣教事工同年工会时刊》(中华基督教会全国总会公报专号),1940年复刊,第20页,编号:U102—0—27。

② 也有认为是农奴制社会的,参见李绍明口述、伍婷婷等记录整理:《变革社会中的人生与学术》,世界图书出版公司,2009年,第168~170页。

③ 《边疆服务部工作报告》附录"冼崇光先生昭觉巡回观感",《公报》第16卷第2期,1944年10月,第10~15页。

④ 上海市档案馆档案:刘龄九《边疆服务部工作简报》,《中华基督教会全国总会第五届总议会议录》(苏州,1948年10月),第166页,编号:U102—0—16。

⑤ 参见李仕安:《西康宁属概观》,《边疆服务》第11期,1946年9月,第11页。

⑥ 耶鲁大学神学院图书馆藏边部档案:Project for Research of Lolos Religion,1943,Box 1-2.

⑦ 耶鲁大学神学院图书馆藏边部档案:Memorandum of the Border Service Department,Dec. 26,1946. Box1,Folder 6.

呼哨、用油煎炒饮食等，都被视为"引鬼"之举；把一切灾祸（如战争、饥荒、瘟疫、疾病乃至噩梦）都归咎于"闹鬼"。若不幸而遇"鬼"，唯一的办法就是请巫师（当地人称"笔母"）献祭祈祷。若身体有病，巫师则大显身手："小病'打鸡'，大病'打猪'，最大病'打牛'。""一次不愈打二次，二次不愈打三次，一直打到无可再打为止。彝人平时应酬鬼灵所需之费用约占其全部收入之半数。若遇疾病死亡，则往往倾家荡产。"① 彝人根深蒂固的怕"鬼"而不敬"神"的信仰状况与"耶稣基督"的教义格格不入。很可能正是这一状况，迫使原先在凉山的天主教徒放弃其传教的努力，早于边部进入凉山的新教传教活动也未著成效。

总体而言，川、康边地民众信仰呈多元并存状况。在羌族所居山区，民众"诸神并祀"，大致处于多神崇拜阶段。由于同时供奉众多神灵，彼此见惯不惊，减少了对"异教"的排他性，有利于基督教在当地寻求新的生存空间。在彝族所在的凉山地区，居民"迷信"甚深，"一生都在同鬼周旋"，对外来宗教不免排拒，只因未能形成单一宗教，排拒力并不强烈。但在藏族聚居地区，喇嘛教势力强大，已经形成罗素（Bertrand Russell）所说的排他性很强的"制度性宗教"（Institutional Religion）②，给基督教预留的生存发展空间也就相对狭小。

在讨论这一问题时，马克斯·韦伯（Max Weber）有关宗教的一段论述具有启发意义。他认为，"要判断一个宗教所体现的理性化程度，可以运用两个在很多方面互相联系的尺度，其一是：这个宗教摆脱巫术的程度；其二是：这个宗教将上帝与世界之间的关系，以及由此而来的这个宗教本身与世界的伦理关系，有系统地统一起来的程度"。韦伯认为，基督新教所显示的各种特点表明，它已将巫术完全彻底摈弃。③ 韦伯所言旨在论述新教与巫术的本质区别，却为研究者揭示了具有"资本主义"色彩和"理性主义"精神的基督新教与川、康边地既有信仰及宗教的性质差异，并道明了在该地区传播基督新教可能面临的困难，尽管研究者不能将该地区既有的宗教笼统划归"巫术"的范畴。

---

① 上海市档案馆档案：刘龄九《边疆服务部工作简报》，《中华基督教会全国总会第五届总议会议录》（苏州，1948年10月），第172页，编号：U102—0—16。
② 参见《罗素先生的演讲》，《少年中国》第2卷第8期，上海亚东图书馆，1921年，第36页。
③ 参见马克斯·韦伯：《儒教与道教》，洪天富译，江苏人民出版社，1995年，第256页。

二、教会"川西圣地"的草莱新辟

中华基督教会并非最早进入岷江上游地区传教的教会团体，在边部同工进入川西区之前，该地区已留下新教传教士的足迹。据余牧人记载，最早到该区布道的是内地会的傅克仁牧师，时间是宣统三年，地点在理番、汶川一带。民初，内地会又派倪维思（John L. Nevius）、陶然士等在这一带设堂布道，并在杂谷脑得到第一位受洗信徒。1918 年，美道会派毛树森到理番布道，为四川协会开辟了一个自养布道区。建于 1922 年的杂谷脑教会和 10 年后建立的理番教会都属于该布道区，但都在 1935 年的内战中遭到破坏。杂谷脑教会后由四川协会委托总会派驻杂谷脑的宣教师接管，理番教会则未恢复。威州教会和距威州 25 里的东门沟教会，原为内地会所建，1924 年都让给美道会办理。威州会堂于 1934 年被洪水冲毁，东门沟教堂也早已荒废，1940 年春由当地信徒捐款重建，算是羌民第一个自立教会的初基。茂州也有一个教会，属圣公会，会堂早已颓废，多年没有传道活动。汶川的族头，从前内地会常派人去布道，至今虽有信徒数家，却无礼拜堂。1935 年以后，除杂谷脑尚有若干布道及医药工作外，其余完全停顿。[①] 到边部进入时，该地区的宗教工作几乎失去可资凭借的任何基础。

边部开辟的第一个服务区位于川西北一带，以理番为中心。耿笃斋是边部聘任的第一位宣教师，抵达杂谷脑的时间是 1940 年 3 月初。耿笃斋到达后，首先在营盘街租了一间民房寄居，着手医药及教育工作，以便寻找机会，推动宗教事工。通过与当地居民接触，耿笃斋发现"夷民对于新鲜活泼之基督教甚感兴趣"，遂试办茶馆布道。每日上午在茶馆，或向茶客讲道，或作个人谈话，或介绍宗教读物。喝茶者因多不识字，常请耿牧师帮助阅读宗教图画，详为指点。因其耐心讲解，每日均有人准时到茶馆听道及阅读，并常来借阅书报。久之，"茶友"成了"教友"，各项宗教活动逐渐展开，"杂谷脑教会由此复

---

① 余牧人：《教会在川西的布道工作》，《公报》第 13 卷第 5 期，1941 年 5 月，第 4 页；《基督教会在边疆的布道工作》，《田家半月报》第 8 卷第 2 期，1941 年 1 月 16 日，第 9 页。有关教会在理番传教的历史，崔鸿泽著《理番教会史略》有更为详尽的记述，《公报》第 14 卷第 3、4 期合刊，1942 年 4 月，第 12～13 页。

生"①。

在布道过程中，耿笃斋不拘常法，因地制宜，机动灵活，具体方法包括举行团体灵修、栽培已有教友、家庭拜访、巡诊谈道、办理平校、主日崇拜及开办儿童歌咏班等。② 耿笃斋坚持走"本色"之路，尊重当地民风民俗。他在杂谷脑营盘街发起组织敬老会，"提倡孝道，敦厚民俗"，"本基督爱人之精神，以服务尊敬老人为宗旨"，将中国传统文化习俗与基督教教义糅合在一起，会员享有请求免费诊疗及借阅边部书报的权利。所编敬老会会歌充分体现了中国传统文化与基督教文化的结合。③ 该会创建后，报名者不少。

值得注意的是，耿笃斋信守"社会福音"理念，将传教与发展当地生计事业结合。川西盛产羊毛，杂谷脑是羊毛集散地，但都输往灌县，本地没有人穿毛衣。经耿笃斋努力，成立纺织合作社，开创了杂谷脑的羊毛纺织业，产品很快在本地打开销路。1941 年春将产品带到成都展览，深得各方赞许。取得初步成功之后，边部成立了手工艺传习所，以推广羊毛纺织技术。以此为基础，耿牧师开始乡村布道，尤其注重利用旧历年过后的农闲期间，奔走乡里，一则拜年，一则布道，乐此不疲。

由于尊重当地民众固有习俗，加之给百姓带来实惠，杂谷脑居民和耿笃斋建立了友好关系，各村寨领袖也都与他熟识，工作不到一年便有 11 位边、汉信徒受洗，"'马其顿教会'的基础从此再定"④。在受洗居民中，有一位妇女原来信喇嘛教，受耿牧师感召，居然改信耶稣基督。此外，常有青年喇嘛出席查经班，虽未必转变信仰，亦可见传教工作的影响。随着当地教会由"复生"到"复兴"，最初的礼拜聚会场所不敷使用。在中华基督教会全国总会与四川大会协助下，1942 年春，边部在当地完成了福音堂的建设工程。福音堂规模不大，但建筑"精雅"，为边部在当地传教提供了场所。⑤

1942 年 9 月，耿笃斋因积劳成疾，医治无效，不幸病故。为纪念和表彰

---

① 《川西杂谷脑宗教事工近讯》，《公报》第 12 卷第 12 期，1940 年 12 月，第 9 页；上海市档案馆档案：《总会宣教事工同年工会时刊》（中华基督教会全国总会公报专号），1940 年复刊，第 19 页，编号：U102—0—27。

② 《边疆服务之川西消息》，《公报》第 12 卷第 9 期，1940 年 9 月，第 8~9 页。

③ 耿笃斋：《宗教活动在杂谷脑》（续），《田家半月报》第 8 卷第 6 期，1941 年 3 月 16 日，第 9 页。

④ 参见张伯怀：《耿笃斋牧师传略》，《公报》第 14 卷第 7、8、9、10 期合刊，1942 年（无月份），第 9~10 页。

⑤ 《川西杂谷脑福音堂举行献堂典礼》，《田家半月报》第 9 卷第 19 期，1942 年 10 月 1 日，第 11 页。

耿氏在传教工作中的贡献，华西宣教事工委员会决定将杂谷脑礼拜堂命名为"笃诚堂"①。此后边部先后聘任了 4 位传教士，但任职时间均较短，杂谷脑的布道工作因此陷入低谷。1944 年，边部聘请崔毓珊主持杂谷脑医院，在崔夫人、美国籍宣教士李美英（Mildred Wright）的努力下，杂谷脑的传教工作有所改观。后因李美英"身兼数职"，既负责杂谷脑的妇女工作，又兼做杂谷脑医院的护士，宗教活动无专人负责，布道工作再度受到影响。

1946 年 5 月，华西神学院毕业的张泽民应聘到杂谷脑负责宗教事工。② 张泽民到杂谷脑后即组织查经班，7 月正式开始，第一次参加者仅 6 人，后增至 20 余人。当年中秋在礼拜堂举行月光礼拜，"营盘街青年男女几全体到场"。为引起当地居民对儿童教育的重视，又组织儿童教育讨论会。③ 经张泽民努力，杂谷脑宗教活动再度活跃。圣诞节后，张泽民在杂谷脑成立"交谊室"，吸引教外人士。通过举办各种活动，当地人士尤其青年，对教会已形成新的认识，到堂听道者，逐渐增多。此外，儿童"主日学"也十分活跃，活动地点共三处：一在营盘街，每次到儿童 40 多人；一在医院内，由李美英主领，每次到 30 多名；一在丹扎木沟，每次亦有儿童 30 多名。④

此外，边部同工还做出努力，试图改变过去普遍存在的邀集民众聚餐"吃会"或"吃教"，却忽略福音传播实际效果的做法。《川西杂谷脑宗教事工续讯》记述说：

> 本地有"过耶稣会"的习惯，就是在过耶稣圣诞的那天，教会请本街绅董聚餐一次。前任四川协会派往在杂谷脑传道之龙嘉让君于去冬圣诞节前回到本地，对于"吃会"习惯，认为并无意义，遂决定不办，节期既届，上午鸣钟号众，招聚学友廿余位，举行纪念堂崇拜；晚上复召集庆祝会，到会人数更多，大家唱圣诞诗歌，并有简短游戏，男女老小，备极欢洽而散。⑤

在川西区区部所在地威州，宣教工作亦逐渐开展起来。威州是个小镇，总共只有百余户人家，人口不及千人。虽地方偏小，却回教、天主教、基督教俱

---

① 李琼阶：《宣教工作报告》，《公报》第 15 卷第 1、2 期合刊，1943 年 2 月，第 23 页。

② 《川西消息·张泽民夙愿得偿》，《边疆服务通讯》第 7 期，1946 年 6 月，第 6 页。

③ 张泽民安排的查经程序为："先四福音，以《马太》与《约翰》为代表；次《使徒行传》；以后为书信。查经班目的在引人认识基督耶稣及了解基督教的发展史。"（《杂谷脑展开宗教工作》，《边疆服务通讯》第 9 期，1946 年 10 月，第 24 页）

④ 张泽民：《杂谷脑的一年》，《边疆服务》第 18 期，1947 年 6 月，第 17～18 页。

⑤ 《川西杂谷脑宗教事工续讯》，《公报》第 13 卷第 2 期，1941 年 2 月，第 10 页。

全，且各有礼拜堂。其中回教信徒较多，基督教礼拜堂早年被大水冲塌，仅剩基址，教友星散。1940 年边部进入威州之后，由宗教干事邵云亭主持宗教活动。邵按时举行礼拜，向附近山寨传布福音，且计划重修礼拜堂。

后邵调往萝卜寨主持工作，采取个别谈话、小组讨论、家庭访问等方式布道。1941 年，邵决定将大部分时间用于萝卜寨，并设法租赁房屋作福音堂，为布道工作奠定了基础，以至一段时间内，萝卜寨取代威州，成为川西区布道工作的总部（headquarter）。① 邵调往萝卜寨后，仍定时回威州主持礼拜，邵不在威州时则由崔德润及卫生干事负责。川西区部办公处亦每周举行崇拜，由崔德润及邵云亭轮流负责。经邵、崔等人努力，威州开始复活基督崇拜，并逐渐发展成教徒心中的"川西的圣地"②。

理番县城的布道工作也逐渐展开。该县原有福音堂及女子小学一处，后被毁。边部 1940 年 10 月在此设立医院后，始恢复礼拜，每周轮流在各教友家举行，由卫生干事马锡山负责。因马热心工作，总会遂聘他兼任川西布道员。

川西区传教工作做得较有声色的是宗教节日庆典。圣诞节是基督徒的重大节日，通常教徒都要举行大型庆祝活动，边部自不例外。庆典新颖的形式和丰富的内容往往吸引当地居民围观，有的服务处还邀请教外人士参加并赠送礼物，由此密切了边部与当地居民的联系。1945 年圣诞节，威州一改过去只请朋友庆祝的做法，遍请威州居民参加。龙溪寨是川西区部新设服务处所在地，宣教干事范文海认为"这是一个同地方父老接近的好机会"，于是扩大圣诞庆典规模，共招待宾客 63 人，全寨只有 3 户人家因事没能参与。庆典给参加者留下深刻印象，扩大了基督教在当地的影响。③

值得注意的是，边部还将医药事工当作发展传教事业的重要策略。"医疗传教"是基督教在华福音事业的重要组成部分，在近代中国经历了长期的发展过程，对中国社会产生过重要影响。在教会看来，将医院诊所"作为一种福利

---

① 边部文献记述说："有两年的时间，邵云亭一直作为福音传播的使者在当地工作，在他之前，没有展开过任何真正直接的福音传播。旧的宗教体系如此强大，以至于邵受到来自 Message of ChristianSalvation 的公开文告的劝诫。尽管如此，他仍然为这一地区的人所熟知，并通常以邵牧师名义发表讲话，虽然他并未被任命为牧师。"（耶鲁大学神学院图书馆藏边部档案：The 1943 Summer MissionWork ofthe Border Mission，Box 1—2；The Building ofChapel and Death ofChen，p. 10，Box 1—1）

② 《川西的圣地》，《田家半月报》第 9 卷第 9 期，1942 年 10 月 1 日，第 6 页；马锡山：《宗教生活在威州》，《公报》第 15 卷第 1、2 期合刊，1943 年 2 月 15 日，第 30 页。

③ 《川西动态·庆祝圣诞大欢喜》，《边疆服务通讯》第 5 期，1946 年 2 月，第 6 页。此外，Mildred Stray 著《杂谷脑的圣诞日》一文也记载了杂谷脑过圣诞节的盛况。见耶鲁大学图书馆藏边部档案：MildredStray，Christmas in Zakulao，Box 4—58.

机构为社会提供服务",既可体现宗教宗旨,又能引起人们对基督教的"好感"。于是,医疗卫生服务成为基督教差会重要的传教方式①,边部也不例外。该部成立之初制定的《工作计划大纲》规定:"本部工作拟采用服务区制度,以便因地制宜,使工作人员有充分自由与试办之机会,区内之卫生教育各项事工须统筹兼顾。……每区设卫生干事数人,担任区内医疗,防疫,卫生教育与卫生运动之责。"根据大纲,边部还详细规定了《卫生事工方案》。②

《工作计划大纲》在川西区得到贯彻执行。第一批医疗人员抵达威州开始工作之后,"每日门诊,就医者极多,大有门庭若市,应接不暇之势"。先期到达的宗教人员则"在门诊方面帮助一切,或作门诊布道,或维持病人按着次序入室就诊"③。牧师耿笃斋记述说,医疗工作展开后,布道员工因"每日就医者,门庭若市,乃留在医院门诊处,照应病人,并作门诊布道"④。此外,边部还对就诊病人作家庭探访,以沟通宗教情感。如牧师耿笃斋、邵云亭初到川西时,"感于教友宗教生活之薄弱","常到自流沟作拜访及布道工作",与边民交流思想、联络感情。部分边民很快便"认为知心",邀耿、邵二人到其家中,"款以清茶"。受此启发,二人又采用"家庭礼拜"方式布道,取得一定成效。⑤

此外,"巡诊布道"也成为向边民传教的重要方式。耿笃斋、邵云亭初到杂谷脑时,"每日过午提药包至丹扎木沟,作探访工作"。通过深入探访,布道人员与边民"彼此情感,逐渐增厚,间对(之)谈及宗教问题及耶稣的大爱,无不肃然起敬";"因治疗小病,结识朋友,因而欲谈宗教问题者,亦不在少";耿笃斋也因此被当地民众称为"丹札木沟的牧师"。除了丹札木沟外,耿笃斋还常到哥达寨、述司板、马路寨、堪木关、科多寨、重姑山、克生寨、木完

---

① 罗纳德·L.约翰斯通:《社会中的宗教:一种宗教社会学》,尹今黎等译,四川人民出版社,1991年,第410页。

② 四川省档案馆藏四川省民政厅档案:《中华基督教会边疆服务部人员名册、工作计划、川西区工作报告、暑期服务团筹备经过》,全宗号民54,案卷号2。

③ 上海市档案馆档案:《边民宣教近况》,《总会宣教事工同年工会时刊》(中华基督教会全国总会公报专号),1940年复刊,第18页,编号:U102—0—27。

④ 耿笃斋:《边疆服务通信》,《田家半月报》第7卷第14期,1940年7月16日,第9页。

⑤ 总会曾以简要笔墨,介绍了这一布道方式:每晚七点钟后,在教友家中举行,时间以一点钟为限。办法以多唱圣经诗歌及查经祷告为主旨,教友多喜欢唱,唱到高兴的时候,辄有依恋不忍散会之慨。教友如有任何困难,辄当众提出,大家代祷,借此可使教友得着切实的宗教经验。教友长期聚集者不下七八名,门外窗外旁听者不计其数。看目下情势,家庭礼拜人数必逐渐增加云。上海市档案馆档案:《边民宣教近况》,《总会宣教事工同年工会时刊》(中华基督教会全国总会公报专号),1940年复刊,第19页,编号:U102—0—27。

寨、司务寨等山寨做巡回治疗及访问。巡诊时，边部同工都要散发随身携带的宗教宣传品，希望产生立竿见影的布道效果。[①]

不过总体而言，边部在川西区的宣教工作成效并不显著，受洗皈依的边民数量几乎少到边部无心统计的地步；杂谷脑、威州所属日尔觉寨、佳山寨甚至没有正式宗教工作人员，也没有公开布道。[②] 这虽与边部注重"社会福音"、偏重给世人带来实际利益因而不甚注重吸引信众或异教徒皈依的取向有关，但皈依者的数量少到边部自己都无心统计，应该能够说明其布道成效之不彰。广东籍牧师陈盛荣戏称自己主持杂谷脑教会工作时奉行"三厚主义"：即"脸皮要厚，不怕讲道；肚皮要厚，不怕饿饭；脚皮要厚，不怕爬山"[③]。刻画出陈牧师对传教事业的执着，也道尽了边地传教的艰辛与苦涩。

三、西康教会事业的"枯木重萌"

因为民族构成不同，西康区的福音传播面临比川西区更多的困难，但边部认为，该地区对于福音传播具有特殊的价值和意义。为此，边部制定了彝区布道工作计划大纲，并招募员工，表示"在这一地区，我们应当协助在 3 年内开设 15 个教会站点，至少应该有 20 个西教士和 100 名中国同行被安排在这一具有战略重要性的位置"[④]。从地缘上看，西康区宗教工作主要集中在盐源县之河西和宁属政治文化中心西昌两处。河西是汉、彝交界之地，彝人较多；西昌则以汉人为主，族群构成的区别决定了两处宣教情况的差异。

边疆服务伊始，边部即在河西镇设立了西康区最完整的服务处。河西镇距西昌城约 50 里，因位于安宁河西岸而得名。在边部进入之前，该地区曾有教会人士驻足。"浸礼会原有教会在此，并置有房产。十年来群羊无牧，教会已无形解体，教会房产已被地方人士占居。"[⑤] 所谓被"占居"，系指被用作屠宰场，宗教神圣之地被用作屠宰牲畜，表明当地传教基础非常薄弱。1942 年夏冯葆光牧师到西昌之后，曾先后去河西三次，方将房产交涉出眉目，占住者允

---

① 上海市档案馆档案：《边民宣教近况》，《总会宣教事工同年工会时刊》（中华基督教会全国总会公报专号），1940 年复刊，第 20 页，编号：U102—0—27。

② 云南省档案馆档案：《川西区工作报告》（1943 年），全宗号 51，目录号 4，案卷号 251。

③ 《川西点将·陈盛荣"三厚主义"》，《边疆服务通讯》第 2 期，1945 年 5 月，第 44 页。

④ 耶鲁大学神学院图书馆藏边部档案：A Memo on Border Mission，Dec. 26，1946，Box 1，Folder 6。

⑤ 《西昌教会另有新枝》，《公报》第 15 卷第 1、2 期合刊，1943 年 2 月，第 31 页。

即搬出。准备次年春间略加修葺，即开始在该处做布道工作。朱晨声对该区传教工作的基础有如下记述：

> 查河西教区共有工作据点四处，以河西镇为中心。此外三处：一为距河西以南四十里之阿七沟，一为距河西以北十五里之高草坝，一为距离高草坝以北十五里之罗家场。以上四处地方，都有教会房产，均系清末美国浸礼会所设置，后因该区教务无人主持，致所有房产大半破坏倾塌，非大加修整无法应用，教友更余存无几，且均为行将就木之人。因此我们益觉责任之重大。①

边部进入之后，当地布道工作重新开始。先后在西康区部负责宗教工作的人员有龙永远、冯葆光、朱晨声、张国人、冼崇光等 11 人②，具体情况如下表：

西康服务区宗教干事简况

姓　　名	毕业或肄业学校	原属教会	负责地点	工作开始时间
龙永远	齐鲁神学院	中华基督教会	西昌堂会	1942 年 5 月
冯葆光牧师	华中大学	圣公会	西昌堂会	1942 年夏
朱晨声	齐鲁神学院	圣公会	区部	
张国人	华北神学院	圣公会	西昌堂会	
冼崇光	华西神学院	浸礼会	昭觉四开	1945 年 7 月
吴景牧师	东北神学院	中华基督教会	西昌	
徐植庭牧师	齐鲁神学院	中华基督教会	河西	1943 年 7 月
杨洗心牧师	东北神学院	中华基督教会	德昌	1948 年 8 月
刘凤鸾	崇德书院	中华基督教会	西昌	
王赛玉	倍特利神学院	中华基督教会	西昌	

① 朱晨声：《边疆服务部西康区宗教工作概况》，《公报》第 17 卷第 1 期，1945 年 4 月，第 121 页；张伯怀：《谈宁属——社会的改造，教会的重生》，《田家半月报》第 7 卷第 22 期，1940 年 11 月 16 日，第 8 页。

② 王禾章在致张伯怀的信中曾提到朱晨声受聘边部新布道师的情况，称他是杂谷脑受人尊敬的布道师耿笃斋（1942 年病逝）的同学，说他在齐鲁大学近 20 年医疗布道的经验，他接替王禾章在西昌河西的宗教工作，将促使河西的工作更上台阶。张在致柯乐智的信中转述了王的意见。参见耶鲁大学神学院图书馆藏边部档案：W. B. Djang to Archie R. Crouch, Nov. 27, 1946, Box 1—24.

姓　名	毕业或肄业学校	原属教会	负责地点	工作开始时间
王静寰牧师	金陵神学院	浸礼会	河西	1943 年 7 月

资料来源：中国科学院民族研究所四川民族调查组编印《四川省西昌专区基督教教会简史》（内部参考资料），1960 年 7 月油印本，第 19～20 页；耶鲁大学神学院图书馆藏边部档案：The Heartofthe Christian Community, Box 2－46, R. G. 17.（按：原文未注明写作时间）

　　边部最早在该地区驻足传教的是王静寰牧师。经三年努力，王氏在河西镇与乡邻建立起友好关系，并在 1943 年兴建福音堂，植下了教会重建的根基。①河西镇经常性布道工作包括召集学友集会、唱歌、查经等，家庭拜访、对外联络亦经常进行。此外，王氏每礼拜二至高草坝，礼拜五至罗家场召集学友开会。当地教友及学友多吸食鸦片，经劝诫，罗家场教友郑用臣、河西学友廖全相、李运田及其子均先后戒绝。1943 年 12 月 24、25、26 三日，边部同工召集罗家场、高草坝、小高山及河西居民在河西镇庆祝圣诞并举行布道奋兴会，参加者共 60 余人。②经过努力，王静寰的工作逐渐得到当地民众的认同。③

　　西昌的布道工作也循序展开。前已述及，西昌地区曾经有美国浸礼会传教士传教，但成效不显。边部进入之后，中华基督教会全国总会"与美国浸礼会成立谅解，该会在西昌所有教会教产，已由总会派员办理接收，具报备案"④。耶鲁大学神学院藏边部档案记述了西昌福音堂恢复和使用的具体情况：

　　　　美国浸礼会曾在西昌开展布道活动，创建了一所中学、一座医院和一个福音堂。迄今为止，福音堂是这座城市最大最现代的建筑。1924 年，美国浸礼会决定放弃这一工作地点，与此同时，我们开始了在当地的工作。教会遗留下来的东西少得可怜，在十多年的时间里，福音堂先是被军

---

　　① 张伯怀记述说："王静寰同工主持河西宗教试验区，终年奔波于大小二百多个村落中，其中包括五个中心工作地点——河西、阿七沟、高草坝、罗家场、小高山。在艰苦的环境中，到处撒布了救恩的种子。"（张伯怀：《边疆服务部工作简报》（1944 年），《公报》第 17 卷第 1 期，1945 年 4 月，第 16 页）

　　② 《边疆服务部工作报告》，《公报》第 16 卷第 2 期，1944 年 10 月，第 10～15 页。

　　③ 1945 年春节期间，王静寰准备去阿七沟布道。在河西至阿七沟之间，常有"不法"夷民拦路掳掠，王颇顾虑，但彝人祝六家表示："牧师你去就是了，就是丢一个针也赔你。"可见其工作已得到当地民众一定程度的信任。（《同工动态·王静寰布道忙》，《边疆服务通讯》第 2 期，1945 年 5 月，第 10 页）边部一份年度工作报告对王静寰在河西等地开展的工作也做了详细记述。见耶鲁大学神学院图书馆藏边部档案：W. B. Djang, A Report ofthe Border Service Work, 1944, Box 1－4.

　　④ 许哲明：《正待复兴的西昌教会》，《公报》第 13 卷第 5 期，1941 年 5 月，第 5 页。

队占据，后来为政府机关所用，最后落到一个银行手里。教会许诺，如果我们能够从现在的占住者手里拿回，我们就可以免费使用。于是我们反复协商，软硬兼施，终于在去年5月中旬将其索回并投入使用。在最初几个星期日，礼拜活动都在这里举行，尽管尚无一张桌椅，但所有的人都很高兴能够在这里礼拜———宗教圣所终于发挥了它应有的作用。①

不过边部在西昌的宗教工作最初并不顺利，宣教活动几乎无人理会，边部宣教干事对此非常失望，一年之后即辞职而去。1942年4月，总会委任的宣教及社教干事冯葆光牧师由陕至蓉，6月到西昌。以后，当地的宗教工作渐有起色，查经班、主日学、大礼拜等活动都开展起来。西昌城东之罗家场是西康区部巡回工作之场所，当地一些彝人受边部服务精神感召，曾联名请求加入教会。②

西昌城内的教会先后由冯葆光、朱晨声、刘凤鸾、张国人、恩约翰等人领导，工作渐上轨道，自立、自养亦提上日程。③为扩大传教基础，该区曾筹备教会宗教事工职员训练班，拟于本地信徒中，甄选合宜人员短期训练，以培养教会干部。④为加强崇拜精神及训练音乐常识，西昌区部还组成"圣乐队"，定期练习，每逢"圣日"均有特别唱诗。⑤在张国人主持工作期间，西昌服务处曾利用暑假开办宗教讲习会，讲授圣道研究、卫生须知、农业常识、乡村教育等，产生了一定的布道效果。⑥

以此为基础，边部于1945年2月中旬在西昌举办了一系列布道讲座。其中最具影响的是王伯勋主任、朱晨声牧师及张国人、刘凤鸾、冼崇光、刘善庭、陈洪铨等筹办的"西昌新春布道大会"。该会自2月16日开始，22日结束，地点在西昌南街布道所。白天讲道的总题目为"我为什么要相信耶稣"，由张国人、王赛玉主讲；晚上总题目为"八福"，由朱晨声、冼崇光主讲。在为期一周的布道大会上，共有43人"签名慕道"⑦。由王静寰任主讲的"西昌

---

① 耶鲁大学神学院图书馆藏边部档案：W. B. Djang，1942：The Eventful Year in Border Evangelism，RG17—1—1。

② 《西康区三十一年度大事记》，《边疆服务》第1期，1943年4月，第23页；上海市档案馆档案：刘龄九《边疆服务部工作简报》，《总会第五届总议会议录》（苏州，1948年10月），第171~172页，编号：U102—0—16。

③ 《康区大事·西昌教会自立自养》，《边疆服务通讯》第7期，1946年6月，第10页。

④ 《康区消息·备训宗教干部》，《边疆服务通讯》第5期，1946年2月，第15页。

⑤ 吴景：《西康区西昌宗教工作动态》，《边疆服务》第27期，1948年11月，第11~12页。

⑥ 《康区大事·利用暑期训练义工》，《边疆服务通讯》第7期，1946年6月，第10页。

⑦ 冼崇光：《西昌新春过大布道大会经过》，《公报》第17卷第1期，1945年4月，第21~24页。

城市布道会"也颇具特色，该会在西昌南街中心医院门诊部开讲，每日两次。讲述题目有"烧纸烧香源流考""祈祷与献祭之由来""作新民的条件""孔子与耶稣""天地国亲师与社会关系""谁是救世主"及"人生的归宿"等，体现了文化上传统与现代的融合及信仰上的中西合璧，听众约 500 人，在当地可谓盛况空前。①

1946 年底，边部邀请"夷人"在四开共庆圣诞，由冼崇光负责筹备，并教"夷人"学唱圣诞诗。圣诞这天，彝、汉民众数百人陆续汇聚。下午举行圣诞庆祝崇拜，昭觉省立边民实验小学校长可继光及部分教师也来参加。活动先由冼崇光讲演"耶稣降生的意义"，然后是"夷人学道班"的特别唱诗及汉、夷大合唱，直到黄昏庆祝会才告结束。这是大凉山有史以来第一次过圣诞节，在当地产生了一定影响。②

1947 年 7 月，西康区部公推乔普济（W. S. Upchurch）牧师为宗教组主持干事，领导康区宗教工作，并建议边部组织文字布道社，以"藉文字宣扬圣道及各同工互相交换宗教经验"为宗旨。为活跃宗教气氛，西昌区还组织经常性的青年团契。该项活动最初由朱晨声、张国人负责，后由乔普济接收。"团契"系带有宗教色彩的青年社交活动，通过运动会、音乐会、游艺会、同乐会、旅游考察、幻灯放映等方式，吸引青年对宗教的兴趣。当时西昌的技专校、农职校、小庙卫生院、宪兵营，常有类似活动。③ 此外，该区还举行英语演讲会，并特请美国陆军军士讲述美洲印第安人的生活状况等。④

对于医疗布道，西康区也十分重视。虽然边部派遣赴该区的第一批服务员几乎全系卫生工作者，"但他们到西昌后，第一件工作不是看病，而是召集原有教友重新开始礼拜"⑤。在服务区每个医院，都挂有基督画像及其他宗教图画，所聘医务人员在工作间隙须向病人讲述耶稣"真道"⑥。病人候诊时，还提供宗教书籍，以备阅读。"宗教之画册、图书，尤其是教会报章杂志，虽陈

---

① 朱晨声：《边疆服务部西康区宗教工作概况》，《公报》第 17 卷第 1 期，1945 年 4 月，第 18～21 页。

② 《康区消息·四开初度圣诞节》，《边疆服务通讯》第 5 期，1946 年 2 月，第 10 页。

③ 《西康区宗教组新闻》，《边疆服务》第 20 期，1947 年 8 月，第 35 页。有关团契活动的记载还可参阅冼崇光、余松芝、陆宗祺：《西昌基督教简介》，《西昌市文史资料》第 10 辑，政协西昌市委员会编印，1989 年 10 月，第 20～21 页。

④ 《西昌青年团契活跃》，《边疆服务》第 17 期，1947 年 5 月，第 25 页。

⑤ 《西昌教会的呼声》，《田家半月报》第 8 卷第 15、16 期合刊，1941 年 8 月 1 日，第 15 页。

⑥ 冯葆光：《中华基督教会全国总会边疆服务部西康区部 1942 年秋季宗教工作报告》，《公报》第 14 卷第 7、8、9、10 期合刊，1942 年〔无月份〕，第 35～36 页。

旧亦不计……耶稣奇迹画片，以及其他劝世文"，均被用作"宣教时之急需"。① 医院因人施教，对成年病人发给《马可福音》《耶稣为何而死》《得救巧法》《新旧约全书》等，儿童则发给《耶稣救人》连环图及《普天同赞》等。② 张国人主持西昌城宗教工作时，特设工友会，"每礼拜三、四两晚分别在区部及卫生院领导工人读书唱歌"，"每礼拜二下午则至医院拜访病人谈道"③，亦有所收获。

总之，边部在推进卫生工作时，通过灵活多样的方式，或"大刀阔斧般直接地向他们（疾患边民）灌输真理"，或"采用启发式的发问"，力图使边民理解边部所为，改变原有宗教信仰，接受基督教教义，"从巫术崇拜转移到至高无上的上帝来"。在内容上，医疗布道与其他布道方式传播者大体相同，主要包括：（一）耶稣的基本教训；（二）基督教使命；（三）基督教教规：如尊奉唯一真神，实行一夫一妻制，不赌博，不吸食鸦片，不醉酒，以及爱邻舍，等等。边部同工感觉到，由于将传教与医疗活动相结合，边民很容易"接近道理"④。一些边民接受洗礼，皈依耶稣基督。

许哲明《正待复兴的西昌教会》记述了近代西昌基督教传教衰败的历史以及边部活动给当地宗教生活带来的改变：

> 耶稣教传入我国各地，各处成效善果不一。惟独僻处西隅之西昌（属西康省，与川南滇西接壤）浸礼会，数十年来，江河日下，而今甚至教堂与学校的器具均已不翼而飞。除南街医院因早年李姓失慎遭毁之外，其余几处大院房宅自民国十四年停办日期算，十余年来所收租息，不止万计，亦归乌有。现在交涉还多，问题复杂。今夏幸有中华基督教会全国总会所派服务人员远抵西昌，每逢圣日即召集教友，齐做礼拜，诵赞上帝，并为全国祈祷。服务同工有于、刘诸位医师，遂就南街庭院，重新建筑诊疗所，内中一间权作大众的礼拜堂，俟昌街之旧礼拜堂恢复后，即为永久根

---

① 上海市档案馆档案：《边民宣教近况》，《总会宣教事工同年工会时刊》（中华基督教会全国总会公报专号），1940 年复刊，第 20 页，编号：U102—0—27。

② 西昌市档案馆档案：《中共西康省委西昌地委关于宗教、民族工作的意见、报告、总结》，全宗号 11，目录号 1，案卷号 48。

③ 《同工动态：张国人工作忙》，《边疆服务通讯》第 2 期，1945 年 5 月，第 12 页。

④ 王禾章：《昭觉之行》，《边疆服务》第 27 期，1948 年 11 月，第 8~9 页。

基。唉！今日的西昌教会，可算枯木重萌了。①

不过总体而言，除西昌之外，西康区宗教工作乏善可陈。以凉山为例。边部虽把向凉山地区彝族民众布道视作"中国教会义不容辞的责任"，却一直未著成绩。河西的情况亦类是。王靖寰主持河西宗教工作，敬老会一类"业余"活动收获较大，布道却不见进展，真正皈依的民众为数寥寥。② 昭觉的情况也好不了多少。昭觉服务处没有专门的宗教工作，平时宗教工作"是配合在各项工作之内的，使夷胞在潜移默化中，明白敬神爱人的道理，介绍正当的宗教信仰"。边部同工"将《新旧约圣经》中之重要事迹，编成故事体裁，每周在夷人主日崇拜时，讲述一个"③。经过努力，虽"已有了不少的人，知道耶稣的名字和基督的救恩了"④，但也仅此而已，布道工作并无实质进展。

1948 年，刘龄九在总结西康区布道工作时承认："虽然已经有七八年的历史，在向夷人传福音的工作上还只得承认并不曾作过认真的尝试。"他认为边部布道人员中，只有两位与彝人发生直接关系，即开拓四开工作的冼崇光和开拓河西工作的王静寰。前者在四开不到一年，"联络夷人的关系，似乎占据了他整个的时间和精神"。后者虽在河西待了三年，布道工作却一直未见进展。二人共同的成绩，仅体现在建立了与彝人的关系，却对当地的宗教与文化缺乏认识。西昌城的布道成绩虽差强人意，但布道对象基本限于汉人，无力兼顾彝人。在彝区布道，语言沟通是最大障碍，边部虽在"边胞招待所"采用幻灯放映等直观方式布道，也物色翻译沟通交流，但毕竟语言隔膜，对彝族宗教状况也缺乏了解，"纵然翻译正确也只有话的关系，没有人的关系，更没有感动的能力，充其量可算是随意撒种，并不是耕耘田地"⑤。柯乐智曾与张伯怀讨论用罗马字母拼音法或用"倮倮文字"印制《圣经》，以方便在彝区传教，却未

---

① 许哲明：《正待复兴的西昌教会》，《公报》第 13 卷第 5 期，1941 年 5 月，第 5 页。刘龄九的相关记述可为许说之佐证："西昌原有教会，颇具规模，有学校有医院。但后以经济困难，工作停顿，房屋出租，西昌教会，名存实亡者已十余载，边疆服务开始后，不只西昌教会已死而复活，原有教会之各乡镇亦均相继开始聚会。"（刘龄九：《边疆服务部两年来工作概述》，《公报》第 14 卷第 1、2 期合刊，1942 年 2 月，第 15~16 页）

② 《康区消息·王靖寰在河西》，《边疆服务通讯》第 5 期，1946 年 2 月，第 16 页；《康区大事·河西举办慈母会》，《边疆服务通讯》第 7 期，1946 年 6 月，第 10~11 页。

③ 李应三：《昭觉服务处三十五年度工作计划》，《边疆服务》第 10 期，1946 年 4 月，第 11 页。

④ 李士达：《复毛世洵先生书》，《边疆服务通讯》第 9 期，1946 年 10 月，第 28~29 页。

⑤ 上海市档案馆档案：刘龄九《边疆服务部工作简报》，《中华基督教会全国总会第五届总议会议录》（苏州，1948 年 10 月），第 172—173 页，编号：U102—0—16。

见下文。① 显而易见，边部在彝区布道效果并不理想。

四、难以契合的传教手段与目的

如前所述，川、康边地民众不仅物质生活十分简朴，精神生活亦极度匮乏。当时的川西及西康边区，即使县城也不过"小城荒凉无异物，城门洞口卧牦牛"；"至于一般的娱乐如内地的书场、剧院、茶铺、酒楼，更是看不到的"。乡镇及农村地区更是等而次之，一片荒寂。在边地，居民唯一的精神慰藉就是"与其社会生活打成一片"、几近迷信与巫术的"宗教生活"。② 川西区边部卫生干事侯慕渔谈及此事，感慨万分："试闭目一想，端公的鼓声及喇嘛的经声里，断送了多少有用的国民，如不火速破除杀人不见血的迷信，对于边胞是多么大的威胁呀！"③

究竟如何才能"救赎"边民，改变边地的贫穷落后状况？边部开出的"药方"是基督教。西康区部主任马鸿纲认为，"人不能无信仰，谈夷务者，绝不能只想取消夷人的鬼灵信仰而不思有以代之"；"针对现在保胞之信仰与生活需要而言，用基督教取而代之是最上之策"。④ 边部生计干事李应三设想："如能介绍以一种崇高的宗教思想，修养其心性，使其精神有所寄托，进而能明真理，服务人群，对其民族之发展定属无量。"在他看来，基督教就是这种"崇高的宗教思想"，因而主张基督徒深入少数民族地区，"宣传福音，表证基督救恩"⑤。柯乐智在考察边部工作环境后强调指出："在边疆地区，汉夷之间长期处于敌视和相互误解状态，教会有责任在他们之间建立友好和信任的关系。这不仅仅是要在汉人或仅仅是在夷民中做工作，汉夷双方都同样需要福音。如果缺乏新的宗教精神，没有任何东西能够在不同的民族和文化传统间带来和谐的

① 耶鲁大学神学院图书馆藏边部档案：Archie R. Crouch to W. B. Djang, Jan. 5, 1947, Box 1—24. 张伯怀回信中说，收到柯氏来函之后，即致信圣经会（Bible Society），说自从来到这里，他已经私下和该会的 Mr. Mortenson 有所联系，后者说 MS 在战前就已经同意此事并着手工作。"但据我所知，他说的不是用 LoLo（倮倮）文印制《圣经》，而是用 Pollard Script，事情因此变得更加糟糕"。见耶鲁大学神学院图书馆藏边部档案：W. B. Djang to Archie R. Crouch, April 29, 1947, Box 1—24.

② 静坐轩主：《川康的边疆劲旅》，《边疆服务》第 14 期，1947 年 2 月，第 5 页。

③ 侯慕渔：《忆川西理番》，《边疆服务》第 16 期，1947 年 4 月，第 23 页。

④ 马鸿纲：《川康保胞的宗教及其改进——边疆服务的一见》，《协进》第 2 卷第 2 期，1943 年 10 月，第 9 页。

⑤ 李应三：《对普雄剿夷善后的几点意见》，《边疆服务》第 17 期，1947 年 5 月，第 9 页。

关系。"① 边疆服务委员会委员黄炎培在实地考察边疆服务之后，亦强调了宗教工作在边部全部工作中的核心位置。②

为达此目的，边部宣称要以服务为手段，"以基督之爱，行爱人之道"，"以万民平等为主张，对于边民团体概不存种族、文化及宗教的自大心理"。③这种"胞与为怀"的博爱主张，对苦难中的边地民众，应当具有一定的慰藉作用。诚如恩格斯所言，基督教没有加深民族隔阂的烦琐仪式，它"毫无差别地对待一切民族"的态度，以及它的创始人"所固有的牺牲精神"，为人们摆脱"堕落"生活，获得内心拯救和思想安慰，提供了容易理解和接受的信仰形式。④ 边部因时因地制宜，在川、康边地开展社会事务和福音传播，站在"神圣"和"世俗"两极之间，把神圣事物世俗化，把世俗事物神圣化，坚定且又灵活地充当"上帝"的使者，对边地社会产生了一定影响。

与当时一般国人漠视甚至歧视边地民众不同，边部立足边民需要实际帮助的立场传播"福音"，其宗教工作与世俗工作（医疗卫生、生计改良、社会赈济等）不是截然两分，而是互相渗透，力图使布道活动与民众的实际生活发生联系。边部将社会服务与福音传播结合的做法，体现了"社会福音"的鲜明特点。其《宗旨》明确规定"本部是以宗教的精神从事服务工作"，"以教会立场办理社会事业"。1942 年 8 月边部在成都召开事工检讨会，"检讨以往工作之得失，策划将来工作之进展"。张伯怀在闭会前发表"本部的回顾与瞻望"演讲，亦明确表示要以"宗教的精神"推进服务工作。⑤ 这一思想主张，在边疆服务的全过程中得到了贯彻落实。

此外，边部福音传播的一大特点是中国教会在自己的国土上对少数民族同胞传教，整个传教过程力求基督福音传播与边地民众传统习俗相结合，尽量避

---

① 耶鲁大学神学院图书馆藏边部档案：Archie R. Crouch, Report on a Visit to the Border Mission, Box 1, Folder 9. 报告未著录写作时间，从内容上看，应该大致完成于 1945 年 5 月初，因该报告提到当年 4 月中、下旬柯氏刚完成了一次到服务区的考察。

② 黄炎培认为："能够对边疆服务取得成功的原因的合理解释是宗教，边部工作人员受宗教信仰的鼓舞，他们满足了当地民众对宗教的基本需求——宗教的爱和兄弟情谊，充满了边疆服务的纲领之中。"（耶鲁大学神学院图书馆藏边部档案：Mr. Huang Yanpei 's Remark at the Fifth BM Annual Meeting, Chungking, Oct. 20, 1943, Box 1–2）

③ 四川省档案馆档案：《（边部）工作计划大纲》，〔未著录时间〕，第 3~4 页，全宗号建川 50，案卷号 436。

④ 参见中共中央马列著作编译局编译：《马克思恩格斯全集》第 19 卷，人民出版社，1963 年，第 335 页。

⑤ 张伯怀：《本部的回顾与瞻望》（事工检讨会闭会词），《边疆服务》第 4 期，1943 年 11 月 1 日，第 5、7、8 页。

免与边民固有宗教及文化传统产生冲突。这与此前的布道活动基本上是由外国传教士推进且对当地文化尊重不够明显不同，是"本色化"教会在本土实施的宗教传播活动。由于尊重边民固有文化与习俗并给边民带来实际利益，边部遂能在异常困难的环境下取得一定的布道成绩。在边部福音传播史上，珍珠港事件之后的一年颇为关键。在这一年里，总会因美国参战失去租界庇护被迫由沪迁蓉，加强了与边部具体工作的联系。① 总会迁蓉后，对边地福音传播寄予很大希望。柯乐智在给克兰斯敦的信中表示："现在我们还只能算是一个小团体，但我们是先锋团体，我相信我们都怀抱同样的期望，即我主将通过我们的辛勤劳作，去建立一个超越我们经验范围的型制更加优良的'教会'，以及更加和谐天成的教会关系。"② 在总会就近指导下，边部的福音传播工作有所进展。

不过，若将福音传播与边疆服务其他工作一比较则可看出，宗教工作在边部全部工作中实为最薄弱的一环。前已述及，由于文化与宗教信仰的差异，在边部各服务区中，面向汉人和羌人的布道工作相对成功。然而即便是在羌族地区，布道工作也存在诸多的困难和问题。范文海在一封信中透露了他在川西羌民社会传教时的心境："我在山地工作将满一年，我的工作乏善可陈，推动缓慢，不免令关心我的朋友们失望，我也觉得失望……我决心在上帝面前乞求，使我有热诚的心肠去宣传福音，更求上帝祝福那些听过道的寨友们，使他们认罪悔改，信靠上帝。"③ 在西康，也只有西昌城内的宗教活动相对活跃，彝族地区几乎无成绩可言。用刘龄九的话说："（当地）布道的功夫，根本还没有展开。"④ 因此，研究者对边部在川、康边地布道工作的成效，不宜估计过高。

造成这一状况的原因，边部自己归结为两个方面：

一是经费不足。国民政府对边部虽有资助，但规定只能用于世俗的服务工作，不能用于宗教活动，可以用作福音传播的边部自筹款项和社会捐款均十分有限。⑤ 以 1945 年为例，据耶鲁大学所藏档案提供的数据，当年边部通过政

① 耶鲁大学神学院图书馆藏边部档案：W. B. Djang, 1942: The Eventful Year in Border Evangelism, Box 1-1。

② 耶鲁大学神学院图书馆藏边部档案：Archie R. Crouch to Miss Cranstoum, Jan. 29, 1946, Box 1, Folder 14。

③ 《边疆服务部工作报告》附录"范文海来信"，《公报》第 16 卷第 2 期，1944 年 10 月，第 10~15 页。

④ 上海市档案馆档案：刘龄九《边疆服务部工作简报》，《中华基督教会全国总会第五届总议会议录》（苏州，1948 年 10 月），第 173 页，编号：U102—0—16。

⑤ 高瑞士：《我对于边疆服务部工作的观感》，《边疆服务》第 24 期，1948 年 5—6 月，第 8 页；耶鲁大学神学院图书馆藏边部档案：W. B. Djang, "An Oasis on a Vast Human Desert", pp. 181-182。

府拨款、中国联合救济会、国际救济委员会、中华基督教会及地方收入等方式，共筹集资金 33639844 元，其中用于宗教工作的经费只有 5192150 元，仅占全部经费的 15.43%，无论绝对数量还是比例都偏少。① 1947 年总预算有所增加，布道经费在全部预算中的比例却下降，且呈每况愈下趋势。② 边部只好将希望寄托在总会拨款上，然而总会亦能力有限。1941 年春，当总会办事处西迁之后，总会对边部福音工作的支持一段时间内甚至被置于类似商业性质的基础上，这给福音工作带来很大困难。③

二是边地少数民族地区传教环境艰苦，难有较强工作能力和服务热诚的宗教干事，多数布道人员在经验与热诚两方面总有一定欠缺。如范文海在华西神学院读书时参加过暑期服务团，毕业后即到川西区，"本来希望专做宗教工作，但实际上也大不容易，一位刚毕业的青年尤其难于着手"。他"三迁其居"，办过小学，种过蔬菜，搞过羌族风俗调查，布道工作却一直无甚作为。除了经验或能力欠缺外，更多的人则是缺乏足够的热忱。一些布道员因缺乏热忱，不够专注，工作很久"还不了解边疆服务部的整个计划及政策"。有些布道员畏于边区条件艰苦，很快辞去边部工作。耿笃斋死后，6 年之内，杂谷脑地区就更换了 4 个布道员。此外，语言沟通也成问题。很少有工作人员肯认真学习少数民族语言，打定主意扎根边区、长期布道的人就更少。刘龄九认为，西康彝族地区布道员"没有一个人下决心研究夷人言语，了解夷人宗教，和整个夷族发生不可分解的恋爱"。他无可奈何地承认："这是我们的失败，这是我们的悲哀。"④

实际上，边部福音传播未能取得预期成效的原因远不止于此。从根本上言，外来的基督教文化是否真如边部同工理解的那样，可以用来取代中国西部

---

① 耶鲁大学神学院图书馆藏边部档案：The Churches in the West and the Rehabilitation ofthe Church inChina, Chapt. 17, Box 2—46, R. G. 17.

② 耶鲁大学藏档表明，这一年，边部的收支预算均为 300000000 元，其中期望的中央政府拨款为 100000000 元，但在预算表上，却明确备注："希望一次支付，但不能确定能否如此。"在全部支出预算中，布道工作所需款项仅 27600000 元，占总预算的 9.27%。耶鲁大学神学院图书馆藏边部档案：Summary B. S. D. 1947 Budget（Dec. 26, 1946），Box 1, Folder 7. 另据记载，1942 年，边部总收入为 112777 元，支出结果有 37809 元的赤字。1943 年预算总收入为 157809 元，收支在抵平头年赤字的基础上刚好平衡。见耶鲁大学神学院图书馆藏边部档案：BM 's Evangelistic Work Expenditure of 1942 and Budget for 1943，Box 1—1。

③ 耶鲁大学神学院图书馆藏边部档案：BM's Evangelistic Work Expenditure of 1942 and Budget for1943, p. 14, Box 1—1。

④ 上海市档案馆档案：刘龄九《边疆服务部工作简报》，《中华基督教会全国总会第五届总议会议录》（苏州，1948 年 10 月）第 163～173 页，编号：U102—0—16；高瑞士：《我对于边疆服务部工作的观感》，《边疆服务》第 24 期，1948 年 5—6 月，第 8 页。

少数民族地区固有文化及宗教，尚属可以质疑的问题。毋庸讳言，边地社会经济发展严重滞后，与当地民众的固有宗教信仰存在一定的因果关联。但社会存在形态本来就应该是多样性的，文明从来就具有绚丽多姿的表现形态，有什么必要为了经济、社会的"发展"而寻求文化及宗教信仰上的一元化目标呢？换言之，这种寻求一元化目标的努力是理性的诉求抑或只是带有虚幻色彩的宗教理想？基督教信仰真如其布道者所言，是具有"普世价值"、可以放之四海而皆适的吗？这恐怕是探讨边部福音传播成效难著原因时必须认真思考的问题。

若做纵向维度观察，这一问题可视为基督教在内地发展面临的同一问题在不同时空范围内的不同表现形式。20世纪20年代，"中华归主"（The Christian Occupation of China）调查激起中国社会各界强烈抗议，已凸显了外来宗教与中国固有文化之间的矛盾，提示中国沿海及内地问题的解决不能指望经由"中华归主"的路径。① 同理，以基督教"福音"来取代川、康边地少数民族固有的文化及宗教信仰，也未必是边疆问题的解决之道。中国文化自古多元，汉族文化圈内缺乏宗教传统，主流的汉文化是已经意识形态化的世俗的儒家学说，释、道信仰多在民间层级，相对边缘化。在汉文化区域传播基督教文化，有类在宗教上"无中生有"，尚且遭遇强烈反对。而在具有宗教传统的少数民族地区（尤其是藏区）布道，很大程度上是想"取而代之"，其成效欠佳，实属必然。

此外，边部在边地传教的目的与手段也不尽契合。从技术层面考量，虽然做出"尊重当地民族固有文化"的姿态可以拉近与边民的距离，但同时也可能因此疏离基督教自身的神学立场。换言之，边部同工越是贴近边民的信仰与习俗，其服务工作的基督教神学色彩就越淡薄。从世俗的社会工作与福音传播的关系上讲，过于强调社会工作必然冲淡整个服务工作的宗教色彩。总会工作的立足点是福音传播，但边民更加需要和看重的是社会服务；总会用"社会服务"来包装基督教福音，但边民对其工作很大程度上却是"买椟还珠"式的接受，这是令总会深感头疼却又无法解决的问题。

况且总会还面临着内部派系不同和主张歧异的问题。总会内部派系众多，"本色化"和"社会化"的布道方式尽管为"自由派"的教会人士极力主张，却受到"基要派"教会人士诟病。中华基督教会全国总会是一个标榜"超越教派"，讲求诸派"合一"，但客观上却存在派系分野的教会组织，其内部便很难

---

① 详见拙著《基督教与民国知识分子：1922—1927年中国非基督教运动研究》，人民出版社，2005年。

就应否充分"本色化"和"社会化"达成一致意见。虽然社会福音思潮曾一度对总会产生重要影响，但基于原教旨主义的批评仍然存在，一些边部成员始终坚持将服务当成传教的手段而非目的。1945年圣诞节前，杂谷脑医院院长崔毓珊就明确主张："各区工作应多注重宗教工作，虽然生计、医药、教育都重要，可是我们能得到一个真正基督徒，就是增加了我们一份生力军，比方医生医好了十个病人，有的不过道谢一声，或捐点款，不见得就能真正了解本部，若是能得到一个真正教友，便是与本部发生实际关系。"① 这种认识的存在，表明一些边部人士仍将宗教使命放在高于社会使命的位置，亦证明总会内部并未就"社会福音"问题达成共识。在此情况下，若过分强调社会服务，或过分强调福音传播，都有可能因思想分歧导致组织分裂，从根本上制约川、康边地包括福音传播在内的"服务"事工的开展。

中华基督教会全国总会未能实现在"喜马拉雅低地"构建基督教福音"高地"预期目标的原因尚多，然上述因素，应在首先考虑之列。

[本文原刊《历史研究》2010年第3期]

---

① 《川西动态·圣诞节好礼物》，《边疆服务通讯》第5期，1946年2月，第7页。边部同工对福音传播的强调可参阅耶鲁大学神学院图书馆藏边部档案：Present Work and Future Plans for the Border Service Department of the Church of Christ in China, Box 4—60.

辛亥革命志士尹昌衡军事哲学思想略论

王 川[①]

【摘 要】 尹昌衡是四川清末民初的重要政治人物，其军事哲学思想值得研究。在尹昌衡西征史料整理与研究成果的基础上，从尹昌衡的军事实践及其相关文论着眼，以历史事实为基础，对其军事哲学思想及其体系做一初步的全景式的把握，是值得尝试的。尹昌衡军事哲学思想以"全体达用""识几应物"为标示，具有独特性，成为他军事指挥胜利的保障之一。

【关键词】 清末民初；尹昌衡；军事哲学思想

辛亥革命志士尹昌衡（1884—1953），字硕权，号太昭，早年入四川武备学堂，后留学日本，清末归国。武昌起义爆发后，四川成立大汉军政府，尹昌衡任军政部长，后任四川都督。清末民初的四川正值变乱之时，尹昌衡在武装动员、打击清廷势力以及稳定局势上，均表现出卓越的政治和军事才能。[②] 鉴于尹昌衡是四川清末民初的重要政治人物，学界对其事功多有留意，而唯独其

---

① 作者简介：王川，男，1969 年生，四川乐山人，历史学博士；曾应邀到香港浸会大学、岭南大学、澳门理工学院等大学参加学术研讨会、讲学或访问；主要研究领域：近现代四川及周边地区的经济社会史、近现代学术史；主持教育部项目 4 项，主持国家社科基金项目 4 项；在《哲学研究》《民族研究》等刊物发表论文百余篇，《人大报刊复印资料》全文转载 12 篇，在中华书局、人民出版社等出版专著 8 部；现为四川师范大学科研处处长、四川师范大学"狮山学者"特聘教授、四川省学术和技术带头人、中国近现代西南区域社会与文化研究中心主任、硕士生导师，兼任四川大学博士生导师、中国古都学会副会长、四川省巴蜀文化研究会副会长、四川省民间文艺家协会副主席等职；曾任四川师范大学历史文化与旅游学院院长；荣获四川省哲学社会科学优秀成果奖、国家民委民族问题研究科研成果奖奖次。

② 刘石甫：《尹昌衡传》，中国人民政治协商会议湖北省暨武汉市委员会等编《武昌起义档案资料选编》下卷，湖北人民出版社，1983 年，第 465～493 页；何一民：《尹昌衡与四川军政府》，《文史杂志》1991 年第 4 期；邱远应：《尹昌衡》，任一民主编，四川省地方志编纂委员会、省志人物志编辑组编《四川近现代人物传》第二辑，四川省社会科学院出版社，1986 年，第 97～100 页；陈祖武：《尹昌衡》，娄献阁、朱信泉主编《民国人物传》第 10 卷，中华书局，2000 年，第 41～46 页。

军事哲学思想至今鲜有论涉。本文拟在学界对于尹昌衡西征史料整理与研究成果的基础上，从尹昌衡的军事实践及其相关文论着眼，以历史事实为基础，对其军事哲学思想及其体系做一初步的全景式的把握。

一、为将之道与革命：全体达用

尹昌衡早年有建立军功的远大抱负，强调军事对于社会和历史发展的重要作用，积极完善和培养自己的军事素养，并在早期的军事训练中逐步形成了以充德、养才、强体为主要内容的为将之道。在早年所著《兵事纲要》的"全体第一"篇中，尹昌衡就提出："为将之道，当先全体。全体者，充其德，养其才，强其体。"[①] 这里所说的"全体"约与今人所言的"培育根本"之义相通，可以分解为"充德""养才"和"强体"三个层次。

何谓"充德"？尹昌衡说，"内静外敬，培其浩然。清明不可得而乱，刚毅不可得而屈。仁正居中，以义为鸹，而后可以任大事"[②]。他认为，"夫能成大业定大计者，泰山崩而色不变，麋鹿兴而目不瞬，此其心用于虚，神凝于素也"[③]，只有这样，才能逐渐培育浩然之气，在平和的气象当中自然有股刚劲勇猛之力。经过这种"内静外敬"的修养，才能做到"仁正居中"而又不失义断之勇。为将之道的充德修行，并不是要养成一般士大夫那种闲散做派，而是能"仁而敢杀"[④]。真正的武德是要用心仁厚而不自乱心术，更应该有果敢之义，所谓"仁而敢杀"，大概是充德的重心和落脚点。

只有仁德充溢，才能逐渐培养具体的才能，这就是所谓的"养才"。尹昌衡认为，养才的方法主要有两种：一是"学术以资之"，二是"经历以成之"。[⑤] 在尹昌衡看来，军事思想之培育，并不限于具体战术、兵种性能、队形和攻守之势的习得；儒家六经也可视为武经。此种见解颇不寻常。尹昌衡认为诸子百家和史籍也同样是培植军事素养必不可少的科目。他说："战略载于诸子，而陈迹著于史。"[⑥] 他甚至说太学和泮宫这些培养儒生的地方，同样可

---

① 曾业英、周斌编：《尹昌衡集》第1卷，社会科学文献出版社，2011年，第9页。
② 曾业英、周斌编：《尹昌衡集》第1卷，社会科学文献出版社，2011年，第9页。
③ 曾业英、周斌编：《尹昌衡集》第1卷，社会科学文献出版社，2011年，第5页。
④ 曾业英、周斌编：《尹昌衡集》第1卷，社会科学文献出版社，2011年，第4页。
⑤ 曾业英、周斌编：《尹昌衡集》第1卷，社会科学文献出版社，2011年，第9页。
⑥ 曾业英、周斌编：《尹昌衡集》第1卷，社会科学文献出版社，2011年，第10页。

以塑造杰出的军事人才。[1] 将帅之才的经历养成，也不止于实战经验、人事历练等亲身实践，更包括积极汲取前人有益的经验总结。尹昌衡1909年从日本留学归来后，曾在广西担任微职，在此期间与曾任广西兵备道、藩台的王铁珊结为忘年交。王铁珊在广西靖边事务中是多立战功的老将，尹昌衡在广西期间曾写下《兵事纲要》，与王铁珊共同探讨军事，学到了不少靖边要策。当然，尹昌衡认为的"养才"，有一含义须特别指出：将帅有才，并非是要用自身之才，而是通过养才知晓如何运用众人之才，所以将帅对于材能大小，重在"养"字，而不是对自己求全责备无所不通。

至于"强体"，并非仅指健体强身之事，而是"振士气，精力充夫内"[2]，指这种武德精神和社会风气的自然养成。尹昌衡感叹道，自宋明以来，举国不重视武德的文弱传统为害匪浅：

> 国家当承平之日，视德如鸿毛，及其乱也，重德如九鼎，宋明之世其例也。宋之急也，万里无勤王之师，而孤臣赴援，惟张世杰。明末之急也，重镇无坚持之将，而危关效死，惟周遇吉。当此之时，天子之心，宰辅之望，黎庶之志，孰不欲举国之将皆张、周之流亚欤？承平既不知选，又不知培，加以一人守正，则百夫切齿，呜呼，意将若何？意将若何？邦吾居也，何必害之？贤吾脇也，何必坏之？国有危机，匪乱弗见，及其见也，时已晚矣。[3]

尹昌衡认为，这是由于宋明在天下承平的时候不重视良将之选拔、武德之培育；如果有人较为杰出，几乎周围所有人都对之加以排斥甚至恨之切齿；这种情形下，国家有危难，才想起需要良将武德，那就已经晚了。尹昌衡这种提倡武德的主张，是其"强体"的主要目的和落脚点，而这也是他远超同时代学者士大夫的远见卓识。

那么，此种为将之道的运用，又是如何呢？

清末四川反抗清廷统治之运动，激于时任四川总督赵尔丰对于保路运动的镇压。武昌起义之后，掌握着四川新军力量的进步将领便联合社会各界人士，迫使赵尔丰同意四川成立大汉军政府。在此之后，由于政局不稳，时任军政府都督的蒲殿俊难以稳定军心和民心，致使变乱屡起。危局当中，尹昌衡初起之

---

① 曾业英、周斌编：《尹昌衡集》第1卷，社会科学文献出版社，2011年，第7页。
② 曾业英、周斌编：《尹昌衡集》第1卷，社会科学文献出版社，2011年，第9页。
③ 曾业英、周斌编：《尹昌衡集》第1卷，社会科学文献出版社，2011年，第6页。

时，"兵不满三百"①，最终诛杀赵尔丰，稳定了四川局势。若是从人情而论，赵尔丰之兄赵尔巽对尹昌衡有栽培之恩；若是从民族大义而言，赵尔丰当诛而不诛，则是尹昌衡的罪过。于此可见，对于个人之私恩与社会之公义，尹昌衡当有明确之权衡与取舍。

当然，尹昌衡在清末民初的动荡局面中能卓然而起，必有得于各方进步势力。在这期间，尹昌衡得之于四川会党特别是哥老会之帮助，当为不少。不过，尹昌衡对于哥老会力量之运用，颇为得法：一律将这些自发的会党反满力量编入军队，加以约束和使用，这正是其"任天下之智力"而以正道治之的典型做法。

二、用兵之道与靖边：识几应物

民国初年，康藏的离心势力再次使得川藏形势陡然严峻。作为四川都督的尹昌衡主张大举讨伐，不到一年，这些离心势力即宣告归降。此次用兵之前后计划，生动体现了尹昌衡对于西南大局、用兵事态和出兵时机的精确把握。中国古代军事家非常注重战略思维对于战争胜负的决定性作用，因而在军事实践层面上非常留意对于战争或者敌我双方态势之"几"的认识，尹昌衡亦不例外。民初川边和藏区的离心势力，趁着内地政局动乱伺机暴动，尹昌衡在给袁世凯的电报中认为，这种动乱如果引发连锁反应，定当引起整个西藏和蒙古的"独立"，加上当时"我国无勘定之能力，外人有干涉之口实"②，一旦在初起之时不极力加以镇抚，后果不堪设想。稍后不久，在政务处会议上，他又强调经营西藏必须全力应对，不能因为眼前叛乱规模不大而仅稍加应付：

> 如一车薪之火，以大缸之水泼之，可以使之就灭。如先用一杯，不行，再用碗，又不行，再用一桶，慢慢尝试起来，岂不误事？今天一泼，明天又一泼，无论如何，都是泼不灭的，为什么不把大缸去泼呢？③

同时，对于如何镇抚的策略选择，尹昌衡说："边藏地方，寥阔数千里，岂能一一荡平？"

---

① 尹昌衡：《与罗纶致孙中山等电》（2月27日），上海《民立报》1912年3月10日。

② 吴丰培辑，《西藏研究》编辑部编：《民元藏事电稿·藏乱始末见闻记四种》，西藏人民出版社，1983年，第7页。

③ 《六月七日政务处会议速记录》（6月7日），成都市档案馆，档案号93-6-3519，1912年b。

自来筹边要道，要先擒其主脑，自然全边震动。① 同样，所谓镇抚边藏，就是可镇可抚，"如攻打地方，只要取其首要，无须全打。首要一得，其余自可迎刃而解"②。事实证明，尹昌衡以新建政府之都督身份，不过一年，众多土司即表示愿意归降，"新建州县三十有余"③，有效稳定了边藏形势。

在这一过程中，非常值得一提的是，尹昌衡进驻西康所统摄的并非嫡系或精锐部队，而是从当时四川四镇兵力（"镇"相当于今人所言的师）中"各选一标人出来"（"标"相当于团级规模），由尹昌衡"自行组织"的临时大军。④ 尹昌衡曾说，"上将不自用其才，而用众材，是以大成"⑤。兵不必皆为雄武之辈，关键在于统驭是否得当，是否能各取其所长而加以任用。正如他所说的："古今最难收拾者蛮夷，天下最难统率者散兵。"⑥ 尹昌衡正是以散兵游勇之卒，稳定了川藏边境之局势。理解了尹昌衡识几以应时变的用兵之道，他能以散兵镇抚川边藏区便实属自然之事。

不过，当时成都政界、军界以及舆论界，对于尹昌衡主张大举征伐川边的做法，不赞同者、甚至横加指责者大有人在，可谓物议沸腾。用尹昌衡自己的话来说："挟偏心而见者谓衡激，以浮气而读者谓衡庸，而谁其谓衡心孤？"⑦

对于这些物议，尹昌衡不可能不起波澜，正如在当年六月七日政务处会议上的讲话所说的那样，"把一切无味的意思、无味的竞争都放一下了，以全副精神注到那方才行"⑧。这种希望全川放下内争而全力经营边藏的态度，既有西南全局形势的考虑，又有很多尹昌衡未明言的现实因素的逼迫。所谓"西南全局形势的考虑"，主要是指川藏边区稳定对于西南稳定的战略意义，时人这样形容川藏边区的彼此关系："川省与西藏唇辅相依。""西藏为四川藩篱，藏固而后川固，川固而后沿江各省固。"⑨ 在这种背景下，出兵镇抚是无可厚非的，当时所争者在如何经营等具体细节上。所谓"现实因素的逼迫"，主要指民国初年滇军势头正猛，进逼四川泸州一带，而对于川藏边区之经营，滇军亦

① 《六月七日政务处会议速记录》（6月7日），成都市档案馆，档案号 93-6-3519，1912 年 b。
② 《六月七日政务处会议速记录》（6月7日），成都市档案馆，档案号 93-6-3519，1912 年 b。
③ 程泽湘：《评议川事宣言书》（1914年1月18日），成都市档案馆，编号 93-6-2617。
④ 《六月七日政务处会议速记录》（6月7日），成都市档案馆，档案号 93-6-3519，1912 年 b。
⑤ 曾业英、周斌编：《尹昌衡集》第1卷，社会科学文献出版社，2011年，第9页。
⑥ 《尹都督在总政处提议纪略》，成都《国民公报》1912年4月30日。
⑦ 曾业英、周斌编：《尹昌衡集》第1卷，社会科学文献出版社，2011年，第173页。
⑧ 《六月七日政务处会议速记录》（6月7日），成都市档案馆，档案号 93-6-3519，1912 年 b。
⑨ 吴丰培辑，《西藏研究》编辑部编：《民元藏事电稿·藏乱始末见闻记四种》，西藏人民出版社，1983年，第5、6页。

非常积极，因而从当时的地方主义思想考虑，如果滇军完全掌握了处理靖边事务的主动权，将使整个四川地方政府在西南的影响力和声望处于被动状态。而民初四川政局不稳，尹昌衡亦毫不讳言，各派内争非常激烈；事实上，平定川边不久，尹昌衡与时任成都都督的胡景伊就传出不和的流言。最终尹昌衡被袁世凯招诱至北京加以禁锢，并以贪污兵费名义判刑，不能说与这种地方政争没有任何关联。正是有这些现实因素和政治背景，所以民初四川对于靖边，尹昌衡认为不能不出兵，而出兵又不能一味征伐，而是应以抚慰为主。

进一步言，如果说尹昌衡果断出兵西康、维护大局稳定，生动诠释了尹昌衡对于军事态势动态之"几"的精确把握，那么对于如何实现边藏的长久稳定，尹昌衡的规划则体现出他对社会结构静态之"几"的深刻理解。尹昌衡在《武德论》中这样理解前工业时代的中国社会结构和秩序当中的"几"："夫民散处而易治，十人执法则万夫贴耳，一乡失序则四邻共救。"①寥寥数语却无意中体现出尹昌衡对于中国社会深刻的洞察力和思考力。近代中国社会的积弱局面就与此种散乱的社会结构及其低下的战争动员能力息息相关。尹昌衡深感于此，非常强调社会整体战争动员力的培育。他说："中国交通不讲，凡当动员，必后期致败。且各省不能首尾呼应，虽兵额甚多，分之甚少，敌国以一多攻诸少，则胜我必矣。"②此语可说是对近代中国战争得失的深刻反省和总结。当然，尹昌衡民初所留意的问题主要是川藏一带，他对如何镇抚西藏、经营川边，亦建立在此种社会认识和战争动员能力的基础上。民国时期的藏区，其社会状态较之内地，其组织力和动员力，仅系于当地藏传佛教僧人和世俗势力土司之手，整体而言是较为分散的，因而镇抚边区的重心是要掌握此种分散状态的关键所在。尹昌衡于民国初期出征川边，多留意对藏传佛教僧人的政策攻心，有过多次公开讲话，亦是此种考虑。③据《西征纪略》记载："（昌衡）凡巡视所过，军士不取秋毫，夷人每趋数百里，牛酒迎道中。昌衡皆反其馈厚赍之，遇小过，则慰戒而释之，贫无告者勤恤之，凡僧寺皆谕佛法而优遇之，不杀一人，不取一介，用刑不过二百杖，故夷人皆呼'生佛'。"尹昌衡抚及边民，保护寺庙僧众，深受寺庙僧众喜好。"金曰：我都督真护法佛也。于是群生觉悟，皆大欢喜，咸传远迩，番众大服云云。"④

① 曾业英、周斌编：《尹昌衡集》第1卷，社会科学文献出版社，2011年，第4页。
② 曾业英、周斌编：《尹昌衡集》第1卷，社会科学文献出版社，2011年，第14页。
③ 《在西较场山岚喇嘛寺的演讲词》（8月11日），上海《民立报》1912年9月27日。
④ 西藏社科院西藏学汉文文献编辑室编辑，陈家琎整理：《西征纪略》，《西藏学文献丛书别辑》线装本，全国图书馆文献缩微复制中心，1993年，第10页、第13页。

而从军事态势上言，控制川藏边区就不能不留意一些政治中心和重要关隘的驻防。川边、西藏地区广袤、人烟稀少，如要固守只能选择交通要道和具有战略价值的据点，清代边藏粮台所在之地如康定、巴塘、理塘、昌都（察木多）、工布江达等，就是已被历史检验的具有战略价值的据点。对于上述康定、巴塘、昌都、工布江达等具有战略价值的据点，尹昌衡均有较深入的认识，他先后指出：

> 巴塘者，西康之腹心也；①
>
> 昌都介居边藏之中，势成锁钥，要扼咽喉，以之控制两方，最为便利，察木多（昌都），又为前藏要关；②
>
> 盖昌都定，则藏番之势夺，而边藏之臂定矣③
>
> 江达（即工布江达）本边地险要，拉萨之咽喉也。④

因此，尹昌衡部西征军收复昌都、工布江达等战略据点后，坚决固守，以此"点"带动周边的大片土地，即"面"。尤其是位于南北两路之中的交汇点康定、昌都，分别是掌控"边"（即川边、西康）、"藏"（西藏）的战略重点，故"窃查昌都、康定两府均属要塞"，更是尹昌衡战略思考中的关键枢纽。他指出：南部各路进取后，"各守其所，应时分援，而以炉城为策源，以应南北"，"如北边有事，则以北为本攻，南为后劲，昌、炉夹击之。南路有事，则南为本攻，北为后劲，昌、炉夹击之。全边无事，则出昌都之兵，以向两藏。南北两翼，比节而进"⑤。

尹昌衡在《筹边大计划》中提到军队驻防藏区的要点：一是要首尾相顾，二是要集中驻防。关于"首尾相顾"，他看到以往经营西藏和四川边地的力量互不统属，这就造成一有变乱彼此不能相互呼应，因而他建议今后统一指挥，一定要做到首尾相顾。同时，他又建议驻防藏区的要点是"驻兵宜大集，不宜多于分割。零星小驻，易坏军纪……且一有大事，势同瓦解，不能集合"⑥。

---

① 赵心愚、秦和平、王川编：《西征纪事》，《康区藏族社会珍稀资料辑要》上册，巴蜀书社，2006 年，第 275 页。

② 吴丰培辑，《西藏研究》编辑部编：《民元藏事电稿·藏乱始末见闻记四种》，西藏人民出版社，1983 年，第 5 页。

③ 成都特派员函：《西藏风云录》六十二，见《民立报》1912 年 9 月 10 日。

④ 吴丰培辑，《西藏研究》编辑部编：《民元藏事电稿·藏乱始末见闻记四种》，西藏人民出版社，1983 年，第 46 页。

⑤ 西藏社科院西藏学汉文文献编辑室编辑，陈家琎整理：《西征纪略》，《西藏学文献丛书别辑》线装本，全国图书馆文献缩微复制中心，1993 年，第 11、8 页。

⑥ 《尹经略筹边大计划》，《民立报》1913 年 11 月 25 日。

应该说，如果没有对藏区社会及其战略重心的深刻认识，是不可能提出这种简要之良策的。

三、结语

尹昌衡西征在短短数月中取得了较大的军事成绩，以及一定的政治进展。这一战果极大地震慑了外国殖民主义者和西藏上层的少数分裂分子，应该说是多方面合力的结果。除了边藏各地彭日升等部边军与民众的接应、配合，辛亥鼎革后全川民众的倾力支持，滇黔粤等内地省份的声势支持与出兵声援外，与尹昌衡采取了切合实际情况的用兵策略也有着直接的关系。

尹昌衡确实体现出其用兵之道有超乎同侪的精妙之处，而其经营川藏边地的靖边政策，亦终归为有识之士所欣赏和赞同，如识者有"尹昌衡的所作所为，不愧是一位有胆识的爱国将领"之论。[①] 当然，最重要的是，作为近代革命元勋和边疆能吏，尹昌衡以"全体达用""识几应物"为标示的军事哲学思想，生动地再现了中国传统军事思想及其强健精神在近现代中国的深厚生命力。可以说，辛亥志士、西征勇士、军事智士之誉，应该成为对近代风云人物尹昌衡的历史记忆。

[本文原刊《哲学研究》2011 年第 12 期]

---

① 西藏社科院西藏学汉文文献编辑室编辑，陈家琎整理：《西征纪略》，《西藏学文献丛书别辑》线装本，全国图书馆文献缩微复制中心，1993 年，《序》第 2 页。

清末云南新军编练与军事教育

吴达德①

【摘　要】　在清末编练新军的热潮中，云南也进行了编练新军的活动。在编练新军的同时，云南地方当局针对新军部队的实际，先后拟订了三个"计划"，对新军部队进行军事教育与训练。并先后举办了一些军事学堂来培养和轮训各级军官，特别是举办云南陆军讲武堂，卓有成效。清末云南的新军编练与军事教育很有特点、很有成效。史学界对清末新军编练与军事教育已有较多研究，但对各省区的研究还显得十分薄弱。本文试就清末云南新军编练与军事教育，包括举办军事学堂（校）对各级官佐进行的军事教育进行探索，总结其成功与失败的经验教训，以资借鉴。并为清末新军编练与军事教育的更深入研究提供一个颇具特色和颇有启发的个案。

【关键词】　新军；军事教育；云南

在清末编练新军的热潮中，僻处西南边陲的云南也进行了编练新军的活动。"非患兵少，而患在不精；非患兵弱，而患在无术。"② 新军不同于以往的旧军，不仅在于"编"，更在于"练"。"有兵不练，与无兵同；练不如法，与

---

① 作者简介：吴达德，男，1952 年生，四川自贡人，中共党员，四川师范大学历史文化与旅游学院教授，中国近现代史专业硕士研究生导师。主要研究方向为中国近现代史、近现代军事史、史学理论与方法。先后在《近代史研究》《社会科学战线》《云南社会科学》《历史教学》《民国档案》《军事历史研究》《西南师范大学学报（社会科学版）》《四川师范大学学报（社会科学版）》《中国教育报》等报刊上发表论文 60 余篇，多篇论文被中国人民大学报刊复印资料《中国近代史》《历史学》全文复印转载，出版专著《吴玉章与中国民主革命》《历史与方法论稿》《辛亥革命四川名人画传》等，主编《西南社会历史论丛》（1—3 辑）等。1999 年荣获曾宪梓教育基金会普通高等师范学校及教育学院教师奖三等奖，2001 年获四川省人民政府高等学校优秀教学成果二等奖、四川省人民政府第九次人文社会科学科研成果三等奖，2002 年荣获"四川省有突出贡献的优秀专家"称号。

② 中国史学会编：《中国近代史资料丛刊：中日战争》（三），新知识出版社，1956 年，第 544 页。

不练同。"① 清末的军事教育一般说来包括两个方面：一是部队的军事教育与训练，一是军事学堂（校）的军事教育与训练。部队的军事教育也包括两个方面：一是士兵的军事教育与训练，一是官佐的军事教育与培训。官佐的军事教育与培训主要通过军事学堂（校）来进行。史学界对清末新军编练与军事教育已有较多研究，但对各省区的研究还显得十分薄弱。本文试就清末云南新军编练与军事教育，包括举办军事学堂（校）对各级官佐进行的军事教育进行探索，总结其成功与失败的经验教训，以资借鉴。并为清末新军编练与军事教育的更深入研究提供一个颇具特色和颇有启发的个案。

一

古代中国有着悠久的军事历史传统，不管是军事思想，或是军事制度，乃至兵器装备等许多方面都曾处于世界的领先地位。中国古代也曾是军事教育相当发达的国家之一。早在夏代，"以射造士"②，就开始了对军队的训练教育，历经数千年而不断发展完善。即使到了"以武功定天下"的清朝初年，其统治者也相当重视军事教育与训练。一方面不断督促其军队的操练，制定了定期操练的制度，如规定京师劲旅"每月分期习骑射二次，习步射四次"，骁骑营"每月分期习射六次"③，等等。此外，各地驻军也都要定时按期训练，演习武艺、阵法，并进行军纪的教育。可是，到了 19 世纪上半叶，国事日衰，政治腐败，军备窳劣，军事思想和军事制度也长期处于保守停滞状态，军队的训练教育几乎弛废。军队不再勤加操练，反而视挽弓骑射为苦差事。而且，无论是八旗兵还是绿营兵，也都染上吸食鸦片的恶习，"兵之食烟者十之八"④。清王朝"军事系统显著腐败的现象，恰恰反映了清代中国的整个结构正在逐渐蜕化。政治的腐败堪与军队的腐败相比拟"⑤。清王朝已经陷入万劫不复的恶性轮回之中。

第一次鸦片战争的失败朝野震动，"天朝上国"不可战胜的神话破产，中

---

① 袁世凯：《时局艰危亟宜讲求练兵折》，《袁世凯奏议》，天津古籍出版社，1987 年，第 27 页。

② 《文献通考》卷 40《学校考》。

③ 转引自史全生主编：《中国近代军事教育史》，东南大学出版社，1996 年，第 6 页。

④ 转引自史全生主编：《中国近代军事教育史》，东南大学出版社，1996 年，第 8 页。

⑤ （美）拉尔夫·尔·鲍威尔：《1895 — 1912 年中国军事力量的兴起》（中译本），中华书局，1978 年，第 12 页。

国传统的军事制度和军事思想受到有史以来最为严重的冲击和挑战。接着的第二次鸦片战争和席卷大半个中国的太平天国农民革命，又一次对清王朝的军事制度和军事思想产生了很大的冲击。湘、淮军的编练产生，除了训练、编制稍有变化和使用一些热兵器外，在军事制度、军事思想、作战方式等方面并没有实质性的变化。此后三十年间，随着洋务运动的兴起和发展，清廷在改善军队的武器装备和加强海防方面，花费巨资，做了种种努力，取得了一些成绩，但在军事制度和军事思想方面仍然没有发生根本性质的转变。甲午中日一役，中华帝国惨败于"蕞尔小国"日本，"天下震动"，"举国哗然"。中外臣工纷纷条陈时务，"现欲讲求自强之道，固必首重练兵，而欲讯期兵力之强，尤必更革旧制"①。"一时内外交章，争献练兵之策"②，主张采用西法，创建新军。清政府也看到，日本在战争中"专用西法取胜"，其军队都受过严格的新式军事训练，其各级官佐也大都受过军事学校系统的军事理论和技术、战术的教育。因而朝廷得出了"仿用西法创练新兵为今日当务之急"③的结论，决心招募新勇，"选派洋将，用西法认真训练，成一大枝劲旅"④。袁世凯在小站编练的"新建陆军"，张之洞在南京编练的"自强军"，揭开了新军编练的序幕。但这一时期的新军编练，带有试办的性质。1900 年，抗击八国联军入侵的战争又惨遭失败。为了维护摇摇欲坠的封建统治，强行运转已经失灵的国家机器，清政府被迫实行所谓"新政"。其中主要内容就是全面改革陆军军制，全国普练新军。

　　1902 年，僻处西南边陲的云南也开始了编练新军的活动。但在编练初期，进展缓慢，成效甚微。到了 1905 年，丁振铎接任云贵总督，继续进行新军的编练。鉴于云南军队的现状，丁奏称："窃维滇省地当边隅，时事日艰，练兵诚非缓图。惟素称贫瘠，饷项不充，近则协饷多半停解，尤觉异常支绌。势不得不酌量变通，以期济事。且免与旧有各营过形轩轾。"⑤故只

---

　　① 中华民国史资料丛稿专题资料选辑第二辑《清末新军编练沿革》，中华书局，1978 年，第 18 页。

　　② 中华民国史资料丛稿专题资料选辑第二辑《清末新军编练沿革》，中华书局，1978 年，第 13 页。

　　③ 中华民国史资料丛稿专题资料选辑第二辑《清末新军编练沿革》，中华书局，1978 年，第 10 页。

　　④ 故宫博物院编：《清光绪朝中日交涉史料》卷 24，民国 21 年排印。转引自史全生主编：《中国近代军事教育史》，东南大学出版社，1996 年，第 72 页。

　　⑤ 中华民国史资料丛稿专题资料选辑第二辑《清末新军编练沿革》，中华书局，1978 年，第 267 页。

搞了一些改旧军练新军的活动。两年后仅编练成步队一协,炮队两营,进展仍然缓慢。

清政府在编练新军的同时,本欲大力裁减旧军,以便集中更多的军饷用于新军编练,达到以新军代替旧军的目的。但是,由于各省财政困难,不能如期完成新军编练的任务。已编成的新军又不敷分防,各省督抚"深以地方治安为忧,率请酌留旧营,以防内患,于是部臣始有改编巡防队之请"①。1907年6月,清陆军部根据原练兵处奏议,拟定了《巡防队试办章程》,指出"旧有之防练各营以及杂项队伍,原定规制彼此分歧,积习相沿,殆非一日,而各该省防务紧要,原设营队大都分扎已久,一时未便议裁,前经练兵处奏明,统改为巡防队,使其名实相副,与新军有所区别"②。于是清廷在编练新军的同时,对旧式防军进行改编,以便建成一支与新军互为声援的地方武装,即巡防营(亦作巡防队)。"盖陆军所以防外,具国军之雏形,巡防营所以保卫地方,如警保军队之设置。惟巡防营兼有清乡守土及镇制政治反抗之作用耳。至于巡防营之编成,或于旧绿营挑选精壮,或就练勇—即勇营—拣择锐良,而加入招募土著民丁补充编组而成"③。由于清政府财政拮据困窘,有限的经费主要用于新军编练,巡防队经费得不到保障。其编制、训练等方面新、旧掺杂,所用武器参差不一,杂乱无章,官兵来源混杂,其素质较之新军更差。

1907年,清政府正式提出全国编练新军三十六镇的方案。云南"控制西南边徼,亟宜厚集兵势,以资防守"④。计划五年之内编练两镇。这一年,锡良继任云贵总督。锡良到任后,致力于对云南已练就新军进行整顿和扩大编练。锡良认为:"滇省之根本,而为今日至要至图者,莫如练兵、铁路两端。"⑤ 而"练兵一事,盱衡时局,滇省至少非练成陆军一镇,驻扎适中,无以备缓急而资震慑"⑥。锡良考察后认为,"滇民颇不乏朴实刚劲之材,堪备兵格。无如各营将领,积习太深,不惟旧军视缺额侵饷为固然,即新军亦视罔利营私为得计,营垒未建,腐败已形,实为各省所少见。若再不认真整顿,旧军固等虚糜,新军万无进步,设边场偶有缓急,直难收一兵之用,思之可为痛

---

①　刘锦藻:《清朝续文献通考》(三),商务印书馆,1936年,总第9685页。

②　商务印书馆编印:《大清光绪新法令》第14册,清宣统元年(1909年)铅印本,第74页。

③　文公直:《最近三十年中国军事史》,上海书店出版社,1930年,第13页。

④　中华民国史资料丛稿专题资料选辑第二辑《清末新军编练沿革》,中华书局,1978年,第75页。

⑤　中国近代史资料丛书《锡良遗稿·奏稿》(二),中华书局,1959年,第661页。

⑥　中国近代史资料丛书《锡良遗稿·奏稿》(二),中华书局,1959年,第662页。

恨"①。锡良到任后，首先对新军严厉整顿，先后查办、撤换了四名管带以及一些队官，并参劾了统领云南新军的候补道柳旭。锡良表示："此外各营，仍当随时考核，如尚有缺额及不职之员，查明后即行奏请从严惩办，以肃军政。"② 为扩大新军编练，对新军士兵的年龄、身高、品行、文化程度等，都按照清政府《新订营制饷章》的规定，"汰弱留强"，以期"化散为整，转弱为强"。③ 同时，订购军械，加强训练，并请求陆军部派一批军官充实云南新军。又致电陆军部，称"查滇省编练新军，常年经费并无岁筹底款，仅由司局辗转腾挪，每月拨交督练公所银三万两。合之大部（指陆军部）所拨之十二万，每年共四十八万两，开办经费尚不在内。若练成一镇，则常年不敷已在百万之外，两镇则更无论矣"。而"法瞰其南，英伺其西。五年之期迫何能待"④？因此，请求"先练一镇，俾得支持危局"⑤。到了 1909 年，云南新军编练成一镇，按当时全国陆军编列的序号，定为陆军第十九镇。云南新军第十九镇，下设三十七、三十八两协。每协设两标，即步兵七十三标、七十四标、七十五标、七十六标。另有炮兵一标、马兵一标、工程兵一营、辎重兵一营、重机枪一营、宪兵一队、军乐一部。

差不多与此同时，云南全省巡防队也改定营制，编成南防十营、西防十一营、普防三营、江防五营、铁路巡防十四营及开广边防二十营。⑥

云南陆军第十九镇总计有官兵一万零九百七十七名，防营二万四千四百四十二名，合计三万五千四百一十九名。人数不可谓不巨。云南陆军第十九镇不仅是当时各边省中唯一满额的新军镇，而且正如有论者所指出的："云南新军之编练，较之南方及西南各省为早且多。"⑦

---

① 中国近代史资料丛书《锡良遗稿·奏稿》（二），中华书局，1959 年，第 681 页。

② 中国近代史资料丛书《锡良遗稿·奏稿》（二），中华书局，1959 年，第 682 页。

③ 中华民国史资料丛稿专题资料选辑第二辑《清末新军编练沿革》，中华书局，1978 年，第 56 页。

④ 中华民国史资料丛稿专题资料选辑第二辑《清末新军编练沿革》，中华书局，1978 年，第 270 页。

⑤ 中华民国史资料丛稿专题资料选辑第二辑《清末新军编练沿革》，中华书局，1978 年，第 270 页。

⑥ 中国第一历史档案馆藏：《兵部—陆军部档》，481.15—2.1059。

⑦ 文公直：《最近三十年中国军事史》，上海书店出版社，1930 年，第 370 页。

二

不同于旧军,新军是采用西式械备,按照新定编制,吸收当时先进的军事思想,为适应近代战争而建设起来的,防营也与过去的绿营有很大的不同。因此,对新军士兵的训练教育就成为新军编练的一项十分重要的内容。

新军士兵的训练教育,最早始于新建陆军和自强军时代,但新建陆军对士兵的训练教育,主要是着重于对士兵的外场操练和战斗演习。随着全国普练新军的开展,清政府对新军士兵的训练教育提出了新的要求。不仅要求进行严格的操练和军事演习,而且还要求掌握浅近的军事理论知识。练兵处在《陆军学堂办法》中规定:"各营头目亦须粗知兵学,应由各省各军在营队内考选聪颖兵丁,聚集一处作为学兵营,专派教员,授以浅近兵学暨训练新兵各法,专备拔充头目之选。"① 其后,新军各镇、协,也相继设立了各种形式的兵丁教育机构,教练各营兵丁,以提高其军事技能和兵学知识。对于部队操练,练兵处和后来的陆军部都做了统一的规定和要求。如1905年2月,练兵处统一编定了《打靶章程》,5月又颁布了《操典》,12月颁布了《赛枪暂行章程》。1906年,陆军部颁布了《步兵暂行操法》,以后又对其进行修订,重新颁布了《新订步兵操法》,作为陆军操练的典范令,从而使清末新军的训练教育逐步走上统一的正规化轨道。

在成镇过程中,云南新军不仅"兵格不免杂糅,军械未臻完备"②,而且军纪散漫,素质较差。"兵丁昼夜嬉游街市,出入无禁,在旧日勇营之稍讲纪律者尚不至此。军纪不知,遑言训练,且将校中本罕通晓陆军学术之员,势亦无从训练。即名为炮队,实只演习枪操。新炮固未订购,并原有旧炮亦不能运动。殆亦由精于炮学之无人。……故名新军而仍无新军之实际。"③ 巡防队之素质较之新军更差。有记载指出:"至于各路之巡防队及铁路巡防队,其弊尤

---

① 《大清光绪新法令》第14册《新军学堂办法》。转引自史全生主编:《中国近代军事教育史》,东南大学出版社,1996年,第103~104页。

② 中华民国史资料丛稿专题资料选辑第二辑《清末新军编练沿革》,中华书局,1978年,第296页。

③ 中华民国史资料丛稿专题资料选辑第二辑《清末新军编练沿革》,中华书局,1978年,第296页。

不可胜言。夫固练兵与不练同，有兵直与无兵同。"① 其实当时各省的新军状况都差不多。针对当时新军和巡防队的实际状况，云南地方当局和陆军第十九镇按照练兵处和陆军部的要求，重视和加强对新军部队的军事训练与教育。部队的军事训练与教育主要是针对士兵进行，也包括了一些下级官佐。笔者查阅到三份材料，从中可以窥见云南新军部队的军事训练与教育的情况。这三份材料是：《暂编陆军第十九镇教育计划》（以下简称《教育计划》）《暂编陆军第十九镇教育方针草案》（以下简称《教育方针草案》）《陆军第十九镇教育计划》。这三份材料分别拟于宣统元年、二年、三年（即 1909 年、1910 年、1911 年）。② 综合这三份材料，可以看出以下几点：

第一，充分认识到部队军事训练与教育的重要性。不同于其他的社会组织，军队要担负起它的社会职能，必须加强军事训练与教育。在 1910 年拟订的《教育方针草案》中首先指出："从来强国之道，以练兵为要图，而战胜之方以教育为先务，未有平时学术不精而战时忽（勿）能指挥如意战克攻取者，亦未有平时精神未肃而战时忽（勿）能视死如归勇往直前者。"③《教育方针草案》拟订者还以东西各国加强军队的训练教育以致国家强盛为例，强调军队训练教育的重要性。而对当时列强环伺的险恶环境，在 1911 年拟订的《教育计划》中强调："国于环球者犬牙相错，亡于历史者项背相望，类皆强者存而弱者亡也。然转弱为强之法非战胜不可，战胜攻取之法非练兵不可，训练将士之法非教育不可。"④ 借鉴历史的经验与教训，强调"晚近各国，兵学愈发达，亦愈研求；器械愈精良，亦愈改革；日新月进，了无穷期。吾人处此文明世界，对此庞大列强，苟欲奠国家于磐石之安，济苍生于衽席之乐，则宜日夜兢兢与戎讲武，不倦不厌养成敌忾心，以为强国之具"⑤。

第二，结合实际，因地制宜，循序渐进。军事训练与教育切忌纸上谈兵，空阔迂远。针对云南复杂的地形地貌条件，陆军第十九镇编练有一支特殊的

---

① 中华民国史资料丛稿专题资料选辑第二辑《清末新军编练沿革》，中华书局，1978 年，第 296 页。

② 这三份材料均为石印本文献，云南省图书馆有藏。《暂编陆军第十九镇教育计划》封面有"清宣统元年排印本"字样。《陆军第十九镇教育计划》封面有"正参谋官殷承瓛著，宣统三年，镇司令参谋处石印"字样。《暂编陆军第十九镇教育方针草案》无排印时间，但比较前后二个材料，可以确定为宣统二年（1910 年）拟订。据笔者所知，这三份材料目前还没有人研究、引用过，还未引起人们的重视。

③《暂编陆军第十九镇教育方针草案》，第 1 页。

④《暂编陆军第十九镇教育计划》，第 1 页。

⑤《暂编陆军第十九镇教育计划》，第 1 页。

"输兵"（即运输兵）。《教育方针草案》指出："我国营制无输兵名目，查滇中道路崎岖，辎重不能用车，改用骡马输送。然一营骡马平时且不能负担全镇辎重，势不得不临战征发。苟不筹备输兵则将来之运送殊困难也。"① 因此，结合实际，专门设有"输兵教育"一项内容。在训练教育中特别是在学科（军事理论知识）的教育中，"授课之时，由浅近而入深沉，避虚空而就实学；不偏于大，不泥于小；不偏于粗，不泥于细"。一切训练教育皆针对部队实际、官兵实际。"要在实事求是，不务虚远也。"特别强调"教育之法，必须徐徐引导。一则半施教育，一则半开风气，似此情形，各种学术课程必须由浅入深，方可达教育之宗旨。盖教育之事，能以切实施行而后军队始可深恃"。②

第三，强调精神教育和军纪教育。军队不同于其他的社会组织，军队的精神和军纪是军队的生命，是军队战斗力的源泉。"军纪者，军队之命脉也。军纪之消长，近之则关系于军队之强弱，远之则影响于战争之胜负。故平日教育以严秩序重服从为首务。长官，部下之模范也，自应身先士卒为之表率。涵育军人之精神，养成第二之天性，一旦从事疆场，将军一呼，千营立应。勇者不得独进，怯者不得独退。协力同心，动作一致，然后攻无不克，战无不胜也。"陆军第十九镇非常重视部队的精神教育，无论是在讲堂，或是操场，或是野外训练，都要进行精神教育，逐步"养育"军人的气质和精神。"战争之胜负纯视乎军人精神之振否，此各国战史之例证也。故平日官长教育务以修养此精神为主。"③ 不仅重视士兵的精神和军纪的教育，也重视官长的精神和军纪的教育。

第四，强调责任。教育训练中，强调各司其职，各尽其责，努力提高教育训练的实效。教育训练的责任首先在各级官长，因此，第十九镇要求，在教育训练中"各协统、标统、教练官及独立营管带有教育部下官长之责任。先进官长对于后进官长有教育诱掖之责，后进官长对于先进官长有心悦承教之责。故先进者宜躬行率先以端表率，后进者宜敦品励学以重秩序。庶几可以发挥我军人之精神以图军事之进步也"④。第十九镇要求各级官长明确责任，独立自主地开展部队的训练教育。"欲专责任，当先划清权限。例如营官定一要求与队官，不干涉队官赴此要求之手段；队官定一要求与排长，不干涉排长赴此要求之手段；惟监督之以纠其失。而排长对于队官，队官对于营官，自负其责任，

---

① 《暂编陆军第十九镇教育方针草案》，第1页。
② 《暂编陆军第十九镇教育计划》，第1页。
③ 《暂编陆军第十九镇教育方针草案》，第2~3页。
④ 《暂编陆军第十九镇教育方针草案》，第3页。

以期达于此要求，斯权限清而责任专也。"层层督导，下级对上级负责，以使责任分明，不致互相推诿。而且特别指出："责任者，成功之母也。上自统帅，下至士卒，各尽其责，军队之能事毕矣。反是尚圆滑，巧规避，临难处烦不肯身任其责，则军队之腐败无有过于此者也。"军队必须强调纪律、强调责任，它关系到胜败，关系到生死存亡，故平时的训练丝毫不能松懈。"责任一事，临战最为吃紧，观人之责任心可判断其军队之精神与教育之程度。"①

第五，教育训练计划周密，教育训练内容充实，教育训练层次分明。1909年，云南新军甫一编练成镇，就根据陆军部的要求，编制了教育计划。以我们现在见到的《教育计划》来看，就较为周密，教育训练的内容也较为充实，教育训练的层次亦较分明。该计划第一章为官长学科，第二章为官长术科。在其学科、术科下又分为步队、马队、炮队、工程队、辎重队、机关枪队官长的具体的学科、术科课目。第三章为头目学科，第四章为头目术科。在其学科、术科下又分为步队、马队、炮队、工程队、辎重队、机关枪队的具体的学科、术科课目。第五章为兵丁学科，第六章为兵丁术科。在其学科、术科下又分为步队、马队、工程队、辎重队、机关枪队的具体的学科、术科课目。各兵种不同，其学科、术科的课目不同；其官长、头目、兵丁的学科、术科课目也不相同。② 在《教育方针草案》中又提出了军官（官长）教育的目的、要求；军士（头目）教育的目的、要求；兵丁教育的目的、要求。还制定了特种兵教育如号兵教育、护兵马弁教育、医兵教育、伙夫教育、喂养夫马夫教育、通信教育、军乐队教育、输兵教育等的目的、要求。如对医兵教育，就指出其重要性："医兵教育关于军人卫生者大，且为将来担架兵教育之基础。故各标营长官宜指定军医担任教育。""伙夫教育"条指出："伙夫虽非兵种，然饮食于兵丁强弱大有关系，宜教以清洁卫生并风纪礼式等事。""通信教育"条阐明："声息灵通始克协同一致。为战术战略上最重之原则，故各标营皆以通信敏活确实为要图。然欲通信敏活确实，则不得不教育之，使其言语简明、动作敏捷。"③ 除了白天的训练教育之外，还专门制定有"夜间教育"的计划、要求。在《陆军第十九镇教育计划》中又制定了详细的教育训练实施次序、时间安排、报告程序等42个表格，以便实施和对照检查，使教育训练的计划更为周密，教育训练的内容更为充实。④

---

① 《陆军第十九镇教育计划》，第3~4页。

② 《暂编陆军第十九镇教育计划》。

③ 《暂编陆军第十九镇教育方针草案》。

④ 《陆军第十九镇教育计划》。

第六，教育训练与演习相结合，严格考核。陆军第十九镇要求："标营长官于每教育期间随教育之程度，以一任务授部下，俾各官长演习独立指挥部下，各官长于演习后四十八点钟内将演习所经过之实施加以详图立说，报告标营长官讲评。标营长官择其佳者呈统制，步标经协统讲评后转呈统制。"① 在《陆军第十九镇教育计划》中专门制定有"野外演习表"和"野外演习实施报告表"，规定十分详细，要求也十分严格。这样就把平时训练教育与野外演习结合起来。陆军第十九镇认为"军队之教育以计划精密实施严正为要诀"②。为此，制定有官长考绩表、军士考绩表、目兵考绩表。尤其对于官长的考核更为重视和严格。"官长考绩表者，明官长一身之关系，以为升降之实际也。"③此外，还制定有校阅制度，规定了校阅时间，以考核检验部队的训练教育状况。加强部队的军事训练与教育，加强考核，目的还是想练成一支劲旅，在战争中取得胜利。"滇省兵士性素纯朴，教育易施。苟负担教育者能热心体照所颁诸表实力而奉行之，则桓桓劲旅计日可成。值此强邻逼处，边防孔亟，不有训练之师，何以为攻防之具。凡职膺教育之责者，当如何愤勉力图善导，使全镇无不学之兵，而兵皆能战之士庶，前途幸甚，陆军与有荣光焉。不然行之弗力，彼教育诸表亦不过具文而已。将焉用之。"④

三

军队要现代化的必需条件是部队的军事技术教育与训练，尤其是军官的军事理论、军事技术教育与训练。清末大规模编练新军，需要大批合格的军官。因此，建立各种类型的军事学堂，培养各级新军军官，成为清末新军编练的一项十分重要的内容。

中日甲午战争，"日本军队给中国上了痛苦的一课，告诉它一支东方的军队，能够在组织、训练、纪律和运用上做得多么好"⑤。战争的失败暴露了中国军队的种种弊端。有人评论指出中国军队的最大问题在军官素质方面。"一

---

① 《暂编陆军第十九镇教育方针草案》，第4页。
② 《陆军第十九镇教育计划》，第2页。
③ 《暂编陆军第十九镇教育方针草案》，第6页。
④ 《暂编陆军第十九镇教育方针草案》，第21页。
⑤ （美）拉尔夫·尔·鲍威尔：《1895—1912年中国军事力量的兴起》（中译本），中华书局，1978年，第30页。

般说，中国的指挥官在基本的战略、战术和使用武器方面，显示出可悲的无知。把人送到这些为当权者提拔起来的，老而无能的指挥官手下作战，是一种犯罪行为。"① 清政府也看到了这一点。因此，袁世凯、张之洞等在新军编练之初，都随军设立了军事学堂，以期培养具有近代军事思想和技能的各级军官。1904 年，随着新军的普练，清政府要求各省广设军事学堂。练兵处和兵部公布了陆军学堂的办法、章程。清政府规定的正规军事学堂教育分为陆军小学堂、陆军中学堂、陆军兵官学堂和陆军大学堂四级。分别培养具有军人意识、军人基本技能的中下级军官以及高级军官等各层次的军事人才。按规定各省举办陆军小学堂，北京、南京、武昌、西安举办陆军中学堂。同时，还设置了许多速成军事学堂（从各省原有武备学堂和军队中招收学员）、专科军事学堂（如宪兵、军医、马医、军械、电信、测绘等），培养各方面的专门军事人才。作为权宜之计和正规陆军学堂军事教育的补充，清政府要求"各省应于省垣设立讲武堂一处，为现带兵者研究武学之所"，"全省带队各官，均须分班轮流到堂，讲习武备"。② 举办讲武堂分期轮训在职陆军军官，其主要目的是提高在职陆军军官的军事理论水平和军事素质。"建立这些学堂会逐渐发展出一代至少掌握了现代战争和军事领导基本原则的、新的职业军佐。早先那种在文职仕途中也致力军事的无所不能的官僚，行将让位于更加专业化的人员。青年军佐们不仅学会了军事技术，也学会了科学。"③

在云南新军编练的同时和成镇前后，云南也曾办过一些军事学堂。如武备学堂（1899 年）、新操学堂（1901 年）、陆军小学堂（1906 年）、陆军速成学堂（1906 年）、军医学堂（1909 年）等。这些学堂普遍存在以下问题：第一，师资素质不高，教学水平低。这些学堂的教职员大多数出身文职，真正懂得军事的不多。即使军事学教员也大多数毕业于国内军事学堂，并不真正懂得近代军事理论和军事教学，且缺乏经验。武备学堂和陆军小学堂教职员大多"取材于北洋武备毕业者"④。陆军小学堂仅"设兵学教员一员，普通及外文教员若

① （美）拉尔夫·尔·鲍威尔：《1895—1912 年中国军事力量的兴起》（中译本），中华书局，1978 年，第 29 页。

② 《大清光绪新法令》第 14 册《陆军学堂办法》。转引自史全生主编：《中国近代军事教育史》，东南大学出版社，1996 年，第 103~104 页。

③ （美）拉尔夫·尔·鲍威尔：《1895 — 1912 年中国军事力量的兴起》（中译本），中华书局，1978 年，第 96 页。

④ 《新纂云南通志·军制考》卷 130。

干员"①。其他学堂亦是如此，甚至更差。第二，课程设置不合理。主要教授初级军事学，如武备学堂。"军事学术不分科，而步骑炮工测绘均皆教授。"②什么都学，结果是什么都学不好。武备学堂、陆军小学堂、陆军速成学堂等"军事授以初级军事基本课程"③。不仅课程设置不合理，且这些学堂主要是培养下级军官。第三，这些军事学堂一般规模都比较小，也不太正规，存在时间也短。武备学堂"每期招考学生八十名。其中正取四十名，副取四十名"④。陆军小学堂"初年设额一百名"⑤，以后也是"每一年招收学生一期。每期学额一百名"。⑥ 其他军事学堂规模就更小，如军医学堂仅三十人。武备学堂自1899年创办到1906年停办，存在六年多时间；陆军小学堂自开办至结束也仅存在六年多时间；速成学堂是武备学堂停办后招收该学堂年纪大者而办的，存在时间更短。第四，这些学堂普遍存在机构不健全、管理不善的问题。"纪律散漫、教育松弛，总办、监督从不与学生见面训话"，造成"学生违犯校规，大闹食堂之事层见迭出"⑦。有的学堂军容不整，"服装不一"⑧。

这些军事学堂，不能在云南新军成镇前提供大批合格军官，即使在云南新军成镇后仍然存在的陆军小学堂也不能及时为云南新军输送合格的下级军官。因为根据清政府正规军事学堂教育的要求，由陆军小学堂而陆军中学堂，而陆军兵官学堂，而入伍见习生，至补排长、队官之职，共需时七年零四个月，糜年费月，无以解燃眉之急。根据陆军小学堂的条件，也不可能轮训新军中在职的中下级军官，因此，滇督遂在云南开办讲武堂。

---

① 李树东：《云南陆军小学堂概况》，《云南文史资料选辑》第二十辑，云南人民出版社，1983年，第2页。

② 乐铭新：《云南军事学校教育史略初稿》（未刊稿），稿存云南省图书馆。

③ 佚名：《云南陆军干部教育》（未刊稿），稿存云南省参事室《滇军志》办公室。

④ 余炳彪：《武备学堂回忆》（未刊稿），稿存云南省参事室《滇军志》办公室；《新纂云南通志·军制考》卷130载为"招考正额生四十名，副额生二十名"。

⑤ 中华民国史资料丛稿专题资料选辑第二辑《清末新军编练沿革》，中华书局，1978年，第328页。

⑥ 李树东：《云南陆军小学堂概况》，《云南文史资料选辑》第二十辑，云南人民出版社，1983年，第1页。

⑦ 李树东：《云南陆军小学堂概况》，《云南文史资料选辑》第二十辑，云南人民出版社，1983年，第2页。

⑧ 佚名：《云南武备学堂及陆军速成学堂之沿革》（未刊稿），稿存云南省参事室《滇军志》办公室。

四

宣统元年八月十五日（1909 年 9 月 28 日），云南陆军讲武堂正式开学，共花开办经费银 6300 余两。校址设在昆明承华圃（东至翠湖边，西至钱局街，南至洪化桥，北至西仓坡），校园宽敞，布局规整。创办时设督办一人，由护理云南总督沈秉堃兼任；总办一人，先是胡文澜，后由原武备学堂总办高尔登兼任（高为浙江籍留日士官生）；监督一人，由云南籍留日士官生李根源担任；提调一人，由云南籍留日士官生张开儒担任。高尔登任总办期间，因袭武备学堂成规，对教育改进不大，1910 年 4 月辞职。李根源继任总办，湖南籍留日士官生沈汪度任监督。甲班主任李伯庚，乙班主任赵康时，丙班主任方声涛。①

云南陆军讲武堂开办之初，设甲、乙、丙三班，分步、骑、炮、工四科。甲班学员选调陆军第十九镇官带（营长）、督队长（副营长）、队官（连长）、排长共 120 人；乙班学员选调巡防营管带、帮带（副营长）、哨官（连长）、哨长（排长）共 100 人；丙班学生则在社会上招收 16 岁至 22 岁的具有中等文化以上、品行端正、文理清顺、身体强健者 200 人。②

1910 年李根源继任总办后，进一步扩大学校规模，接受第十九镇随营学堂全部学生 200 名，并入丙班。③ 7 月，鉴于当时云南新军军官严重缺乏，急待补充，于是从丙班中选其年龄稍长学识较优者编为特别班，以期速成。④ 特别班学生 100 名，酌分兵科，专授军事，缩短学期，提前半年毕业。朱德同志当时假冒云南蒙自籍贯考入讲武堂丙班学习，由于成绩优异，也被挑选到特别班。云南陆军讲武堂规模大，班次多，学生数量也多，在清末同类军事学堂中十分突出。

宣统二年（1910 年）八月甲、乙班学员毕业，仍回原来部队任职。次年，特别班学生提前毕业，分发第十九镇三十七协蔡锷所辖七十三、七十四标，任见习军官。是年夏，丙班生完成普通学业，调第十九镇各营受入伍教育三个月

---

① 周传诰：《云南陆军军事学校沿革简史》（未刊稿），稿存云南省参事室《滇军志》办公室。

② 素庵、适生：《云南陆军讲武堂的概况》，《云南贵州辛亥革命资料》，科学出版社，1959 年，第 15 页。

③ 素庵、适生：《云南陆军讲武堂的概况》，《云南贵州辛亥革命资料》，科学出版社，1959 年，第 15 页。

④ 乐铭新：《云南军事学校教育史略初稿》（未刊稿），稿存云南省图书馆。

后，仍回堂继续接受军官教育。①

辛亥前三年左右的时间里，云南陆军讲武堂为云南陆军培养、输送了600余名合格的中下级军官。从云南陆军讲武堂本身情况看，它有以下几个特点：

第一，云南陆军讲武堂是一所地区性的军事学堂，但又不完全如此。按陆军部规定，讲武堂属于地区性军事学堂，主要为本省的新军和防营军官提高武备各学水平而设立。但云南陆军讲武堂又不完全是地区性军事学堂，它的教职员和学员、生中外省籍的不少，它的毕业员生也不仅仅在云南军队中供职。它在后来还曾招收华侨青年学生三百多人和朝鲜、越南籍学生三十余人，还曾为四川轮训五百余名军官。其影响远远超出一个地区。

第二，云南陆军讲武堂是一所培养中下级军官的军事学堂。其创办初期既轮训在职中下级军官，又招收社会知识青年以培养下级军官。后来虽然办过将校队一期，但其中大部分也是中级军官。

第三，云南陆军讲武堂既是一所轮训补习性质的军事学堂，又是一所比较正规的军事学堂。按陆军部规定，讲武堂属于轮训补习性质，要求"全省带队各官，均须分班轮流到堂，讲习武备"。云南陆军讲武堂从部队中抽调正在服役的中下级军官入堂学习属于轮训补习性质；从社会知识青年中招收学生入堂学习，系正规的军事教育，其毕业后分到部队，以补充军官之不足。云南陆军讲武堂在学习期限、课程设置、教学内容、学校管理等方面都比较正规。

云南陆军讲武堂规模比当时其他同类军事学堂要大，而且军事教育也更正规、更完善，教育质量也高出一等。从云南陆军讲武堂军事教育方面看，具有以下特点：

第一，师资整齐，素质较好。

学校教育质量的好坏，教师的素质和教学水平起着重要作用，军事学校更是如此。云南陆军讲武堂的教职员大多数是受过正规军事教育与训练、掌握了近代军事理论知识的留日士官生。在讲武堂担任军事学教学的23人中就有21人毕业于日本陆军士官学校，其余2人毕业于日本陆军测量学校。担任普通学科的教员也大多是国内、国外受过高等教育的人。这样整齐的师资队伍，在清末同类学堂中是不多见的。讲武堂三个重要的职务，总办、监督、提调皆由留日士官生担任，甲、乙、丙三个班主任也都是留日士官生。在讲武堂创办前，云南举办的军事学堂规模不大，成效也差，其重要的原因就是师资力量不强。由于讲武堂的师资整齐、素质较好，使得讲武堂的军事教育也高出一等。

---

① 《云南陆军讲武堂简介》，《云南文史丛刊》1985年第3期，第2页。

第二，课程设置合理，且不断完善。

近代中国，没有也不可能有自己的一套较为科学的军事教育思想和体系。清末的军事教育与训练，先是仿效德国，后是学习日本，军事学校教育也一样。在讲武堂任职任教的留日士官生，借鉴、引入日本陆军士官学校教学内容，并结合实际加以改进、完善。据李根源回忆：日本陆军士官学校教学内容主要有战术学、兵器学、军制学、筑城学、地形学、测绘学、马学、卫生学、各种典范令、图上战术、兵棋、实地讲话、实地测绘、战术实施等。讲武堂创办初期教学内容也与之大体相当，并且军事学教材大都直接采用日本陆军士官学校教材。李根源继任总办后，为了使教学更能适应部队的实际需要，除了要求各兵科都要学习基本学科内容外，还针对各兵科特点，结合实际，对日本陆军士官学校教育内容加以删节改进。在《改订云南陆军讲武堂章程》中具体规定了各兵科学科、术科教学内容，使云南陆军讲武堂的军事教育与训练不断得以丰富和完善。①

第三，因材施教，注重实际。

讲武堂甲、乙班学员是由新军、防营在职军官调充，丙班学生在社会知识青年中招考。针对学员、生的不同来源，讲武堂规定了不同的学习期限。甲、乙班学制为一年；丙班为三年；从丙班中分出之特别班为两年半。又根据学员、生的不同状况与特点，教学侧重点各有不同，进度也不一样。甲、乙班学员除了学习一般学科（军事理论）内容外，术科以野外演习为主；丙班学生第一年学普通学及浅易兵事学，第二、三年分科专学军事学；特别班与丙班大致相同。②讲武堂丙班、特别班教学进度和安排与日本陆军士官学校基本相同。日本陆军士官学校"以三年毕业，其在第一年学普通学，在第二年第三年习军事学术"③。《云南陆军讲武堂试办章程》载明："讲武堂课程分为学科、术科两项，均以实事实地研究合于实用为主。"④ 这与"日本士官学校之教育方针，一面增进学识，一面应用于实地"，"以简易与实用为主旨"⑤ 基本相同。学科实际上就是军事理论教育，术科实际上就是为配合军事理论教育而进行的实际技能训练。这样，就把理论教育和实际技能训练结合起来。

---

① 参见《云南陆军讲武堂试办章程》与《改订云南陆军讲武堂章程》（未刊稿，云南图书馆有藏）以及贺忠良：《考查日本陆军教育书》（光绪三十三年北洋陆军编译局铅印）。

② 参见《云南陆军讲武堂试办章程》与《改订云南陆军讲武堂章程》（未刊稿，云南图书馆有藏）。

③ 贺忠良：《考查日本陆军教育书》，光绪三十三年北洋陆军编译局铅印，第38页。

④ 《云南陆军讲武堂试办章程》，教育第六条。

⑤ 贺忠良：《考查日本陆军教育书》，光绪三十三年北洋陆军编译局铅印，第25、19页。

第四，重视体育活动，加强体格锻炼。

为了锻炼吃苦耐劳的坚强体格，培养坚忍不拔、勇敢顽强的意志，讲武堂规定学员、生每天早上必须跑步和体操，每天除了上课外，还必须下两小时操。学校设置的铁杠、木马、平台、大小双杠、天桥、浪桥、吊绳以及跳高、跳远、撑竿跳等体育器械，既是为术科学习所用，也是学员、生平时进行体育锻炼的器械。讲武堂要求学员、生加强体格锻炼是为了他们将来到部队能适应带兵进行野外作战的需要。

要保证学校的教学特别是军事学堂的教学顺利进行，必须要有严格的纪律，要制订合理的规章制度来加强管理。云南陆军讲武堂在管理方面也颇有特色。

第一，先后拟具两个章程，凡事皆有章可循。

1909 年 7 月，在云南陆军讲武堂创办前夕，就由李鸿祥、韩建铎、胡景伊等一同拟具了《云南陆军讲武堂试办章程》。[①] 第二年四月，高尔登去职后，李根源等担任了讲武堂的主要职务，在《云南陆军讲武堂试办章程》的基础上，结合讲武堂的实际和考虑到将来的发展，又制定了《改订云南陆军讲武堂章程》。对照清末贺忠良编著的《考查日本陆军教育书》所介绍的日本陆军士官学校的教育宗旨、目的、内容、方法与步骤，以及日本陆军士官学校的各种规章制度，不难看出，两个章程的拟具也深受日本陆军士官学校的影响。两个章程的制订使得讲武堂凡事皆有章可循，教育与管理日趋完善、合理，更加正规化。

第二，组织管理健全，职责分明。

讲武堂实行管教一致的原则，设立各级机构。校部设总办（即校长）一人，校部下设五个处，各司其职：

（1）监督处：负责全校教育事宜。

（2）提调处：负责人事调动和内外事宜。

（3）编修处：负责对内对外文牍事宜。

（4）财务处：负责会计财务事宜。

（5）军医处：负责医疗和卫生事宜。[②]

在《云南陆军讲武堂试办章程》中规定总办"隶于督练处督办总理全堂事务"；监督"禀承总办指挥各教习厘订画一功课，稽查学员行为勤惰并任学术

---

① 李鸿祥：《增补云南辛亥革命回忆录》，《辛亥革命回忆录》（六），中华书局，1963 年，第 134 页。

② 周开勋：《云南陆军讲武堂的回忆》，《云南文史资料选辑》第十五辑，第 165 页。

进步之责"；提调"禀承总办整理全堂庶务，监察诸规则之实施与否"；各科教习"任本科学术教育进步之责，并承监督指挥译定各项功课"，执事官"禀承提调掌管全堂庶务，并指挥各司事弁目管束弁兵夫役"；军需长"会计款项，掌管本堂薪饷衣粮柴炭等事，并经理一切账目"；军医长"任全堂卫生等事，并疗治一切疾病"；书记官"掌治文牍管理案卷，并修饰各项功课，督饬书生缮写等事"。在《改订云南陆军讲武堂章程》中，对各级职教人员的职责规定得更为具体、详细。要求教职员各司其职，各负其责，忠于职守，不得互相推诿，从而使整个讲武堂组织机构运转灵活，办事效率高。

第三，制订、健全各种规章制度，要求严格，加强组织纪律性。

不管什么性质的军队，都必须要有铁的纪律，培养军官的学堂更是如此。讲武堂的管理制度，核心是层层节制，绝对服从。① 根据这个精神，讲武堂制订了各种条例，如讲堂、操场、寝室、食堂、卫生、会客等条例，以及各种检查、值星、考试等制度。要求学员、生认真遵守，并随时督促检查。为了正规化要求和加强管理，"学生在校的识别，军帽是硬盔，缝上一寸宽的红呢条子，帽顶是白色，周围镶上红色边，遮阳是皮制的，帽花是金色的三角星，步兵科的领章是红色，骑科的领章是黄色，炮科的是蓝色，工科是白色……这些规定都采用日本式"②。

《云南陆军讲武堂试办章程》载明："学员及学生不得自请退学，非有大故亦不准请假。""在堂如有惰学犯规等事，则分别停升或降革及记过罚薪。"《改订云南陆军讲武堂章程》也明文规定："学生以修业为重，不得请假旷课。""如紊乱军纪，品行不正，屡悖堂规者即由堂开革。"丙班学生就曾因此被开除了19 名。③

军事学堂的主要任务是教授军事以及有关知识。对于学员、生的学科、术科学习成绩之考核，讲武堂规定得更为严格、具体。《考试规则》规定："本堂实验分为入学检定试验、口述试验、笔记试验、学期试验、卒业试验五种。""试验时除临时命令应带之物件外，不得另带其他之物件，又各学生依指定之坐次，不得自相更换及有夹带、枪替、窃视、耳语等弊，如有以上弊端，按照情节轻重核议惩罚。"④ 此外，讲武堂还规定了具体的评分标准以及补考等有关规定，要求极其严格。朱德曾回忆说："学校的制度和作风是仿效日本士官

---

① 《云南陆军讲武堂简介》，《云南文史丛刊》1985 年第 3 期，第 4 页。

② 周开勋：《云南陆军讲武堂的回忆》，《云南文史资料选辑》第十五辑，第 166 页。

③ 见《云南陆军讲武堂试办章程》与《改订云南陆军讲武堂章程》（未刊稿，云南图书馆有藏）。

④ 《改订云南陆军讲武堂章程》第七章《考试规则》。

学校，纪律非常严格。"① 云南"设讲武堂以训练干部军官，亦以滇省为南方之首"②。有人评价云南讲武堂之声誉昭著，不亚于日本之士官，保定之军官学校③。此论虽不免过誉，但亦不是毫无根据。

清末云南新军的编练及其军事教育较之于西南甚至全国相当部分省区，应该说是很有成效的。民国初年，即有"滇军精锐，冠于全国"④ 之说，反袁护国起义首先爆发在云南，也绝非偶然。护国运动后，滇系军阀的逐渐形成以及纵横称雄于西南或南方大部省区，影响及于民国时期的军阀政治，这与清末云南新军编练及其军事教育亦不无关系，但这已不是本文所要讨论的范围，当另文加以讨论。

［本文原刊《军事历史研究》2006 年第 3 期，收入本辑时作者在内容上有补充］

---

① 朱德：《辛亥回忆》，《解放日报》，1942 年 10 月 10 日。
② 文公直：《最近三十年中国军事史》，上海书店出版社，1930 年，第 370 页。
③ 东南编译社编：《唐继尧》，震亚图书局，1925 年，第 14 页。
④ 赵钟奇：《护国运动的回忆》，《近代史资料》1957 年第 5 期，第 25 页。

四川省实施天然林资源保护工程和退耕还林工程

邓绍辉①

【摘　要】　1998 年夏秋之际，长江中上游地区发生了历史上罕见的特大水灾。同年 8 月 20 日，四川省政府在全国率先做出重要决定：从 9 月 1 日起，在阿坝、甘孜、凉山、攀枝花、乐山和雅安三州两地一市，实施天然林资源保护工程，禁止采伐天然林，关闭工程区内木材交易市场。不久又将这一禁伐令扩大到全省范围。1999 年 10 月，为了建设长江上游地区生态屏障，四川省政府再次决定两年内在 120 个县（市）完成 300 万亩退耕还林试点。以上两项重要决定的制定和实施，对于从根本上扭转四川省森林面积下降，遏制生态环境恶化，促进国民经济的发展和人民生活的改善，无疑具有重大的生态、经济和社会效益。

【关键词】　四川省；天然林资源；退耕还林；保护工程

一、四川省实施天然林资源保护和退耕还林工程的原因

新中国成立以来相当长时期，由于受诸种因素的影响和制约，四川省森林资源和生态环境遭到严重破坏。

---

①　作者简介：邓绍辉（1956—），男，汉族，四川省乐至县人，历史学博士、四川师范大学历史文化与旅游学院教授、硕士研究生导师；主要研究方向为中国近现代史、中国近现代经济史、四川灾害史，在《当代中国研究》《史学月刊》等刊物发表论文 80 余篇，出版《晚清财政与中国近代化》《鸦片战争》等专著，主持国家社会科学基金项目并出版专著《汶川地震与救灾制度转型》。

1. 森林资源采伐过量

四川省地处青藏高原与长江中下游平原之间的过渡地带，拥有丰富的森林资源。据载：50 年代初期全省森林覆盖率平均近 30%，其中川西地区高达 40% 以上。但是随着时间的推移，森林覆盖率不断下降。据有关资料记载：四川省森林资源面积，1955 年为 977.6 万公顷，1981 年下降为 681.08 万公顷，1998 年 8 月又降至 463 万公顷，后者比前者分别下降 43.46% 和 111.14%。[①] 另据有关资料统计：新中国成立以来近 50 年，四川省共采伐木材 2223.18 万立方米，财政收入达 20 多亿元。[②] 其中木材采伐量最多的是 70 年代末 80 年代初，几乎每年都在 400 万立方米左右，可见开采规模之大。[③]

80 年代后期，四川省采取了许多措施，森林覆盖率虽有所增加，但仍未恢复到 50 年代初期的水平。据炉霍林业局 812 林场的一位场长所说：多年来，尽管场里采伐和迹地更新都是按一套林业作业规程进行的，但由于种种原因，更新的速度难以跟上采伐的速度。无论是"砍三留七"，还是"砍五留五"，生长量始终跟不上采伐量。这说明一个不争的事实："毁林容易种树难!"[④] 1997 年四川省新增森林面积 100 万立方米，而林业部门下达的采伐指标是 230 万立方米，相当于砍伐 40 万亩森林。另据世行专家组成员、四川省林业科学院研究员刘仕浚所说：宜宾市以上长江干支流中，金沙江、大渡河两岸森林早已所剩无几，雅砻江流经人烟稀少、交通不便的横断山脉，两岸仅存一些残次林木，水土流失严重。每遇暴雨都酿成洪水、滑坡和塌方。目前长江的泥沙含量已接近黄河，正是这种"吃祖宗饭，造子孙孽"的行为导致的严重后果。[⑤]

2. 水土流失面积扩大

据 1984 年统计：四川省水土流失面积为 24.9 万平方公里，占总土地面积的 43.7%。其中轻度流失面积 7.4 万平方公里，占总侵蚀面积的 29.7%；中度流失面积 9.1 万平方公里，占 33.6%；强度流失面积 5.9 万平方公里，占 23.7%；极强度流失面积 2.2 万平方公里，占 8.8%；剧烈流失面积 0.3 万平

① 四川省森林面积，1955 年和 1981 年的数据引自四川省地方志编纂委员会：《四川省志·林业志》，四川科学技术出版社，1999 年，第 2～3 页。1998 年的数据引自王治安：《中国森林危机报告》，《青年作家》第 9 期，第 65 页。

② 李佳路：《封山之后看林业》，《半月谈》1998 年第 22 期，第 24 页。

③ 四川省地方志编纂委员会：《四川省志·林业志》，四川科学技术出版社，1999 年，第 230 页。

④ 陈明凯：《毁树容易种树难》，《四川日报》1998 年 9 月 25 日第 1 版。

⑤ 王治安：《中国森林危机报告》，《青年作家》1998 年第 9 期，第 48 页。

方公里，占 1.2%。此外，全省还有潜在侵蚀面积 17.8 万平方公里，占全省总面积的 31.2%。[①] 目前经过多种治理，全省水土流失面积比 20 世纪 80 年代虽有所减少，但仍有 19.98 万平方公里，占长江上游水土流失面积的一半，川江流入三峡库区的泥沙量每年超过 6 亿吨。

造成四川省水土流失的主要原因有二：一是自然因素；二是人为因素。在自然因素中，降雨集中且强度大是其主因。其次则为地质因素，如川西高原岩层断裂、褶皱发育、结构破碎、切割强烈，东部盆地丘陵区泥页岩易于风化，皆为侵蚀打下物质基础。再次为全省森林覆盖率偏低，平原地区亦仅 5% 左右；高山峡谷为 14.1%；川西南山地为 23.3%；盆地边缘山区为 16.2%；盆地腹地为 8% 左右；全省平均为 13.1%。[②] 全省成林地较少，其中多属稀疏林地和新造林地。无论天然森林和草坡，或种植业的人工植被，都难以发挥保持水土的作用。

在人为因素中，砍伐森林为主因。新中国成立以来相当长的时期，四川省因工程建设和经济开发等连年大量砍伐森林。如 50 年代修建成渝、宝成铁路和"大办钢铁""大办公共食堂"等；60 年代国家"三线建设"和修筑成昆铁路等；70 年代由于林政管理陷入无政府状态，各地大量毁林开垦，向荒山要粮；80 年代以后，一些单位或个人只顾眼前经济利益，对森林资源我行我素，大量乱砍滥伐。其次是人口迅增，垦殖率增高。人均耕地由 1949 年的 1.8 亩，降为 1980 年的 0.94 亩。为满足粮食生产，毁林开荒、陡坡种植、陡坡轮作等掠夺式生产较为普遍。1980 年全省新开荒地 14.1 万亩，1984 年又开荒 5.1 万亩。[③] 而新垦土地普遍实行顺坡耕作，广种薄收，多为跑水、跑土、跑肥的"三跑地"。据 90 年代调查，全省每年废弃的基建废渣高达 3700 万吨，除极少量被利用外，90% 倾入江河，加之建厂开矿、采石修路等，皆使水土大量流失。

3. 自然灾害日趋增多

众所周知，森林是整个陆地生态系统的主体，它具有调节气候、净化空气、涵养水源的能力。20 世纪 50 年代以来，尤其是 80 年代以来，由于森林植被减少、气候异常，四川省水旱灾害频繁，受灾面积和成灾面积进一步扩大

---

① 四川省地方志编纂委员会：《四川省志·水利志》，四川科学技术出版社，1996 年，第 224 页。
② 四川省地方志编纂委员会：《四川省志·水利志》，四川科学技术出版社，1996 年，第 224 页。
③ 四川省地方志编纂委员会：《四川省志·水利志》，四川科学技术出版社，1996 年，第 225 页。

（有关情况请参见下表）：

新中国成立以来四川省水旱灾害受灾面积和成灾面积简表（单位：万公顷）

年份	受灾面积	成灾面积	水灾		旱灾	
			受灾面积	成灾面积	受灾面积	成灾面积
1952	53.8	30.1	7.6	4.2	46.2	25.9
1957	28.8	16.3	2.6	1.5	25.0	14.2
1962	193.6	109.9	22.0	10.2	157.1	94.2
1965	80.6	45.5	11.1	6.3	55.9	37.9
1975	110.0	62.1	13.8	7.5	92.7	51.4
1980	201.5	112.9	51.8	26.9	83.0	42.3
1985	299.3	168.2	30.5	18.4	137.5	83.3
1990	322.8	169.4	63.7	33.0	181.5	93.2
1995	288.1	185.7	89.3	51.7	163.0	92.8
1998	316.3	172.7	141.6	81.9	141.6	71.2

从上表所列数据可以看出：近 50 年来，四川省水旱灾害面积逐渐扩大，损失极为严重。尽管这些灾害及损失所产生的原因并不只限于森林面积减少一端，但森林减少对这一时期四川省水旱灾害的频繁发生及危害，无疑起了推波助澜的作用。

与此同时，四川省许多地区还经常出现山体滑坡和泥石流等山地灾害。四川省山地灾害主要分布在长江上游的阿坝、甘孜和凉山三州，仅攀枝花至宜宾的金沙江下游地区就有泥石流沟上千条，崩塌、滑坡数千处。近年来，由于森林植被遭受破坏，岷江沿岸泥石流、滑坡多达 1000 多处，频率和强度有增无减。据调查，20 世纪 50 年代，四川省泥石流发生的县份只有 16 个，到 80 年代中期，发生泥石流、滑坡的市县增加到 100 个。①

4. 生态环境日益恶化

由于森林面积下降和天然植被减少，四川省生态环境状况日益恶化。据茂县有关部门提供的数据显示：近年来由于森林面积下降、水土流失等原因，岷江上游降雨量减少，年径流量减少 0.04 亿立方米，洪枯流量变幅高达 100 倍，

---

① 王治安：《中国森林危机报告》，《青年作家》1998 年第 9 期，第 55 页。

最小枯水流量已减至 60 立方米/秒，年均减少 24 立方米/秒，年均减少了 32 亿立方米，像黄河一样形成季节断流的现象已初露苗头。由于乱砍滥伐，毁林开垦，目前该县水土流失面积达 1824.63 平方公里，占全县辖区面积的 45% 以上。全县 15 万亩耕地中，坡度在 25 度以上的就有 4.15 万亩，约占 1/3；全县 60% 以上的耕地土壤厚度只有 10～30 厘米，50% 的耕地呈现贫瘠化，不是广种薄收，就是广种无收。① 阿坝州境内的若尔盖、红原两地沙化面积高达 4550 公顷，且有严重的草原鼠虫害发生。②

岷江上游干旱河谷分布面积已由 1980 年前的 170 平方公里扩展到目前的 330 平方公里，平均每年推进 8.88 平方公里。如今由都江堰沿岷江北上经汶川、茂县、松潘，一直登上 3000 多米的弓杠岭，行程 400 公里，目睹莽莽群山，山坡上全是秃山、红岭、乱石，不时可以看到滑坡后裸露的陡峭岩石层。荒漠化景观已由最初的茂县飞虹、沙坝向南延伸至整个岷江上中游地段，汶川县映秀镇以下，包括素有天府之称的成都平原，都被国际有关专家列入"荒漠化潜在危险区"③。

5. 工农业生产发展受阻

新中国成立后数十年间，随着人口的迅速增长，四川省人口与耕地间矛盾十分突出。为了解决这一矛盾，政府部门不恰当地号召当地农民向丘陵山地要粮，向原始森林要财政，从而导致毁林垦荒、陡坡耕种，加之林业政策上的诸多失误，四川丘陵及盆周山区过度采伐森林，导致森林覆盖率不断下降，地表裸露，土壤抗蚀能力和截流蓄水能力减弱，生态系统恶化，自然灾害增多。到 90 年代末，四川省从事农业生产的人口较多，可供利用的平坝、低丘陵耕地少，超过 25 度的坡耕地随处可见。

与此同时，因水土流失，四川省水利设施等也遭受严重损失。仅以大渡河"龚嘴水电站"为例。该站装机 70 万千瓦，50 年代按每年 3000 万吨输沙量设计。90 年代大渡河上游年输沙量达 1 亿吨，超过原设计的 3 倍。库区原蓄水量为 3.2 亿立方米，现在只有 0.85 亿立方米。泥沙淤积库区，河床增高，库区原来 50 多米深的水，现在最深处只有 20 多米，水库失去其应有的蓄水功

---

① 四川省地方志编纂委员会：《四川省志·民政志》，四川人民出版社，1996 年，第 280 页。

② 周礼旗：《川西北草原沙化和鼠虫害严重》，《四川日报》1998 年 9 月 17 日第 6 版；杨国旭：《岷江上游：敲响荒漠化警钟》，《四川日报》1998 年 11 月 24 日第 5 版。

③ 周礼旗：《川西北草原沙化和鼠虫害严重》，《四川日报》1998 年 9 月 17 日第 6 版；杨国旭：《岷江上游：敲响荒漠化警钟》，《四川日报》1998 年 11 月 24 日第 5 版。

能。上游地区乱砍森林，不仅造成水土流失，而且造成库区泥沙淤积，给发电设备带来危害。①

以上几方面分析表明，新中国成立以来相当长一段时间，由于自然或人为因素，四川省森林植被、生态环境受到了严重破坏和挑战，有必要采取新的应对政策措施。

二、四川省实施天然林资源保护和退耕还林工程的措施

1998 年 8 月 20 日，为了贯彻《中华人民共和国森林法》，保护长江流域森林资源，改善生态环境，促进国民经济可持续发展，四川省人民政府颁布了《关于禁止采伐天然林，实施天然林资源保护工程的布告》（以下简称《布告》）。其中规定：从 9 月 1 日起，在阿坝、甘孜、凉山、攀枝花、乐山和雅安三州两地一市，停止天然林经营性采伐，关闭林区内木材交易市场。不久，省政府又决定：从 10 月 1 日起，将这一禁伐令扩大到全省范围。对于已采伐的木材要在规定的时间内运输销售完毕；从明年起，工程区内不再下达商品材限额和木材生产计划，只下达农民自用材、培植用材和薪材限额；关闭工程区内木材交易市场，禁止任何单位和个人进山收购木材；林区以天然林为原料的加工企业，原则上要停止加工，但可以利用抚育间伐材生产木质产品。

为了确保以上重要决定的贯彻执行，四川省政府还采取了以下诸项措施。

1. 加强领导组织，实行首长负责制

为了认真贯彻落实天然林资源保护工程，禁止采伐天然林，关闭林区木材交易市场，省政府成立了以副省长为组长的领导小组。1998 年 8 月 31 日，省政府组织了 6 个工作组，分别由省委、省政府领导带队，赴阿坝、甘孜、凉山、攀枝花、乐山和雅安三州两地一市，对这些地区实施天然林资源保护工程情况，停止天然林采伐的措施及工程实施打算、对策等进行全面检查督促和调查研究。② 与此同时，阿坝、甘孜、凉山、攀枝花、乐山和雅安地区均成立了天然林资源保护工程领导小组，对辖区内天然林资源保护工程实行首长负责制和目标管理责任制，负责工程内的统一领导、统一指挥、协调解决工程实施中

---

① 王治安：《中国森林危机报告》，《青年作家》1998 年第 9 期，第 142 页。
② 周宝中：《禁伐令昨起执行，省领导率队督查》，《四川日报》1998 年 9 月 2 日第 1 版。

的重大问题。在认真调查研究的基础上，四川省林业厅还提出了实施天然林资源保护工程的基本原则：坚持保护天然林资源与发展西部特别是少数民族地区经济相协调；坚持保护现有森林资源与培育后续资源并重，即造、封、管相结合；坚持突出生态效益和社会效益，同时注重生态、社会和经济效益相统一；坚持把工程的实施同转换森工经营机制相结合。

2. 封山育林，关闭林区木材交易市场

《布告》颁布后，四川省各地州市积极行动起来，封山育林，关闭林区木材交易市场。凉山州政府和林业局统一认识，及时制定了实施《布告》的具体方案，同时对森工企业的出路、生活和社会保险等问题进行了认真研究与部署。[1] 阿坝州计划在 2010 年以前，每年造林 2.3 万公顷，封山育林 7.1 万公顷，森林抚育 7.3 万公顷。到 2005 年，20 万亩坡度在 25 度以上的耕地全部退耕还林，2010 年全部消灭宜林荒山。目前，该州正在营造面积 3 万亩，沿岷江，长度达 20 公里的川西"绿色屏障"[2]。预计该项目完成后，岷江上游荒漠化的程度将得到有效控制，并为建立川西平原巨大的"天然水库"奠定良好的基础。泸定县按照省政府的要求，县内国有、集体林场无条件全面停止对现有天然林的采伐。县林业局派出 4 个工作组及时赶赴境内县属雨沙坪林场和综合林场所属的加郡、岚安、湾东分场以及 3 个集体林场，安排停止天然林采伐事宜，并对已采伐的半成品进行全面核查。[3] 另据 1998 年 9 月 1 日来自四川省各采伐现场的报道：（1）雅安羊子岭：林场一片静悄悄；（2）马尔康林业局 402 场毛木楚采伐段：让荒山披上绿装；（3）攀枝花米易普威林业局：封存所有砍伐工具，关闭通往林区的公路；（4）乐山峨边 613 林场：停止天然林采伐，多种门道找出路；（5）凉山荞地乡林业局：森工放下油锯去植树；（6）康定力邱河林场：千名森工下山，砍伐工具入库。[4]

3. 把砍树人变为种树人，富余人员实行转产分流

新中国成立以来 50 年间，四川省在盆周山区 57 个县先后建起 28 个森工企业局、22 个采伐队、3 个水运局、3 个筑路队。这些森工企业原为厅管企

① 田明书：《凉山：坚决停止采伐天然林》，《四川日报》1998 年 8 月 30 日第 1 版。

② 杨旭：《阿坝州开始营造"绿色屏障"》，《蜀报》，1999 年 11 月 19 日第 2 版。

③ 郭昌平、陈明凯：《泸定全面停止天然林采伐》，《四川日报》1998 年 8 月 27 日第 1 版。

④ 郑汝成：《斧锯入库，植树造林，造福子孙》，《四川日报》1998 年 9 月 5 日第 3 版。

业，80 年代中期下放到各地州管理，职工最多时达到 11 万人。[①] 实施天然林资源保护工程后，四川省计划从 1998 年 9 月 1 日到 2010 年，每年造林 14 万公顷，封山育林 69 万公顷，森林抚育 28 万公顷。中央和地方将投入森林管护事业费 1.98 亿元，生态公益林建设资金 6.92 亿元。[②] 四川省还将加强种苗基地建设，加大种子林、母树林的管理，搞好种苗生产与造林计划的衔接，这将使大部分森工企业的在职职工将手中砍伐的斧锯变为护树、造树的锨镐，由砍树人变成护树人和种树人。

对于森工人员实行转产分流，省林业局制定的初步方案是：在全省林业系统 10 万余名在职森工中，将分流 24789 名工人从事天然林管理与保护等工作。其中有 4581 名职工从事造林绿化，另有 3000 名工人将转向多种经营，6 万多名离退休职工的生活费将全部纳入省级社会统筹范围，不由原企业负担。[③] 森工企业的优势在山区，新的发展也离不开山区。因此，森工企业在管护好森林资源和营造公益林的同时，还可以充分利用林区资源优势，因地制宜，积极发展种植、森林旅游和其他多种经营项目；林业筑路和水运企业除了安排森林管护和营造生态公益林外，还可以安排部分人员重点转向开发新的产业。四川省西部林区周围有着大量肥沃的土地，可以发展花椒、板栗等多种经营。另外这些地区的水能、地下矿产等资源也很丰富，可以有计划地转产开发。

4. 建立和扩大自然保护区，恢复和发展生态环境

从 1963—1998 年，国务院、林业部、四川省（包括重庆市在内）先后批准建立了 55 个自然保护区。[④] 主要有以保护大熊猫、金丝猴、牛羚及自然生态为主的卧龙、王朗、唐家河、马边、美姑、九寨沟、黄龙、蜂桶寨、小寨子沟、白河、喇叭河自然保护区；以保护梅花鹿为主的铁布自然保护区；以保护银杉等古老孑遗植物及自然环境系统为主的金佛山自然保护区；以保护苏铁树为主的攀枝花苏铁自然保护区。其中卧龙自然保护区为国家自然保护区，参加了联合国国际生物圈保护网，是世界上第一个大熊猫研究中心。此外，近年来四川省还在长江干支流区域建立了众多的国家级和省级自然保护区和森林公园等，以扩大自然保护区的范围，重点发展森林生态系统。

---

① 王治安：《中国森林危机报告》，《青年作家》1998 年第 9 期，第 62 页。
② 李代勋：《落实护林措施，保护生态环境》，《四川日报》1998 年 8 月 28 日第 1 版。
③ 王治安：《十万森工放下斧头，遍山种树》，《四川日报》1998 年 8 月 28 日第 5 版。
④ 四川百科全书编纂委员会编：《四川百科全书》，四川辞书出版社，1997 年，第 46 页。

5. 按期完成 300 万亩退耕还林任务

为了进一步实施和扩大天然林资源保护工程范围，1999 年 10 月，四川省政府又做出重要决定，用"以粮代赈"的形式，启动实施两年退耕还林 300 万亩的试点工程。该工程选择在 120 个县（市），占全省县数 2/3。在试点过程中，省政府还采取了"两补两减两稳定"的政策，鼓励农民退耕还林。退耕还林每亩补助粮食 100 公斤、种苗费 50 元，并减免农业税和定购粮，稳定土地承包使用权和"谁造谁有"的基本政策。据报道：目前全省 120 个试点县，已有 123.8 万农户签订退耕还林合同，295 万亩坡地停耕，其中 175 万亩完成林草种植任务，占试点总亩数的 59.32%，122.4 万农户领到了国家发给的首批补助粮和补助款，占应兑现农户的 98.86%。①

6. 大力开展植树造林、绿化全川活动

四川省自 20 世纪 50 年代就开展大规模的群众性造林运动。1979 年以来，又相继实施了粮食援助造林、世界银行贷款国家造林、飞机播种造林、速生丰产林基地建设和长江中上游防护林建设等项目。近年来，特别是实施天然林资源保护工程前后，四川省许多有经济头脑的企业家看准发展林业的好势头，举巨资投向荒山荒坡，涌现出一股投资热。如川南珙县，20 世纪 50 年代青山绿水，森林覆盖率为 49%，60—70 年代由于大肆毁林开荒，森林覆盖率下降为 8.5%，水土流失严重，群众生活困难。70 年代末以来，全县植树造林 70 万亩，存活林木达 230 万立方米，森林覆盖率也上升到 46.2%。② 又如自天然林停采以后，峨边县对 10 万亩"四荒"（即荒山、荒坡、荒地、荒滩）地，实行了造林使用权拍卖。对于购买者，不分地域、单位、个人和身份，并鼓励党政机关、事业单位各级领导带头购买。由于这一措施深入人心，不到三个月，全县 10 万亩荒山拍卖完毕。③ 除国有林场植树护林外，四川各地还涌现出一批集体和个人投资兴办林业的先进典型。

---

① 熊小粒等：《四川生态建设工程首战告捷》，《望》2000 年第 13 期，第 53 页。
② 王治安：《中国森林危机报告》，《青年作家》1998 年第 9 期，第 72 页。
③ 王治安：《中国森林危机报告》，《青年作家》1998 年第 9 期，第 72 页。

三、四川省实施天然林资源保护和退耕还林工程的意义以及所面临的新问题

从总体上来看，四川省实施天然林资源保护和退耕还林两大工程，关闭林区木材交易市场，具有重要的现实意义。

1. 有利于减少水土流失

按四川省林业部门规划：从 1999—2010 年，全省将营造 168 万公顷生态公益林，其中每年营造 14 万公顷。届时，全省森林覆盖率可提高到 23.9%；年水土流失面积可减少 50%；年水源涵养能力达到 394 亿立方米，相当于七座二滩水电站的设计库容量；年水土侵蚀量将由现在的 3.6 亿吨下降到 1.2 亿吨，年保土 2.4 亿吨。[①] 可以预期，以上工程完成后，不仅对四川省社会经济发展关系重大，而且对长江中下游地区的防洪安全和长治久安，也有重要的现实意义。

2. 有利于减少自然灾害

总结 1981、1991 和 1998 年三次特大洪灾的经验教训，四川省许多地区水旱灾害、山地灾害频繁发生的一个重要原因就是森林植被稀少。西南大学叶谦吉教授在对 1981 年四川省特大水灾调查时发现：凡森林覆盖率在 26.7% 以上的地区，灾情就轻，而森林覆盖率在 5% 以下的地区，灾情最为严重。[②] 以上事实分析表明：森林具有调节气候、涵养水源、保持水土、改善生态环境等特殊功能，对预防或减轻各种自然灾害有直接作用。

3. 有利于促进整个生态平衡

四川省实施天然林资源保护工程，不仅有力地保护了以大熊猫为代表的珍稀动物，以及攀枝花苏铁、各种银杉等古老孑遗植物和九寨沟、峨眉山等自然景观，而且有利于促进整个生态系统平衡。实施天然林资源保护工程后，随着全民环境意识的增强和全社会对植树造林、环境整治投入和森林覆盖率的稳步

---

① 李佳路：《封山之后看林业》，《半月谈》1998 年第 22 期，第 24 页。
② 孟昭华编著：《中国灾荒史记》，中国社会出版社，1999 年，第 876~877 页。

提高，长江中上游防护林建设将会有较大发展，严重危害城市、工业、重要交通干线的泥石流、滑坡、崩塌等灾害将得到有效治理，主要城市和人口密集地区的大气和水质污染也将会有所减轻。

此外，实施天然林资源保护和退耕还林两大工程，还有利于水利、防洪、旅游、扶贫济困等工作，其综合效益是不可低估的。

在充分肯定四川省实施两大生态工程具有重大现实意义的同时，也应该清醒地认识到：其保护建设任务是十分艰巨的，将会遇到许多新情况、新问题。

一是如何解决地方政府财政收入下降问题。据统计，停止天然林采伐后，四川地方财政收入将减少 6.8 亿元。其中直接减少收入 3.8 亿元，间接减少收入 2 亿元，其他减少 1 亿元。甘孜、阿坝、凉山三州有 20 个县的财政收入80％来自木材，其中甘孜州新龙县林业收入占地方财政收入的 98.3％。[1] 天然林停采后，这些地区的主要财政收入将会失去来源。然而这些地区又是少数民族（藏族、彝族）聚居地，相关问题解决不好，不仅会影响当地经济与社会发展，而且会影响当地群众生活。为了尽快解决当地财政经济问题，中央和四川省已采取财政转移支付，或专项财政补助、银行挂账停息和以工代赈等办法，以确保天然林保护和退耕还林工程的顺利实施。与此同时，林区各级政府也应注意精简机构，节约开支。

二是如何解决森工企业离退休人员的生活问题。四川省政府规定：在确保森工企业离退休人员养老金和下岗职工基本生活费发放的基础上，工程区内重点森工企业和地方小型采伐企业的离退休职工，从 1998 年 9 月 1 日起交由社保机构统筹安排发放养老金。企业应交纳养老保险金，由省里统筹安排，省和地方不向企业征收养老保险金。

三是如何解决林区相关企业和农民的经济损失问题。据统计，全省受天然林禁伐影响的企业 1172 家，涉及职工 15.4 万人，影响工业产值 26.1 亿元，涉及相关农民每年减收 15 亿元。其中西部林区农民每年减收 12 亿元。[2] 对此，四川林业局提出措施：请求国家安排一定的专项贴息贷款和以工代赈的办法，用于结构调整，发展多种经营，开辟新的财源，增加当地企业的收入。对于天然林保护地区以木材为原料的小型加工企业，要有计划地实行关闭破产，妥善处理银行债务和人员安置等问题。对于退耕还林的农民，要认真落实补偿和扶持政策，国家在一定时期内给予粮食补助。要抓住当前全国粮食供应有

---

① 王治安：《中国森林危机报告》，《青年作家》1998 年第 9 期，第 68 页。
② 王治安：《中国森林危机报告》，《青年作家》1998 年第 9 期，第 58 页。

余、粮食库存充裕的机遇，以粮食换森林。

四是如何扩大造林育林规模问题。在生态环境脆弱地区，要实行飞播造林，结合人工造林，实行乔、灌、草结合。在实施营造生态林和经济林的过程中，要大力采用先进技术，提倡科学造林、育林。各地森工企业要保留一支精干队伍专门从事森林管护，并对农民退耕还林、植树种草提供技术指导，同时抚育苗圃，供应树苗。

五是如何尽快解决林区居民的烧柴问题。禁伐令下达后，林业工人放下了手中斧头，而长期靠木材煮饭、喂猪、取暖的林区农民，仍离不开对木材的依赖。要解决山区居民的燃料问题，首先要大力营造用材林、经济林和薪炭林，让当地居民少用或不用木材做燃料；其次要在千家万户积极推广标准化沼气，改建省柴节煤灶，发展太阳能，多修小水电，以电代木；再次要多修乡村公路，使山区群众的建房尽可能用水泥砖石取代木材；另外，还要通过大力开发利用木材代用品，支持发展速生丰产林等措施，保证社会各方面对木材的需求。在有条件的地方要有计划地设立"安居工程"，使林区居民迁出，以减少对森林植被的损坏。

综上所述，四川省在全国率先实施天然林资源保护和退耕还林工程，在相当长时期内要承担巨大的压力。例如部分县市财政要受到"木头财政"的直接损失，营造公益林要支付相当大的费用。但是，在当地各级政府和有关部门的精心组织与配合下，四川省林业将会找到新的出路，为营造一个山川秀美、经济发达的"天府之国"和加强长江中下游地区的生态屏障建设，做出历史性的贡献。

[本文原刊《当代中国史研究》2000 年第 5 期，收入本辑时作者对个别文字有所改动]

传统史学理论在民国史学界的回响

——论刘咸炘的章学诚研究

刘开军①

【摘　要】　民国时期，传统史学理论虽在西学东渐的强力冲击下失去了原有的主流地位，但仍然保持着一种血脉上的延续与发展。从章学诚到刘咸炘便是传统史学理论在民国时期得以延续和革新的力证。刘咸炘的章学诚研究包括"释章""续章"和"匡章"三个逐次递进的部分。他阐释了章学诚与浙东史学、六经皆史、记注与撰述等重要理论问题，并将章学诚史学与西方史学做比较，回击了西方史学优越论，坚守了中国本位的史学理论。刘咸炘承袭了章学诚史学、目录学、方志学的衣钵，堪称民国时期"续章"的代表人物，但其中又有"匡章"之义。刘咸炘提出的"察势观风"已突破了章学诚史学的固有疆界，在近代史学史上自成一派。在新旧史学和中西史学交汇、碰撞、嬗变的变奏中，刘咸炘摸索到了传统史学近代转型的一种路径。刘咸炘关于章学诚的研究引起了内藤湖南、钱穆、金毓黻、齐思和等史学家的评价，从中可见中国本位史学家在民国史学史上的地位。

【关键词】　章学诚；刘咸炘；传统史学；近代传承

民国时期，传统史学理论虽在西学东渐的强力冲击下失去了原有的主流地位，但仍然保持着一种血脉上的延续与发展。作为传统史学理论的集大成者，

---

①　作者简介：刘开军，男，1981 年生，安徽宿州人，北京师范大学历史学博士；现为四川师范大学历史文化与旅游学院教授、硕士生导师；主要研究方向为史学理论与史学史、中国史学批评史、中国近现代学术史；主持 2012 年度教育部人文社科青年项目"晚清史学批评的演进路径与成就（1840—1911）"，主持 2014 年度四川省哲社规划项目"刘咸炘与民国时期中国本位史学理论的构建研究"，主持 2016 年度国家社科基金一般项目"清代中期史学批评研究"；出版《晚清史学批评研究》等专著，在《光明日报》《史学月刊》《中国社会科学报》《学术研究》《史学史研究》《江海学刊》等刊物发表论文 50 篇，多篇文章被《新华文摘》《中国社会科学文摘》全文转载。

章学诚史学在民国史学史上的接受与研究历程可以视为传统史学理论在这一时期传承的一个缩影。民国时期，有一位史学家一生坚守实斋史学要义，通过钻研、表微、发展实斋史学，实现了传统史学理论的近代传承，却罕被提及。他就是刘咸炘（1896—1932）。刘咸炘字鉴泉，别号宥斋，祖籍四川双流，出生、生活于成都，终其一生未曾走出四川。刘咸炘虽年寿仅 36 岁，但留下了经、史、子、集共 231 种著述约 800 万字，是一位地域性特点鲜明、成就甚大的史学家。刘咸炘的学术有两大渊源，即家学与章学诚，而章学诚对他的史学研究影响更大些，"荦荦实斋书八卷，逢源左右我心倾"①，"吾族世传文史业，导师东浙一章君"②。刘咸炘与章学诚在性格上也有几分相似，章学诚"性僻懒，寡知交"③，刘咸炘也不善交游。从章学诚到刘咸炘，呈现出中国传统史学理论在近代自省式的演进路径，在传统史学式微的大背景下，刘咸炘的章学诚研究可谓是民国史学史上关于传统史学理论的另类回响。

一、对章学诚史学要义的阐释

章学诚研究贯穿了刘咸炘学术生涯的始终，在刘咸炘的史学体系中居于中心地位。1914 年刘咸炘的父亲去世后，他跟随兄长刘咸焌学习，"读会稽章氏书"④。据此可知，刘咸炘开始阅读、研究章学诚著作的时间约在 1915 年。刘咸炘在 1920 年说："浮沉学海，于今六年。"⑤ 1915 年是刘咸炘正式从事学术研究的开端。也就是说，刘咸炘的史学研究是从研读章学诚开始的。刘咸炘对章学诚的研究与传承是全方位的，章氏所擅长的史学、方志学、校雠学都在刘咸炘的治学范畴之内。刘咸炘的章学诚研究具有以文本研究为基础，以思想研究为重心的特点。

刘咸炘在章学诚研究上的成果包括校勘、专著和专题论文三大类。在校勘方面，刘咸炘校订的《文史通义》于 1927 年由成都志古堂刊板，具有较高的文献学价值。1929 年至 1948 年间，叶瑛校注《文史通义》时，采用了九种版

---

① 刘咸炘：《论学韵语》，《推十书》（增补全本），己辑第 1 册，上海科学技术文献出版社，2009 年，第 103 页。本文所引用的《推十书》（增补全本）均为这一版本，以下不再赘述。

② 刘咸炘：《论学韵语》，《推十书》（增补全本），己辑第 1 册，第 106 页。

③ 章学诚：《章学诚遗书》卷十九《庚辛之间亡友列传》，文物出版社，1985 年。

④ 刘咸炘：《〈汉书〉知意·序论》，《推十书》（增补全本），丙辑第 1 册，第 169 页。

⑤ 刘咸炘：《论学韵语》，《推十书》（增补全本），己辑第 1 册，第 99 页。

本，"其中刘咸炘校志古堂刻本、庐江何氏钞本更重要"，叶瑛还据刘咸炘的志古堂本补脱文，改讹文，甚至"据刘本补录有关章氏原文"①。

在专著方面，刘咸炘撰写了《文史通义解》②《续校雠通义》和《文史通义识语》三种。《续校雠通义》初稿成于 1919 年，1928 年刘咸炘在成都大学讲授目录学时重新修订并出版。《续校雠通义》共十七篇，以《通古今》开宗明义，以《匡章》终篇。《文史通义识语》于 1925 年删定，1927 年出版，由正文三卷和附录组成。该书的卷上和卷中分别是对《文史通义》内、外篇的发微，也可以看作是为《文史通义》作注和题解。如评《书教》三篇是"论史大纲"③，《答客问下》"专论比次"④。卷下由《提要》《辨惑》《别嫌》和《较新》四篇组成。《提要》钩玄索隐，汇辑《文史通义》的精华语句于一篇，看似简单，实则颇见功力。《辨惑》《别嫌》是对章学诚史学思想的补充性解读。附录中的《章实斋先生传》和《章氏遗书目录》是刘咸炘对章学诚所做的知人论世的考察。前者是对章学诚思想轨迹的厘定，后者以随文按语的形式考订章学诚著述目录之编次，间亦论及章氏史学著述的细节。

在单篇论文方面，刘咸炘较有代表性的文章有《三术》《认经论》《广博约》（一名《喻章》）、《医喻》《史体论》《记注论》《通志私议》《续言公》等。还有一些论著，虽不是专门研究章学诚，但反映了刘咸炘在章学诚史学研究上的创见，如《〈史通〉驳议》《重修〈宋史〉述意》《宋史学论》《史病论》《先河录》《目录学》《治史绪论》《校雠述林》等。

民国时期，新学、旧学、中学、西学各派对章学诚的研究分歧较大。刘咸炘认为"新派旧派，今文古文，誉之不受，毁之多冤"⑤，因此，他力求实事求是地疏通、阐述实斋史学。

关于浙东史学。章学诚史学宗旨上承浙东学派，晚年撰写了《浙东学术》。刘咸炘指出："浙东学术以史为盛，黄、万、全、邵以至先生（指章学诚，引

① 《文史通义校注·出版说明》，中华书局，1985 年，第 5、6 页。

② 《文史通义解》是刘咸炘生前的未刊稿。据刘咸炘的弟子李克齐、罗体基所编《系年录》，1918 年，刘咸炘撰《文史通义解》二卷，后来经删订，更名为《文史通义识语》。今本《推十书》（增补全本）在未刊稿《余力录》中收录了《文史通义解》，（丁辑第 2 册），仅三千多字，可能是删订后所剩下的内容。

③ 刘咸炘：《〈文史通义〉识语卷上·书教上》，《推十书》（增补全本），甲辑第 3 册，第 1061 页。

④ 刘咸炘：《〈文史通义〉识语卷上·答客问下》，《推十书》（增补全本），甲辑第 3 册，第 1090页。

⑤ 刘咸炘：《〈文史通义〉识语三卷·叙》，《推十书》（增补全本），甲辑第 3 册，第 1057 页。

者注）确有渊源。"① 检视《先河录》，可见刘咸炘对浙东史学的系统梳理："会稽章实斋先生之学，可谓前无古人，然实承其乡先生之绪。所谓浙东学术者，今世罕知其详。盖以宋婺州史学为表，明姚江理学为里，而成于黄梨洲者也。理不离事，道公学私，乃章君之大义，已是原理，不在寻常史学范围之中。圆通广大之论，北宋已有，至明尤多，皆可与章君之言相证。至于校雠之学，史体之议，原本宋人，尤为显著。今将明此绝学，幸得溯其微绪。"② 刘咸炘在勾勒北宋以降迄于清初的史学脉络对章学诚的影响时，提到了郑樵、吕祖谦、陈亮、陈傅良、叶适、王阳明、刘宗周、黄宗羲、万斯同、邵廷采、全祖望等人。这些学者有的偏重史学，有的偏重哲学，但都对章学诚的学术产生了影响。值得注意的是，刘咸炘还特别强调了王阳明的地位。"浙东史学，文献之传，固本于金华，而其史识之圆大，则实以阳明之说为骨。"③ 刘咸炘在论章学诚史学源头时突出王阳明的影响是有道理的，因为"章氏平生持论，亦多从阳明出"④。刘咸炘对章学诚史学源流的追溯颇有见地。刘咸炘论实斋史学的渊源，其实也是夫子自道，因为刘咸炘治学的路数与浙东史学也是一脉相承的。

关于"六经皆史"。《文史通义》开篇就说"六经皆史也"⑤。《易教》《诗教》和《书教》诸篇也阐释了"六经皆史"的观点，这就提出了传统史学理论史上关于经史关系的一个重要命题。要探讨"六经皆史"，既需要史学的功底，也须有经学的造诣。

首先，刘咸炘认为"六经皆史"的"史"只是"记实事之称，非仅指纪传、编年"⑥。他从事、理、情的角度将"六经"分为四类，《礼》为一类，是记当下事；《春秋》与《书》为第二类，是记过去事；《易》为第三类，是讲未来事，"古文不外事而言理，理即在事中"；《诗》为第四类，是言情，而情也是从事中生发的⑦。在刘咸炘看来，章学诚的"六经皆史"即六经记事。

其次，《诗经》《尚书》《春秋》之"史"的品格比较鲜明，而《易》和《礼》与史学的关系则较为隐晦。刘咸炘说："《易》彰往而察来，神以知来，

---

① 刘咸炘：《〈文史通义〉识语卷上·浙东学术》，《推十书》（增补全本），甲辑第 3 册，第 1093 页。

② 刘咸炘：《先河录·序论》，《推十书》（增补全本），甲辑第 3 册，第 1145 页。

③ 刘咸炘：《阳明先生传外录》，《推十书》（增补全本），丙辑第 4 册，第 1473 页。

④ 张舜徽：《史学三书平议》，中华书局，1983 年，第 188 页。

⑤ 章学诚：《文史通义》卷一《易教上》，叶瑛校注本，中华书局，1985 年。

⑥ 刘咸炘：《〈文史通义〉识语卷上·易教上》，《推十书》（增补全本），甲辑第 3 册，第 1059 页。

⑦ 刘咸炘：《〈文史通义〉识语卷上·易教上》，《推十书》（增补全本），甲辑第 3 册，第 34 页。

智以藏往，史之大义也。"① 一句话就点明了《易》与史的关联。《礼》为何也是史呢？"礼者，秩序之义，典章制度之通名，故儒者称《周官》曰《周礼》。曩世儒者说史不及礼，遂使《四库》史部但承《春秋》之流，章先生已明辨之矣。今人有驳章氏'六经皆史'之说者，谓史乃官名非书名，当云'六经皆礼'。夫章氏所谓史者，乃指典守之官与后世之史部言，示学者以书本记事，古今同体耳。要之为官守之政教典章。以其官与下流部目言，则谓之史；以其为秩序言，则谓之礼；以其为典章制定之常法言，则谓之经。三名一实，而义不相该。"② 刘咸炘认为《礼》乃是典章制度史，代表的是一种社会秩序。针对时人的质疑，刘咸炘提出礼、经、史"三名一实"又不能彼此取代。

再次，刘咸炘跳出了今古文经学的窠臼评价"六经皆史"。今文经派与古文经派在"六经"本体的认识上各执一端。刘咸炘在经学上不宗今文，也不属于古文派，"吾宗章实斋六经皆史之说，于经学今古文两派皆不主之。古文家之极若章太炎，今文家之极若廖季平，吾皆以为太过"③。章太炎是清末民初的著名学者和政论家，廖平是四川近代学术史上的一位今文经学大师。刘咸炘对声名显赫的章太炎和乡贤廖平都有所批评。刘咸炘认为在对"六经皆史"的理解上，今文经学家和古文经学家均走向了极端。他要"以史论之，平两家之争"④。刘咸炘说：

> 章先生开宗明义便言六经皆史，即是认定六经本体。今文经学家谓六经皆微言，不为显用，是不独认之为子，且认为寓言，显然不合。然六经经孔子订定，是孔子之学即在经中。章先生明言先有史，后有子。于六经皆史句下，随即申明曰：古人不著书，古人不离事而言理，是谓理即在事中，史即有子之用。不意古文经学家因矫今文家之诞说，遂谓六经记事不化人，六籍只是古史陈账，与孔子学术无关。孔子删定六经，只是整齐故事，其功比于刘歆。此与今文家言各走极端，皆不可信。⑤

刘咸炘认为今文家动辄谓"六经"微言大义，犯了穿凿附会之病。古文家与今文家针锋相对，认为"六经"只是无关宏旨的古史陈账，把"六经"作为史料看待，这又贬低了"六经"的史学价值。刘咸炘认为"六经皆史"包含两

① 刘咸炘：《〈文史通义〉识语卷上·易教上》，《推十书》（增补全本），甲辑第3册，第31页。
② 刘咸炘：《〈文史通义〉识语卷上·易教上》，《推十书》（增补全本），甲辑第3册，第32页。
③ 刘咸炘：《左书二·经今文学论》，《推十书》（增补全本），甲辑第1册，第163页。
④ 刘咸炘：《左书二·春秋平论》，《推十书》（增补全本），甲辑第1册，第138页。
⑤ 刘咸炘：《〈文史通义〉识语卷下·辨惑》，《推十书》（增补全本），甲辑第3册，第1115页。

层递进的意蕴：一是"六经"记事，故是史；二是"六经"又是言理、有意旨的史。刘咸炘从章学诚的思想本原入手，以一位重视史意的史学家的眼光来阐释"六经皆史"，不从字面上而是从深意上理解章学诚的史学理论，所得出的见解有一定的学术价值。

关于"撰述"与"记注"。章学诚在史学理论上的又一贡献是提出了"记注"与"撰述"以统摄传统史学。"《易》曰：'蓍之德圆而神，卦之德方以智。'间尝窃取其义，以概古今之载籍，撰述欲其圆而神，记注欲其方以智也。夫智以藏往，神以知来，记注欲往事之不忘，撰述欲来者之兴起，故记注藏往似智，而撰述知来拟神也。"① 章学诚从经典中获得灵感，将古今载籍厘定为"记注"和"撰述"两大类，并将二者的特点概括为方以智和圆而神，有大刀阔斧、截断众流之势，堪称"为千古史学辟其榛芜"②。记注的使命是藏往，追求的是赅备无遗，强调体例的规整；而撰述的使命是知来，不求完备而有所采择，故体例上不拘一格。章学诚的上述划分大体上展现了我国传统史学在旨趣和编纂上的两种风貌。

刘咸炘非常重视"撰述"与"记注"理论，称"其言精栗，近古以来，未尝有也"。然章学诚对记注、撰述的论述非常抽象，"旨太微眇，宜乎世多不解而诧之"③。刘咸炘则阐述了记注与撰述的分野，说：

> 若真史书，必有寻常记事书所无之素质。记注、撰述皆史职，而真史书惟撰述足以当之。……记注、撰述之二名词，若甚明而实未易晓。姑浅譬之，则如一人平生详著日记，既死，而子孙据其日记，依年分类，编为年谱、行状之文，纤悉无遗，整齐不乱，是记注也。然止此犹不足以见其为人，如流水细账不能见家计之大略。故以此为本，更乞诸深知是人者，别为碑传，其材虽仍取诸年谱、行状，而已经剪裁，年月类例，皆变易而不拘，且若别有所加焉，尤足以显示此人之平生，是即撰述也。④

刘咸炘将记注比喻为经过简单的史料分类，编辑而成的年谱，虽史料丰富，但不足以见其为人之风貌；他又把撰述视为经过史料的加工、剪裁并融会贯通而作的碑传，能见出传主的真精神，这才是"真史书"。虽然这个比喻也不是十分得体，但形象地区分了记注与撰述的形成过程与不同。

---

① 章学诚：《文史通义》卷一《书教下》，叶瑛校注本，中华书局，1985 年。
② 章学诚：《章学诚遗书》卷九《与汪龙庄书》，文物出版社，1985 年。
③ 刘咸炘：《〈史学述林〉卷二·记注论》，《推十书》（增补全本），丙辑第 2 册，第 421 页。
④ 刘咸炘：《〈史学述林〉卷一·史体论》，《推十书》（增补全本），丙辑第 2 册，第 379 页。

在章学诚之前，刘知几说过这样一段话："为史之道，其流有二。何者？书事记言，出自当时之简；勒成删定，归于后来之笔。然则当时草创者，资乎博闻实录，若董狐、南史是也；后来经始者，贵乎俊识通才，若班固、陈寿是也。"①刘知几所说的"书事记言"和"勒成删定"与章学诚说的"记注"和"撰述"是否相同呢？叶瑛认为"所谓'当时之简'，属于记注之史料。所谓'后来之笔'，属于撰述之史著。二者流别不同，事实相须。实斋盖本此言之，特为详尽耳。"②金毓黻也说："记注、撰述之分，初申其旨于刘知几。"③刘咸炘则认为刘、章所论"似相同而实异。盖所谓勒成删定者，又有专家独断与集众整齐故事之分。章君所谓及时撰集以待后人之论定者，如《东观汉记》之流，未始非勒成删定，而实不过为比次之业而已。此固假撰述而非真撰述也"④。意思是说，刘知几的"勒成删定"并不能等同于章学诚的"真撰述"，这是因为"勒成删定"中也包括整齐之学，而撰述只能是独断之学、别识心裁。

刘咸炘还辨析了记注与撰述之间对立与统一的关系。"撰述之能成，固由记注之法备，而撰述之几绝，亦由记注之习成。"⑤在刘咸炘看来，撰述的特质包括专家独断、精心结撰、一家之言，撰述源于记注，又高于记注。刘咸炘提出的记注备而撰述成，指出了记注的史学价值。他说的记注之习成而撰述之意衰，则道出了传统史学发展中的一个弊病。

此外，刘咸炘还阐述了章学诚的"史德"："尽其天者，各如其分也。后之为史者，岂能如孔子。惟有各如其分，以待论定，不敢以私意击断。虽有议论，勿过方板，故马、班无峭严之论。"围绕章学诚史德论中的"情气"说，指出："先生之意非但求真，盖知作史之不能无情气也。今之论史者，偏主客观而援先生之说以相证者，非也。"⑥契合了实斋史学的要义。刘咸炘又论章氏的"通史家风"，说："不可通者，各归其分；可通者，归于大原。不可通者，勿强通；可通者，勿自蔽。此即吾所谓分合，乃先生学说之大本，亦即此书之所以名为《通义》也。"⑦这些"释章"之语是刘咸炘长期研读《文史通

---

① 刘知几：《史通》卷十一《史官建置》，浦起龙通释本，上海古籍出版社，1978年。
② 叶瑛：《文史通义校注》卷一《书教上》注八，中华书局，1985年，第33页。
③ 金毓黻：《中国史学史》，河北教育出版社，2000年，第329页。
④ 刘咸炘：《〈史学述林〉卷二·记注论》，《推十书》（增补全本），丙辑第2册，第421页。
⑤ 刘咸炘：《〈史学述林〉卷二·记注论》，《推十书》（增补全本），丙辑第2册，第421页。
⑥ 刘咸炘：《〈文史通义〉识语卷上·史德》，《推十书》（增补全本），甲辑第3册，第1074～1075页。
⑦ 刘咸炘：《〈文史通义〉识语卷上·释通》，《推十书》（增补全本），甲辑第3册，第1083页。

义》的心得，也是他史学思想中的闪光点。在长期研究实斋史学的过程中，刘咸炘逐步建立起了对本土史学理论的自信。

二、章学诚史学与西方史学的比较

民国时期，中国传统学术与西方学术孰优孰劣问题争论不休，史学家也不能置身事外。在这个问题上，民国史学家大抵可以分为三大类：一是自始至终坚守传统学术的本位价值，他们也承认西方学术的部分优长，但认为西方的许多新理论在中国古已有之，中国学者不应妄自菲薄，而应自信地建设本土学术。二是一度猛烈批判传统学术，主张学习西方，后来逐渐回归传统。三是主张"全盘西化"。刘咸炘属于第一种类型的史学家。

刘咸炘虽是一位中国本位学者，但他对西方学术并不陌生。他的藏书中有不少西方学术著作，他的论著中多次出现了亚里士多德、柏格森、杜威、斯宾塞、达尔文、康德、詹姆士、孔德、白璧德、黑格尔等西方学者，涉及西方心理学、社会学、历史学、哲学、美学甚至自然科学等多个学科。刘咸炘阅读了朗格诺瓦和瑟诺博司的《史学原论》等西方史学理论著作，还订阅了《东方杂志》《国粹学报》《史地学报》等多种报刊，故其弟子评价刘咸炘"纵览西籍，批窾导曲，正其违失"①。他撰写的《进与退》《动与植》等文章都是比较中西文化的宏文，得到了以出版《东西文化及其哲学》而闻名的梁漱溟的称赞。②

1924 年，何炳松翻译的美国史学家鲁滨逊的代表作《新史学》由商务印书馆出版，迅即风行海内。这一流派以"新"命名，与当时中国史学界建设新史学的学术诉求相呼应。《新史学》中译本出版的次年，刘咸炘便将鲁滨逊与章学诚做了比较。刘咸炘首先对"新史学派"的"新"提出了质疑："美利坚人鲁滨逊著《新史学》，在西方为前无古人。而吾国人亦颇推奉之，不知其说有浅有深。浅者刘子玄之所已言，已为中国学者之常谈。深者则诚子玄所未有，而郑渔仲、章先生所已发明也。章先生所发乃宏识，彼多未知，故其言时不免于偏谬。吾国人轻其家业，好学而不深思，遂以为新耳。"③ 刘咸炘以为鲁滨逊的史学理论多为刘知几、郑樵和章学诚已言，而章学诚的史学理论却言

---

① 徐国光：《系年录·序》，《推十书》（增补全本），壬癸合辑第 3 册，第 1126 页。
② 刘咸炘的《动与植》被梁漱溟收入《中国民族自救运动之最后觉悟》一书的附录中。
③ 刘咸炘：《〈文史通义〉识语卷下·较新》，《推十书》（增补全本），甲辑第 3 册，第 1119 页。

鲁滨逊所未言，故而刘咸炘主张中国史学家应尊重、发掘"家业"，不宜简单地求新于异国他乡。

刘咸炘还对鲁滨逊的历史观、客观主义提出了批评，说："鲁氏固重求原理者，原理亦哲学也，但非一家学说与一种教训耳。西人好执一而概百，鲁氏惩之，故排斥甚烈。若吾中国古之良史，其所执之宗旨，固由观变而得之，马迁明大道之恢恢，班氏折狂狷之异趣，岂如西人之狭隘乎。鲁氏述其史学之新法，一为批评材料加谨严，二为据实记载，此皆中国所早觉知，西人今始知之，而执之又不免太过。……求实之极，至于极端排斥感情，几欲使史学如物质科学，此则谬矣。"① 这段关于史学的主观与客观关系的辨析很有道理。至于鲁滨逊在史学建设上的看法，刘咸炘将之概括为五点，也未出章学诚史学的范围。如"广材料""重普通"即章学诚说的重风尚和论世之言。"知综合"即章学诚"戒多立汇传，论马、班书通为一篇之义"。"重源流"即"史迁所谓通变，章先生所以斤斤于源流也"。而最后一点"求原理"近于章学诚的"别识心裁、撰述意旨"，但鲁滨逊所谓的"原理"不过是进化论，所注重者仅是物质，也不足取。"世之学者，或将疑鲁氏所说乃科学定律，其性普通。而章先生所谓别识独断似犹未免主观，不知章先生所持实能尽分合之能事，因时而变，而归于不变，由特殊以达于普通，所持者圆。……吾中国道家史学之精者，见始知终，所操者简而能该。章先生之所谓天与道者恢恢大哉，疏而不漏，夫岂生物学之定律所能比拟乎。"② 刘咸炘上面的话是有所指的，主要是针对民国时期的西化派而言，是对当时强劲的西史之风的回应。20 世纪前半期，"中国史学界对鲁滨逊及其新史学极力推崇，缺乏批判"③。刘咸炘不随波逐流，在一片赞誉中，发出了另一种声音，以他在传统史学方面的修养与史识来批判地对待鲁滨逊及其新史学，初步比较中西史学的异同与优劣，这种精神与尝试值得肯定。

新史学与传统史学在史书编纂体裁上也有不同。传统史学以编年体、纪传体和纪事本末体为主。至传统史学后期，史书体裁日益僵化。章学诚计划以纪传体为本，将之改造为纪、传、表、图四个部分，"对传进行大的改造，将世家、书志以及各种类型的列传根据其内容，做各种传。这是吸收了纪事本末体

---

① 刘咸炘：《〈文史通义〉识语卷下·较新》，《推十书》（增补全本），甲辑第 3 册，第 1120 页。
② 刘咸炘：《〈文史通义〉识语卷下·较新》，《推十书》（增补全本），甲辑第 3 册，第 1120～1121 页。
③ 张广智主编：《20 世纪中外史学交流》，北京师范大学出版社，2007 年，第 244 页。

之法，对纪传体史书的再创新"①。在民国史学界，西方的章节体日益成为史书编纂的主要体裁。刘咸炘指出当章学诚创立此说时，"环海之外，欧洲史书，正是非编年、非纪传之物，今人见世行教科书仿自欧史，则以为是即新史体。章君所计，已无意普行，此则误矣"②。章学诚所创之体得《尚书》《史记》之神，是"完备之体"，而"欧洲史体亦兼有述制度与个人之篇，较纪事本末为宏，然犹不能及此"③。围绕通史与断代史优劣问题，刘咸炘也将章学诚的学说与西方史家做了比较，说："近西人谓史事本相续，以一代兴亡为断，及强分时代者皆非。此亦过甚之论。前代之末日与后代之始日，诚非顿异，顾记事者不能不断，若必谓不可断，则史将待世界末日而后可为矣。风气事实，由一朝之兴亡而变改者固多，作史者诚有知远之识，递相赓续，何忧不贯。通史之善，章先生已详言之，然不遂谓断代为非也。"④

总的来看，刘咸炘对西方史学的理解未能达到他研究中国传统史学所具有的水准。他关于中西史学的比较略显粗疏，有的地方也有牵强之嫌，甚至把鲁滨逊的新史学完全笼罩在章学诚的史学王国之中了，在对待西方学术方面还不够开放，甚至近乎挑剔。但在学术转型的过渡时代，当不少人全盘接受西方学术的时候，刘咸炘保持了清醒的学术自觉，回击了西方史学优越论，始终立足本土史学，以传统史学的精神作为建设新史学的根基，延续了中国传统史学的神韵。

三、"续章"与"匡章"

刘咸炘服膺章学诚，在史学思想与史学实践上以继承章氏自命，相关论著也以"续章"命名，如《续校雠通义》《续言公》等。章学诚重"史意"，刘咸炘研究"前四史"的著作《四史知意》也以探讨"史意"为主。章学诚计划重修《宋史》而未果，刘咸炘也有志于撰写一部《宋史》。章学诚在方志上下过较大的工夫，刘咸炘也编纂了两部地方志《双流足征录》和《蜀诵》。这些都印证了刘咸炘所说的"上下探索，如有所立，爰续章书，以究斯业"⑤。但刘

---

① 周文玖：《章学诚的史学变革思想》，《史学月刊》2010年第11期。
② 刘咸炘：《〈史学述林〉卷一·史体论》，《推十书》（增补全本），丙辑第2册，第382页。
③ 刘咸炘：《〈史学述林〉卷一·史体论》，《推十书》（增补全本），丙辑第2册，第383页。
④ 刘咸炘：《治史绪论》，《推十书》（增补全本），已辑第1册，第241页。
⑤ 刘咸炘：《续校雠通义·序目》，《推十书》（增补全本），丁辑第1册，第99页。

咸炘的章学诚研究还包括发展、完善章氏史学之意，即"匡章"。"章先生之书，至精者一言，曰：为学莫大乎知类。刘咸炘进以一言曰：为学莫大乎明统，明统然后能知类。"① 有时候，"续章"与"匡章"是同时进行，不能截然分开。

第一，刘咸炘在目录学方面既有"续章"之作，也含有"匡章"之义。章学诚的目录学成就主要体现在《校雠通义》一书中。一方面，刘咸炘作《续校雠通义》和《校雠述林》承袭了章氏目录学的衣钵。另一方面，刘咸炘又指出章学诚的不足，"章氏之识大，而有未足，论亦多疏，恐世之误沿也，举五条以匡之"②。这五个方面分别是"主张互著太过"，"主张别裁太过"，"收《七略》所无，位置未当"，"持源流之论太过，颠倒虚实，混淆部次"，"误讥班氏"③。除了这五点外，刘咸炘对章学诚还另有批评，如谓："古曰七略，今曰四部。章先生明四部之不可复为七略，而欲人存七略之意于四部中，诚善矣。乃其撰《和州志艺文书》，一用七略旧法，而以史部诸目七略所无者，别为《纪载》一目。又强编文集于儒、杂二家，仅能胜于郑樵，而不能弥其偏缺。又其所收书少，门目不备，未有折衷。"④ "章先生尝言闻以部次治书籍，未闻以书籍乱部次者。吾谓闻以部次治书籍，未闻以书籍增部次。"⑤ 刘咸炘在目录之学上发展了章学诚的学说。

第二，刘咸炘的"察势观风""史有子意"说突破了章学诚史学的固有疆界，在近代史学史上也是自成一派。

章学诚在《文史通义》中多处论及风气问题，"风会所趋，庸人亦能勉赴；风会所去，豪杰有所不能振也⑥。刘咸炘说："论风气、论质性是先生知言论世之大纲，吾已多发明"⑦。"察势观风"便是刘咸炘在史学思想上的一大创新。

刘咸炘认为史学的要义即是"察势观风"，重点研究历史上的风俗文化、演进大势。

> 史乃一器也，器中所盛何实乎？吾于《浅讲》，已指出政事、风俗、

① 刘咸炘：《中书一·三术》，《推十书》（增补全本），甲辑第1册，第6页。
② 刘咸炘：《〈续校雠通义〉下册·序目》，《推十书》（增补全本），丁辑第1册，第99页。
③ 刘咸炘：《〈续校雠通义〉下册·匡章》，《推十书》（增补全本），丁辑第1册，第93—95页。
④ 刘咸炘：《〈续校雠通义〉上册·通古今》，《推十书》（增补全本），丁辑第1册，第3页。
⑤ 刘咸炘：《〈续校雠通义〉上册·唐宋明〈志〉》，《推十书》（增补全本），丁辑第1册，第34页。
⑥ 章学诚：《文史通义》卷四《说林》，叶瑛校注，中华书局，1985年。
⑦ 刘咸炘：《〈文史通义〉识语卷上·说林》，《推十书》（增补全本），甲辑第3册，第1083页。

人才三端。三端交互，政、俗由人成，人又由政、俗成。试以史何实问于世人，彼必日政事而已，殊不留意于风俗也。其更浅者，则日国家之兴衰成败而已，不知有政、俗之变迁、升降也。其尤浅者，则日人之善恶而已，不知有政、俗也。不知所谓寓褒贬、别善恶者，本非徒论一人。史本纪事，而其要尤在察势观风，所谓《春秋》家而有诗教，《诗》亡然后《春秋》作者也。事实实而风气虚，政事、人才皆在风中。即事见风，即实求虚，所谓史而有子意也。①

刘咸炘认为历史研究的对象应包括政事、风俗和人才，传统史家"详于朝廷之繁文，而忽于民间之风俗"②，甚至把历史研究简单地等同于国家兴衰或褒贬善恶，罕言风俗的变迁，求"实"而忘"虚"，史学变得缺乏意蕴。他认为"风"无所不包，历史研究要从史事中抽绎出一个时代的"风"。综合刘咸炘的表述来看，"风"包括时风（"群史之感人心者为时风"③）、土风（"气象以下之感人心者为土风"④）、士风、民风、学风等，约略相当于近代所讲的社会文化史、生活史、思想史的内容。

"史有子意"又作何理解呢？"世间书不外史与子，记事者皆史之属，言事之理者皆子之属。"⑤ 故"史有子意"是说历史研究不能只停留在整齐史料、记述史事的层面上，还要探讨事物之理。这便是刘咸炘的史学偏于理论一途的学理背景。

在"察势观风"和"史有子意"的观念下，刘咸炘撰写了一系列宏观讨论历史发展趋势、重大历史问题、独特社会风尚等理论色彩鲜明的文章。如1926年撰写的《明末三风略考》指出明亡与晚明山人、游侠、绅衿横恣之风有较深的关系。"世惟知明之亡，由门户、流寇、边患，而不察此。"⑥ 这在20世纪20年代的晚明史研究中是富有新意的。此外，《人文横观略述》论南北风气差异，《南北朝四述》论士风、邦族、民户、胡俗。这些问题多是传统史学所忽略或语焉不详的，甚至有的问题在"正宗"史学上难登大雅之堂，但在20世纪史学史上却大放异彩。

---

① 刘咸炘：《治史绪论》，《推十书》（增补全本），己辑第1册，第238页。
② 刘咸炘：《〈史学述林〉卷一·史体史目二论补》，《推十书》（增补全本），丙辑第2册，第415页。
③ 刘咸炘：《中书一·一事论》，《推十书》（增补全本），甲辑第1册，第19页。
④ 刘咸炘：《中书一·一事论》，《推十书》（增补全本），甲辑第1册，第19页。
⑤ 刘咸炘：《治史绪论》，《推十书》（增补全本），己辑第1册，第238页。
⑥ 刘咸炘：《右书七·明末三风略考》，《推十书》（增补全本），甲辑第2册，第530页。

第三，刘咸炘主张"方志自有方志之精神"①，创立《事纪》与《治者略》，对章学诚的方志学思想有所完善。

刘咸炘说："吾今贯论，豁然无碍，乃知方志固与国史各有一贯。十五国风，百篇之书，本非同物，较章先生更进一步矣。"②他在方志学上比章学诚"更进一步"的地方表现在以下两个方面。

首先，刘咸炘提出方志中应当增设《事纪》一目，置于方志之首，以提纲挈领地勾勒一地区之重要史事。"纪乃纪事之纲，则方志条目纷繁，正当有纪以纪理之。章先生知经纬之义，而其修方志，乃徒以皇言、恩泽为纪，则犹未为明快。皇言、恩泽固非全书之统纪，故后人多不从之，而反疑其摹仿国史，凑名目而不切事体也。今欲正史体，而使一书系统明白，必立事纪。"刘咸炘所说的《事纪》包括五类内容：兵事大要、政事大要、官吏拜罢、水旱饥疫、本地人之为将相及关系大局者。《事纪》"与国史本纪无异，但止书一方事耳"③。章学诚的《和州志皇言纪序例》和《永清县志恩泽纪序例》给了刘咸炘以启迪，但他认为章学诚立《皇言》和《恩泽》二纪还不够明快。这是因为所谓"皇言"和"恩泽"并不能真正起到统领一方之史的作用。为此，刘咸炘主张创立《事纪》，类似"正史"中的本纪，旨在记叙地方上的重大史事。《事纪》着眼于紧要之事，兵、政、官等自应列入。出人意料的是，刘咸炘还要记载自然灾害，关注民生疾苦。他认为"灾祸乃一方大事，与兵寇同为一切制度文化变迁之因，大书于前宜也"④。这是刘咸炘在地方史编纂上的一个新见解。

其次，改造章学诚的《政略》为《治者略》。章学诚创《政略》的根据是"夫以治绩为重，其余行业为轻，较之州中人物，要其始末，品其瑕瑜，草木区分，条编类次者，其例本不相侔。于斯分别标题，名为'政略'"⑤。刘咸炘一方面表示赞同："章先生立官吏之事为《政略》，以别于传，不可易矣。"另一方面他又提出："此当名为《治者略》，不必名为《政略》。凡割据伯主之事，昔人修志，嫌于不能纪，不能传，无可归者，正当归此。"这就解决了记载割据政权之主的体例问题。那么《治者略》的编纂思想是什么呢？刘咸炘明确了两点，一是"仍当用列传法"，二是"兼书善恶"⑥。这些论述也符合方志的史

---

① 刘咸炘：《〈蜀诵〉卷一·绪论》，《推十书》（增补全本），丙辑第 3 册，第 802 页。
② 刘咸炘：《治史绪论》，《推十书》（增补全本），己辑第 1 册，第 242～243 页。
③ 刘咸炘：《〈史学述林〉卷二·通志私议》，《推十书》（增补全本），丙辑第 2 册，第 444 页。
④ 刘咸炘：《〈史学述林〉卷二·通志私议》，《推十书》（增补全本），丙辑第 2 册，第 445 页。
⑤ 章学诚：《文史通义》卷六《和州志政略书序例》，叶瑛校注本，中华书局，1985 年。
⑥ 刘咸炘：《〈史学述林〉卷二·通志私议》，《推十书》（增补全本），丙辑第 2 册，第 446 页。

学品格。

要之，刘咸炘的章学诚研究包括"释章""续章"和"匡章"三个紧密联系、逐次递进的部分。"释章"是刘咸炘研究章学诚的起点，"续章"是刘咸炘研究章学诚的过程，"匡章"是刘咸炘研究章学诚的落脚点。如果说"释章""续章"主要是继承传统史学理论的话，那么，"匡章"则是对传统史学理论的革新，是传统史学向新史学的延伸，这为近代本土史学理论的重建注入了传统的因素，也为传统史学理论在近代学术转型中找到了安身立命之地。

四、余论

刘咸炘一生僻处巴蜀，未接受过新式高等教育，与当时的主流史学界交往也较少，且英年早逝，但他关于章学诚的研究在其生前与身后却引起了国内外著名史学家的关注，从中可见这位中国本位史学家在民国史学史上的影响力。

1928 年 10 月，日本"京都学派"创始人内藤湖南（1866—1934）在日本大阪演讲《章学诚的史学》时，特意提到了时年 32 岁的刘咸炘。内藤湖南是这样说的：

> 中国有一位叫胡适的人还将我所做的年谱予以增订出版，由此章氏的学问亦引起了中国新派学者的注意。在此之前，中国治旧学的学者，如张尔田、孙德谦等人出于对章氏学风的仰慕也曾特别进行过钻研；而最近除胡适之外，又有出身于精（清）华学堂的姚名达，以及四川学者刘咸炘等人，都能发挥章氏之学，各有著述公开发表。[1]

内藤湖南从 1902 年开始研究章学诚，一生中曾十次到中国考察，其中第九次是在 1918 年，最后一次是 1933 年。[2] 内藤湖南前九次来华时，刘咸炘尚未出版关于章学诚研究的著作。由此推测，内藤湖南在 1928 年的演讲中提及刘咸炘有关于实斋史学研究的"著述公开发表"，当是指刘咸炘在 1927 年出版的《文史通义识语》，这可能意味着刘咸炘的著作在 1928 年已传入日本。在中国学者中，能被内藤湖南提及的章学诚研究者屈指可数。从名气上看，刘咸炘既无法与老辈学者孙德谦（生于 1869 年）、张尔田（生于 1874 年）相比，也

---

① 内藤湖南：《中国史学史》附录《章学诚的史学》，马彪译，上海古籍出版社，2008 年，第371 页。

② 参见钱婉约：《内藤湖南研究》，中华书局，2004 年，第 69~71 页。

赶不上他的同龄人胡适，甚至不及较他年轻但出自梁启超门下的姚名达。但刘咸炘的实斋史学研究起步早、成就大，且自成一派。胡适在 1920 年底从《支那学》第一卷 3、4 号上读到内藤湖南的《章实斋先生年谱》，感慨"第一次作《章实斋年谱》的乃是一位外国的学者"①，他在这种刺激下编纂《章实斋年谱》。而姚名达关于章学诚的研究起步要更晚些。刘咸炘的章学诚研究并非受内藤湖南的影响，也比胡适、姚名达早得多。在章学诚研究上，我们以往似乎较多地看到了外部的刺激，却多少忽略了内部的涌动，换而言之，即便没有内藤湖南的刺激，中国的史学家也会"发现"章学诚，研究章氏史学。

20 世纪 30 年代，我国史家日益关注刘咸炘的章学诚研究。1936 年，从哈佛大学获得博士学位后归国的青年才俊齐思和从西学东渐与中国史学建设的角度评骘了刘咸炘的章学诚研究，说："迩来西学东渐，国史改造之论，甚嚣尘上。章氏之书，以其所论者正目前急待解决之问题，遂引起一般学者研究之兴趣。年来新出关于史学最重要之著作，如张孟劬先生之《史微》、刘咸炘先生之《史学述林》，皆专为章氏一家之学。"张孟劬即张尔田。齐思和称刘咸炘的《史学述林》"专为章氏一家之学"基本成立，称赞这部书是当时"关于史学最重要之著作"，也非过誉。蒙文通则明确指出了刘咸炘与章学诚之间的学术渊源："双流刘鉴泉学宗章实斋，精深宏卓……余与鉴泉游且十年，颇接其议论。及寓解梁，始究心于《右书》《史学述林》诸编，悉其宏卓，益深景慕。"② 柳诒徵的《国史要义》论"史德""史识"时也援引了刘咸炘关于章学诚的论述。③ 从学术倾向和学术风格上看，柳诒徵和刘咸炘实为同道中人。抗战时期，金毓黻辗转入川，在重庆沙坪坝的中央大学和四川三台的东北大学执教。金毓黻认为刘咸炘"盛推章实斋，多皮傅之语，而故高自位置，以《六经》为史书之准极，卑视马、班以下，殊昧史家进化之旨"④。尽管金毓黻对刘咸炘评价不高，但至少说明刘咸炘的章学诚研究在民国时期业已进入了我国第一代史学史研究者的视野。

在刘咸炘的文字之交中，最著名的史学家当推钱穆。刘咸炘与钱穆从未谋面，但刘咸炘常将出版的论著送给钱穆。所以，钱穆是民国时期熟知刘咸炘学术的史学家。刘咸炘的章学诚研究给钱穆留下了深刻的印象。钱穆晚年在台湾

---

① 胡适、姚名达：《章实斋先生年谱·胡序》，商务印书馆，1929 年。

② 蒙文通：《跋华阳张君〈叶水心研究〉》，《蒙文通文集》第三卷，巴蜀书社，1995 年，第 470 页。

③ 参见柳诒徵：《国史要义》，华东师范大学出版社，2000 年，第 125、163、193、195 页。

④ 金毓黻：《静晤室日记》第 6 册，1940 年 11 月 7 日条，辽沈书社，1993 年，第 4602 页。

给博士生讲授"中国史学名著"课程时，还不忘郑重地推荐刘咸炘。钱穆说：

> 章实斋在他当时及其身后，并不曾特别得人重视。但近代学人大家都很看重他，但也仅是震于其名，而并没有去深究其实。四川有一位刘咸炘，他著书几十种，可惜他没有跑出四川省一步，年龄大概和我差不多。他每写一书，几乎都送我一部，但我和他不相识。抗战时期，我到四川，认识了他的父亲，而他则早已过世了。他死时或许还不到四十岁，他是近代能欣赏章实斋而来讲求史学的。可惜他无师友讲论，又是年寿太短，不到四十就死。若使他到今天还在的话，定可有更大的成就。现在我手边没有他书，倘诸位有便，见到他书，应仔细翻看。①

字里行间流露出对刘咸炘早逝的惋惜与遗憾。抗战时期钱穆入川，曾特意要拜访刘咸炘，但那时刘咸炘已经病逝。钱穆对晚清民国学界关于实斋史学研究的总体评价是"震于其名"而未"深究其实"，就连梁启超和胡适在他看来也"没有得要领"②，但唯独对刘咸炘评价甚高。

民国史学理论界的主流是译介西方史学、批判传统史学。而刘咸炘的史学理论则偏重于传承中国本土史学，运用传统史学的理论、方法、术语研究"前四史"、刘知几与章学诚、宋代史学、校雠学、方志学。他的史学著作体现了浓郁的传统文风。尽管刘咸炘的章学诚研究还未完全超出传统史学的范畴，但在新旧史学和中西史学交汇、碰撞、嬗变的变奏中，刘咸炘既坚守传统，又不断发展，摸索到了传统史学近代转型的一种路径。

[本文原刊《史学史研究》2015 年第 2 期]

---

① 钱穆：《中国史学名著》，生活·读书·新知三联书店，2000 年，第 270 页。
② 钱穆：《中国史学名著》，生活·读书·新知三联书店，2000 年，第 266 页。

1930 年代中期川西北及康北红色政权研究

田利军[①]

【摘　要】　自 1935 年 4 月到 1936 年 7 月，红四方面军在川西北及康北一带滞留一年有余，先后建立了松理茂赤区、金川赤区、康北赤区，建立了川西北及康北中共地方党组织、格勒得沙革命党、波巴依得瓦革命党，同时建立了一个大区级政权——中华苏维埃共和国西北联邦政府及 5 个省级政权，包括格勒得沙共和国和波巴依得瓦共和国。通过对川西北及康北红色政权组织的细致梳理和分析，可以发现，红四方面军在川西北及康北红色政权建设中事实上摒弃了列宁关于民族国家的理论，格勒得沙共和国、波巴依得瓦共和国及茂县、绥靖回民苏维埃政权实际上是中国共产党民族区域自治思想的最早实践。

【关键词】　1930 年代中期；川西北及康北地区；中共地方党组织；苏维埃政权；民族区域自治

1935 年 4 月下旬，中国工农红军第四方面军进入松潘和茂县东部地区，5 月 15 日突破国民党军的土门封锁线并先后占领了松潘南部、茂县和理番县全境以及汶川大部分地区，松理茂赤区建立。6 月 5 日，红四方面军占领抚边，8 日攻取懋功。6 月 14 日，红军第一、四方面军在达维会师。7 月初，红一、四方面军各部相继占领丹巴、梭磨、卓克基、松岗、党坝及其以南地区。至

① 作者简介：田利军，男，1964 年生，四川新津人，四川师范大学政法系研究生毕业，获陕西师范大学硕士学位，曾为北京大学历史系访问学者，现为四川师范大学历史文化与旅游学院教授，中国近现代史专业硕士研究生导师；曾获四川省人民政府优秀教学成果一等奖、二等奖各一次，获四川师范大学"园丁奖"一次；主要研究方向为中共党史、中国近现代西部民族史，目前已在《中国藏学》《四川师范大学学报（社会科学版）》《贵州民族研究》《毛泽东思想研究》等刊物发表论文 54 篇，主编教材一部，参编教材 2 部，出版《龙之脉——毛泽东与中国古代智慧》《武运沉没》《感悟红色政权——20 世纪前半期中共根据地政权研究》等专著 4 部；参与撰写的《中国革命史话》获 1996 年度全国"五个一"工程优秀图书奖、冰心文学奖；主持教育部课题一项、国家社会科学基金一般项目一项。

此，松理茂赤区扩大到镇江关以南、北川以西、夹金山以北、大小金川流域在内，面积 3 万多平方公里、人口近 20 万的广大地区，川西北苏区正式形成。8 月底至 9 月初，红一、四方面军因战略行动方向发生分歧而分道扬镳。9 月 11 日，毛泽东、周恩来率领红一方面军主力继续北上，到达甘肃俄界；与此同时，张国焘、徐向前则率红四方面军撤离松潘、茂县、汶川，大举南下，10 月中下旬打响绥崇丹懋战役，重新占领抚边、懋功、崇化以及绥靖、丹巴、绰斯甲地区。至此时，川西北苏区尚存包括绰斯甲、懋功、卓克基、松岗、党坝、丹巴等地在内，占地面积超过 2 万平方公里，包括藏、回、汉等民族在内，人口约 15 万人的大小金川根据地。[①] 10 月 24 日，红四方面军以"打到成都吃大米"为口号，以取得天全、芦山、名山、雅州、邛州、大邑广大根据地为目的，发动了天芦名雅邛大战役。至 11 月下旬，红四方面军虽重创川军刘湘、刘文辉、邓锡侯、杨森各部及部分国民党中央军，但自身伤亡也很大，仅名山百丈关及其附近一战，红军死伤就达万人以上；随后，红军向康北地区撤退。1936 年 2 月 11 日，红四方面军发布《康（定）道（孚）炉（霍）战役计划》，并于 3 月 1 日攻占道孚，3 月 15 日占领炉霍、甘孜。到 4 月上旬，东起懋功，西至甘孜，南达瞻化、泰宁，北靠草地的康北苏区形成。4 月 12 日，红军与甘孜寺、白利寺订立《互助条约》，4 月 23 日又与德格土司签订《互不侵犯协定》，同时帮助藏族人民建立地方政权，从而赢得藏族上层部分土司、喇嘛的支持。6 月 22 日及 30 日，红二、六军团分别到达甘孜与红四方面军会合，旋合组成红二方面军。6 月下旬至 7 月中下旬，红二、四方面军陆续离开康北北上。

　　值得注意的是，川西北及康北一带是中国藏、羌、回等少数民族聚居区，红四方面军在川西北及康北活动一年有余，建立了富有民族特色的各级地方党组织和苏维埃政权，尤其是建立了格勒得沙革命党、波巴依得瓦革命党以及格勒得沙共和国、波巴依得瓦共和国，推行了民族区域自治政策，同时进行了土地革命，这在中国新民主主义革命时期根据地红色政权建设的历史上是绝无仅有的。那么，在 1930 年代中期的川西北和康北地区，红四方面军究竟建立了哪些红色政权？这些红色政权是怎样建立的？又有哪些特点？怎样看待这些红色政权？怎样认识格勒得沙革命党和共和国以及波巴依得瓦革命党和共和国？弄清这些问题，对于正确认识红四方面军历史和红军时期的中共苏维埃政权建设历史均有重要裨益。

---

① 　范永刚：《大小金川革命根据地的建立及其作用》，《川陕苏区历史研究》1990 年第 2 期。

一、中共地方党组织与格勒得沙、波巴依得瓦革命党

（一）中共地方党组织

1930 年代中期，中共在川西北及康北先后建立了 1 个大区级组织、4 个省级组织和 16 个县级组织。

1. 大区级党组织——中共西北特委

中共西北特委于 1935 年 5 月 8 日在茂县成立。它成立前未请示中共中央，成立后也未获中央批准，6 月 4 日红一、四方面军会师后无形消失。特委内设政治局，张国焘、陈昌浩等 7 人为常委，主要负责指导红四方面军的中共党组织及红四方面军控制区域的中共地方党组织。1935 年 6 月 5 日，特委做出了《关于党在番人中的工作决议》，具体指导红四方面军在川西北根据地的各项工作，并发动红四方面军及中共地方党组织为迎接红一方面军筹集大批物资。

2. 中共省级党组织

中共在川西北及康北建立的省级组织先后有川陕、川康、川西、金川 4 个省委。

中共川陕省委于 1933 年成立于通江县，1935 年 5 月进驻茂县，6 月移驻理番县薛城、杂谷脑，1935 年 7 月下旬被中共川康省委取代。省委设书记、副书记、秘书长各 1 人，委员 8 人。省委内设组织、宣传、妇女三部，各设部长 1 人。省委下辖中共茂县、汶川、理番、松潘县委及茂县西一区、黑水特一区特委等中共地方党组织。省委组织召开了茂县第一次工农兵代表大会，成立了茂县、理番、汶川县区乡苏维埃政府，还成立了茂县回民苏维埃政府。省委书记先后由袁克福、周光坦、周纯全担任。

中共川康省委于 1935 年 7 月下旬成立于卓克基，先后驻卓克基、大藏寺、查理寺、中阿坝等地。1935 年 11 月，红四方面军南下后改为四川省委或川西

省委。① 1936年4月，红四方面军进入康北后又重建中共川康省委。② 中共川康省委初辖松潘、汶川、理番、懋功县委和茂县西一区、黑水特一区、卓克基特区特委。1935年8月中旬，川康省委组建了阿坝特区委。1936年4月后，川康省委辖道孚、炉霍、甘孜、瞻化、泰宁、雅江县委。省委设书记1人、副书记2人、委员8人；内设组织、宣传、妇女、青年、军事等部，各设部长1人。川康省委书记初为周纯全，省委重建后则由邵式平、吴永康、李维海先后担任省委书记。1935年8月21日，川康省委发布了《关于赤化川陕甘与通过草地时地方党的工作指示》，要求各级地方党组织努力争取番民群众，建立群众政权，组织番民武装和番民革命党，筹集粮食，宣传动员各族群众等。重建后的川康省委，组织成立了康北各县的波巴依得瓦革命党和波巴政府，并于1936年5月5日建立波巴依得瓦中央政府。

中共四川省委（川西省委）1935年11月成立于芦山县城，设组织部、宣传部、共青团等部门，主要在夹金山以南地区开展工作，辖金汤、芦山、天全、宝兴等县委，省委书记为傅钟，1936年4月后被重建的川康省委取代。

中共金川省委或大金省委于1935年10月成立于绥靖，1936年7月红四方面军北上后无形消失，主要负责北起阿坝、南至大炮山、东抵巴朗山、西至杜柯河的大小金川流域根据地的各项工作，辖绥靖、崇化、丹巴、懋功、绰斯甲、卓克基、抚边、党坝、阿坝9个县委或特委。省委设书记、副书记各1人，委员10人，省委书记为邵式平；设组织、宣传、妇女、军事、裁判、经济、财务、内务、民族事务等部，各设部长1人。金川省委建立后，迅速建立健全根据地的党政军组织，先后组建了格勒得沙共和国中央政府、格勒得沙革命军、格勒得沙革命党。金川省委领导了大小金川流域的土地革命、经济建设，筹集粮饷支援红军，多次打击敌对的土司武装势力等。1936年2月，金川省委召开全省党代表大会，根据瓦窑堡会议《关于建立抗日民族统一战线策略》的精神，相应调整了政策，会议做出了《关于目前形势和金川党的任务》《关于民族工作》等决议。金川省委注意吸收工农贫苦群众中的积极分子入党，在金川赤区先后发展党员500余人③，一批藏族青年如净多·孟特尔、桑吉悦

---

① 张国焘：《张国焘关于组织格勒得沙政府和川康省委改为川西省委致周纯全等电》（1935年11月17日），《中国工农红军第四方面军战史》编辑委员会编《中国工农红军第四方面军战史资料选编》（长征时期），解放军出版社，1992年，第443页。

② 中共甘孜州党史研究室编：《红军长征在甘孜藏区》，中共甘孜州党史研究室2004刊印，第200~201页。

③ 中共阿坝州委党史研究室、阿坝州地方志办公室编：《阿坝州志之红军长征在阿坝》，四川大学出版社，2007年，第81页。

西（天宝）等加入了中国共产党。

3. 中共县级党组织

中共在川西北先后建立了 8 个县委，即中共茂县、松潘、汶川、理番、懋功、绥靖、崇化、抚边县委；在康北建立了 8 个县委或分县委，即丹巴、金汤、道孚、炉霍、甘孜、瞻化、泰宁、雅江县委。其中，1935 年 5 月成立的茂县县委是中共在川西北建立的第一个县级地方党组织；中共道孚中心县委下辖道孚和泰宁两个分县委。县委一般设组织、宣传、妇女三部，有书记、副书记、委员数人。川西北中共各县县委均领导着数量不等的区委。

中共在川西北因工作之需还设立了相当于县级地方党组织的特委，如中共茂县西一区特委、黑水特区特委、卓克基特委、阿坝特委、党坝特委、绰斯甲特委等。中共茂县西一区特委是中共川陕省委在川西北组织的第一个特委。卓克基特委于 1935 年 7 月成立于卓克基，先后隶属于川陕省委、川康省委和金川省委，并领导组建了马尔康、党坝、卓克基、梭磨四地的地方苏维埃政权，开展了巩固后方的各项工作。中共阿坝特委于 1936 年 8 月由川康省委建立，成立地点为查理寺，后移驻中阿坝；中共阿坝特委组建了阿坝人民政府，按照抗日民族统一战线的策略对阿坝大土官、大喇嘛做了大量统战工作，争取了许多躲避的藏民返家。[1] 中共绰斯甲特委于 1935 年 10 月在绰斯甲周山建立，又称绰斯甲道委，隶属于金川省委，1936 年 3 月改置为绰斯甲县委。

中共在川西北及康北建立的县级党组织具有三个显著特点：第一，具有不稳定性，中共县级组织一般随红军的到来而建立，随红军的撤离而自动消失；第二，具有较强的功利性，地方党组织的第一目标是建立地方苏维埃政权和地方革命武装，然后再通过政权发动群众进行土地革命、扩红、支援红军战争，通过地方武装保卫所控制区域，通过政权和武装来筹集粮食，保证红军所需；第三，党组织的领导层多为军人而非工农，原因是红军长征期间，中共在川西北及康北民众中发展党员不多，各地中共地方党组织的领导一般都是来自红军中的党员，即便来自藏羌回民的党员一般也是参加红军后才入的党，如藏族的桑吉悦西、净多·孟特尔及羌族的袁大祥等。

红四方面军在川西北及康北除了普遍建立中共地方党组织外，还广泛建立了少共组织即共产主义青年团地方组织。少共组织与中共组织相同，分省委、

---

① 中共阿坝州委党史研究室、阿坝州地方志办公室编：《阿坝州志之红军长征在阿坝》，四川大学出版社，2007 年，第 83 页。

县委、区委。它是把各民族青年引向革命的重要组织，也随着川西北及康北中共党组织的建立、消失而建立、消失。

（二）格勒得沙、波巴依得瓦革命党

格勒得沙革命党是 1935 年底在中共金川省委领导下组建的藏族历史上的第一个革命政党。它的中央党部设在绥靖，内设组织、宣传、青年等部，由藏族积极分子担任各部部长，净多·孟特尔担任临时中央党部部长。中央党部下设省县党部、支党部、分支党部。支党部设正副支党部部长各一人，同时设组织、宣传、妇女、工会、政权、军事、青年等委员 9 人，组成支党部委员会。该委员会的委员由全体党员大会选举产生。分支党部为最基层组织，农村寨子、工场、街道、兵营、学校有 5 个以上党员者可组织分支党部。分支党部设分支党部部长一人，负责分支党部的工作。分支党部人数较多时可设分支党部委员会和分支党小组。各级党组织的负责人一律称党部长。1936 年 1 月 1 日，格勒得沙革命党制定公布了《格勒得沙革命党党章》，明确规定了格勒得沙革命党的入党条件、入党程序和各级组织机构，提出藏族人民要独立、自由、平等，废除土司制度，信教自由，喇嘛不得干涉政治，反对汉官、军阀、国民党，打倒强占康藏的英国和一切帝国主义，建立格勒得沙共和国革命政府、格勒得沙革命军和自卫军，格勒、格巴、回回一律平等，没收汉官、军阀、地主、土司的土地分给格勒得沙，设立格勒得沙学校，以格勒得沙官话为格勒得沙国语等 12 项主张。[①] 在中共金川省委的领导下，格勒得沙革命党在绥靖、崇化、丹巴地区发展党员 300 人。[②] 这些党员成为地方政权、革命军中的领导成员和骨干。

波巴依得瓦革命党是 1936 年 4 月在中共川康省委领导下组建的藏族历史上的第二个革命政党。它的中央党部建在道孚，后又在炉霍、甘孜、瞻化、泰宁、雅江建立了波巴革命党地方组织。1936 年 4 月 18 日，波巴依得瓦革命党制定公布了《波巴依得瓦革命党党纲》，提出打倒汉官、军阀、英日帝国主义，没收其金厂、药山、土地、财产分给波巴依得瓦，建立波巴依得瓦共和国独立政府和波巴独立军，废除等级制度，信教自由，保护妇女，解放奴隶，取消苛

[①] 《格勒得沙革命党党章》（1936 年 1 月 1 日），周巴主编：《红军长征过阿坝革命文化史料汇编》，阿坝藏族羌族自治州文化局 1997 刊印，第 42 页。

[②] 中共阿坝州委党史研究室、阿坝州地方志办公室编：《阿坝州志之红军长征在阿坝》，四川大学出版社，2007 年，第 85 页。

捐杂税，土地分给波巴依得瓦耕种等 10 项主张。① 波巴依得瓦革命党的工作主要是在各级波巴政府和波巴自卫军中进行。除了波巴依得瓦政府中有波巴革命党的代表外，波巴依得瓦自卫军中也设立了波巴依得瓦革命党的党政工作委员会，各县自卫军中则设立了分会，普遍建立了自卫军中的党代表制度。波巴依得瓦革命党由于存在的时间只有几个月，党员人数少，加上时隔久远，其各级组织及领导人情况已不可考，"但在道孚、炉霍、甘孜、雅江、瞻化等地的调查中，都证实波巴革命党在当地建立了组织，发展了党员"②。1936 年 4 月15 日，《道孚波巴依得瓦第一次代表大会所通过的几个条例》规定，参加波巴依得瓦第一次代表大会的 123 名代表中，应有 26 个波巴依得瓦革命党党员、7个波巴依得瓦青年团团员。③

格勒得沙革命党和波巴依得瓦革命党实际上是中共党组织的"克隆"或者翻版，它的中央、地方和基层组织机构同中共党组织相似，其党纲、党章所体现的奋斗目标正是中国共产党的主张。中共党员净多·孟特尔为格勒得沙革命党临时中央党部部长，中共大金省委宣传部部长董少瑜为格勒得沙革命党顾问。可见，中国共产党是格勒得沙革命党和波巴依得瓦革命党的领导者。格勒得沙革命党和波巴依得瓦革命党还建立了格勒得沙青年党和波巴依得瓦青年团，其组织结构与中国共产主义青年团相同。格勒得沙革命党和波巴依得瓦革命党是"一种广泛的群众组织，这种组织是少数民族中穷苦群众和小资产阶级知识分子联合战线的具体形式"④。《格勒得沙革命党党章》第四条指出："本党为本民族独立自由平等，只有在中国共产党的领导之下才能保证胜利。因此，本党完全接受中国共产党的领导。"⑤《西北特区委员会关于党在番人中的工作决议》强调：共产党必须在番人革命党内建立自己的党团来加强对番人革命党的领导，中共应当在斗争中宣传共产党的主张，在实际行动中树立中国共产党的领导威信，吸收牧民、工人、贫农加入共产党。如此看来，中共是通过

---

① 《波巴依得瓦革命党党纲》(1936 年 4 月 18 日)，《中国工农红军第四方面军战史》编辑委员会编：《中国工农红军第四方面军战史资料选编》（长征时期），解放军出版社，1992 年，第 465 页。

② 中共甘孜州党史研究室编：《红军长征在甘孜藏区》，中共甘孜州党史研究室 2004 刊印，第216 页。

③ 《道孚波巴依得瓦第一次代表大会所通过的几个条例》(1936 年 4 月 15 日)，《中国工农红军第四方面军战史》编辑委员会编《中国工农红军第四方面军战史资料选编》（长征时期），解放军出版社，1992 年，第 457 页。

④ 《西北特区委员会关于党在番人中的工作决议》(1935 年 6 月 5 日)，周巴主编《红军长征过阿坝革命文化史料汇编》，阿坝藏族羌族自治州文化局 1997 刊印，第 21 页。

⑤ 《格勒得沙革命党党章》(1936 年 1 月 1 日)，周巴主编《红军长征过阿坝革命文化史料汇编》，阿坝藏族羌族自治州文化局 1997 刊印，第 44 页。

革命党中的党团来领导格勒得沙革命党的，格勒得沙革命党和波巴依得瓦革命党实际上是中共在藏族民众中的外围组织。

1936 年 7 月，红四方面军离开康北和川西北时，格勒得沙革命党中央党部及大部分党员亦随红军北上，波巴依得瓦革命党和格勒得沙革命党及其领导下的青年团停止了党团组织活动。

二、各级苏维埃地方政权与格勒得沙
共和国、波巴依得瓦共和国

从 1935 年 4 月开始至 1936 年 8 月期间，红四方面军在川西北及康北建立了一系列政权，形成了一个比较完整的政权体系。这个政权体系包括 1 个大区级政权，5 个省级政权，17 个县级政权，38 个区级政权，140 个乡级政权，以及至少 181 个村级政权。①

（一）大区级政权———中华苏维埃共和国西北联邦政府

中华苏维埃共和国西北联邦政府于 1935 年 5 月 30 日在茂县成立，张国焘被选为政府主席，熊国炳、刘伯承为副主席，周纯全为人民委员会委员长，并选出了政府执行委员 49 人。② 以张国焘为首的红四方面军为何要建立西北联邦政府？徐向前在《西进岷江迎接中央红军》一文中说：在江油附近召开的红四方面军高级干部会议上，"张国焘讲了撤出川陕根据地，是为了迎接中央红军北上。两军会合后，要在川西北创造根据地，赤化川、康、陕、甘、青等省。为打破蒋介石的合围部署，方面军下一步应首先占领北川、茂县、理番、松潘一带地区，背靠西康作立脚点。他还提出，那带是少数民族杂居地区，应成立苏维埃西北联邦政府，以利开展工作"③。西北联邦政府的建立，事前未经中央同意，事后亦未获中央批准。1935 年 6 月，红军第一、四方面军会师后，面向红军中高级干部发行的刊物《前进报》，曾刊载中共中央宣传部部长

---

① 这些数据是笔者根据中共阿坝州委党史工作委员会办公室编《阿坝州党史研究资料》（未刊稿）第 1 期至第 12 期、中共阿坝州委党史研究室、阿坝地方志办公室编《阿坝州志之红军长征在阿坝》，中共甘孜州党史研究室编《红军长征在甘孜藏区》等史料综合统计而来。

② 中共阿坝州委党史研究室、阿坝州地方志办公室编：《阿坝州志之红军长征在阿坝》，四川大学出版社，2007 年，第 87 页。

③ 徐向前：《西进岷江迎接中央红军》，《历史的回顾》，解放军出版社，1987 年，第 412 页。

凯丰《番民工作中的几个问题》一文，对建立"西北苏维埃联邦共和国"的口号进行了批评。对此，张国焘非常生气，他在 7 月 8 日《川陕省委关于联邦政府问题致中央电》中辩解说：西北联邦政府"是在两大主力未会合以前适应客观环境的需要成立起来的。在理论上，在组织上都是正确的，事实上现在已团结了广大的群众在联邦政府的旗帜下而斗争"①。尽管如此，中共中央在 8 月初召开的沙窝会议又对西北联邦政府进行了批评。由于中共中央的批评，西北联邦政府便被无形取消了。

1935 年 10 月，张国焘建立第二中央后不久，为适应格勒得沙共和国及后来的波巴依得瓦共和国实现民族区域自治和藏汉联邦的需要，决定恢复重建西北联邦政府。11 月 18 日，中华苏维埃共和国西北联邦政府、格勒得沙共和国及其中央政府在绥靖城隍庙召开的"番人代表大会"上宣告成立。西北联邦政府下辖格勒得沙共和国、波巴依得瓦共和国两个省级政权和茂县回民苏维埃、绥靖回民苏维埃两个县级政权。西北联邦政府机关在绥靖尹家大房子内设土地、粮食、劳动、财政经济、少数民族、裁判、教育、内务、军事各部和秘书处、保卫局，各部下设若干科，并配备了相应的工作人员。重建后的西北联邦政府增加了回民马显文和"番民"南卡为副主席②，但实际负责人为周纯全。③西北联邦政府内均建有中共的党团组织，政府各部主要人员的任命都须经党团会议决议通过。它还成立了回民委员会，派参加了红军的回族阿訇肖福祯主持工作，并成立了红军干部和少数民族干部组成的条例起草委员会，起草发布了《关于地方政权的组织与工作决定》《土地条例》等一系列重要文件。西北联邦政府做出的重大决策，都要通过召开联邦政府的部长联席会议来讨论决定，并付诸实施。西北联邦政府曾在绥靖城隍庙召开部长联席会议，有些会议还有格勒得沙共和国中央政府主席克基、副主席孟兴发等参加，会议内容涉及粮食问题、春耕问题等。④西北联邦政府主要以金川流域为中心开展地方工作。1936 年 7 月，西北联邦政府机构随红四方面军北上而消解。

① 《川陕省委关于联邦政府问题致中央电》（1935 年 7 月 8 日），《中国工农红军第四方面军战史》编辑委员会编：《中国工农红军第四方面军战史资料选编》（长征时期），解放军出版社，1992 年，第 84 页。

② 《关于"西北联邦政府"在绥靖恢复工作的情况》，中共阿坝州委党史工作委员会办公室编《阿坝州党史研究资料》1984 年第 11 期，第 67 页。

③ 张国焘：《我的回忆》下册，东方出版社，2004 年，第 370 页。

④ 《关于"西北联邦政府"在绥靖恢复工作的情况》，中共阿坝州委党史工作委员会办公室编《阿坝州党史研究资料》1984 年第 11 期，第 67 页。

（二）省级政权

1930 年代中期，红军在川西北及康北建立的省级政权有川陕省苏维埃政府、川康革命委员会、四川省苏维埃政府、格勒得沙共和国中央政府、波巴人民共和国中央政府。

川陕省苏维埃政府于 1933 年 2 月成立于通江县，1935 年 5 月进驻茂县凤仪镇，后移理番县薛城、杂谷脑，1935 年 7 月被川康革命委员会取代。川陕苏维埃政府的最高权力机关是川陕省苏维埃代表大会，代表大会下设川陕省监察委员会和执行委员会；省执行委员会常委会设主席 1 人、副主席 2 人，下设省军区指挥部、省政治保卫局、省革命法庭以及财政、经济、外交、交通、土地、劳动、粮食、文化教育、内务委员会；川陕省苏维埃主席为熊国炳，副主席为余洪远、祝义亭。① 川陕省苏维埃政府在川西北下辖茂县、松潘、汶川、理番、懋功、崇化苏维埃政府及黑水特一区番民革命政府。川陕苏维埃政府的主要工作是建立基层苏维埃政权，曾先后建立了 7 个县级、20 个区级、60 余个乡级、近 200 余个村级苏维埃政权，并发动各族民众进行土地革命、筹集粮食、扩大红军、支援红军战争等。②

川康革命委员会于 1935 年 7 月成立于卓克基，先后驻卓克基、大藏寺、查理寺、中阿坝等地，1935 年 10 月因西北联邦政府建立而无形消失，部分成员参加了西北联邦政府的工作。川康革命委员会机构及所辖各县苏维埃，与川陕省苏维埃政府相同，工作开展也与川陕苏维埃政府相同。

四川省苏维埃政府于 1936 年 1 月在芦山县城建立，1936 年 4 月红四方面军建立康北苏区后消失。四川省苏维埃政府设有省军区指挥部、保卫局、粮食局、财经委员会、土地委员会、农工银行等部门，主席为熊国炳，下辖金汤、天全、芦山、名山、雅州等苏维埃政府，工作重点是配合支持红四方面军进行天芦名雅邛大战役。

格勒得沙共和国中央政府于 1935 年 11 月 18 日在绥靖成立，政府机构设于原绥靖屯署内，1936 年 7 月红四方面军北上后消失。中央政府设内务、财政、土地、粮食、教育、裁判、军事、妇女等部及民族、宗教等部门或负责人，下辖绰斯甲特区、卓克基特区、党坝特区以及绥靖、崇化、懋功、抚边 8

---

① 中共通江县委党史研究室编：《通江苏维埃志》，四川人民出版社，2006 年，第 80~81 页。

② 中共阿坝州委党史研究室、阿坝州地方志办公室编：《阿坝州志之红军长征在阿坝》，四川大学出版社，2007 年，第 89 页。

个县级革命政府和阿坝人民政府。中央政府主席克基,副主席杨海山、孟兴发、马显文,前 3 人为藏族,马显文为回族。格勒得沙共和国中央政府确定了格勒得沙共和国国歌,宣布以嘉绒语为国语,组建了格勒得沙革命军,进行了土地革命,动员躲避的藏族群众返家,为红军筹粮,支援红军战争等。

波巴人民共和国中央政府于 1936 年 5 月 5 日成立于甘孜,驻孔萨土司官寨,1936 年 7 月红四方面军北上后无形消失。波巴人民共和国中央政府设民政、农业、畜牧、军事、外交、司法、民族、财政、宗教等 9 部,每部设正副部长 1 人,另设一中央政治检查处。1935 年 5 月 1 日在甘孜县城关帝庙召开的波巴全国人民第一次代表大会,共有 16 县 700 余名代表参加,大会选举多德为主席,达吉、孔萨土司为副主席,均为藏族,并选举德格土司大头人夏克刀登任军事部长,康区富商邦达多吉任财政部部长。[①] 红四方面军派出邵式平为党代表、刘绍文为顾问,帮助和领导波巴人民共和国中央政府的工作。波巴人民共和国中央政府下辖道孚、泰宁、炉霍、甘孜、瞻化、雅江 6 个县级政权。波巴人民共和国中央政府宣布加入中华苏维埃共和国西北联邦政府,组建了中央波巴自卫军,动员躲避的藏族群众返家,为红军筹粮,支援红军战争等。

(三)县级政权

红四方面军在川西北及康北先后建立了 17 个县级政权。县级政权分为两种类型:第一类是指苏维埃政权,或本质上为苏维埃政权而名称叫革命政府的政权,主要是格勒得沙共和国所属的革命政权,它推行的是苏维埃的阶级政策;第二类是波巴依得瓦人民政府,它实行的是抗日民族统一战线的政策。

1. 苏维埃政府

在格勒得沙共和国中央政府建立前,1935 年 11 月,红四方面军在川西北建立的县级政权,除黑水特一区称为番民革命政府外,普遍称为苏维埃政府。这些苏维埃县级政权分别为茂县、松潘、汶川、理番、懋功、崇化、丹巴、金汤。茂县苏维埃政府是川西北建立的第一个苏维埃政权。懋功县苏维埃政府于 1935 年 7 月改隶川康革命委员会后,更名为懋功县革命委员会。县级苏维埃政府一般是由中共县级党组织领导召开的县工农兵代表大会选举产生。最典型

---

① 中共甘孜州党史研究室编:《红军长征在甘孜藏区》,中共甘孜州党史研究室 2004 刊印,第 205～206 页。

的是茂县。1935 年 5 月 30 日茂县工农兵代表大会召开之前，中共茂县县委组织召开了预备会议，到会代表进行登记，填写简历表格，然后就县苏维埃组成人选、当前的工作任务等进行协商讨论；代表大会召开时，到会的有红四方面军和各村、场（镇）选出的苏维埃代表 1000 余人，大会宣传了共产党和红军的政策，讨论了穷人怎样才有饭吃、有衣穿、有政权等问题，徐向前等人在大会上讲了话，最后通过了《茂县第一次工农兵代表大会决议案》，正式宣告中华苏维埃共和国川陕省茂县苏维埃政府成立。① 其他如理番、黑水特一区等，都是通过召开工农兵代表大会，选举成立苏维埃政府的；懋功、崇化、松潘等县，则是在中共县委或红四方面军政治部的直接领导下，通过指派的方式成立苏维埃政府的；汶川县则先由中共县委指定临时苏维埃政府主席，准备召开全县工农兵代表大会，但由于种种原因，会议未能如期举行，后在中共领导下，汶川县苏维埃政府仍然成立了。县级苏维埃政府机构一般设有主席、副主席、秘书和土地、经济、粮食、裁判、内务、交通、宣传、妇女等委员，城内的苏维埃还有劳工委员。

值得注意的是，红四方面军在川西北回民聚居区域建立了茂县、绥靖回民苏维埃政府。茂县回民苏维埃政府于 1935 年 5 月在茂县县城建立，隶属于西北联邦政府回番夷少数民族委员会，主要统管茂县境内的回民事务。绥靖回民苏维埃政府于 1935 年 12 月初在县城清真寺成立，隶属于西北联邦政府回民委员会，并受西北联邦政府民族部领导，主要管理绥靖及其附近的回民事务，并参与了建立回民独立连的工作。

还需要说明的是，1935 年 11 月，格勒得沙共和国建立后，除已经失去茂县、松潘、汶川、理番等县苏维埃区域外，红四方面军控制的绰斯甲、绥靖、丹巴、金汤、崇化、懋功、抚边、卓克基、党坝相继将已建立的苏维埃政权改名为革命政府，其机构、人员、政策与苏维埃政府相同。

2. 波巴依得瓦人民政府

波巴中央人民政府下辖道孚、泰宁、炉霍、瞻化、甘孜、雅江波巴依得瓦政府。"依得瓦"为藏文译音，意即"地方"。波巴依得瓦人民政府均建立在 1936 年 5 月以前，早于波巴中央政府的建立。

波巴中央政府所属的县级波巴政府，最典型的是道孚县波巴政府。在红四方面军政治部及地方中共党组织的领导下，1936 年 4 月 15 日，道孚县召开了

---

① 中共阿坝州委党史工作委员会办公室编：《阿坝州党史研究资料》1983 年第 5 期，第 41 页。

波巴依得瓦第一次代表大会。这次大会共有代表 123 人参加，其中波巴革命党代表 26 人、波巴青年团代表 7 人，其余代表来自红军及中共党组织。大会宣布成立道孚县波巴政府，并发表了藏文宣言和道孚波巴依得瓦政府成立宣言。大会还通过了没收汉官、天主教堂的土地及官地、差地、学地分给波巴回汉无地或少地的人民；保护喇嘛和喇嘛寺及经书佛像；信教自由，喇嘛不得干涉政府行政，喇嘛个人有参政、经商等项权利；法律面前僧俗一律平等，喇嘛犯法由政府处理；喇嘛寺堪布由喇嘛寺全体喇嘛公推；废除汉官、军阀无偿征收粮食税的办法；红军初到时所吃不在家群众的粮食，在粮税中扣还；红军和无粮群众的吃用，由群众共同商议，依照存粮多少平价卖出等 12 项决议。① 道孚县波巴政府及各县波巴政府的机构设置，与苏维埃县级政权机构相同，设主席 1 人、副主席 2 人，下设财政、内务、裁判、军事等部。经代表大会推选，张得喜、荣中、觉洛等 12 人担任政府委员，其中汉族两人，其余均为藏族，藏族的觉洛和荣中分别为政府主席、副主席，汉族的张得喜也被推选为政府副主席，道孚县委书记钟荣清担任了政府顾问。② 1935 年 5 月 1 日，波巴人民共和国第一次人民代表大会通过了《波巴独立政府组织大纲》，规定：由县所辖各区每寨推选 1 人，组成全县波巴代表大会，选举 9−13 人组成县波巴政府，内设正、副主席各 1 人，设民政、农业、畜牧、司法、军事等部，每部设部长 1 人，任期半年至一年。③

由于战争环境，至 1936 年 7 月红二、四方面军北上为止，县级波巴政府并未按组织大纲改造完毕。红军北上后，各县苏维埃政府、格勒得沙各县革命政府、各县波巴依得瓦政府无形瓦解。

（四）基层区乡村级政权

据统计，红四方面军在川西北及康北先后建立了 38 个区级政权、140 个乡级政权和至少 181 个村（寨）级政权。

同县级政权一样，区、乡、村级政权也分为两类：第一类是指苏维埃政权，或名称叫革命政府，实质为苏维埃政权的格勒得沙共和国所属的政权；第

---

① 《道孚波巴依得瓦第一次代表大会所通过的几个条例》（1936 年 4 月 15 日），《中国工农红军第四方面军战史》编辑委员会编《中国工农红军第四方面军战史资料选编》（长征时期），解放军出版社，1992 年，第 457~459 页、第 461~462 页。

② 中共甘孜州党史研究室编：《红军长征在甘孜藏区》，中共甘孜州党史研究室 2004 刊印，第 207 页。

③ 《波巴独立政府组织大纲》（1936 年 5 月），《中国工农红军第四方面军战史》编辑委员会编《中国工农红军第四方面军战史资料选编》（长征时期），解放军出版社，1992 年，第 476 页。

二类是波巴依得瓦人民政府所属区乡村政权。区乡基层苏维埃政权大多是由红军建立的，因为区乡政权同红军筹粮、土地革命、扩红有着紧密的联系。红军每到一地，首先建立乡政权，在此基础上，往下发展产生很多村级苏维埃政权，往上发展则产生区苏维埃政权，并由区乡推选代表，召开县工农兵代表会议，成立县苏维埃政府，再由县苏维埃政府领导区乡村政权。这种政权体系的切入点和核心在区或乡。红军北上后，各级苏维埃基层政权及波巴区乡政府无形瓦解。

当红军占领一个区域后，首先向各族民众宣传苏维埃是工农劳苦大众自己的政府，要推翻汉官、国民党及军阀的反动统治，要过上好日子，就必须建立苏维埃政府来领导革命；红军还宣传："苏维埃要穷人当委员！""不让一个发财人混进苏维埃！"① 与此同时，红军调查了解当地的社会情况、阶级状况，物色人选。在这些准备妥当后，红军提出区或乡苏维埃主席、委员的候选人名单，召集群众大会讨论产生区乡苏维埃政府。随后，在区乡苏维埃的组织下，产生若干村级苏维埃。如马尔康地区，"在红军帮助下成立的苏维埃，其组成人员均以藏族为主，由红军推荐，经过民主协商，选举产生"，成立苏维埃组织的地方召开了藏民大会；脚木足、松岗、本真等地召开了人数众多的群众大会；② 党坝则在红军的直接帮助下建立了第一个红色政权——党坝一乡苏维埃政府。③

按照《波巴独立政府组织大纲》的规定：波巴政府最基层的政权组织是全体寨民大会，寨民大会推选一人为寨首；乡人民会议由全乡每家推一人组成，再由乡人民会议推选 3 至 5 人组织乡波巴政府，设主席 1 人、委员 2 至 4 人，任期 3 个月；区波巴政府由区每家一人组成的全体人民会议或每寨代表一人组成的代表大会选举委员 5 至 7 人组成，设主席 1 人、委员 4 至 6 人，任期半年。④ 区、乡、村苏维埃政权机构一般设有主席、秘书或文书，其他委员若干。委员的多少及其分工，区、乡、村则不同。区、乡分工明确，人数较多，一般都有土地委员、粮食委员、财经委员、妇女委员等；村级苏维埃大多只有主席和文书，委员人数少且分工不明确。

---

① 中共阿坝州委党史工作委员会办公室编：《阿坝州党史研究资料》1983 年第 5 期，第 39～40 页。

② 中共阿坝州委党史工作委员会办公室编：《阿坝州党史研究资料》1984 年第 8 期，第 24 页。

③ 中共阿坝州委党史工作委员会办公室编：《阿坝州党史研究资料》1984 年第 8 期，第 36 页。

④ 《波巴独立政府组织大纲》（1936 年 5 月），《中国工农红军第四方面军战史》编辑委员会编《中国工农红军第四方面军战史资料选编》（长征时期），解放军出版社，1992 年，第 476 页。

三、民族区域自治的最早尝试

客观地说，红四方面军在川西北主张的是民族自决的政策。这一点可从红四方面军发布的文告及格勒得沙革命党、波巴革命党的政纲中反映出来。红四方面军进入川西北后，1935 年 5 月就在《中华苏维埃共和国西北联邦政府通电》中强调："大会上出席了许多充满革命热情的回、番、藏、蒙、苗、夷民族的代表，一致严肃地宣布：誓以最大的努力，在共产党领导之下实行民族自决。"[①] 1935 年 5 月 20 日，《中华苏维埃西北联邦临时政府回、番、夷少数民族委员会布告》第三条提出："回番夷少数民族建立自己全族—地方—区—乡各级的人民革命政府，自己管事，实行民族自决。"[②] 1935 年 6 月，《中华苏维埃共和国西北联邦政府致全世界通电》重申："本政府誓在共产国际、中国共产党中央委员会领导之下，实行民族自决。"[③]1935 年 8 月 21 日，《川康省委关于赤化川陕甘与通过草地时地方党的工作指示》再次重申："反对汉官国民党军阀的压迫，反对帝国主义的侵略，实行民族自决，这是在番民中的主要口号。"[④]《格勒得沙革命党党章》规定："建立格勒得沙共和国革命政府，实行格勒自决，格勒管理格勒自己的事。"[⑤] 《波巴依得瓦革命党党纲》也规定："番人独立，建立波巴依得瓦共和国独立政府，波巴坐自己的江山。"[⑥]《波巴第一次全国人民代表大会宣言》强调："我们的旗帜是'波巴独立'，我们当前

---

① 《中华苏维埃共和国西北联邦政府通电》（1935 年 5 月），《中国工农红军第四方面军战史》编辑委员会编《中国工农红军第四方面军战史资料选编》（长征时期），解放军出版社，1992 年，第 30 页。

② 《中华苏维埃西北联邦临时政府回、番、夷少数民族委员会布告》（1935 年 5 月 20 日），中共阿坝州委党史研究室、阿坝州地方志办公室编《阿坝州志之红军长征在阿坝》，四川大学出版社，2007 年，第 315 页。

③ 《中华苏维埃共和国西北联邦政府致全世界通电》（1935 年 6 月），《中国工农红军第四方面军战史》编辑委员会编《中国工农红军第四方面军战史资料选编》（长征时期），解放军出版社，1992 年，第 42 页。

④ 《川康省委关于赤化川陕甘与通过草地时地方党的工作指示》（1935 年 8 月 21 日查理寺），周巴主编《红军长征过阿坝革命文化史料汇编》，阿坝藏族羌族自治州文化局 1997 刊印，第 27 页。

⑤ 《格勒得沙革命党党章》（1936 年 1 月 1 日），周巴主编《红军长征过阿坝革命文化史料汇编》，阿坝藏族羌族自治州文化局 1997 刊印，第 42 页。

⑥ 《波巴依得瓦革命党党纲》（1936 年 4 月 18 日），《中国工农红军第四方面军战史》编辑委员会编《中国工农红军第四方面军战史资料选编》（长征时期），解放军出版社，1992 年，第 465 页。

的任务是'兴番灭蒋'。"①

民族自决权思想最早发源于欧洲资产阶级革命时期，其特点是将民族问题与"普遍人权"相联系，鼓动民族独立、自决，体现的是上升时期资产阶级的革命思想。但这一思想曾被以血统因素强调民族至上的法西斯主义所利用。列宁于 1902 年第一次"承认国内各民族的自决权"②；1914 年，他又在《论民族自决权》一文中指出："所谓民族自决，就是民族脱离外族集体的国家分立，就是组织独立的民族国家。"③ 在这里，列宁强调了"脱离权"，但他的目的不是分裂俄国，因此 1916 年初他在《社会主义革命和民族自决权》中声明："民族自决权从政治意义上讲，只是一种独立权，即在政治上同压迫民族只有分离的权利"，它"并不等于分离、分散，成立小国家的要求"④。列宁始终牢牢抓住"反对民族压迫"这一条，所以俄国没有分裂。⑤ 1920 年，苏俄内战结束后，俄共关于民族自决权的解释发生了根本性改变。尽管 1924、1936、1977 年的苏联宪法都郑重地写入了"自由退出"苏联的自决权，但实际上"分立（离）"在苏联是"反革命的企图"。斯大林撰文指出："分立问题是依具体的国际条件，是依革命利益而决定的"，"坚决地驳斥边疆各地与俄罗斯分立的要求"，使边疆与俄国分立是"反革命的企图"⑥。在列宁和斯大林时代，民族自决权理论是同民族国家理论、联邦制理论紧密相连的，民族国家理论主张"分离"并建立单一的民族国家，联邦制理论主张把一个个单一的民族国家组成联邦，从而避免国家分裂。1918 年 1 月，列宁就当时成立的俄罗斯联邦解释道："我们目前实行和将要实行的联邦制，正是把俄国各民族最牢固地联合成一个统一的、民主的和集中的苏维埃国家的最可靠的步骤。"⑦ 尽管"民族自决"承认"自由分离"与"联邦制"要求"联合统一"两者间存在着不可调和的矛

① 《波巴第一次全国人民代表大会宣言》(1936 年 5 月)，《中国工农红军第四方面军战史》编辑委员会编《中国工农红军第四方面军战史资料选编》(长征时期)，解放军出版社，1992 年，第 474 页。

② 潘志平：《中国的民族区域自治制度与苏维埃型民族共和国联邦模式》，《西北民族研究》1997 年第 1 期。

③ 列宁：《论民族自决权》，中共中央马克思、恩格斯、列宁、斯大林著作编译局译《列宁论民族问题和民族殖民地问题》，人民出版社，1960 年，第 163 页。

④ 列宁：《社会主义革命和民族自决权》(提纲)，中共中央马克思、恩格斯、列宁、斯大林著作编译局译《列宁论民族问题和民族殖民地问题》，人民出版社，1960 年，第 246 页。

⑤ 潘志平：《中国的民族区域自治制度与苏维埃型民族共和国联邦模式》，《西北民族研究》1997 年第 1 期。

⑥ 斯大林：《作者的话》(1920 年出版的民族问题论文集序言)，张仲实译《马克思主义与民族、殖民地问题》，人民出版社，1953 年，第 134~135 页。

⑦ 列宁：《"苏维埃政权的当前任务"一文的初稿》，中共中央马克思、恩格斯、列宁、斯大林著作编译局译《列宁论民族问题和民族殖民地问题》，人民出版社，1960 年，第 454 页。

盾，但列宁、斯大林却试图将两者辩证地统一到一起，并在实践中将一个个"独立"的单一制民族共和国"联邦"成为"苏维埃社会主义共和国联盟"。历史证明，列宁、斯大林这一民族理论及其实践是失败的，苏联最终没能逃脱解体的命运。

1930 年代及其以前，中国共产党完全接受了列宁的民族自决权理论、民族国家理论和联邦制理论。中共"三大"通过的党纲草案、"六大"通过的政治决议案，都写上了"承认民族自决权"这一条。1931 年 11 月、1934 年 1 月颁布的《中华苏维埃共和国宪法大纲》第十四条，不仅承认了"中国境内少数民族自决权"，而且还明确规定："蒙、回、藏、苗、黎、高丽人等，凡是居住中国地域内的，他们有完全自决权：加入或脱离中国苏维埃联邦。"① 这显然是把汉族等同于中华民族，等同于中国，而把中国各少数民族排斥在中华民族之外，把汉族与少数民族的关系等同于那时俄罗斯与非俄罗斯少数民族的关系。对此错误，以毛泽东为首的中国共产党人在 1930 年代后期做了深刻的反省。毛泽东在《中国革命与中国共产党》一文中总结中国社会状况及中华民族融合发展的历史后明确指出："中国是一个由多数民族结合而成的拥有广大人口的国家。""中华民族的各族人民都反对外来民族的压迫，都要用反抗的手段解除这种压迫。他们赞成平等的联合，而不赞成互相压迫。"② 毛泽东代表中国共产党人所做的这个结论，从根本上否定了那种单一民族国家的理论，确认了中华民族不仅包括汉族也包括中国境内的各少数民族，中国是一个多民族的共同体，在对外关系包括反抗外来压迫中只有一个民族，那就是中华民族，在对内关系中尊重各民族的差异、谋求各民族的平等联合与共同发展。

当然，在 1930 年代前半期，中共并不是要鼓励中国各少数民族"分离"，而是在反抗国民党反动派和各民族上层统治阶级压迫与剥削的前提下，建立中国苏维埃联邦，统一中国。中共"二大"《宣言》在表述中国共产党的任务和目前的奋斗目标时，第 4 项写道："蒙古、西藏、回疆三部实行自治，成为民主自治邦。"紧接着第 5 项写道："用自由联邦制，统一中国本部、蒙古、西藏、回疆，建立中华联邦共和国。"③ 中华苏维埃共和国两次全国代表大会通

---

① 《中华苏维埃共和国宪法大纲》（一九三一年十一月七日中华苏维埃第一次全国代表大会通过）、《中华苏维埃共和国宪法大纲》（一九三四年一月全国苏维埃代表大会通过），厦门大学法律系、福建省档案馆编《中华苏维埃共和国法律文件选编》，江西人民出版社，1982 年，第 9 页和第 13 页。

② 毛泽东：《中国革命与中国共产党》，《毛泽东选集》第二卷，人民出版社，1991 年，第 622 页、第 623 页。

③ 中央档案馆编：《中国共产党第二次至第六次全国代表大会文件汇编》，人民出版社，1981 年，第 46~47 页。

过的《中华苏维埃共和国宪法大纲》第十四条都提出了"中国苏维埃联邦"的目标。毛泽东在中华苏维埃共和国第二次全国苏维埃代表大会的报告中强调："争取一切被压迫的少数民族寰[环]绕于苏维埃的周围,增加反帝国主义与反国民党的革命力量,是苏维埃民族政策的出发点。"[①] 可见,在中共早期民族政策中,"自决""分离"并不是目的,"联邦""统一"才是目标,"自决""分离"只是走向"联邦""统一"的过渡阶段而已。

必须指出的是,从中共"二大"开始,中共已经在理论上探索民族区域自治而不仅仅是建立民族国家的问题。中共"二大"宣言强调实行真正民主主义的统一,宣称："首先推翻一切军阀,由人民统一中国本部,建立一个真正民主共和国;同时依经济不同的原则,一方面免除军阀势力的膨胀,一方面又因尊重边疆人民的自主,促成蒙古、西藏、回疆三自治邦,再联合成为中华联邦共和国。"[②]1931 年 11 月和 1934 年 1 月的《中华苏维埃共和国宪法大纲》都把"民族区域自治"作为中国少数民族的重要选择,规定中国少数民族可以"加入或脱离中国苏维埃联邦,或建立自己的自治区域"。当然,这时中共关于"民族区域自治"的思想还仅仅停留在理论上,甚至可以说还仅仅是萌芽。

应该说,红军长征到达川西北及康区以前,中共及苏维埃共和国宪法大纲中的民族自决权思想、民族国家理论和联邦制理论,还仅仅是照抄照搬苏俄的理论而没有机会付诸实践,但红四方面军长征到达川西北及康北民族地区以后,这些理论便因解决民族问题的迫切需要而受到检验、受到扬弃而有了变革、实践的新内容。

需要特别强调的是,中共中央同红四方面军在川西北和康北关于民族自决、民族国家、联邦制的主张和行为是有差异的。1935 年 8 月 5 日,沙窝中央政治局会议通过的《中央关于红一、四方面军会合后的政治形势与任务的决议》,指出中共和中国苏维埃政府对少数民族的基本方针是"无条件地承认他们有民族自决权,即在政治上有随意脱离压迫民族即汉族而独立的自由权"[③]。中共中央还强调,中华苏维埃共和国中央政府应公开号召并帮助"蒙、回、藏等民族起来为成立他们自己的独立国家而斗争",待他们成立独立国家后,"根

---

① 江西省档案馆、中共江西省委党校党史教研室编:《中央革命根据地史料选编》下册,江西人民出版社,1982 年,第 332~333 页。

② 中央档案馆编:《中国共产党第二次至第六次全国代表大会文件汇编》,人民出版社,1981 年,第 43 页。

③ 《中央关于一、四方面军会合后的政治形势与任务的决议》(1935 年 8 月 5 日中央政治局通过,沙窝会议);中共阿坝州委党史研究室、阿坝州地方志办公室编《阿坝州志之红军长征在阿坝》,四川大学出版社,2007 年,第 290 页。

据他们自愿的原则，同中华苏维埃共和国联合成立真正的民族平等与民族团结的中华苏维埃联邦"①。对 1935 年 5 月 30 日红四方面军在茂县建立的中华苏维埃共和国西北联邦政府，中共中央批评道："目前建立西北苏维埃联邦政府是过早的。因为目前在少数民族中的基本方针，应首先帮助他们的独立运动，成立他们的独立国家。"② 中共中央不能容忍红四方面军及其领导人在没有帮助少数民族建立民族国家的时候，先成立所谓"中华苏维埃共和国西北联邦政府"，原因在于当时中共中央只有从苏俄舶来的民族自决权理论、民族国家理论和联邦制理论，而没有在中国民族地区建立民族政权的实践经验。

与中央红军不同的是，1930 年代中期，红四方面军长时间地深入川西北及康北民族地区，并进行了建立民族共和国的实践。

第一，红四方面军及其领导人虽主张民族自决权，但摒弃了民族国家理论，而实行民族区域自治。川西北及康北是藏、羌、回、汉、蒙等多民族聚居区，各民族处于杂居且相互融合的状态，很难建立单一的民族国家。针对这种状况，红四方面军及其领导人采取了民族和聚居区域相结合建立民族自治政权的政策。比如，1935 年 5 月，红四方面军考虑到羌族的汉化程度及汉族居住状况，在茂县县城成立茂县苏维埃政府的同时，又在回民聚居区建立了茂县回民苏维埃政府；11 月 18 日，又在川西北的藏民族聚居区域建立了格勒得沙共和国，下辖绰斯甲特区、卓克基特区、党坝特区以及绥靖、崇化、懋功、抚边 8 个县级革命政府和阿坝人民政府；12 月，在绥靖回民聚居区建立了绥靖回民苏维埃政府；1936 年 5 月 5 日，在康北藏区建立了波巴人民共和国，下辖道孚、泰宁、炉霍、甘孜、瞻化、雅江 6 个波巴依得瓦县级政权。红四方面军没有把川西北的回民组成一个单一的民族国家，更没有把康北的藏民族县级政权并入已经存在的藏族格勒得沙共和国，而是依据川西北及康北藏民族不同的聚居特点，分设了两个藏族中央政权，这体现的就是民族区域自治的思想。另外，格勒得沙共和国中央政府成员主要是藏族，但也有回族、汉族，中央政府副主席马显文就是回族；道孚县波巴政府 12 名政府委员中就有汉族两人，其中张得喜被推选为政府副主席；对在格勒得沙共和国、波巴共和国境内聚居的

---

① 《中央关于一、四方面军会合后的政治形势与任务的决议》（1935 年 8 月 5 日中央政治局通过，沙窝会议），中共阿坝州委党史研究室、阿坝州地方志办公室编《阿坝州志之红军长征在阿坝》，四川大学出版社，2007 年，第 291 页。

② 《中央关于一、四方面军会合后的政治形势与任务的决议》（1935 年 8 月 5 日中央政治局通过，沙窝会议），中共阿坝州委党史研究室、阿坝州地方志办公室编《阿坝州志之红军长征在阿坝》，四川大学出版社，2007 年，第 290~291 页。

汉族、回族及其他民族实行民族区域自治制度，波巴第一次全国人民代表大会通过的政纲第 5 条规定：居住在波巴领土内的汉、回及其他民族，"可以派代表参加波巴政府及组织自治区"①。对此，张国焘解释说："党决定番人组织波巴独立政府，在某些地区，汉人密集的所在，汉人则组织自治委员会（隶属在波巴独立政府之下）。汉人不多的地方，汉人只选派代表参加波巴政府。"② 这说明无论是格勒得沙共和国，还是波巴共和国，都不是单一的藏民族政权，而是一个以藏族为主体的多民族的区域性自治政权。

第二，红四方面军及其领导人接受并实践了联邦制，确定了格勒得沙共和国和波巴共和国的"独立"是在中华苏维埃共和国西北联邦政府界域内的"独立"，这种"独立"不是"脱离"中国，它的实质是"自治"。红四方面军一进入川西北民族地区，就建立了中华苏维埃共和国西北联邦政府。张国焘还以主席名义发布《中华苏维埃共和国西北联邦政府成立宣言》《中华苏维埃共和国西北联邦临时政府布告》（第一号），随后又发布了《中华苏维埃共和国西北联邦政府通电》《中华苏维埃西北联邦政府致红军游击队电》《中华苏维埃共和国西北联邦政府致全世界通电》等。一方面，明确西北联邦政府服从共产国际和中国共产党中央委员会的领导，是中华苏维埃共和国的一部分；另一方面，宣称西北联邦政府"为回、番、蒙、藏、苗等少数弱小民族解放而战，为苏维埃中国斗争到底，不胜不休"③。张国焘在《我的回忆》中讲了成立西北联邦政府的两点理由。其一，帮助少数民族组织自治政府的需要。他说，川西北、甘南、西康一带是少数民族地区，"暂时还不能组织苏维埃和实行分配土地，对于少数民族，政策的尺度更要放宽些"，"我们不反对少数民族部落中的酋长头人喇嘛阿訇等，而且要帮助他们组织区域内的少数民族自治政府"，"这些自治政府派代表会同汉族所推举的代表，共同组织一个西北联邦政府"。其二，苏维埃革命的实际需要。张国焘认为，"红一方面军离开江西以后，中华苏维埃中央政府事实上已不能行使职权"，因此应根据实际需要组织西北联邦政府，

---

① 《波巴第一次全国人民代表大会宣言》（1936 年 5 月），《中国工农红军第四方面军战史》编辑委员会编《中国工农红军第四方面军战史资料选编》（长征时期），解放军出版社，1992 年，第 475 页。

② 《张国焘在"中央局"会议上作关于少数民族的策略路线的报告》（1936 年 4 月 29 日），参见《中国工农红军第四方面军战史》编辑委员会编《中国工农红军第四方面军战史资料选编》（长征时期），解放军出版社，1992 年，第 469 页。标题里的"中央局"是指张国焘另立的"中央"。

③ 《中华苏维埃共和国西北联邦政府致全世界通电》（1935 年 6 月），《中国工农红军第四方面军战史》编辑委员会编《中国工农红军第四方面军战史资料选编》（长征时期），解放军出版社，1992 年，第 30 页。

将来苏维埃中央政府能行使职权时，西北联邦政府"仍是它的一部分"①。因此，红四方面军急急忙忙地建立西北联邦政府，显然是为下一步民族区域自治政权的建立做准备。1935 年 11 月 18 日，在格勒得沙共和国成立的同一天、同一地点，中华苏维埃共和国西北联邦政府重建起来，随后格勒得沙共和国、两个回民自治政权、波巴共和国相继宣布加入西北联邦政府，西北联邦政府有了实质性的内容。红四方面军及其领导人在川西北及康北建立民族区域自治的县级、省级、大区级政权的行为，虽然还没有完全摆脱苏俄模式的影响，可这在中共历史上却是空前的，是中共民族区域自治思想的最早实践。

[本文原刊《四川师范大学学报》（社会科学版）2011 年第 4 期]

---

① 张国焘：《我的回忆》下册，东方出版社，2004 年，第 369 页。

民国时期地方政府的助学贷款

——1919—1939 年四川自费留学贷费政策探析

凌兴珍①

【摘　要】　民国时期地方政府助学贷款是近代中国社会变迁的产物，并与社会变迁构成互动关系。1919—1921 年兴起、1922—1939 年在全川实施的四川自费留学贷费政策就是近代中国较早出现的地方政府助学贷款政策。它旨在资助自费进入省内、国内及国外中等以上学校的"寒畯"优秀学生深造，对激发"寒畯"学生求学积极性、促进五四后四川留法勤工俭学运动发展、自费留学高潮的出现以及人才培养、教育发展和社会进步等发挥了重要作用，然而由于社会环境局限，这一政策实施情况并不理想，存在着不少缺陷与弊端。

【关键词】　民国时期；地方政府；助学贷款；1919—1939 年；四川自费留学贷费政策

　　民国时期地方政府助学贷款既是中国传统助学方式的变种，又是西方教育民主化思潮的产物，也是民国教育经济的新鲜因素，对抗战前后的经济、教育及社会发展产生了不可低估的影响，很值得人们研究与总结。笔者注意到，1919—1922 年四川地方政府兴办和实施的留学贷费，一直延续到 1939 年 4 月，对留法勤工俭学运动、抗战前后四川教育、人才培养和社会发展产生过重

　　① 作者简介：凌兴珍，女，1965 年生，重庆江北县人，编审；1990 年毕业于四川师范大学历史系中国近现代史专业并获史学硕士学位，2001 年在四川大学历史文化学院博士研究生毕业并获历史学博士学位；现为《四川师范大学学报》（社会科学版）主编，四川师范大学中国近现代史专业硕士研究生导师；主要研究方向为中国近现代史、中国近现代教育史，出版著作《新政与教育转型——以清季四川师范教育为中心的研究》，在《中国边疆史地研究》《社会科学研究》等刊物发表论文 30 余篇；主持教育部人文社科基金项目一项，主持国家社科基金项目一项。

要影响，是导致五四后四川自费留学①高潮出现的重要因素，是抗战前各种助学贷款中较具典型性的一个案例，但已发表的教育史、留法勤工俭学史及四川地方史论著却很少论及。② 鉴于此，笔者拟通过对 1919—1939 年四川自费留学贷费政策变迁、运行情况及其影响的研究，揭示抗战前助学贷款与教育及社会变迁的关系。不当之处，敬祈学者批评指正。

一

根据笔者目前所见资料，四川留学贷费最早出现于南川、巴县，时间大约在 1919—1920 年。③ "自改学校，县人留学在外，或学费不给，无以资深造"，1920 年 7 月，巴县教育会暨各法团代表共同发起留学国内外学生贷费，"贷无息，犹宾兴遗意"，"款则取之中资捐，先后附加至百分之一二"④，"贷款初办，本无专款，其意欲于各方募集款项，以资借贷。迄九年冬，始于地方附加中资捐项下每契税百元加抽银二角为专款"，"由本局认为正式派出之学生得受贷旅费，其已达游学地点而无力支持者，若在专门或大学校中成绩确系可造，亦得贷款，助其毕业"⑤。1919 年，南川县议事会于公款收支所前办兵差费所筹契税附加项下拨 1/3，贷与出外留学各生，以远近别多寡；1920 年，南川县

---

① 民国时期的自费留学是指自费进入省内、国内和国外中高等学校读书，与现在的自费留学内涵有所不同。

② 商丽浩著《政府与社会——近代公共教育经费配置研究》（河北教育出版社，2001 年，第 293 页）仅提到贷学金制度创立于 20 世纪 30 年代初；阎广芬著《经商与办学——近代商人教育研究》（河北教育出版社，2001 年，第 308 页）"教育捐助方式的多元化"一节对宁波旅沪同乡会设置贷学金一事略有概述。近代四川地方史与教育史论著主要有《四川近代史稿》（四川人民出版社，1990 年）、《四川教育史稿》（四川教育出版社，1993 年）、《四川省志·教育志》（方志出版社，2000 年）、《成都市志·教育志》（四川人民出版社，2000 年）等，除《四川省志·教育志》对民国四川贷学金政策略有概述外，其他论著均未谈及四川自费留学贷费政策。有关留法勤工俭学史研究成果如栗民《四川青年和留法勤工俭学运动》（《西南交通大学学报》2000 年第 8 期）、吴艾生《留法勤工俭学运动在重庆》（《四川文物》1991 年第 4 期）、鲜于浩《留法勤工俭学运动史稿》（巴蜀书社，1994 年）等，虽提及留法勤工俭学生贷款一事，但未做深入研究。

③ 《四川省志·教育志》（第 515 页）认为"民国建立，军政府 1912 年开始设立贷费（又名助学贷金、贷金）"，书中未说明材料来源，无法作是非评判。然而，据笔者所见资料显示，最早举办留学贷费的是东川（现分属四川涪陵地区与重庆市）道属南川、巴县，时间为 1919、1920 年。

④ 《巴县志》卷 8，民国二十二年（1933 年）重修，第 41 页。

⑤ 《巴县贷费委员会呈覆省督学巴县贷费调查》，巴南区档案馆藏《民国巴县县政府教育科档案》，案卷号 1-12-184。

留学生要求各法团禀请县署拨 2/3 作留学贷费，获批准。① 东川善后会议旋即议决留学贷费办法，要求道属各县于劝学所设立留学贷费局处，提取增抽（中资捐）款项 1/10 作为省外国外专门学生贷费基金。② 此后，道属各县相继开办留学贷费，个别县贷费限于男生，如合川县"留学贷费章程仅限于男生"，后在女生曾健等人的请求下，四川东川道规定道属各县留学贷费，"自应无分男女学生，一体以程度为相当待遇"③。

留学贷费之所以在四川出现，似与五四前后国内及四川政治、经济、教育文化环境恶化有关。因财政捉襟见肘，清末民初政府实行教育收费，到 20 世纪二三十年代，教育收费已成为吸纳教育资金的重要渠道。然而，教育收费在为学校输血并促进其发展的同时，负面影响十分明显，造成教育不平等和教育贵族化倾向。五四前后，由于军阀混战、政局动荡、经济衰落，学生家庭经济日趋恶化，学生求学费用却年年增高，学生求学费用不足日益严重。随着学校收费日趋昂贵，"非有中人之产，或收入较丰之职业，不能使子女入中等以上之学校"④。僻处西南的四川，文化极为落后，不仅高等教育极不发达，仅有的成都高师与几所专门学校，学生升学专门以上学校极为困难，而且新思想新文化输入缓慢，学生几乎无学可求，一般志学而家庭经济许可之士皆负笈千里，转向京沪及国外学校以求深造。然而，因为战乱不休、财穷民困、督军截留教育和留学经费、世界性经济危机、求学费用高涨等原因，四川学生能自备资斧外出学尤其是到国外求学者十分有限，而已在国内外中高等学校求学的学生也因生活困难而面临失学威胁，学生贷款求学需求十分强烈。家境富裕的新繁吴虞为让女儿吴楷、吴桓到国内外求学，尚且在 1919、1922 年两次向县劝学所求贷费⑤；1920—1923 年留学国内外的自费生纷纷强烈要求津贴与借款求学。为满足四川教育文化发展需要，解决县人留学在外或学费不给无钱深造的问题，巴县、南川等县政要名流发起了国内外留学贷费。

五四前后获得迅速发展的留法勤工俭学运动，给四川自费留学贷费政策的

---

① 《重修南川县志》卷 7，民国十五年（1926 年）重修，第 680～681 页。

② 《巴县知事公署转呈巴县教育会暨各法团呈东川道尹公署函》（1921 年 6 月），巴南区档案馆藏《民国巴县县政府教育科档案》，案卷号 J1—12—200。

③ 《合川县女生呈请贷费留学恳饬援例办理以宏造育事由》（1922 年 1 月），《为通令各县留学贷费男女生一体待遇》，四川省档案馆藏《四川东川道道尹公署》，案卷号 191—1092。

④ 《扶助无力就学之优良学生使得受均等教育案》，邰爽秋等编《历届教育会议议决案汇编》，《教育资料选辑》第 5 种，教育编译馆，1935 年，《第九届全国教育联合会议决案》第 3～5 页，《第十届全国教育会联合会议决案》第 3 页。

⑤ 中国革命博物馆整理，荣孟源审校：《吴虞日记》上册，四川人民出版社，1984 年，第 48 页。

创立与实践提供了契机。为解决"自费赴法之益较多"而"能自备旅费者其数极少"的矛盾，1917 年，华法教育会与留法勤工俭学会倡导学生贷款赴法勤工俭学。[①] 1918—1920 年，华法教育会成员与湖南名流绅商共同成功运作了赴法学生的侨工局贷款，湖南、山西等省学生相继贷款赴法，推动运动迅速发展。[②] 华法教育会的学生贷款赴法计划与实践，迅速影响到勤工俭学会四川成员吴玉章、黄复生等，直接促成四川留学贷费的产生。在时任东川道尹黄复生及正在重庆的吴玉章的倡导与推动下，1920 年 8 月，重庆留法预备学校毕业的 47 名学生首获赴法旅费贷款[③]，贷费源于重庆总商会挪垫 1 万余元、巴县贷费局向劝学所积存省中资捐款项挪借 2800 元。[④] 1920 年秋季后出现的法国及世界性经济危机以及 1921 年 1 月华法教育会与留法学生脱离经济关系，以留法勤工俭学生为主的国内外自费学生强烈要求借款求学，促成留学贷费在全川推行。1921 年四五月，四川各县于"中资捐"项下酌拨的款为各该县国内外留学贷费，分别见诸实行，9 月成为定案，"惟未定多寡"[⑤]。9 月，四川留法学生会致书省政府，要求"每人每年助费金额应不下于五千法郎"[⑥]。11 月，省议会议决"留法学生各县按照名额每人年必要筹 500 元"，在各县解省存储中资捐项下拨借，由学生家属到场立无息借约。[⑦] 12 月 8 日，省长公署通令各县饬局拨借。正是留法学生为主的中外学生的强烈借款要求促成了留学贷费的实施，"无息贷费的事，在法国尚未成功，倒是在我们兵戈遍地的四川反早实现了"，"大抵因为留法勤工俭学生中，四川学生最多，数年来求工不得，求学未能，流离颠沛，万苦备尝，屡向四川政府呼援的结果"[⑧]。

由于国内外自费留学生待款之殷不逊于留法学生，加上川省在里昂中法大学海外部为川生设特待生 100 名，1922 年 5 月，四川省长公署第 894 号训令颁布《川省各县自费留学生贷费规程》（以下简称《规程》），要求将"议准加之中资捐银五角移作川省国内外自费留学生贷费之用"，自 7 月 1 日开始实行。

　① 张允侯等：《留法勤工俭学运动》（一），上海人民出版社，1980 年，第 59～60 页。

　② 凌兴珍：《留学贷款与留法勤工俭学运动》，《四川大学学报》2005 年第 2 期。

　③ 张允侯等：《留法勤工俭学运动》（一），上海人民出版社，1980 年，第 774～775 页。

　④ 《巴县知事公署转呈各巴县教育会暨各法团呈东川道尹公署函》（1921 年 6 月），巴南区档案馆藏《民国巴县县政府教育科档案》，案卷号 J1-12-200。

　⑤ 清华大学中共党史教研室：《赴法勤工俭学运动史料》第 2 册下，北京出版社，1990 年，第 670 页。

　⑥ 李季伟：《为四川留法勤工俭学学生会上四川省政府书》，《四川文史资料选辑》第 23 辑，四川人民出版社，1980 年，第 175 页。

　⑦ 重庆市巴南区档案馆：《有关留法勤工俭学史料一组》，《档案史料与研究》1998 年第 4 期。

　⑧ 《中华教育界》：《巴黎法国学生的恐慌与救济》第 13 卷第 7 期（1924 年 1 月）。

《规程》首先规定留学贷费资金来源，"各县留学贷费以该县中资捐每契税百元加抽银五角为专款"，"各县原筹有的款及有他项可筹之款者得呈请省教育行政长官核定作为自费留学生贷费"。其次，确定留学贷费地区、学业程度及家庭经济状况。第四、七条规定留学贷费限于正式修业大学、专门学校的寒畯自费学生，中等以下学校学生及富裕与公费留学者不在贷费之列。第四条还规定留学贷费分国外、省外、省内三类：留学国外包括国内大学、专门学校毕业后出洋进入外国各大学专门学校肄业与工厂实习者、在国内公立大学专门学校教习五年以上出洋研究专门学术者以及在外国大学专门学校肄业一年以上平均成绩在 70 分以上者，留学外省包括国立或部立各大学专门学校及上海医工、北京协和医学校，留学省内以国立或公立大学专门学校为限。其三，确定贷费额为四类，即留学欧美者年贷川币 600 元、留学日本者年贷川币 300 元、留学省外者年贷川币 150 元、留学省内者年贷川币不得过 50 元，"当经费不敷时，应量入为出，照现有留学人数酌量拟派之，不得挪借他款开支"。其四，规定管理办法。"须由县视学会同该县知事查明实系寒畯无力自给者加具考语，连同该生详细履历三代及入学证据，转报省教育行政长官核定"。其五，确定借款、还款办法。第八条"贷款人核准后，由贷款人或其直接亲属邀具殷实妥保到场亲自具无息借约，并定明于毕业后次年起分年偿还，其清偿期至多不得过六年，并将原约分呈省教育行政长官备案"；第九条"贷款到期后，由担保人按照原约直接履行，如有逾限不清时，由劝学所报请县知事照通常债务办法，勒令担保人履行之"；第十条"偿还之数由劝学所保存，留作其他贷费留学之用"。[1]《规程》颁布后，四川各县纷纷根据自己情况制定贷费实施细则。1923年，江北县协议施行细则八条，规定：担保人以本县有财产信用者为限；贷费生以正式修业大学、专门学校的自费生为限，免缴学、食、宿费的官费生及寄读的旁听生或特别生概不予贷；国外贷费一律暂照省外贷费额贷给等。[2]1922—1923 年，南川县省留学贷费完全按省颁贷费规程办理，称"省留学贷费"，南川县原有的留学贷费"改为县贷费"，并制定县留学贷费章程与省留学贷费规程。[3]

因留法学生情况危急，1922 年 12 月，在吴玉章等人的活动下，省议会咨

---

① 四川省长行署训令第八九四号令巴县劝学所并发《四川省长公署制定川省各县自费留学生贷费规程》一份，巴南区档案馆《民国巴县县政府教育科档案》，案卷号 J1-12-200。

② 《江北县知事蔡家骧向东川道尹公署请情转呈江北县视学所拟学生贷费实施细则一案由》（1923 年 7 月 28 日），四川省档案馆藏《四川东川道道尹公署》，案卷号 191-1183。

③ 《重修南川县志》卷 7，民国十五年（1926 年）重修，第 680~681 页。

请省署，给 1921 年 10 月以前赴法生每人每年筹足 500 元入学贷款；被迫归国学生则在肉税项下每名补助国内留学费 150 元或返法川资，"以 5 年为限，作为无息借款"；如果学款支绌，则责成地方官吏在"肉税、中资捐、烟酒附加、粮税附加及其他可拨可筹之款项下"筹集。1923 年 1 月，省公署变通为：所有既经归国各生"归入现行留学贷费办理"，留法学生入学贷款"不限于应用普通学款或留学贷费"①。

二

留学贷费政策自 1922 年春在全川实行直到 1939 年 4 月废止，施行时间近20 年，曾经几度调整、修订，其政策变迁情况主要体现在以下几方面。

1. 贷费对象由宽泛规定向严格限定发展

20 年代后期，因教育经费困难，不收学费的师范学校普遍招收自费生，在这些学校及自费生的请求下，四川教育厅同意中高等师范学校的自费生一律照章贷给全数。1928 年 2 月，四川教育厅公布第二次修正的《四川各县自费留学贷费规程》(以下简称《第二次修正规程》)，将国外贷费资格放宽到在外国大学、专门学校肄业及毕业后入外国工厂实习学生，国内、省内贷费资格放宽到高中及教育厅特准的私立学校学生。②

30 年代，为了与教育部整理专门以上学校及其专业设置以及整理留学事宜政策协调一致，解决留学贷费"设额过滥，受贷者得费过少"的问题③，贷费对象开始严格限定。1932 年，对贷费生改易县籍及女生嫁后隶属问题，教育部明确规定：贷费学生以居县境内者为限，全家迁出县境的学生不能在原居县请求贷费；女生嫁后取得丈夫县籍，其贷费按丈夫县籍情况办理。④ 1936 年10 月，《修正四川省各县自费留学贷费规程》(以下简称《第三次修正规程》)规定，留学贷费分为国外国内两项，留学国外者(以曾经呈准教育部发给留学

---

① 重庆市巴南区档案馆：《有关留法勤工俭学史料一组》，《档案史料与研究》1998 年第 4 期。

② 《四川教育厅公布四川各县自费留学贷费规程》(民国十七年一月第二次修正)，《四川教育公报》第 2 卷第 1 期 (1928 年 2 月)。

③ 《四川省政府二十五年度教育施政纲要》，《四川教育》创刊号，1937 年 1 月 20 日。

④ 芝内：《贷费生易籍问题，教部规定两种办法令教育厅转饬遵照》，《新新新闻》1932 年 6 月 14日第 9 版。

证书者为限）以在指定的国外专门以上学校学习农工医及教育者及其毕业后入指定的国外场所研究或实习并未受实习或研究机关津贴者为限，留学国内者以在国内省立大学或独立学院学习农工医及教育者为限①，从而取消了中等学校及公立农工医及教育以外的其他专门以上学生的贷费资格。因未顾虑周详，有碍"推进各地方的庶政，完成抗战期中安定后方的使命"②，该修正规程受到强烈抨击。为恢复贷费权利，四川大学停贷学生准备到省政府请愿，华西协合大学校长张凌高要求特准该校贷费并将私立大学加入，四川各县市高中校长联名要求恢复高中贷费，有人甚至提议恢复高中及大学专门农工医教育以外各科贷费并增加贷费名额与金额。为解决旧贷学生求学困难，1937 年，四川省教育厅补充规定：专科以上学校旧贷学生仍可继续享受贷费盈余至毕业为止，"经教育部立案确著成绩之私立"字样添入贷费规程第三条乙项。③ 抗战爆发后，1939 年 1 月，《四川省各县县政府办理自费留学贷费注意事项》不仅重申了国立省立或经教育部立案确著成效的公私立专科以上学校学习农工医及教育者均应贷费的规定，而且规定返川就读学生按省内贷额发给，战区师范学院返川借读省内普通大学学生与贷余学生一样领贷，国外留学贷费只限于不受教育部《限制留学暂行办法》拘束之国外留学生④，即仍以军工理医各科有关军事国防等目前急切需要者为限。因各地自为风气、办理不善及未顾及中等学校学生，加上 1938 年秋季中等及专科以上学校助学贷费政策开始实施，1939 年 4 月，四川省教育厅宣布废止各县贷费规程，"原有旧贷学生，准予贷至毕业"；四川省政府统筹设置助学贷金，"对于升入或已在专科以上学校清寒优秀学生，由省政府奖励"，"升入或已在中等学校学生，督饬各县县政府办理"⑤。实际上，在部分县，自费留学贷费仍在延续。

2. "寒畯"学生认定标准据实际情况几度调整

最初，南川、巴县兴办留学贷费，均无贫富限制。1922 年，《规程》规定贷费限于"寒畯无力自给"的自费学生。1928 年，《四川各县留学贷费审查会规程》开始对"寒畯无力自给"学生做出界定：以动产不动产合计，留学省内

---

① 《修正四川省各县自费留学贷费规程》，《四川教育》创刊号，1937 年 1 月 20 日。

② 胡恭先：《关于改进教育的几点意见》，《新新新闻·每旬增刊》第 6 期，1938 年 9 月 1 日。

③ 《令知改正贷费规程第三条乙项》，《四川教育》第 1 卷第 3 期，1937 年 3 月 20 日。

④ 《四川省各县县政府办理自费留学贷费注意事项》，《新教育旬刊》第 1 卷第 7 期，1939 年 1 月 27 日。

⑤ 《检发四川省专科以上学校暨各中等学校学生助学贷金章程仰遵照由》（1939 年 5 月 23 日），重庆市档案馆藏，原四川省立川东师范学校，案卷号 0129－1－229。

家产不足 5000 元，留学省外家产不足 1 万元，留学日本家产不足 2 万元，留学欧美家产不足 3 万元者，为"寒畯"学生。①1933 年 4 月，《国民革命军二十一军成区各县自费留学贷费审查委员会规程》增补寒畯学生标准一项，即"留学本埠（指重庆），其家产不足 2500 元者"②。据 1929 年社会学家李景汉调查，年生活费 350 元的家庭才出现教育投资③，如以家庭收入 300~350 元为能够支付最低限度教育收费的分界线，则家产每年不足 0.25 万~3 万元的一般工薪家庭及农村中等家庭子弟均被纳入贷费范围之内。因未说明是以学生父母所有财产而言，还是以该生一人应得财产而言，因此，1934 年 1 月，教育厅补充说明："寒畯"学生以该生父母的整个财产为标准，如父母财产已经分析则以该生所有财产为标准。④ 以整个财产计算而不考虑财产所需供养的人数多寡，亦有不足。1936 年，《修正四川省各县自费留学审查会规程》再次调整，以产业收入与职业收入合计收入总额，扣除家庭人口数依当地生活最低限度实际支出，所余教育费不足下列数者为"寒畯"学生：即留学欧美，家庭每年教育费不足 2000 元者；留学日本，家庭每年教育费不足 800 元者；留学省外，家庭每年教育费不足 400 元者；留学省内，家庭每年教育费不足 200 元者。⑤30 年代，由于中学生年费至少 200 元，大学年费至少 500 元⑥，留学省内、国内及日本而家庭教育费不足 200、400、800 元者，通过贷费基本可以解决求学费用不足问题，然而，留学欧美，比如美国年需 1500 美金（折合国币 2.5 万元）⑦，家庭教育费每年不足 2000 元者，即便获得 600 元贷费，仍不能解决生活学习费用不足问题。

3. 贷费筹集途径扩大，贷金筹集普遍困难

从贷费兴办至 1939 年 4 月废止，在中资捐项下契税附加筹集贷费，一直是贷费筹措的主要途径和政策基础。1922 年，《规程》还规定，各县原筹有的

---

① 《四川教育厅公布四川各县留学贷费审查会规程》，《四川教育公报》第 2 卷第 1 期，1928 年 2 月）。

② 《国民革命军二十一军成区各县自费留学贷费审查委员会规程》，巴南区档案馆《民国巴县县政府教育科档案》，案卷号 J1－12－184。

③ 李景汉：《北平最低限度的生活程度讨论》，《社会学界》第 3 卷，1929 年 9 月。

④ 《指令温江县教育局呈请解释审查学生寒家属标准由附原呈》，《四川省教育厅公报》第 14 期，1933 年 2 月 28 日。

⑤ 《修正四川省各县自费留学贷费审查会规程》，《四川教育》创刊号，1937 年 1 月 20 日。

⑥ 《周谷城教育文集》，吉林教育出版社，1991 年，第 96 页。

⑦ 《拜金主义之美国人》，《英华独立报》第 2 卷第 18 期，转引自张思明：《经济破产中之中国教育》，《东方杂志》第 30 卷第 18 号，1933 年 9 月 16 日。

款及他项可筹之款可核定为留学贷费，为扩展筹措途径预留了政策空间。1922年12月，因留法学生情况危急，省议会咨请省署，如果学款支绌，则责成地方官在肉税、中资捐、烟酒附加、粮税附加及其他可拨可筹之款项下筹集留法学生贷费。1923年1月，省长公署同意留法贷费不限于应用普通学款或留学贷费，为贷费筹集从中资捐项下契税附加向其他学款项目扩展奠定了政策基础。1928年《第二次修正规程》、1936年《第三次修正规程》皆重申原有的款或他项足资增筹款项可作为留学贷费的规定。1937年，四川各县教育经费改由财务委员会统收统支，教育经费收入内分门别类的专款应分别取消，但又特别规定"凡以专款收入数目为支出范围者如留学贷费之类，其专款名目自不能取消"①，明确了留学贷费专款专用原则。

事实上，自1922年《规程》颁发后，四川各县教育局主要在中资捐项下以契税附加为主渠道筹措留学贷费。据民国四川各县县志赋税卷记载，南川县的县留学贷费按契税附加2‰（即买业捐2/3）抽取，省留学贷费则按契价抽取5‰②，其他如新都、巴县、华阳、绵阳、什邡、合江、叙永、江津等县均按省章以契税附加筹措留学贷费。因受不同时期经济发展、政治稳定及社会环境情况影响，贷费收入，各县多寡不一，且在不同时段同一县的贷费收入差异也较大。1922—1923年度，万县贷费收银1882.127元③，1931年度，贷费收银3800元④，到1937年，万县贷费预算3088元。⑤因军阀混战、政治不良、经济残破、附加太多、税率过重等原因，多数县契税附加筹集留学贷费均感困难，华阳县"夙号繁富之区，田房税价岁率四十万（两）左右，嗣因地方附税日益加多，超过正税几及二倍，民苦税率过重，故买卖较稀，而黠者或以买作当，或向财政厅迳完正税，遂致税收锐减，亦政治不良有以致之也"⑥。因留学贷费入不敷出，许多县不得不寻求其他途径筹集贷费。一是加征中资捐。除契税附加留学贷费外，1923年，合江县议事会议决由契税附加起征留法学生

---

① 《四川省第　学区拟制二十六年度教育行政计划应行注意要点》，《四川教育》第1卷第5期，1937年5月20日。

② 《重修南川县志》卷4，民国十五年（1926年）重修，第284页。

③ 《万县知事谢国钧向东川道尹公署呈明十一年度收款酌摊贷费数目》（1923年7月30日），四川省档案馆藏《四川东川道道尹公署》，案卷号191-1269。

④ 《万县教经收入数目》，《四川月报》第5卷第2期，1934年8月。

⑤ 《四川省教育近况》，《四川省教育厅教育丛刊》第1辑统字第1号，1939年4月。

⑥ 陈法驾等：（民国）《华阳县志》，民国二十三年（1934年）刻本，《中国地方志集成·四川省府州县辑》第3册，巴蜀书社，1992年，第95～96页。

补助费 2‰，由议事会征收；[①] 1924 年，开县行政公署"咨请县议会议决加征中资捐"，接济留法学生；[②] 1926 年，眉山县增加中资捐率一分，补助留学贷费。[③] 二是以正粮附加、田产租谷收入补充留学贷费。1922 年，达县留学生要求在正粮项下每年每斗附加洋三角，"经县议会议决，附加二角定案"。1923 年，达县议会提议，附加团练费余款所买田租 348.3 石及 1924 年粮税借垫洋 2300 余元全行挹作留学贷费，粮税及团款息金等年可得洋 7000 元；1924 年，达县劝学所规定："每年发给留学生津贴限以五千圆分配，分上下学期发给，余存洋二千圆，为添置产业之用。"[④] 1931 年，昭化县由公共募产购买田产，以租谷出息用作留学贷费，年收入约 300 元。[⑤] 三是肉税加扣贷费。20 年代，成都、华阳、巴县都曾以肉税附加留学贷费；1932 年，田颂尧第二十九军辖区实行肉税项下每猪附加一角作青年游学贷费；[⑥] 1935 年，马边县"在肉税项下，每只猪加增银二角"作贷费。[⑦] 但是，增筹贷费的结果并不理想，如成、华两县因屠户反对，肉税附加留法贷费未能执行；巴县附加肉税，"因钱价低落，税收不旺，自起征以来，收入无多"[⑧]。从巴县来看，1920 年—1925 年 6 月底止，贷费收入生银 58639.658 元，川券 3410 元，官券 2285 元；1935 年，贷费收入洋 8500 元；1937 年，贷费收入洋 9912.49 元；1937 年 7 月 12 日—1938 年 7 月 31 日止，贷费收入洋 29359.56 元，前届移交洋 45263.291 元，所谓巴县贷费"衰年可及万元，旺年约可及万两"，"以十八九年收入为极盛"[⑨] 之说并非虚构，其贷费筹集数量相当可观。从全川来看，在正常年份，留学贷费筹集数估计在 15 万～16 万元之间，约占教育经费的 1.3% 多一点，

① 王玉璋等：(民国)《合江县志》，民国十八年（1929 年）刊本，《中国地方志集成·四川省政府州县辑》第 33 册，巴蜀书社，1992 年，第 403 页。

② 《咨四川省长留法自费生吴从龙请接济学费希核办见复文》（1924 年 3 月 17 日），《教育公报》第 11 卷第 5 期，1924 年 6 月 20 日。

③ 《第十区省视学游辅国呈报视察眉山县教育状况并拟具改良条件一案》，《四川教育公报》第 1 卷第 10 期，1926 年 10 月，第 149 页。

④ 《达县志》卷 13，民国二十二年（1933 年）重修，第 40 页。

⑤ 《二十四年度下学期各县教育状况视察报告》，《四川教育》第 1 卷第 2 期，1937 年 2 月 20 日。

⑥ 《成都县附加肉税作为青年游学之用》，《新新新闻》1932 年 4 月 24 日第 9 版。

⑦ 《马边调查》，《川边季刊》第 1 卷第 2 期，1935 年 6 月。

⑧ 中共四川省委党史工作委员会：《四川留法勤工俭学运动》，四川大学出版社，1993 年，第 297 页。

⑨ 《巴县贷费处民国二十四年度收支预算书》，《巴县贷费委员会民国二十六年度收支预算书》，《呈为遵令呈报贷费收支款项恳请备案饬查由》（1925 年 7 月），《巴县贷费委员会民国 27 年 7 月至 28 年 7 月收支报销清册》（1939 年 7 月），巴南区档案馆《民国巴县教育科档案》，案卷号 J1－12－184&179。

且繁庶县贷费绝对数量多，贫困县贷费绝对数量少。① 这说明留学贷费筹集并不理想。

4. 贷费定额变化不大，实发贷费不足定额

初创时期，东川道属各县的留学贷费额没有统一的标准，根据各县情况、贷费生求学地区远近及学校层级高低确定贷费额度，大致在 30～200 元之间。1920 年，巴县初定"留学生在省外者，人岁贷五十圆至百圆为率，国外岁贷百圆至二百圆为率"②。1922 年 1 月前，合川县规定：省内中级学校年贷 50 元，公费年贷 30 元，省外中级以上学校加倍，国内专门以上学校学生年贷 200 元。③1922 年 5 月，教育厅统一规定贷费额度为欧美 600 元、日本 300 元、省外 150 元、省内至多不得过 50 元，皆以川币发给；经费不敷时则量入为出，酌量摊贷，不得挪借他款开支。1933 年，《四川省二十一军成区各县自费留学贷费规程》将留学贷费范围扩大到重庆，贷费额为每名年贷川币 30 元。④1936 年 10 月，《第三次修正规程》将省内留学贷费额提高到 80 元，其他额数不变，均以国币发给。⑤ 此后，贷费定额未再变动。在 20 年代前期，贷费定额基本可以解决学生求学费用问题，因为当时学生"入小学者，年至少需廿金，入中学者百金，入大学或专门者三百金"⑥，法国年需 500 元⑦，美国年需 2000元⑧；而到了 20 年代后期至 30 年代末，因国内外生活费用上涨，教育收费提高，国内外学生求学费用成倍增长（如前所述），贷费定额只能解决学生的一部分求学费用。

实际上，多数县实际确定与实发的贷费数低于教育厅规定的贷费定额。

---

① 据《四川省中等教育统计》（四川省政府教育厅 1942 年编印）48～49 页记载，1937 年度，四川省 134 县留学贷费总额为 15.3595 万元，占教育经费总额的 1.32％。又据《四川省教育近况》（《四川省教育厅教育丛刊》1939 年第 1 辑统字第 1 号）26～41 页统计，1937 年度，四川省 146 县中的 134县呈报留学贷费预算总额为 15.69 万元，占教育经费总预算的 1.31％，其中最高为巴县 8500 元，最少为兴文县 75 元。

② 《巴县志》卷 8，民国二十二年（1933 年）重修，第 41 页。

③ 《合川县女生呈请贷费留学恳饬援例办理以宏造育事由》（1922 年 1 月），《为通令各县留学贷费男女生一体待遇》，四川省档案馆藏《四川东川道道尹公署》，案卷号 191－1092。

④ 《四川省二十一军成区各县自费留学贷费规程》，《四川月报》第 3 卷第 5 期，1933 年 11 月。

⑤ 《修正四川省各县自费留学贷费规程》，《四川教育》创刊号，1937 年 1 月 20 日。

⑥ 赵笃明：《中国教育应如何改革》，《教育杂志》第 17 卷第 12 号，1925 年 12 月 20 日。

⑦ 李季伟：《为四川留法勤工俭学学生会上四川省政府书》，《四川文史资料选辑》第 23 辑，四川人民出版社，1980 年，第 183 页。

⑧ 《万县邓三仕呈为留学重洋家寒费绌请予饬县照章假贷事》（1923 年 9 月 18 日），四川省档案馆茂《民国四川东川道道尹公署档案》，案卷号 191－1269。

1922 年，巴县劝学所规定：欧美年贷 200 元，留法勤工俭学生年贷 100 元，日本年贷 150 元，省外年贷 100 元，省内 50 元。① 1923 年，江北县规定，"留学国外者，一律暂照省外额数贷给"。② 且多数县根据收入与请贷情况确定的贷费发放数额呈下降趋势。除少数县在部分年份能按定额足额发放贷费并略有盈余外，绝大多数县在大部分年份因经费不敷，只得量入为出，酌量摊分贷费。比如万县，1922—1923 学年度收取贷费银 1882.127 元，摊贷给国内外的请贷学生 30 人，计留学欧美每人摊贷 250 元、留学省外每人摊贷 60 元、留学省内每人摊贷 20 元；③ 1936 年上期，留学欧西者 3 人、日本者 4 人、省外者 48 人、省内者 14 人，只得按 1∶3∶6∶12 的比例摊贷。④ 又如达县，自 1923 年 12 月始按章折半支发，后减至 3 成。⑤ 其他如泸县、巴县仅贷费 8 成，三台、中江贷费不及半数，江津、丰都、马边、珙县、绵竹、青神、内江、温江、垫江、潼南、汉源等只能公摊发给。只有西充县违反规定按人数均摊，不论远近每期每名贷费 2 元。⑥ 因贷费筹集困难，贷费发放额度呈下降趋势，贷费资助效果逐渐减弱。

5. 贷费管理不良，有借不还普遍

为了便于管理，教育厅统一印发了《贷款合同》《留学贷费生家产状况表》《贷费生履历表》《保证书》等，后又统一印发了《县年期贷费学生一览表》《县年期贷费收支实况表》《县年期归还贷费学生一览表》，要求各地贷费生及各县教育局逐期照式填报。1928 年 2 月，教育厅颁发《四川各县留学贷费审查会规程》，要求各地成立留学贷费审查会，规定由县知事、教育局局长、视学员、教育会正副会长、县立中学及县立区立高等小学校校长、各区教育主任委员等组成，负责请贷学生审核。1936 年，《修正四川省各县自费留学贷费审查会规程》将审查会构成人员调整为由县长、教育科长、县督学、财务委员会委员长、县教育会常务干事、县立中等学校校长及各区教育委员组成。各县劝学

① 《巴县劝学所贷费规则》，《渝声季刊》第 2 期，1923 年 10 月 1 日。

② 《江北县知事蔡家骧向东川道尹公署据情转呈江北县视学所拟学生贷费实施细则一案由》（1923 年 7 月 28 日），四川省档案馆戈《四川东川道道尹公署档案》，案卷号 191—1183。

③ 《万县知事谢国钧向东川道尹公署呈明十一年度收款酌摊贷费数目》（1923 年 7 月 30 日），四川省档案馆藏《四川东川道道尹公署档案》，案卷号 191—1269。

④ 《四川省二十五年度上学期各县地方教育视察报告》，《四川教育》第 1 卷第 5 期，1937 年 5 月 20 日

⑤ 《达县志》卷 13，民国二十二年（1933 年）重修，第 40 页。

⑥ 《督学张豁然视导西充县地方教育报告》，《四川教育》第 1 卷第 13 期，1938 年 3 月 20 日。

所或教育局按规定组织了留学贷费管理机构与审查会，每年对贷费生情况进行两次审查，确实杜绝了一些弊端。事实上，对贷费收支、贷费生资格及贷费归还情况，从省教育厅到各市县均缺乏监管，各市县的循例审查多流于形式，经办人员的违章操作十分普遍。

1922 年，《规程》明确规定借还办法，有的县份在实施时也制定了借还章程与办法。比如，1923 年江北县规定：担保人以本县有财产信用者为限，未毕业辍学者追还贷费，未毕业死亡者免还贷费，毕业后六年内死亡者免还未清的贷费。① 规程实施四年后，1925 年 2 月，教育厅《增订归还留学贷费办法四条》，规定：贷费学生毕业后任职，月薪在 30 元以上者应每月于所得薪资内抽出 20% 偿还贷费（得 30 元者应每月偿还 6 元，余类推，以偿清所贷之数为止），月薪不足 30 元或赋闲无事应即自行措款，照贷费规程第八条之规定分年偿还，由各县教育局代为催收并造册呈报。② 7 月，巴县教育局拟定《归还留学贷费细则》，规定自 1925 年上期起开始实行，嗣后每期开审查会后实行归收一次。1926 年 5 月，教育厅再次要求各县教育局"照章收回贷费，呈报查考"③。《第二次修正规程》《第三次修正规程》重申贷费借还规定及对毕业回乡服务的贷费生实行免还优待，规定贷费生毕业后，如在本县服务满一年者得减还贷费 1/4，满二年者减还 2/4，满三年者免还全部。④ 随着贷费生相继学成就业，个别贷费生主动申请偿还贷费，如罗江县贫窭学生邓公著在毕业一年后主动请求按期归还贷费。⑤ 然而，按时主动归还贷款者寥若晨星。比如巴县，据统计，1925 年度上期，应还贷费者 40 名，至 1926 年 3 月，贷费者 130 名，应还贷费者 116 名，实际还贷者仅 8 名。⑥ 究其原因，固由于受贷者不践约信，蔑定案为虚文，但与贷职员敷衍瞻徇、弁髦条规、任其逍遥事外，亦不无关系。贷费生不按规定按时偿还贷费，各地教育局督催不够，或因信息不畅而无法督催，导致贷费基金积累困难。

---

① 《江北县知事蔡家骧向东川道尹公署据情转呈江北县视学所拟学生贷费实施细则一案由》（1923 年 7 月 28 日），四川省档案馆藏《四川东川道道尹公署档案》，案卷号 191—1183。
② 《增订归还留学贷费办法四条》，巴南区档案馆藏《民国巴县县政府教育科档案》，案卷号 J1—12—201。
③ 《令各县教育局实行收回贷费一案》，《四川教育公报》第 1 卷第 6 期，1926 年 6 月。
④ 《修正四川省各县自费留学贷费规程》，《四川教育》创刊号，1937 年 1 月 20 日。
⑤ 《训令罗江县教育局据该县四川大学中国文学院毕业生现任龙绵联合县立师范学校教员邓公著呈称为实行归还贷费请予存查一案》，《四川教育公报》第 2 卷第 2 期，1928 年 4 月。
⑥ 《民国十四年上期归还贷费姓名表》《民国十五年上期归还贷费概况简表》，巴南区档案馆藏《民国巴县县政府教育科档案》，案卷号 J1—12—201。《民国十五年上期贷费生姓名及贷还金额一览表》，巴南区档案馆藏《民国巴县学校档案》，案卷号 J5—1—66。

三

留学贷费政策对五四后四川留法勤工俭学运动、自费留学高潮的出现以及抗战前后四川教育、人才培养与社会进步及助学贷款政策建设，均产生了积极作用与影响。

留学贷费创办时正值留法勤工俭学运动迅速发展之时，贷费政策的实施对推动四川留法勤工俭学运动发展，解决留法学生费用不足产生了重要影响。如前所述，1920 年 8 月，自兴办留学贷费后，川东、川北、川南 16 县 47 名学生获得留学贷费；11 月，巴县 7 名女生又获得赴法求学贷费。[①] 到 1921 年底，四川留法勤工俭学生 530 余人，仅重庆地区就达 150 左右，巴县近 50 人，江津县 40 余人，均属当时全国留法勤工俭学生最多的县份[②]，与留学贷费的创设有很大关系。在法国出现经济危机及华法教育会与留法学生断绝经济关系后，1921 年 12 月，在四川各界的广泛同情与吁请下，留学贷费推广到全省，省政府明文规定各县教育局为留法学生筹集入学贷费专款，四川大多数留法学生获得了各县政府发放的留学贷费或留法贷费专款，基本解决了学习生活费用不足的问题。1922 年以后，留法学生及被迫归国学生贷到这种款项的人很多，比如被迫归国、后就读北京中法大学的金满城、陈毅，就读比利时沙洛瓦劳动大学机械系的四川江津留法生江克明[③]，获得巴黎大学医学博士的四川犍为县留法生王曜群等[④]，都获得了留法贷费。加上法国经济复苏，学生勤工收入与亲友扶助增加，自 1922 年起，凡志愿求学而条件具备的留法学生纷纷考入技专、学院或大学读书。据不完全统计，四川留法勤工俭学生先后在学校毕业者约 200 人。[⑤]

留学贷费激发了四川"寒畯"学生到省内、国内、国外求学的积极性，造

---

① 张允侯等：《留法勤工俭学运动》（一），上海人民出版社，1980 年，第 782 页。

② 数据来源于吴艾生《留法勤工俭学运动在重庆》（《四川文物》1991 年第 4 期，第 28 页）、栗民《四川青年与留法勤工俭学运动》（《西南交通大学学报》2002 年第 3 期，第 27、29 页）、鲜于浩《留法勤工俭学运动史稿》（巴蜀书社，1994 年，第 26 页）、江津县聂帅文物征集办公室编《聂荣臻青少年时代》（解放军出版社，1988 年，第 30 页）等的记载。

③ 清华大学中共党史教研室：《赴法勤工俭学运动史料》第 3 册，《中国现代革命史资料丛刊》，北京出版社，1981 年，第 434、454 页。

④ 刘恩义：《周太玄传》，四川科学技术出版社，1992 年，第 105、106 页。

⑤ 黄里州（黄映湖）：《四川留法勤工俭学运动》，《四川文史资料选辑》第 23 辑，四川人民出版社，1980 年，第 57 页。

成五四后四川自费留学省内、国内及国外学生的显著增长，为抗战前四川中高等人才的培养、教育发展做出了重要贡献。1922 年，四川璧山县徐宗嗣北上考入国立北京工业专门学校预科、江津县刘泰珍呈请赴德留学、四川忠县石宝寨袁天文决定赴美留学、万县邓光陆留学美国"嘎利弗力亚省省南大学"理化科①，皆因四川实行了留学贷费政策。20 世纪 20 年代，四川自费出国留学出现了高潮。据统计，1919 年后，除留法学生最多时达 530 余人外，留苏、德、英、美等国学生明显增多，这与留学贷费对自费学生的资助有关。比如四川留德学生有 20 余名系县贷费生。② 各县的留学贷费资助人数，少则几人，多则100 余人。据记载，1922—1923 学年度，万县国内外留学生 30 人获贷费资助③，到 1936 年上期，万县获贷费资助的国内外学生增加到 79 人④；1929 年上期，泸县 106 人获贷费⑤，下期 118 名获贷费⑥；1932 年下期，丰都 28 人获得贷费。⑦ 又据省县视学报告记载，1925 年江津有 100 余人、1926 年上期绵竹有 16 人、1928 年上期三台有 16 人获得贷费；1935 年上期，温江 11 人获贷费，下期 21 人获贷费；1936 年上期，珙县 5 人、蓬溪 18 人、青神 7 人、彭山3 人、长寿 8 人、内江 54 人获得贷费；1936 年下期，垫江 32 人、崇庆 3 人获得贷费。⑧ 据民国巴县档案统计，1920—1925 年 6 月底，巴县支付贷费 602柱，实支生银 52106.413 元；1921 年 8 月—1926 年 3 月，130 名学生享受贷费，累计金额达 28125 元；1924 年下期 108 名，1926 年上期 213 名，1928 年下期 165 名，1931 年上期呈报请贷生 482 人；1934 年下期，准贷 180 名；1935年上期，准贷 201 名；1936 年下期，准贷 251 名；1937 年上期，准贷 279 名；1938 年上期，贷费生 116 名。⑨ 诚如 1935 年巴县教育科长所评价的："以本县

---

① 四川省档案馆藏《四川东川道道尹公署》，案卷号 191－1106、1102、1280、1269。

② 乐嗣炳：《近代中国教育实况》，世界书局，1935 年，第 161 页。

③ 《万县知事谢国钧向东川道尹公署呈明十一年度收款酌摊贷费数目》（1923 年 7 月 30 日），四川省档案馆藏《四川东川道道尹公署》，案卷号 191－1269。

④ 《四川省二十五年度上学期各县地方教育视察报告》，《四川教育》第 1 卷第 5 期，1937 年 5 月20 日。

⑤ 《上期贷费只能借八成款》，《泸县教育月刊》第 1 卷第 12 期，1929 年 8 月 31 日。

⑥ 《呈报十八年上期贷费审查报告文》，《泸县教育月刊》第 2 卷第 3 期，1929 年 12 月 30 日。

⑦ 《留学贷费审查结果》（民国二十一年度下期），四川省档案馆藏《四川东川道道尹公署》，案卷号 191－1319。

⑧ 参见《四川教育公报》1924 年第 1 卷第 1 期、1926 年第 6 期第 111 页、1929 年第 2 卷第 3 期第 222 页；《四川教育》1937 年第 1 卷第 4 期 26、39、46 页，第 5 期 106 页，第 6 期 15 页，第9 期 29、36 页，第 12 期 48、63 页。

⑨ 巴南区档案馆藏《民国巴县县政府教育科档案》，案卷号 J1－12－19、37、175、178、79、181、184、185，J1－13－112。

而论，每年领用贷费之学生已有贰百余名之多，合之全川为数当在万名左右，是则贷费之举遍及寒畯，素嘉惠士林，为利之多，诚非始事者之所及料。"①

四川留学贷费是民国时期县级政府实施得比较早的助学贷款政策，对抗战前后的助学贷金政策建设与实践产生了一定影响。20 世纪二三十年代，以地方政府为筹款、贷款主体的助学贷款建议、办法与政策相继出现。四川省的贷费留学办法，"其他各省、县，亦有这种办法的"②。1922 年初，陆费逵建议"各县筹天才教育补助费"，补助贫苦优秀的天才子弟，从小学后期起至中学大学止，毕业后以职业所入的 2/10 提充天才教育费。③1923 年第九届全国教育联合会大会通过、1925 年第十届全国教育会联合会大会重申《扶助无力就学之优良学生使得受均等教育案》，要求教育部通令各地对品学兼优而又无力就学的中等以上学生，"贷与必要之用费，俟其学生任事后缴还"④。1926 年，汤德明建议，改省派留学生补助制为贷款制，对有志留学国内、日本、欧美国立私立大学而家庭收入不能维持学费的学生分别给予 200、500、1500 元贷款，学生毕业后逐年偿还。⑤1929—1932 年，国民政府的国家贷学金、奖学金政策开始酝酿与计划；1931 年，张学良创办东北贫苦学生贷学基金；1938 年秋，国民政府颁布中等及专科以上学校助学贷金章程，助学贷金推广到全国。上述建议、办法与政策大多以地方政府为筹款、贷款主体，与四川留学贷费政策似有相通之处。

尽管四川留学贷费政策发挥了积极作用与影响，然而因受到各种因素制约，其作用与影响又十分有限。

除了前面政策变迁一节谈到的不足与弊端外，四川自费留学贷费政策主要受到以下几种因素制约：一是留学贷费规程本身存在不足之处。江北县视学黄泽渊认为："规程第四条乙、丙两项，仅以国立部立省立公立及同济协和二校为限，而其他完善之大学专门学校概不与闻，似非普通补济之法。""其余如担保人资格，旁听生、特别生及未毕业辍学与死亡者，概未明文规定。"⑥又如第

---

① 《呈请省政府准视在学成绩给发贷费》（1935 年 5 月 27 日），巴南区档案馆藏《民国巴县县政府教育科档案》，案卷号 J1 12 184。

② 乐嗣炳：《近代中国教育实况》，世界书局，1935 年，第 161 页。

③ 陆费逵：《教育上的一个大问题》，《中华教育界》第 12 卷第 1 期，1922 年 8 月 1 日。

④ 《扶助无力就学之优良学生使得受均等教育案》，邰爽秋等编《历届教育会议决案汇编》，《教育资料选辑》第 5 种，教育编译馆，1935 年，《第九届全国教育联合会议决案》第 3～5 页，《第十届全国教育会联合会议决案》第 3 页。

⑤ 汤德明：《省派留学生补助金的商榷》，《教育杂志》第 18 卷第 2 号，1926 年 2 月 20 日。

⑥ 《江北县知事蔡家骧向东川道尹公署据情转呈江北县视学所拟学生贷费实施细则一案由》（1923 年 7 月 28 日），四川省档案馆藏《四川东川道道尹公署》，案卷号 191-1183。

六条"地方贷款经费不敷时，应量入为出，照现有留学人数酌量摊派之，不得挪借他款开支"的规定太死板，造成贷生多的县份，学生所获贷费数额少，贷生少的县份，学生所获贷费数额较多，各地贷费数额多寡不一。又如第八条"清偿期至多不得过六年"①的规定，显得不公平且不近人情，因为在省外与省内留学的学生，贷款不多，毕业后六年分偿，势可办到；而在国外留学的学生，贷费既多，而贷费人又出生寒门，毕业后若安分做事，每年断难以600元还债（因为照大学规程肄业六年，贷费人在肄业时每年贷若干，毕业后每年亦应还若干）。巴黎大学文科学长布吕诺（Ferdinaud Brunot）甚至认为：无息贷款一事，对于贷费的人不免是一桩可怕的事，因为他们在入社会之初便负了一笔重债，还款会成为职业创始之初的青年最感困难的事情。②留学贷费的政策性缺陷给实践带来不利影响，造成请贷者啧有烦言、贷费纷争与归还困难。二是社会环境局限、贷款筹集困难、资助面大等因素导致贷费资助力度不够。民初中国包括四川政治不稳，经济残破，社会动荡，物价飞涨，民贫财困，不仅造成贷费筹集困难且有限，而且随社会贫困化程度日益加深，贫寒家庭及"寒畯"学生比例日益增加，加上各地生活费高涨，符合贷费条件的中高等学校数量与收费增加，以及贷费生工作后无力还款或不愿还款等原因，贷费需求与供给矛盾日渐突出，四川许多县份出现国外省外只可分得数十元、省内有少至四五元至多不到十元③的情况，区区贷费难以解决平民子弟求学费用不足问题。三是留学贷费只完成了对部分中等家庭子女的资助。由于教育发展水平及家庭经济状况局限，初等教育不能普及，贫寒家庭子弟不能完成初等教育，而对中等及专门以上学校自费学生进行资助的留学贷费只可能解决部分中等家庭子女费用不足问题。这说明，20世纪二三十年代四川大多数中等家庭子弟就读国内外中等以上学校均感求学费用不足，留学贷费只能解决部分中等家庭子弟就读国内外高中以上学校费用不足问题，真正赤贫家庭子女根本无缘进入中高等学校并享受贷费资助。

［本文原刊《社会科学研究》2005年第4期］

---

① 《巴黎法国学生的恐慌与救济》，《中华教育界》第13卷第7期，1924年1月。
② 《巴黎法国学生的恐慌与救济》，《中华教育界》第13卷第7期，1924年1月。
③ 《指令合江县教育局呈为贷费政策流弊滋多无裨实效敬陈管见以备采择一案由》，《四川省教育厅公报》第7期，1932年7月31日。

"俯顺舆情"维护稳定重于"消除迷信"

——1936—1937 年四川旱灾中政府对拜神祈雨[①]活动的态度

曹成建[②]

【摘　要】　1936—1937 年四川旱灾中广泛存在的拜神祈雨活动的主要推动因素，一是底层灾民的信仰与地方士绅、基层保甲人员等的组织参与，二是宗教机构及人士对拜神祈雨活动的倡导与力行。省政府、各行政督察专员公署及其下辖各县为顺应舆情，减少基层社会的动荡，在应对灾民的拜神祈雨活动以及其他千奇百怪的"迷信"行为时，在不危及社会治安和政府根本经济利益的前提下，尽可能地容忍、理解、配合甚至支持。其主要目的是避免因逆民众的意志而发生灾民扰乱社会秩序的事变。政府对民间"迷信"行为的迁就，虽然减轻了灾民对基层政权的冲击，但变相地支持了民众"迷信"的合理性，使其根深蒂固地传承下去，不利于科学地抗灾。因此，应对民间根深蒂固的"迷信"信仰，符合实际的理解与恰如其分的引导和循序渐进的改造应是比较明智的选择。

【关键词】　1936—1937 年；四川旱灾；拜神祈雨；政府态度

①　本文所指的拜神祈雨活动是从广义上讲的，不仅包括拜神祈雨活动本身，而且包括为拜神祈雨而采取的一系列配套措施，如关闭南门（因南门属火）、禁屠、斋戒等活动。

②　作者简介，曹成建，男，1960 年生，四川彭州人，1994 年毕业于四川师范大学历史系中国近现代史专业，获历史学硕士学位；2000 年毕业于四川大学历史文化学院专门史专业，获历史学博士学位；曾在北京大学历史学系、台湾"中央研究院"近代史研究所做访问学者，在中国社会科学院近代史研究所做博士后研究，现为四川师范大学教授、中国近现代史专业硕士研究生导师、四川师范大学图书与档案信息中心主任（图书馆长、档案馆长、校史馆长）、四川省政协常委；主要研究方向为中华民国史，主持国家社会科学基金"国民政府的乡村基层社会控制政策及其实践研究"、教育部人文社会科学基金、中国博士后科学研究基金在内的 4 项部级以上项目，出版《地方自治与县政改革（1920—1949）》等专著，在《民国档案》《民国研究》《四川大学学报》等刊物发表论文 30 余篇；2013 年 5 月，被批准为"第十批四川省学术和技术带头人后备人选"。

　　在为数不少的有关近代救济立法、救济思想、救济制度的论著中，很少将"巫术救灾"纳入官方的救济立法、救济思想、救济制度中来进行讨论。[①] 为数不多的有关近代"巫术救灾"的论著，对民国时期政府并未禁止"巫术救灾"的表现和原因进行了比较深入的探讨[②]，但倾向于全国性的综合分析，所举例证比较分散，未能集中对某个案例进行深入具体探讨，而且大多没有涉及1936—1937年四川大旱灾。到目前为止，研究中涉及1936—1937年四川大旱灾的论著却大多没有讨论有关拜神祈雨的问题。[③] 夏明方在《民国时期自然灾害与乡村社会》[④] 一书中对1936—1937年四川旱灾中的拜神求雨情形有所征引，不过所言不详。就笔者有限的见闻，探讨1936—1937年四川旱灾中拜神祈雨相对较多的是郑光路《1936年的四川大饥荒》一文。该文第三部分以"拜神求仙'抗灾赈荒'"为题[⑤]，对四川1936年旱灾中各级官绅的拜神祈雨活动做了简单的罗列（2千余字），但没有进行深入的分析。本文主要根据当时的媒体报道、档案资料对此次旱灾中四川省各级政府在拜神祈雨活动中的表现及其推动因素、实际效果以及态度变化进行集中探讨，以揭示政府在无力进行充分的物质救济情况下，为维持对基层社会的有效控制，面对民间拜神祈雨等"迷信"行为所表现出来的迁就、支持等多种"面相"。

　　四川旱灾从1936年5月开始，持续到1937年夏天。[⑥] 报灾县的数量不断攀升，最高时达141个县，其中重灾26个县，次重灾46个县，对外公布的受灾人口最多达5000余万，"诚百年来未有之空前巨灾也"[⑦]。尽管由于多种原

　　① 岳宗福：《民国时期的灾荒救济立法》，《山东工商学院学报》2006年第3期；张明爱、蔡勤禹：《民国时期政府救灾制度论析》，《东方论坛》2003年第2期；蔡勤禹、李元峰：《试论近代中国社会救济思想》，《东方论坛》2002年第5期；任云兰：《论华北灾荒期间天津商会的赈济活动（1903—1936）——兼论近代慈善救济事业中国家与社会的关系》，《史学月刊》2006年第4期等。基本不涉及"巫术救灾"。

　　② 刘仰东：《近代中国社会灾荒中的神崇拜现象》，《世界宗教文化》1997年第4期；敖文蔚、李翔：《民国时期的巫术救荒》，《湖北文史》2003年第1期；李勤：《民国时期的灾害与巫术救荒》，《湘潭大学学报》（哲学社会科学版）2004年第5期。

　　③ 徐海凤：《灾荒与救济——以1936—1937年四川旱灾为中心的研究》，四川师范大学硕士学位论文，未刊稿；彭家贵、王玉娟：《抗战前夕四川大旱灾的报灾与查灾》，《社会科学研究》2002年第2期；杜俊华、吴仁明：《川灾救济会与抗战前夕的四川旱灾救济》，《四川档案》2007年1期。

　　④ 夏明方：《民国时期自然灾害与乡村社会》，中华书局，2000年。

　　⑤ 郑光路：《1936年的四川大饥荒》，《炎黄春秋》2001年第6期，第58页。

　　⑥ 甘祠森：《四川旱灾的成因与现状》，《新中华杂志》1937年第10期，第1～10页。

　　⑦ 《刘主席向保干班学员训词：救灾与建设》，《四川省政府公报》第79期专载，第2页。

因，四川旱灾的受灾面积和人口可能有一定的夸大[1]，但这次旱灾在四川灾荒史上是一次罕见的灾害应是毋庸置疑的。由于庞大的军政费用占据了国民政府和四川省政府的主要财政支出，他们在相互扯皮的情况下，实际分别筹措了一百余万资金，加上其他慈善组织和社会募捐，用于急赈的资金不到 300 万，纯属杯水车薪。在政府不能从根本上对灾民予以物质救济的情况下，出现了灾民四处逃荒，卖妻鬻子，食草吞泥，抢食大户，饥民变匪等现象，尤其引人注目的是，社会上广泛地出现了千奇百怪的拜神祈雨活动，在"科学昌明"的二十世纪，究竟是什么力量推动了该类活动的开展？各级政府在其中扮演了什么角色？值得细究。

一、拜神祈雨活动的推动因素

底层灾民的信仰、地方士绅和基层保甲人员等的组织参与是拜神祈雨活动能够广泛开展的最基本推动力量。

参与拜神祈雨活动的主体可以被粗略地分为三类：普通的底层灾民；中小地主、地方士绅、基层保甲人员等地方社会中层；县、专员公署、省及中央有关机构的政府官员等社会上层。虽然他们都不同程度地参与到拜神祈雨活动中，但他们对此的认识和态度是有差别的。

社会底层灾民是灾荒的最大受害者，往往随时遭受饥饿和死亡的威胁，因缺乏知识文化，大多数人可能真相信拜神祈雨会有效果。在自己无力改变命运的情况下，拜神祈雨活动也是他们熬过苦难的一种希望和精神安慰。

刘仰东在探讨近代中国社会灾荒中的神崇拜现象时认为，"对于生活在近代社会的大多数中国人而言，他们对火荒的认识和态度与两千年前的中国人几乎没有什么实质性的差别，他们仍然把这种无法以人的意志为转移的客观的自然现象，理所当然地全部理解为超自然的神的意志"[2]。虽然，刘仰东所讲的"大多数中国人"未免笼统，而且所说的"理所当然地全部理解为……"未免过于武断，但将灾荒等自然现象归咎于神的因素确实比较普遍地存在。在1936—1937 年的四川旱灾中，当时许多农民认为特大旱灾的重要原因是人们

---

[1] 彭家贵、王玉娟：《抗战前夕四川大旱灾的报灾与查灾》，《社会科学研究》2002 年第 2 期，第127 页。

[2] 刘仰东：《近代中国社会灾荒中的神崇拜现象》，《世界宗教文化》1997 年第 4 期，第 22 页。

得罪了神灵，故而遭到了神的惩罚，解救之道是拜神忏悔，请求神的原谅。如四川万县，据 1937 年 4 月 4 日《万州日报》所载，该报记者视察了临近县城的第 30、38 乡以及第 39 镇的情况后指出，"此地有句谚语'天干出谣言'，的确不错，乡间因干旱关系，谣言极多，不是说观音大士与某人投梦，因为人民作恶，还要干三年；就是说农民未把戊忌（农民谓每月三十日中之支干逢戊必停止动土）得罪了土地菩萨；这里出了活佛，那里又有菩萨在显圣。因此种种谣言，于是大家集款建醮祈雨，表示忏悔，求菩萨保佑，希望早早下雨，普救众生"①。

灾民对神灵的信仰是各种拜神祈雨活动的主要推动力，政府的许多拜神祈雨活动就是在灾民的强大压力下实施的。如四川蒲江县，所辖各场大多位于山上。由于森林砍伐过甚，几成荒山，气候失调，连年干旱，1937 年春，仍未获透雨，田土龟裂。县属第三区陈家营等处农民，每日在附近数十里内，担水，灌田以备撒秧，灾象甚重。附城各场，相率延请道士，设坛禁屠祈雨，但天公作恶，毫无效果，在民众的强烈要求下，"县府遂俯顺舆情，将南门封闭，因南方丙丁火之故也"。及封闭三日，仍未下雨，各场民众又将二郎神抬到县府大堂下，请求县长对之祈祷。当抬神出发时，每组约有一两百人，均各草履徒步，尾随神后，头带杨枝柳叶编成的帽圈，前插黄纸制成的小尖角形的小旗一面，上有"早降大雨""龙公龙母"等字样。前导为大锣大鼓之乐器，沿途敲打，口念佛句，至县府大堂，（农民）则齐向二郎神礼拜，同时并有男子数人，跃上旗台，将国旗放下撕毁，县府传事前往阻止，至生纠纷，嗣后吴县长亲出向神做三鞠躬之祈祷毕，由县长率往距城十八里之霖雨场倒龙洞地方，由人民以枪炮向天轰击百余响，此外并玩水龙，但天公仍未下雨也②。在此案例中，县长下令闭南门，向神鞠躬以及亲率民众出城拜神祈雨，都是在灾民的强烈请求下实行的，这种情形具有普遍性。再如，四川彭山县曾于 1937 年 4 月初第一次设立雨坛，祈祷甘霖，结果滴雨未下，此后不久，县长萧立真在民众的请求下，做第二次祈祷。禁屠宰，闭南门，并于 4 月 20 日设立雨坛，由道士、和尚共同作法。开始设坛之日，众士绅街民要求到壁山庙请水，该庙距城约二十里，萧县长于 20 日率同县府职员及城内士绅徒步亲往请水，并且每天必亲往城内龙王庙拈香三次③。另如，四川马边县，"自去秋（1936 年秋）至

---

① 《川中各大报之记载：万县》，《四川月报》1937 年第 10 卷第 4 期，第 43 页。
② 《蒲江抬神、念佛、毁旗、放炮》，《四川月报》1937 年第 10 卷第 4 期，第 128、129 页。
③ 《彭山设坛、请水》，《四川月报》1937 年第 10 卷第 4 期，第 129 页。

今（1937年4月），迄未下雨，小春无收，田土龟裂，政府当局应人民之请求，特设坛祈雨，今已两次，仍点滴未下，现县农会方面已具呈县府，转求上峰济赈，用期实惠灾黎，而安人心"①。一般灾民在拜神祈雨无效且生活状况恶化时，才请求上峰赈济。在政府看来，顺从民众的要求拜神祈雨与赈济同样都是安定人心的基本方式。

各级政府官员顺从基层民众的要求而进行拜神祈雨活动的主要目的是避免因逆民众的意志而导致灾民发生扰乱社会秩序的事变。如，四川第四行政督察区专员公署所辖各县，"去秋（1936年秋）迄今，旱灾均重，春分已过，撒秧尤难，各县人民，极为惶恐，专署方面，为俯顾舆情，防范未来地方治安起见，一面令饬各县，于各镇乡切实注意饥民发生意外，一面令各县府务求以各种方式祈雨，如设坛、禁屠、抬狗、拜龙王之事，均可尽量举行，希图上感苍天，早沛甘霖，亦即所以下顺民意，近一二日来，迭据辖区如丹棱、彭山、洪雅、夹江、青神各县县府呈报，迄于目前仍未下雨，现均筹备设坛祈祷"②。政府很清楚"俯顾舆情"与维持地方治安具有密切关系，只有依从民意，而不管这种"民意"是"迷信"还是"科学"，才能避免灾民发生事变，"十二区专署，恐更有事变，乃依从民意，于三月十九日起禁屠三日"③。

中小地主、地方士绅、基层保甲人员等地方社会中层的组织参与是拜神祈雨活动能够开展的一个重要保障。在灾荒中，他们受饥饿死亡威胁相对较小，但尤其忧虑社会秩序的混乱，因为他们会是社会失控的最直接冲击对象。因为有一定的财力和组织力，他们往往成为拜神祈雨活动的直接组织者。该类活动在一定程度上可以转移灾民的注意力，减少底层饥民对他们的冲击，帮助他们来维持基本的社会秩序。由于受传统习俗的影响，不排除他们中可能有不少的人真相信拜神祈雨会有效果，这或许是他们推动组织拜神祈雨活动的另一原因。

许多拜神祈雨活动是由地方绅耆组织的，政府不便制止，任其所为。如，四川高县"天久不雨，旱灾加重，现由地方绅耆，发起设坛祈雨，以期感格天心，早降甘霖，县府也未便禁止，故自（1937年）3月10日起，即由人民自动断屠，全城男女，斋戒沐浴，虔诚祈福，并在该县临渊阁内，设立雨坛，大

---

① 《马边设坛》，《成都快报》1937年4月26日。转引自《四川月报》1937年第10卷第4期，第129页。

② 《川第四行政督察区设坛、禁屠、抬狗、拜龙王》，《四川月报》1937年第10卷第4期，第129页。

③ 《四乡农民望雨 遂宁城内亦禁屠》，《新新新闻》1937年3月24日第6版。

作斋醮"①。再如，南川县城及各乡场绅士积极组织拜神祈雨活动，"县城及各乡场绅士，善男信女，以久旱不雨，大做求雨会"②。

联保主任和保甲长往往成为拜神祈雨活动的骨干。如，江津县属昌元镇联保主任及壮丁并男女居士一千余人于县城北外十二余里之螺贯山，迎接该地之三尊仙佛，求神仙下山查看各乡荒田，禀请上帝，恩施雨泽。③ 四川江津县1937年3月26日起实行全城禁屠，在城隍庙设坛台，念经祈雨，"各保甲长首人等，均到雨坛，虔诚叩祝"④。

宗教机构及宗教界人士对拜神祈雨活动的倡导与力行是该活动得以开展的另一个主要因素，也是各级政府认可与支持拜神祈雨活动的一个重要原因。面对百年难遇的旱灾，宗教界人士纷纷组织祈雨活动。四川省佛教协会于1937年3月，"以川省自去年入冬以来，被旱成灾，农民饥馑形成，该会有鉴及此，极感不安，第念天灾之流行，多由人心之感召，苟能竭诚斋戒祈祷，即可感召天和，特约集各丛林、各佛社，设坛诵经七永日，以冀早沛甘霖，救兹浩劫，保全民命，并具呈省政府，俯念灾情奇重，电令全川禁屠七日，俾集全体之精诚，自可感格于无穷云"⑤。

重庆市应佛教协会的请求，早于全省开始禁屠。"天久不雨，四乡干旱……现渝市佛教会特呈请市府于市区禁屠七日，由三月十日起至三月十七日止，省政府已准，特令警察局转饬各分局于九日傍晚晓谕各屠商，禁止宰杀七日。"⑥

成都回教人士积极组织诵经祈雨："成都回教协进会马德斋会长，鉴于昨冬今春久旱不雨，灾情奇重，特开会议决，全教人士应举行虔诚祈雨祷告，冀获甘霖，当即分函蓉市及附郭各清真寺主教及各阿訇于四月二十三日午后一钟，唪诵天经，虔诚祈祷。"⑦

一些宗教人士甚至借助现代报刊的发行途径，传播祈雨神咒。1937年4

---

① 《高县设坛、禁屠》，《四川月报》1937年第10卷第4期，第132页。
② 《南川办求雨会》，《国民公报》1937年4月15日。转引自《四川月报》1937年第10卷第4期，第134页。
③ 《江津设坛、供神、请神仙下山》，《四川月报》1937年第10卷第4期，第133页。
④ 《江津设坛、供神、请神仙下山》，《四川月报》1937年第10卷第4期，第134页。
⑤ 《省佛教会祈雨 设坛诵经七日》，《新新新闻》1937年3月24日，第五版。
⑥ 《重庆禁屠》，《新蜀报》1937年3月10日。转引自《四川月报》1937年第10卷第4期，第134页。
⑦ 《成都回教人士颂经祈雨》，《成都快报》1937年4月24日。转引自《四川月报》1937年第10卷第4期，第126~127页。

月24日，在《大江日报》中附寄了一份《木郎祈雨神咒》。[①] 该咒文是华光庙自祥（法师）刊送，其目的是希望"同胞时时潜心讽诵，指日甘霖大降"[②]。

佛教、道教、伊斯兰教等宗教组织历史悠久，组织完善，拥有广泛的信众，他们所组织的祈雨祷告，不仅在普通灾民中有巨大的号召力，而且也容易得到各级政府官员的认可。

二、各级政府组织在拜神祈雨活动中的表现

中央、省、专员公署及县有关机构的政府官员等社会上层人士，在灾荒中，他们根本没有饥饿的威胁，但尤其担心社会失控、政权倾覆。他们知识水平相对较高，所见世面广，较少有人真认为拜神祈雨会有效果，甚至有人公开称拜神祈雨活动属于"迷信"，但为顺应舆情，减少基层的动荡，往往对拜神祈雨活动采取容忍、默许乃至积极支持的态度。

（一）四川省政府及主席刘湘等在拜神祈雨活动中的表现

有论著认为，"身为四川省主席、21军军长的刘湘，对四川大灾荒无计可施。他本极迷信，也寄救灾希望于神仙、异人身上"[③]。刘湘在多大程度上相信神仙能够降雨救灾，很难下定论。刘湘曾被执掌"一贯先天大道"的"神仙"刘从云收为门徒，"其实，刘湘入道门，是想以教治军，利用宗教迷信约束其部属。当时人说：'刘湘要神仙，神仙要刘湘！'他和刘神仙各有所图"[④]。四川旱灾期间，刘湘曾请刘从云在重庆朝天门内设坛祈雨。"很为当时有识者嗤笑"[⑤]。但是"有识者"毕竟属少数，大多数"无识"的灾民却相信拜神能降雨，强烈要求政府出面向神灵祈雨，刘湘所为在很大程度上是顺应民众的要求，当然也不完全排除他在一定程度上对"神仙"抱有幻想。

随着旱灾的日益严重，1937年4月，省佛教会打算在文殊院举行祈雨法会，"曾请省政府令全川禁屠七日，俾集全川之精诚以感格天心，惟省政府未

---

① 类似于当今社会报刊发行中的夹带广告。
② 《木郎祈雨神咒》，《四川月报》1937年第10卷第4期，第138页。
③ 郑光路：《1936年的四川大饥荒》，《炎黄春秋》2001年第6期，第59页。
④ 郑光路：《1936年的四川大饥荒》，《炎黄春秋》2001年第6期，第59页。
⑤ 郑光路：《1936年的四川大饥荒》，《炎黄春秋》2001年第6期，第59页。

予照准"①。该报道没有讲"未予照准"的原因，但据后来政府暂时终止禁屠的原因来看，一是担心影响屠户的生计，二是怕影响国家税收。

4月23日举行的盛大祈雨法会改变了刘湘和省政府对禁屠的态度。根据4月24日《新新新闻》的报道，4月23日省佛教会暨各大丛林僧众，在文殊院举行了祈雨法会。早上八点，全国振务委员会委员长朱子桥（庆澜），会同省主席刘湘、民政厅长嵇祖佑、警备司令严啸虎和耆老士绅邵明叔、陈国栋、陈养天、洪开甫等，前往礼堂拈香，均行拜跪礼，节仪颇为隆重。随即由省佛教会与省赈委会，在庙会寂寥轩设素斋两席，招待朱委员长、刘主席等，席间由省佛教会主席昌圆法师报告祈雨法会之意义，并引证王桑林祈雨一诚有感，天降滂沱事实，证明旱灾为人民共业所感，并提出六项祈愿，当众宣读，朱委员长、刘主席均表示赞成，朱氏并将其底稿索去。六项祈愿，大意谓：一，祈中国男女年满二十乃许结婚；二，祈中国学校加授儒释教义。三，祈中国国民厉行节约，每星期日吃肉一次；四，祈中国领土绝对禁止种贩鸦片；五，祈中国军政长官私人勿建高楼大厦；六，祈中国告退官吏，发心舍俗为僧，勤求佛法，普度众生。②

六项祈愿反映出宗教界对社会现状的不满之处，认为正是因为人们的不端行为，才导致了严重旱灾，要求政府及社会加以改正。六项祈愿中，不早婚；不种贩鸦片；约束军政长官的行为，不大兴土木，不耗巨资修私宅等，都具有合理性。其他各条，如，让学校开设佛教教义的课程；少吃猪肉；甚至提出告退官吏要"舍俗为僧"，明显有扩大佛教影响的用意。

从表面上看，"朱委员长、刘主席均表示赞成"，朱庆澜还郑重其事地向昌圆法师索要底稿，似乎要按稿行事，但从事后的结果来看，政府没有就该六条祈愿做任何实质性的施行安排。朱、刘等要员出席祈雨法会，更多的是向公众展示他们体恤灾民。俯顺舆情的姿态。祈雨法会后，刘湘立即做出"表率"，令其公馆一律斋戒七日，"此间多子巷刘主席公馆，近鉴灾情严重，天久不雨，特自昨日起（二十五日）一律虔诚斋戒七日，俾资感动天心，早降甘霖云"③。省政府也相应改变了此前拒绝禁屠的态度，四川省政府秘书处于1937年4月27日指令各县政府，"以各地灾情严重，人民望雨情殷，省政府对于民意感有

---

① 《朱委员长刘主席昨赴祈雨坛拈香》，《新新新闻》1937年4月24日第十版。

② 《朱委员长刘主席昨赴祈雨坛拈香》，《新新新闻》1937年4月24日第十版。

③ 《省政府刘主席阖府斋戒祈雨》，《济川公报》1937年4月27日。转引自《四川月报》1937年第10卷第4期，第128页。

天和，不能不表赞同，全省灾民应一律斋戒，并禁止屠宰"①。"不能不表赞同"的用词，恰如其分地表达了省政府此时对民间拜神祈雨活动的态度。

（二）专署和各县政府在拜神祈雨活动中的表现

各行政督察专员公署及其下辖各县在应对灾民的拜神祈雨活动以及其他千奇百怪的"迷信"行为时，在不危及社会治安和政府根本经济利益的前提下，尽可能地容忍、理解、配合甚至支持。

以行政督察专员兼宜宾县长冷寅东应对民众的拜神祈雨活动为例。据1937年2月23日的相关报道，宜宾县自1936年秋天开始很少下雨，旱象早成，民食恐慌，"冷（寅东）兼县长关心民瘼，为救济春荒祈求雨泽起见，特应地方人士之请，在翠屏山设坛祈雨，沿例关闭大小南门，一面禁止屠宰，同时专署全体素食，用昭虔敬，想至诚感格，天心眷顾，必能早降甘霖云"②。

据3月5日的相关报道，"宜邑苦旱尤久，地方行政当局，蒿目民艰，疚心来日，极为焦虑，除妥拟救荒平粜具体方案，贡呈县府采择，并分别缓急，次第实施救济外，更为安定民心起见，循地方人士之请，照例设坛祈雨，以期虔诚感格，早配甘霖，惟是春节以还，仍鲜时雨，冷兼县长关心民瘼，夙夜焦灼，特再循地方习惯，布告自明日起，禁屠三日，以示虔诚"③。

又据3月14日的相关记载，"兹因连日亢阳，天气颇热，一般民众深抱杞忧，冷寅东氏为安慰民情起见，特徇群众请求，躬赴龙潭，祈求雨泽"④。

再据3月24日的相关报道，"本县至去岁入秋以至现在，颗雨未下，田土龟裂，四乡农民，叫苦连天，前曾几次请求专署设坛祈雨，结果仍属无效，于是各乡民均以专署所立旗杆为怪，纷纷请求该署将旗杆取消，以免'一齐都干'，冷专员为俯顺民情起见，已于前日将该署大堂前之旗杆取消，以冀获得甘霖，殊知神不应求，仍然亢旱不雨，全县官民莫不力分焦虑云"⑤。

3月26日"冷专员复徇群众请求，躬赴白沙乡祈求雨泽"⑥。

可以看出，从1937年2月下旬至3月下旬，冷寅东的一系列拜神祈雨活动都是在民众的要求下实行的，只要灾民有所请求，无论是设坛祈雨、关闭南

① 《省政府秘书处函各县求雨》，《四川月报》1937年第10卷第4期，第127页。
② 《宜宾闭南门、禁屠、取销旗杆、请水》，《四川月报》1937年第10卷第4期，第130页。
③ 《宜宾闭南门、禁屠、取销旗杆、请水》，《四川月报》1937年第10卷第4期，第130页。
④ 《宜宾闭南门、禁屠、取销旗杆、请水》，《四川月报》1937年第10卷第4期，第130页。
⑤ 《宜宾闭南门、禁屠、取销旗杆、请水》，《四川月报》1937年第10卷第4期，第131页。
⑥ 《宜宾闭南门、禁屠、取销旗杆、请水》，《四川月报》1937年第10卷第4期，第131页。

门、禁屠、拜龙潭还是取消旗杆，只要不危害社会秩序和伤害政府利益，冷都尽量予以满足。

类似宜宾的情况比比皆是。如，资阳县"县府据民间协恳禁屠祈雨，业已照准"①。丹棱县境干旱，"至今半载有余，经各地打醮求雨，供奉龙王后，干旱如故，县府为俯顺舆情，安定人心计，于 3 月 31 日，将南门关闭，并布告自 30 日起，禁屠七日，以为求雨之表示"②。

组织拜神祈雨活动常常成为政府搪塞饥民请愿、缓冲饥民暴动的一种常规手段。如井研县，"苦旱已久，观音乡及金家场等地，近来常有饥民劫食案件发生，成群乞食之事，所在都有。前更有饥民数百人，各携枯死禾苗，齐赴县府请求救济，鸠形鹄面，为状至惨，饥民赴县府请愿，县府除允闭南门，禁屠祈雨外，并允转请省政府缓征粮税"③。富顺县，"该县近并发生饥民围聚县府，发生骚扰以及捣毁监卡之事，该县城厢戒备颇严，每日午前八时开城，午后四时闭城，当局为顺民意，特禁屠祈雨"④。

地方政府的拜神祈雨行为并不是无原则的，当乡民的拜神祈雨活动危及县城的社会秩序及安全时，政府会设法予以引导，甚至会果断地加以制止。1937年 3 月下旬，岳池县数百乡民，因严重旱灾，将距城十余里万塔山之国母娘娘和国母爷爷（相传为岳池最灵验的菩萨，香火极旺）抬进该市城隍庙，设坛祈祷甘霖，当神驾入城时，有"匪徒"混迹其间，县府遂勒令香会首事，将神送回原地⑤，以免危及县城的安全。

当一些拜神祈雨行为损害政府和一部分民众的实际利益时，政府会适时予以终止。拜神祈雨活动中频繁的禁屠使屠户和餐馆受到影响，更使政府的相关税收减少，政府并不允许长期进行下去，会找一些民众能够接受的理由解禁。如行政督察专员兼宜宾县长冷寅东"以该市禁屠祈雨，已逾两旬，对于一般屠商及小食店业，不无影响，特令下月（四月）一日开屠，以后设坛禁宰，另定日期云"⑥。

当灾民的拜神祈雨活动与政府发生严重冲突时，如果其行为触犯法律，危

---

① 《资阳禁屠》，《四川月报》1937 年第 10 卷第 4 期，第 135 页。

② 《丹棱闭南门、禁屠》，《新蜀报》1937 年 4 月 6 日。转引自《四川月报》1937 年第 10 卷第 4 期，第 129 页。

③ 《井研饥民赴县府请愿》，《四川月报》1937 年第 10 卷第 4 期，第 77 页。

④ 《富顺戒备甚严》，《四川月报》1937 年第 10 卷第 4 期，第 78 页。

⑤ 《岳池抬神祈雨》，《四川月报》1937 年第 10 卷第 4 期，第 137 页。

⑥ 《宜宾开屠》，《金岷日报》1937 年 3 月 27 日。转引自《四川月报》1937 年第 10 卷第 4 期，第 131 页。

害较大，在劝阻无效的情况下，政府对首犯会予以惩处。不过与平常相比，处罚较轻，对于从犯和一般的灾民，则不予追究。如遂宁县对于灾民求雨不得捣毁旗杆事件的处理，即是典型的例证。遂宁久晴不雨，旱象严重，设坛祈雨等办法早已施行，仍无效果。遂有所谓神仙之徒，借神降谕谓："旗杆系齐干，上悬青天白日满地红旗，即红日照地之象，要想天降滂沱，非将旗杆摧毁不可。"1937 年 2 月 25 日，六百余名灾民，"即往专署先将国旗扯碎，后将旗杆及砖台折毁，虽经专署与各法团等婉言譬解，终难理喻"，进而发展到欲捣毁专署的程度，后在保安队武力威胁与机关团体、学校负责人等的劝说下，得以平息。专署上报的处理意见是："缉获毁旗案犯杨郭氏等七名，除杨郭氏、陈油匠二名拟死刑准，余拟从轻开释云。"但省政府"以捣毁旗杆犯，实属误会，无犯死罪动机，特指令不外处死"[1]。后来，该专署"恐更有事变，乃依从民意，于 3 月 19 日起禁屠三日"[2]。对遂宁捣毁旗杆事件的宽大处理是为了避免更大的动乱，也说明强制约束灾民的拜神祈雨活动将会导致官民之间的严重对立，也说明顺应民间的某些"迷信"行为可以减轻政府受饥民冲击的程度。

事实上，在严重的灾荒下，严刑峻法的威慑作用大大降低，一般饥民不怕坐牢。长寿县的情况即是如此，"长寿灾旱过重，民不聊生，抢劫谷米之事，层出不穷，即送县府，伊等自供不讳，且自愿入狱，可坐食囚粮"[3]。在特定的情况下，在精神上迎合灾民的需要往往比强制约束更为有效。

只要不违背政府的基本原则，哪怕是灾民提出十分荒唐的要求，政府都会尽量予以满足。乐山"大辟怪猪"的事件就是这种情形的反映。"嘉定（即乐山）新码头街万某所喂猪，去冬（1936 年）产生四豚，内有怪形者，短喙长腮，毛长耳大，天晴则同日斗光，天雨则乱啼怪叫，迷信家验为妖气，请政府拿办，（1937 年）4 月 1 日晨，专员派人将此小猪买去，价洋四元三角，至午时召集团队，如杀人状，押至关帝庙处以大辟，枭首示众。"[4]

不少官员其实知道，民众的众多拜神祈雨活动实属迷信，但出自民众的诚心，政府不得不顺应迁就。如，"富顺县城各慈善团体，以天旱过久，灾象已成，特组织一祈雨会，冀挽天心，设坛念经，开台唱戏，事虽迷信，但出自人

---

① 《遂宁求雨不得捣毁旗杆》，《四川月报》1937 年第 10 卷第 4 期，第 73～74 页。
② 《四乡农民望雨　遂宁城内亦禁屠》，《新新闻》1937 年 3 月 24 日第 6 版。
③ 《长寿饥民不怕坐牢》，《四川月报》1937 年第 10 卷第 4 期，第 80 页。
④ 《乐山大辟怪猪并玩水龙》，重庆《人民日报》，1937 年 4 月 11 日。转引自《四川月报》1937 年第 10 卷第 4 期，第 130 页。

民诚心，政府也未之禁"①。

政府出面公开进行拜神祈雨活动，在科学昌明的 20 世纪必然遭到许多"有识之士"的不解甚至嘲笑。一些地方媒体在报道有关拜神祈雨活动时，在字里行间流露出不以为然的心态。如，巴县北碚乡的民众在合川请来十多个川剧演员，演出《降天鹏》剧目祈雨，记者对此评论道："一般乡愚莫不额手称庆，以为滂沱将至。"②《新新新闻》在报道遂宁损毁旗杆事件时说："今年天旱……一般乡愚，前曾打断旗杆，冀天之沛然也，而数十日来，仍无半点云霓，人心益惶。"③ 再如，《新蜀报》在报道江津县拜神祈雨时说："该县又大追旱魃，该魃头缠红帕，身穿红衣，形状丑怪，于县城东门外由众人饱打一顿，逐出九州外国，殊极可笑。"④ "乡愚""可笑"等类似词句的使用，反映了媒体对此类活动的不太认可。

为应对可能受到的"迷信"指责，地方官员的一大借口是依照民间通常的习惯、习俗而为。如，"南充兼县长鲜英，以县属境内亢旱成灾，当此春耕迫切，雨泽愆期，四乡农民，无法播种，眼见将来民食堪虞，为顾念民生及遵从民意，特依照蜀川通常习惯，公告禁坛祈雨"⑤。

从各级政府机构在拜神祈雨活动中的表现来看，地方政府的指导思想是"下尽人事，上格天心"，各种祈雨方法都努力尝试，虽然实际效果不明显，但能够满足社会各阶层的心理需要，向公众展示政府正尽力救灾，而非漠不关心，以此弱化灾民对政府的不满情绪，在实际赈济缺失的情况下，实现对基层社会的有效控制。

三、拜神祈雨活动的社会影响与政府态度的变化

拜神祈雨行为大大缓冲了基层民众对政府的直接冲击。一般缺乏宗教信仰和不"迷信"的人当遇到生存危机时，往往将愤怒宣泄在贫富分化以及官府的

---

① 《富顺设坛祈雨》，《国民公报》1937 年 3 月 25 日。转引自《四川月报》1937 年第 10 卷第 4 期，第 135 页。

② 《巴县之北碚演降天鹏》，《四川月报》1937 年第 10 卷第 4 期，第 134 页。

③ 《四乡农民望神　遂宁城内亦禁屠》，《新新新闻》1937 年 3 月 24 日第 6 版。

④ 《江津设坛、供神、请神仙下山》，《新蜀报》1937 年 3 月 12 日。转引自《四川月报》1937 年第 10 卷第 4 期，第 133 页。

⑤ 《南充建坛禁屠》，《新蜀报》1937 年 3 月 25 日。转引自《四川月报》，1937 年第 10 卷第 4 期，第 137 页。

欺压等方面①，构成对基层政权的直接冲击；而迷信的人以及一部分有宗教信仰的人在很大程度上会将不幸的降临归咎于自己或者人们得罪了神灵或教主，他们会把很大一部分精力放在如何请求神灵的原谅、开恩上面，他们对政府的最初反对，较多地体现在政府对于他们的一些过分的"迷信"行为的不支持、不配合方面。政府顺应或者默认民众的一些"迷信"之举，在特殊情况下，可以减缓基层社会的动荡。在1936—1937年四川大旱灾中，四川各级政府顺应了民间的要求，对拜神祈雨活动予以容忍、默许甚至支持，虽然对降雨没有实质帮助，但其迎合了灾民的心理需要，给灾民留下了"俯顺舆情"、积极救灾的印象，对于稳定民众情绪、安定地方秩序、缓解基层政权所受到的冲击、维持对基层社会的有效控制，发挥了不小作用。

但政府的拜神祈雨行为也不可避免地带来了许多消极的影响，当时有人即明确提出批评，认为在灾荒之下，政府对民众的"迷信"祈雨行为顺应过多，科学的引导、教育不够，即对民众的信仰改造不够。这样的结果，虽然减轻了政府遭受民众直接冲击的程度，但变相地支持了民众"迷信"活动，使其根深蒂固地传承下去，不利于科学地抗灾。曾系统考察过1936—1937年四川大旱灾时益坚指出："在此连年旱荒之中，川中最大多数民众，所表现之救灾方法，莫若禁屠，关南门，设坛建醮等祈雨方法之普遍，各地当局为安定当时之人心，作俯顺舆情之举，固也未可厚非。惟吾人于此深冀当局能藉此察知民众之普遍愚昧，数十年科学教育之全无成绩，盼能自现在起，对于民众之科学训练有所切实注意，否则年年旱荒，年年求雨，不雨则怨天尤人，酿成种种事变。偶而遇雨，以为神佑，养成侥幸靠天心理，实极可惜可痛。此种心理不除，种种建设皆无从作起。盖建设全属'人定胜天'之工作，尤赖吾人有'人定胜天'之意志。若必谓'天定胜人'，希望神话竟成事实，未免过矣。"② 当时有人发表《靠人与靠天》的文章，明确指出，"在昔神权时代，我们尤可把这样的灾害诿之于天降之罚，当今科学昌明，一切都可以而且应该以人力胜天的时代，我们难道还好意思诿诸天命而不讲求人谋吗？可是表现在我们眼前的事实是怎样的呢？到处都是一片俯顺舆情，抬神，抬狗，关南门，禁屠，念经祈雨声，结果于事实是毫无补救，却更助长了社会的迷信，显见当前的时代，虽已进展到了二十世纪，而我们国家民族的步履，尤其是我们四川，似乎还停滞在

---

① 中国历史上的诸如"官逼民反""均贫富"等口号的提出与实践即是这种现象的部分表现。
② 益坚：《编后记》，《四川月报》1937年第10卷第4期，第283~284页。

靠天吃饭的中古时代，说来真是可笑而可耻"①。

"有识之士"希望民众不要拜神祈雨，而是把金钱和精力用在科学的抗旱工作上，且不要扰乱治安。"一般灾民，能力谋自救，去迷信，重实际，勿再作祈雨之举，宜即种耐旱作物，谋将来之收获，并慎勿聚众滋扰，致罹法网，此种牺牲，殊无代价。"②

一部分人对拜神祈雨活动的批评以及一系列慷慨激昂的建言，容易为具有现代知识的社会阶层所理解，其正确性当毋庸置疑。但当面对广泛存在的民间信仰现实，而政府又无力在物质上充分救济的情况下，逆灾民之意的后果，将是基层社会秩序的更为恶化。可见，要对基层社会实现有效控制，对根深蒂固的一些民间信仰甚至"迷信"行为不可粗暴地予以简单取缔，这样可能会增大基层社会的不稳定因素，导致基层政府遭受直接冲击。由于社会发展中存在着区域、城乡等的不平衡，都容易出现以较为发达地区人们的信仰和观念凌驾于较为落后地区人们的信仰和观念之上，导致急功近利的所谓改造和解放行为，这是导致基层社会官民冲突的一大原因。但是，如果以此为由，过分地宽容与迎合也将助长"迷信"活动的长期存在，浪费社会资源，不利于科学地防灾救灾。因此，符合实际的理解与恰如其分的引导和循序渐进的改造应是比较明智的选择。

1937年夏天，持续了一年多的四川旱灾总体上结束，但局部地区的旱灾并没有消失。随着刘湘的去世，国民政府中央势力入主四川，1940年代初期，政府对拜神祈雨的态度虽然在总体上仍旧是"自可勉顺舆情，不必因迷信之故，辄加阻止，徒惹纠纷"③，但在理解上，"揆其文义，仅着重于'不必辄加阻止，徒惹纠纷'一段，并未鼓励各县市政府设坛祈雨，倡导迷信；……擅行设坛祈雨，殊有未合"④。

看来，自1940年代初期起，政府对设坛祈雨的态度已经由容忍、默许、支持转变为不阻止但也不主动支持，而且在官方的文件中明确指出拜神祈雨属"迷信"行为。

[本文原刊于2009年7月《民国研究》]

---

① 《靠人与靠天》，重庆《商务日报》1937年4月7日。转引自《四川月报》1937年第10卷第4期，第281页。

② 益坚：《编后记》，《四川月报》1937年第10卷第4期，第284~285页。

③ 1940年7月12日《国民政府军事委员会委员长成都行辕快邮代电》，四川省档案馆藏四川省民政厅档案，全宗号54，案卷号7596，第117页。

④ 1941年4月9日《四川省政府指令》，四川省档案馆藏四川省民政厅档案，全宗号54，案卷号7596，第129页。

试论晚清政府的"失信"

——从上海股市到"铁路国有"

李　玉[①]

【摘　要】　19 世纪 80 年代上海股票风潮导致晚清股市失信，而 1898 年发行的昭信股票则又标志着清政府国内公债政策失信。1904 年颁行的《公司律》虽然有助于推进资本动员，却遭到官权不当干涉，从而使法制信用大失。社会对于政府"违法""失信"的抨击从《公司律》推行之后就持续不断，时有爆发，并在"保路运动"中达到高潮。晚清政府终因"牺牲信用"，从而在革命浪潮中倒台。

【关键词】　晚清政府；政治失信；《公司律》；"铁路国有"

辛亥革命成功与晚清政府倒台是一事两面，但众多研究者的兴趣与视角集中于前者，仅将后者作为"配角"。其实，晚清政府的失败是多方面的，其最后倒台是政府败治的一个典型案例。晚清政府败治是复合型和长期性的，集中表现可用三个词来概括，即"失德""失信"与"失能"。"失德"即统治集团早已丧失了为政以德的信念，政治道德崩溃，腐败严重，遭到社会厌弃；"失能"即政府治理艺术与技术手段落后于形势需要，难以对国家建设进行有效管理；"失信"则是指政府政策、措施在推展方面的变形、失灵，最终走向政策本意的反面，从而使晚清政府的信用逐步流失。"失信"不是晚清政府的自觉

① 作者简介：李玉，男，1968 年生，山西山阴人。1995 年毕业于四川师范大学历史系中国近现代史专业，获硕士学位，1998 年毕业于四川大学历史系，获博士学位，后为南京大学博士后。曾任《民国研究》执行主编、南京大学中国史系主任，现为南京大学历史学院教授、博士生导师，教育部重点研究基地南京大学中华民国史研究中心副主任。主要从事中国近现代经济史、企业制度史和中国国民党史研究，出版《北洋政府时期企业制度结构史论》《晚清政治经济史论》等专著，在《历史研究》《近代史研究》《史学月刊》《学术月刊》等刊物发表论文 80 余篇，先后主持国家社科基金青年项目、重点项目，教育部重点研究基地重大课题，国家社科基金抗日战争研究专项课题等，2004 年入选教育部"新世纪优秀人才支持计划"。

选择，但却是相关施政措施的客观结果。本文拟在以往研究基础之上，对 19
世纪 80 年代上海股市风潮、90 年代末的"昭信股票"和清末推行《公司律》
的过程进行贯通考察，以期探究这一系列"失信"事件对于晚清政府的影响。

一、从上海股市到昭信股票

19 世纪 80 年代上海股市风潮、90 年代末期发行的"昭信股票"，虽然表
面上互不相干，但其实用一个因素可以将其贯串起来，那就是政府的"失信"。

上海股票市场滥觞于 19 世纪 70 年代，至 1882 年已"大有蒸蒸日上之
势"①。例如原价 100 两的招商局股票，1882 年 6 月 9 日的市场价为 247.5 两，
至同年 10 月 12 日更涨至 267 两；原价 100 两的开平煤矿股票，1882 年 6 月 9
日的市价为 240 两。② 时人称"中国初不知公司之名，自招商轮船局获利以
来，风气大开"③；华商"忽见招商、开平等（股）票逐渐飞涨，遂各怀立地
致富之心，借资购股，趋之若鹜"④。于是，股票买卖成为一宗时髦生意，商
民"视公司股份，皆以为奇货可居"⑤；"人情所向，举国若狂，但是股票，无
不踊跃争先"⑥。上海股票市场的快速发展，也曾引发国人的美好憧憬，有人
甚至兴奋地预见上海股市的"日兴月盛"，标志着中国公司"气运之转，机会
之来也"⑦。

但上海股市的兴盛没有维持多久，由于股票市场积聚了大量流通资金，更
由于外国银行的操纵，上海银根渐紧。1882 年底上海各钱庄提前结账，遂致
"市面倍觉暗中窘迫"⑧。那些借资"炒"股者受到催逼，不得不售股还款，于
是股票市场供大于求，各股无不跌价。次年初，上海金嘉记丝栈倒闭，牵连
20 余家商号先后停闭。钱庄受累不轻，于是纷纷收缩营业。加之法军侵占越

---

① 《股价须知》，《申报》1882 年 6 月 9 日第 1 版。
② 李玉：《晚清公司制度建设研究》，人民出版社，2002 年，附表 1。关于此次风潮的详细论述
请见该书第 17~29 页。李玉：《19 世纪 80 年代初上海股市风潮对洋务民用企业的影响》，《江海学刊》
2000 年第 3 期。
③ 《书某公整顿矿务疏后》，《申报》1884 年 5 月 13 日第 1 版。
④ 《答暨阳居士采访沪市公司情形书》，《申报》1884 年 1 月 12 日第 1 版。
⑤ 《论赛兰格锡矿》，《申报》1882 年 6 月 25 日第 1 版。
⑥ 《商船兴废论》，《申报》1884 年 8 月 14 日第 1 版。
⑦ 《矿务以用人为最要论》，《申报》1882 年 12 月 6 日第 1 版。
⑧ 《综论本年上海市面情形》，《申报》1883 年 1 月 30 日第 1 版。

南河内，直窥云南，清政府和战不定，商民投资信心不足，胆小者"早将现银陆续收进，谨以深藏"①。1883 年 10 月，山西票号忽然收账，通市骇惧。年终又受阜康银号倒闭事件的影响，市面疲敝已极。在这种情况下，上海市面各股票价格长跌不止。至该年年底，各股票中价格最高的也仅为 60 余两，最低的只有 10 余两。进入 1884 年，受中法马尾海战的影响，"上海百货无不跌价三五成"②，市面更坏。社会上对股票谣诼纷传，股票有卖无买，持续落价。至本年底，轮船招商局股票维持在 40 两左右，开平煤矿股票维持在 30 两左右，而长乐铜矿等企业的股票则早已在市场上消失。

股市投资的惨痛损失，使民众普遍产生对"股票"与"公司"的怨恨情绪，"人皆视集股为畏途"③，言及公司、股票，竟"有谈虎色变之势"④。对民众投资心态的打击，尤以矿务股票为甚。当时市面所见，矿股居多。股市兴盛之时，民众只管购股，不问矿局营业状况。及至后来，才发现多数矿局的筹建工作尚且"一无头绪"，更谈不上赢利，于是遍生上当受骗之感。矿务股票遂致无人问津，价格跌幅尤大，有的几同废纸，使矿股成为最受商民诟病、厌恶的股票。

对于公司、股份的恐惧、厌恶，极大地影响了国人的企业投资心态。时人称：商民因有"前车之鉴"，不免"因噎而废食，惩羹而吹齑"⑤，乃致"公司"二字，"为人所厌闻"⑥，"公司股份之法遂不复行"⑦。凡有企业招股，商民犹"惴然惧皇（惶）"，"疑以公司为虚名，以股份为骗术"，乃至有巨款厚资者也"誓不买公司股票"⑧。

近代中国第一次股市风潮使国人对股票市场大失信心。此次风潮的成因固然复杂，投机无疑是一个关键因素，但事后检讨，政府难辞其咎。因为这些发行股票的"公司"均是由各洋务大员奏准开办的，其官方背景尤为明显，大多数均为"官督商办"性质。上海股市风潮之后，清政府的股市信用难以重筑，洋务企业要想在国内募集股本变得非常困难，所以需要资金挹注时不得不举借

① 《市面可望转机说》，《申报》1884 年 3 月 17 日第 1 版。
② 中国史学会主编：《洋务运动》（八），上海人民出版社，1961 年，第 172 页。
③ 《论商务以公司为最善》，《申报》1891 年 8 月 13 日第 1 版。
④ 《股份转机说》，《申报》1884 年 12 月 12 日第 1 版；《论商务以公司为最善》，《申报》1891 年 8 月 13 日第 1 版。
⑤ 《论致富首在开矿》，《申报》1892 年 9 月 23 日第 1 版。
⑥ 近代史研究所编：《矿务档》第 7 册，第 4358 页，1960 年。
⑦ 《述沪上商务之获利者》，《申报》1889 年 10 月 9 日第 1 版。
⑧ 《商务论略》（下），《申报》1890 年 1 月 1 日第 1 版。

外债。

发行股票是近代资本动员的一种重要手段，此举不仅可以集中资本，而且可以分摊风险（主要是股份有限公司）。此路不通之后，对于清政府治国的金融手段有所影响。众所周知，清政府的官办银行直到 20 世纪初才出现，第一家商办银行也迟至 1896 年才诞生。财政困窘的清政府于是在举债方面大做文章。借外债不仅成本较大，而且丧失权益，所以其借债视角逐渐由外而内。从左宗棠筹措西征军费开始，到甲午战争时期的"息借商款"，经过多次尝试，到 1898 年，清政府举办了一次大规模的国内公债劝募活动。① 此次公债之所以定名为"昭信股票"，就是要强调公债的"信用"。

晚清昭信股票虽然经过政府高层的细致设计，体现了近代国内长期公债的基本原则，但在实际发行过程中发生了巨大变异：在官场演变为报效，在民间则以摊派为主。虽然报效股票的官员可以得到行政奖励，但民间大多数中小投资者则"本利无归"。时人记述："官办招（昭）信股票，始则付息，继亦无着，总总（种种）不平之论，纷至沓来。"② 昭信股票成为广受诟病的融资案例。昭信股票之后，虽然间有地方公债之例，但规模与影响均已十分有限。

昭信股票的"失信"结局，直接影响到民众对于公债的态度。早在 1902 年就有人指出"昭信股票之失信"③。时人称："自昭信股票之信用失，而国内之募债难。"④ "自昭信股票之后，举国士大夫相率不谈内债者数载。"⑤ 袁世凯于 1906 年在直隶试办公债时，就真切感受到："前此举行息借商款、昭信股票，承办者未能力求践言，迄今为世诟病。故中国举办公债，较之各国为难，而行之于息借商款、昭信股票之后则尤难。"⑥ 昭信股票的结局进一步加深了民间对官方信用的怀疑。时人记述："此后虽煌煌天语，悬诸通衢，曰革新庶政、预备立宪，毅然欲见诸施行，蚩蚩者氓皆掩耳而走，反唇相讥曰：'是绐我也，是朘我也，是犹之乎昭信股票也。'而莫之敢信，莫之敢应！"⑦ 由此可

---

① 详见李玉：《晚清昭信股票发行过程论略》，《近代史研究》2006 年第 4 期。

② 阿拉巴德：《理财便览》卷 1《总论》，第 3 页，《近代中国史料丛刊》正编第 863 号，文海出版社，1973 年，第 15 页。

③ 《外务部收山东候补道洪用舟禀附曹倜禀、王凤林禀、潍县知事禀等》，光绪二十八年四月初五日，《矿务档》第 2 册，总第 1068 页。

④ 沔阳卢靖来稿：《释国债》，《申报》1909 年 6 月 5 日第 3 版。

⑤ 魏颂唐：《再上本部泽公请奏定公债章程研究办法书》，《大公报》1909 年 11 月 19 日第 2 版。

⑥ 袁世凯：《劝募公债出力人员请仍照原保给奖折》（光绪三十二年八月三十日），《袁世凯奏议》下册，天津古籍出版社，1987 年，总第 1385 页。

⑦ 鲁子健编：《清代四川财政史料》（上），四川省社会科学院出版社，1984 年，第 447 页。

见，昭信股票的"失信"对清末新政的社会成效也产生了直接的影响。进入民国，昭信股票"失信"的话柄仍被人时常提起，被引为发行公债的前车之鉴。

二、从《公司律》的推行到浙路公司的"保汤"运动

因应于中国公司经济的发展，清政府商部于 1904 年 1 月 21 日奏准颁行的中国历史上第一部公司法——《公司律》，确立了中国创办公司的准则主义原则，削弱了官方特许的随意性，减少了地方官对企业创办和事务经营的无端干涉，有利于企业创立与运作。但现实中的"特殊"公司依旧不少，这些公司"特"就特在不依律运作，其中的关键原因就在于官权的干涉。这样，就形成了一些股东或社会民众维护《公司律》，依法同官权抗衡的典型事例。这些事例，逐步突破了企业的边界，有的甚至成为一场声势较大的社会运动，产生了深远的政治影响。浙路公司股东依律反对朝廷强行干涉公司经营的运动就是其中的一个显著事例。[①]

浙路公司于 1905 年成立时，由浙江籍京官提名，商部奏准任命署两淮盐运使汤寿潜为总理。汤上任后，殚精竭虑，惨淡经营，成为浙路公司的核心人物。在他领导下，浙路公司成效不凡。1909 年七八月和次年元月，浙路公司多次召开股东会议，一致拥戴汤寿潜为浙路公司总理，并将相关决议电告了邮传部及浙江籍京官。[②] 可见，汤寿潜虽然官派在先，因受股东拥戴，届满续任，实已成为民（股东）选的公司管理人员。

1910 年 8 月汤寿潜因批评朝廷重用多次代表清政府与外国签订借资筑路合同或草约的盛宣怀，冒犯朝廷权贵，不仅被"即行革职"，而且被严令"不准干预路事"[③]。"不准干预路事"实际上等于不仅将汤的浙路总理一职"免"掉了，而且将他排除在公司管理层之外。消息传出，举国震动，浙路公司董事和股东尤为愤慨。公司全体董事、查账员很快致电邮传部和农工商部，希望代为上奏，有所挽回。他们在电文中这样说道："浙路公司完全商办，一再奏旨。按照公司律，总协理之选举撤退，权在股东，朝廷向不干涉。"此次亦"断不

---

① 关于此案的详细论述，见李玉：《晚清公司制度建设研究》，人民出版社，2002 年，第 152～158 页。

② 《浙江路事述闻》，《东方杂志》第 7 年第 1 期，1910 年 3 月 6 日"记载第三：中国时事汇录"，第 7 页。

③ 《清实录·宣统政纪》卷 39，中华书局，1987 年，第 694 页。

致违先朝成宪，而夺浙路全体股东所信任与浙省全体人民所仰望之总理"。他们进一步指出："董事等只知路由商办，总理由商举，若使朝廷可以自由撤退，恐中国商办公司从此绝迹；商业盛衰，关乎国脉，朝廷日日以奖励实业为言，想不忍为此引吭绝脰之举"①。江苏等地 13 家商办公司联合致电军机处、邮传部，指出："浙路纯全商办，职员去留，应付公议；揆以立宪国之法意，政府似不当越俎。"② 浙路公司董事局依据《公司律》第 45、49 条的规定，于 1910年 9 月 11 日，在上海召开特别股东大会，商议对策，1200 余人与会，"公论仍以汤寿潜信用素孚"，为"全体股东所信仰"。会后，公司代表进谒巡抚增韫，面递公呈，请向朝廷奏明公意："虽黜陟大权，属于行政作用，非臣民所敢推测。惟就法律上言之，商律公司律（关于）公司总理，规定任期、选举及开除由股东全体同意之公决，朝廷决无制限之明文。今商律公司律正在施行之中，未有废止全部或一部之新律，不应使浙路所享有法律之权利，独行剥夺。"他们指出："诚以法律最为神圣，若未经变更手续，任意歧异，课行全国之商律，其信用效力，自是而失。"③

邮传部则出面为朝廷的违律行为寻找合法依据，该部官员奏称"铁路公司与普通公司情形不同"，"应受国家特别之监督，决非寻常商业可比"，"《公司律》第 77 条所称总办或总司理人等由董事局选派及由董事局开除，系专指商业性质，无关官治之公司而言，路政关系国权，何得妄为比附"？并明确要求铁路公司依据"奏案"办理。④ 此举进一步激发了江浙绅民的愤慨。浙江谘议局在本年十月开会时，改变议事日程，专门讨论浙路总理事件，并上书质问此举对于法制信用的破坏：

> 现行之法律，最为神圣，不论治者与被治者，悉当受其拘束者也。然被治者而不守法，治者尚得加制限以为救济；若治者自不守法，复不容被治者之请求，必至失法之信用，无由责被治者以适从，而陷于徒法之悲观。在立宪国之国民，对于政府法律问题之出入，必为据理之争，不敢稍事姑息。我国立宪方在预备之期，而保障商办之铁路公司，仅仅恃此百数

---

① 政协浙江省萧山市委员会文史工作委员会编：《汤寿潜史料专辑》，政协浙江省萧山市委员会文史工作委员会 1993 年发行，第 760 页；另见《宣统二年七月中国大事记》，《东方杂志》第 7 年第 8 期"记载第一：中国大事记"，第 110~111 页。

② 政协浙江省萧山市委员会文史工作委员会编：《汤寿潜史料专辑》，政协浙江省萧山市委员会文史工作委员会 1993 年发行，第 761 页。

③ 《浙路总理汤寿潜革职后余闻》，《东方杂志》第 7 年第 9 期，"中国大事记补遗"，第 68 页。

④ 邮传部：《邮传部奏议类编、续编》，《近代中国史料丛刊》正编第 140 号，文海出版社，1967年，第 1917 页。

十条之公司律，尤宜共相信守，以冀实行之效，不宜将顺遂非，自陷违法之嫌者也。浙路总理汤寿潜之选任，本于公司（律）第77条之规定，其在路言路，乃以浙路总理之资格，代表浙路股东之意思，不为该条开除之原因。今朝廷不察，加以严谴，虽黜陟之作用，属于君主之大权，断非臣民所敢推测，第因言事革职，而并不准其干预路事，在表面为对于个人革职之附加处罚，而从根本上以论，则董事局所享有确定之权利，未免因此受无形之剥夺。……浙路集资千万，实为浙省实业之冠，若《公司律》不足为保障，使商民灰心于他种实业之经营，恐非实业前途之福。①

江苏谘议局也发表声明，反对邮传部关于铁路公司与普通公司不同、不依《公司律》规范的奏案。②资政院议员邵义复亦以浙江路事，撰具说帖，质问邮传部："既谓铁路公司非寻常公司可比，此组织铁路公司者，必有其他之专律可以根据，而后与普通公司始有区别。今国家路律尚未颁布，商民无可适从，欲组织公司，惟知依据奏定颁布《公司律》办理。与其无法遵守而设立不规则之公司，无宁依据《公司律》，而尚有范围可以遵守。""既谓铁路公司不得适用《公司律》，而令其遵照历次奏案办理。奏案不过一种事例，与已颁行之法律比较，其效力显有强弱之不同。所谓奏案者，仅札派、奏派、奏请、特派等名目，此惟关于一部分委任之手续，与全部之立法无关。若因一部分之关系，而致全部分之《公司律》受其影响，则凡百姓兴办实业之公司，皆存疑虑，此为依据《公司律》组织公司，仍不能始终受法律之保护，部中得自由以命令变更之，财产将无时不处于危险之地，则恐无人投资本于公司而营实业，所关于吾国前途者甚大。"③

浙路公司为保障汤寿潜总理职权而举行声势浩大的抗议活动，实际也是一场"保路"运动，只不过他们维护的是公司独立自主的经营权。在此过程，公司利益团体多次采取集会、上书等多种形式，抗议清政府邮传部"违法"，剥夺民众"享有法律（之）权利"，"内之，摧残实业；外之，失信邻国，祸起于浙，而害及于全国"④。

---

① 《浙路总理汤寿潜革职后续闻》，《东方杂志》第7年第10期，"中国大事记补遗"，第75~76页。

② 《浙路总理汤寿潜革职后续闻》，《东方杂志》第7年第10期，"中国大事记补遗"，第77页。

③ 《浙路总理汤寿潜革职后续闻》，《东方杂志》第7年第11期，"中国大事记补遗"，第95~96页。

④ 《浙路总理汤寿潜革职后续闻》，《东方杂志》第7年第11期，"中国大事记补遗"，第97~98页。

三、邮传部"不守法"的另一例证

清政府不守法律的另一个事例，体现在邮传部阻挠轮船招商局的依律商办方面。招商局股商长期受到官权的压制，对"官督"机制一直不满。至 19 世纪末，企业中的官款虽已还清，成为完全商股，但官方对该局的"督办"反而较前有所加强。企业用人理财之权均操自官委督办、总办，北洋大臣还对该局札委会办、坐办、提调、稽查等员多人，企业管理混乱，私弊颇多，广大股商敢怒而不敢言。《公司律》颁布后，该局股商有了同官权对抗的法律依据，加大了要求实行商办的努力。并于 1909 年 8 月 15 日在上海张园举行特别股东大会，依律选举产生了董事会。同年 10 月 22 日，招商局获准在农工商部注册①，但并没有实现商办经营，因为邮传部官员一直从中作梗。

邮传部奉旨对招商局实行专管，愈益加大了对该局的督办力度。9 月 2 日，邮传部本着"所有用人办事由部监督，派员办理"的原则②，对招商局札委正坐办一员，令其"总理一切"，另任命了副坐办、会办等职。③ 同月，招商局董事会向邮传部呈递了《轮船招商局股份有限公司隶部章程》共 8 章、52 节，要求"恪遵钦定商律，悉照股份有限公司办理"④。该章程的绝大多数条款都套用了《公司律》原文，以增强其法理性。

邮传部对招商局董事会所呈章程进行了大幅批改，指出该局虽已为"完全商股"，但并"非完全商办"；虽然同意该局在某些经营环节可以"依商律"，但又坚持"恪遵归（邮传）部管辖之谕旨，并援照北洋成案，所有本局用人办事，由部监督，并派员办理"，董事会的作用只是"助官力所不及"⑤。

招商局董事会对邮传部批改后的隶部章程，颇多意见，指出此举实乃"削股东之权，寒股东之心"⑥，遂对部改章程重加签注，集成《商办轮船招商公

---

① 《公司注册各案摘要》，《商务官报》己酉年（1909）第 30 期，第 12 页，宣统元年十月十五日（1909 年 10 月 15 日）。

② 刘锦藻编：《清朝续文献通考》卷 361，浙江古籍出版社，2000 年，考 11052。

③ 张后铨主编：《招商局史》（近代部分），人民交通出版社，1988 年，第 269 页。

④ 轮船招商公局编：《商办轮船招商公局呈蒙农工商部注册给照暨邮传部批驳隶部章程》（以下简称《部批章程》），第 5、7 页，宣统元年（1909）铅印本，上海图书馆古籍部藏。

⑤ 《本部厘定轮船招商局股份有限公司章程》，《交通官报》己酉年（1909）第 5 期。

⑥ 《商办轮船招商公局股东签注部批隶部章程》，第 42 页，中国第二历史档案馆藏轮船招商局档案，全宗号四六八（2），案卷号 329。

局股东签注部批隶部章程》，篇幅达数十页，对邮传部的各项意见进行了逐项驳斥，堪称招商局股东对该部不守商律的集体声讨。兹将邮传部对招商局章程的"批改"及招商局股东的"签注"列表于下：[①]

《轮船招商局股份有限公司隶部章程》相关条款	邮传部的批改	招商局董事会对邮传部批改的签注意见
第1条："本局系完全商股，恪遵商律，悉照股份有限公司办理。"	"本局虽非完全商办，实系完全商股，除恪遵归部管辖之谕旨，并援照北洋成案，所有本局用人办事由部监督并派员办理外，其余悉遵商律。"	股东杨学沂："钦定商律为官商两方面共应恪遵者，读部改第一节曰'由部……派员办理外，其余悉遵商律'，是明知完全商股，援案官办之不合商律，因一招商局致使全国实业公司皆疑商律之可从可不从，此后商界尚有何律之可守!"
		严廷桢："商股商办痛痒相关，大部监督所望公司发达，股东各有血本，其盼望发达之心必更亲切，所以恪遵商律设立董事会，为讲求用人办事之实际，非争用人办事之虚名；商局所最重者用人办事，商律（第）77条自应恪遵，舍此之外，所遵何事，'其余'，'其余'，可笑! 可笑!"
		梁巨元："用人办事由部监督派员办理，商律既无此办法，商人亦断无赞成而承认之者。"
第2条："既奉邮传部批准设立董事会，应即恪遵钦定商律办理。"	邮传部则强令董事会"助官力之所不及"。	严廷桢："董事会正望官为维持，以助商力之不及，今日设立董事会以助官力所不及，是又误商局为官局矣。"
		宋德宜："若谓董事会之设立为助官力之所不及，则是商助官办矣，安得谓官督商办哉? 且亦安用此董事会为?"

---

① 轮船招商公局编：《商办轮船招商公局呈蒙农工商部注册给照暨邮传部批驳隶部章程》，宣统元年（1909年）铅印本，上海图书馆古籍部藏，第5~7页；《商办轮船招商公局股东签注部批隶部章程》，第8~70页，中国第二历史档案馆藏轮船招商局档案，全宗号468（2），案卷号329。

《轮船招商局股份有限公司隶部章程》相关条款	邮传部的批改	招商局董事会对邮传部批改的签注意见
第24条："商律（第）67条，各公司以董事局为纲领，董事不必常川住公司内，然无论大小应办应商各事宜，总办或总司理人悉宜秉承于董事局，律意周详，罔敢逾越。应请邮部专札现在本局正、副坐办恪遵商律（第）67条办理，凡未经董事会协商，无论巨细，概作无效。"	"本局系奉旨归部管辖，应悉由总副会办秉承于部，所有董事会议决事件，由主席、副主席抄录议案，移知总、副会办，分别呈部候示施行。"	吕立基："董事会既为股东之代表，即为舆论之标准，若议决各事尚须由一、二正副会办转为禀承于部，则（与）完全商办之义大相背谬，曷克遵行？" 施嘉浚："如论大小事悉秉承于部，则'公司'二字何为？" 傅宗发："董事会所议之事须由总、副会办禀承于部，可谓之'官督官办'，无'商办'之实，不合于商律，更不合于股份有限公司之章程，太不相符！"
第30条："商律（第）77条，公司总办或总司理人、司事人等均由董事局选派，如有不胜任及舞弊者亦由董事局开除，……本局股东公议现在正副、坐办以至各项办事人员均系熟手，董事会可以公认为照律选派之员，应由董事会公具委任书，答名盖章，声明办事权限、薪费等级，并恪守商律（第）条订定按月常会日期，随时商办大小事件，此项委任书至第二次股东大会公举职员之日为止，仍抄稿分禀邮、商部立案。"	邮传部则以该局已奉旨归部管辖，系官督商办性质为由，将此条强改为"本局归部管辖，其总副会办应由部选派，如有不胜任及舞弊者，董事局查取实在事迹证据禀部，由部查办确实，批饬开除，由部另行选派"。	李国杰："官督商办，办事之权自专属股商，若总、副会办由部选派，则是部办而非商办矣，非独于钦定商律有背，于事实亦说不下去，碍难照办。" 严廷桢："董事会系股东代表，总、副会办乃本局办事之人，照商业性质有宾主之名分，若由部选派，显分畛域，强宾夺主，实非所宜，应仍遵商律（第）77条办理。"
第46条规定："凡本章程所未经规定者，均恪遵钦定商律办理。"	邮传部将之改为"凡本章程所未经规定者，均参照商律，并恪遵归部管辖之谕旨，禀承邮传部命令办理。"	吕立基："本局股本既（为）我商民所出，即系完全商办，只要恪遵商律办理，奚用邮部命令？" 陈薰："本局既名公司，应恪遵钦定商律办理，名实相符，若参照商律，禀承大部命令，未免分歧，与事无济。" 梁巨元："惟听部示，则从此商律视为无用之物，非钦定之商律也。"

对邮传部所改其他各条和强行添加的条款，招商局股东大都进行了反驳，先后计有 165 人次对部改章程签注了意见。该局董事会将之汇集成书，铅印发行，广泛揭露了邮传部内削股东之权、外塞士民之望的不良用意和举措，形成晚清又一起民众声讨官方不守法律的社会运动。

四、"铁路国有"与清政府的再度"失信"

清政府的法制信用问题，在"铁路国有"政策推行过程中再次受到质疑，四川"保路运动"在一定程度上就是因为政府"失信"酿成的。川汉铁路公司本为官办，后经川督锡良奏准于 1907 年改为商办，并"另刻官防，以昭信守"[1]，郑重声明遵依《公司律》，"是完完全全的商办，与官督商办迥不相同"[2]。铁路国有政策出台之前，留日四川学生就指出："川汉铁路公司，实与《商律》共其发生存在之运命。诚能以《商律》维持公司，则铁路可望其成，而《商律》有效力，即商务有起色。使铁路公司而不适用《商律》，则必无可以幸成之理，而国法等诸具文，商情终于涣散。"[3] 说明维系公司法制的信用对于商办川汉铁路公司的正常运营具有重要意义。

但事实上，《公司律》的信用在川汉铁路公司再遭践踏。商办之后的川汉铁路公司并未摆脱官方的樊篱，举凡管理要员的任命、公司股本的筹措等重要事宜莫不由官方主导。正如四川谘议局检讨指出：川汉铁路公司"树商办之名，而无商办之实，总理由选派奏委，不由股东集会公举，其他一切用人行政，多未遵照《商律》办理。出股份者不得《商律》上应享之权利"[4]。

官方对川汉铁路公司的"失信"不仅表现于不遵《公司律》，干涉公司"内政"，更主要的是在其"铁路国有"政策的决策与实行过程中，"狐埋狐搰，

---

① 戴执礼编：《四川保路运动史料汇纂》上卷"中央研究院"近代史研究所，1994 年，第 321 页。

② 戴执礼编：《四川保路运动史料汇纂》上卷，"中央研究院"近代史研究所，1994 年，第 369 页。

③ 戴执礼编：《四川保路运动史料汇纂》上卷，"中央研究院"近代史研究所，1994 年，第 433 页；宓汝成编：《中国近代铁路史资料（1863—1911）》，第 3 册，中华书局，1963 年，第 1073 页。

④ 戴执礼编：《四川保路运动史料汇纂》上卷，"中央研究院"近代史研究所，1994 年，第 448 页。

出尔反尔"①，严重侵害了川民的股权和利权。在官权的支持下，川汉铁路公司虽然制定了多重募股手段，但实以强制摊派之股款为重，其中又以租股为大宗。②"铁路租股是按田租强制认购的，凡是有一亩田地能收租的人全是股东，每一州县都有成千成万的股东。"③为了推动租股征收，公司和官方给了股东与四川民众不少预期利益的承诺，例如公司对于租股的利益如此诠释：

> 铁路租股，有本有利；不是捐输，切勿疑虑。百分抽三，所取甚细；譬如众人，共本营利。所出之财，不为废弃；况乃铁路，所关甚巨。现虽改办，抽租无异；勿听浮言，亡生异议。年息加增，以六厘计；卅三年起，照章加利。以前两年，仍按旧例；今年所付，是去年利。勿得增补，执此为据；到得明年，通六厘计。旧抽新抽，一律无异；年归年款，不以日计。……须知路成，利更饶裕；年有年息，红有红利。权当积钱，未尝非计。④

川汉铁路在募股动员时，还将该路与四川百姓的密切关系进行了过度的渲染，谓川汉铁路"是我们四川川人的死生命脉所在，有了这条铁路，然后可以生；莫有这条路，那就只有死……要想保全我们的生命，保全我们的财产，除了我们四川人自己修这条铁路，再莫有第二个办法了"⑤。由此推断，川汉铁路对于普通四川绅民来说，至少形成了两方面的认知：其一，自办此路于己有利，关乎个人权益；其二，此路的产权关系地方公共安全，必须自办。

正当四川绅民沿袭着这些认识，庀材鸠工，开始筑路，憧憬着川汉铁路的未来时，邮传部则因四国铁路借款告成，"一朝反汗，收回国有。且废止公司自有之租股，而用四国输入之外债"⑥。川省民众自然难以接受，普遍予以抵制。正如吴玉章所说：

> 川汉铁路的股本是从每个农民的土地上所谓租股年年征收得来的，当

---

① 戴执礼编：《四川保路运动史料汇纂》上卷，"中央研究院"近代史研究所，1994年，第176页。

② 宓汝成编：《中国近代铁路史资料（1863—1911）》第3册，中华书局，1963年，第1090页。

③ 戴执礼编：《四川保路运动史料汇纂》上卷，"中央研究院"近代史研究所，1994年，第53页。

④ 戴执礼编：《四川保路运动史料汇纂》上卷，"中央研究院"近代史研究所，1994年，第345页。

⑤ 戴执礼编：《四川保路运动史料汇纂》上卷，"中央研究院"近代史研究所，1994年，第359页。

⑥ 戴执礼编：《四川保路运动史料汇纂》上卷，"中央研究院"近代史研究所，1994年，第34页。

宣传农民使其热心缴纳租股时，不惜过于夸大铁路营业的利息，往往有利市百倍的夸大辞。所以农民虽年年苦于租税的繁重而总以为一旦铁路成功，有十倍利息之希望，不敢不勉力缴纳，使铁路得早修成。现在忽然被清廷将其希望打破，而且拿来借款媚外，这就无异火上加油，怎能不引起全省七千万人愤怒呢！①

四川民众愤怒的是清廷不守诺言，"牺牲信用"②，不顾公司依律注册的事实，强行收归国有。既已"失信"的政府如果能一本宽厚之姿态，广纳各方意见，或许可以弥补与四川绅民间的裂痕。事实上，在确定了"干路国有"政策之后，就有朝官提出应将商办铁路公司股款如数给还，而且不排除其继续附股修路之权，俾保全朝廷信用。③ 但实际操作此事的邮传部则"优于湘、粤，独薄于四川"④，"川路虽有商股，不得如湘、粤商股照本发还……部臣对待川民，种种均以威力从事，毫不持平"⑤。在交涉过程中，川路代表"力争收回历年用款，俾得完全还之股东，为唯一之目的"。然而邮传部则"只将宜昌实用工料银四百余万，明白宣布，从前用款，均置不问"，结果"众情益形皇（惶）激"⑥。川人所争在"未开工以前一切用款、上海倒塌各款"，应请由政府担任，"毋令川人受损"⑦，"力求保全股东财产原额"⑧。但邮传部最后奏定的方案则为：

> 川路现存款七百余万，如愿入股，应准悉数更换国家保利股票……除倒账外，其宜昌已用之款四百数十万，准给发国家保利股票，一律办理。又宜昌开办经费三十三万，及成渝各局用费若干，则发国家无利股票，与粤股一律，悉归本省兴办实业之用。⑨

---

① 戴执礼编：《四川保路运动史料汇纂》上卷，"中央研究院"近代史研究所，1994年，第147～148页。

② 戴执礼编：《四川保路运动史料汇纂》上卷，"中央研究院"近代史研究所，1994年，第34页。

③ 宓汝成编：《中国近代铁路史资料（1863—1911）》第3册，中华书局，1963年，第1246页。

④ 戴执礼编：《四川保路运动史料汇纂》上卷，"中央研究院"近代史研究所，1994年，第4页。

⑤ 宓汝成编：《中国近代铁路史资料（1863—1911）》第3册，中华书局，1963年，第1273页。

⑥ 戴执礼编：《四川保路运动史料汇纂》上卷，"中央研究院"近代史研究所，1994年，第37页。

⑦ 戴执礼编：《四川保路运动史料汇纂》上卷，"中央研究院"近代史研究所，1994年，第38页。

⑧ 戴执礼编：《四川保路运动史料汇纂》上卷，"中央研究院"近代史研究所，1994年，第39页。

⑨ 宓汝成编：《中国近代铁路史资料（1863—1911）》第3册，中华书局，1963年，第1248页。

对于四川代表提出的公司保款委员施典章在上海亏空的近 300 万元款项，邮传部将其责任归之于公司，不予承认，其理由是公司管理混乱。但公司则说："倒款虽为川人，非我川人之委任，实政府之奏派，其罪不在川人。"① 问题的根源在于"邮传部不遵《公司律》，不任人民选举总理，估著奏派，不得其人，至于延误。"②

僵持之下，盛宣怀等唆使甘大璋等川籍京官带头表示响应铁路"国有"政策，愈益激发了川路股东的不满。部分四川京官指出川汉铁路公司乃一股份有限公司："凡属公司财产之转移、变更，应以多属股份之股东意思为准……川路股本为四川千万股东之财产，附股不附股，非他人可妄为处分。"③"川路股本，合购股、租股、公股统计，不下数千万，四川京官于股本中占最小数部分，甘大璋等于京官中又为最小部分，请问，其何以敢代表全体股东?"④ 公司遂依照《公司律》召开股东大会，决议对策，在保路同志会的协同之下，迈出"破"政府"违反法律之约"，"保""商人遵国家之法律而成立"的川汉铁路公司之关键步伐⑤。在愈演愈烈的官民交涉中，保路同志会领导者鉴于"日与政府言法律，辩是非，政府终不悔悟"，遂决计"激扬民气，导以革命"⑥。于是保路运动终于由协商走向对抗。

五、结语

一个国家的近代化，一方面是法制的近代化，另一方面也是法治的近代化。二者相辅相成，均与国家治理与社会建设密不可分，但其具体进程则又不一定同步。

洋务运动时期，清政府以发展为重，法制建设尚较薄弱，各类企业多为特

---

① 戴执礼编：《四川保路运动史料汇纂》上卷，"中央研究院"近代史研究所，1994 年，第 815 页。

② 戴执礼编：《四川保路运动史料汇纂》上卷，"中央研究院"近代史研究所，1994 年，第 525 页。

③ 陈旭麓等主编：《盛宣怀档案选辑之一：辛亥革命前后》，上海人民出版社，1981 年，第 101 页。

④ 戴执礼编：《四川保路运动史料汇纂》上卷，"中央研究院"近代史研究所，1994 年，第 760 页。

⑤ 戴执礼编：《四川保路运动史料汇纂》上卷，"中央研究院"近代史研究所，1994 年，第 615 页。

⑥ 戴执礼编：《四川保路运动史料汇纂》上卷，"中央研究院"近代史研究所，1994 年，第 4 页。

许创办，特许经营，基本上是官方直接主导的产物，所谓的"官督商办"企业机制不仅体现在官"督"其经营运作，而且首先表现在官"督"其擘画创办。正因为如此，股东因投资洋务民用企业而招致惨痛损失，本能地会株连政府机制的信用。经历了上海股市之后，政府募股办企业的难度陡然增加，原有各企业也陷入困境，这对急需进行资本动员的清政府来说，无疑是十分不利的。此后，为了缓解财政危机，清政府不得不在募集公债方面多作文章，以期通过债市进行资本动员，但债市"昭信"的初衷得到的却是"失信"的结局。

股市与债市的"失信"，对于财政困窘的清政府而言，不啻雪上加霜。为了发展国内经济，适应国际化背景之下与列强进行"商战"之需，清政府制定了中国历史上第一部公司法——《公司律》。该律的颁行，宣告了中国公司制度建设的准则主义原则和法律面前人人平等与股权面前人人平等的精神。但是，清廷有关职能部门（例如农工商部与邮传部）的考量与重视程度不一致，以权代法之事常有，使该律的实际作用大受影响。因为法治化渐成时代趋势，所以政府方面以权代法之举被社会阶层援引律文进行了有力声讨，从而彰显了政府"不守法"的形象。

近代公司制的推行，影响了社会利益的分配方式，促进了各类"利害共同体"的成长。借助《公司律》的规则，各省铁路公司采取了多种募股手段，但其中又以强制摊派之股为多，这种强制股份制的推行，使社会大多数民众成为股东，成为公司利益的直接当事人，从而也成为捍卫法制信用的主要力量。清政府的"违法"在"铁路国有"过程中受到日益不满的保路民众的强烈抨击，他们"以法律解释之，此次政府之夺取民业，与民法上侵夺个人之财产权、商法上侵害专利之特许权，其情形相同"[①]。保路绅民虽然具有捍卫路政主权的民族主义目标，实际上也有保卫依法而得之股权的本意。

政府在"铁路国有"方面的"违法"与"失信"，又株连正在进行的筹备立宪。当该项政策被宣布之时，正值皇族内阁成立，从而使清政府推行预备立宪的诚信受到极大贬抑。例如四川保路运动中有一则抨击政府的檄文这样指出，"皇族内阁，成立不及匝月，而铁道国有政府，遂发现于国中。……以人民自有之铁路，不谋之股东，不讯之资政院，而掠夺其财产，格杀其地主，世界立宪国，有如是之专横者乎？"[②] 还有人指出，"新内阁第一政策，即蔑视先

---

① 戴执礼编：《四川保路运动史料汇纂》上卷，"中央研究院"近代史研究所，1994年，第166页。

② 戴执礼编：《四川保路运动史料汇纂》上卷，"中央研究院"近代史研究所，1994年，第144页。

朝钦颁法律如弁髦"①。西方研究社会信任理论的学者指出，"公众信任""是国家唯一的支撑物，从而也是国家稳定性的维持物"②。由于清政府"牺牲信用"，"自失民心"③，其民心基础、政治信用与执政威望逐渐流失殆尽，于是由四川保路运动点燃的辛亥革命浪潮很快将其推倒。

[本文原刊《四川大学学报》（哲学社会科学版）2011 年第 6 期，收入本辑时作者对文字有改动]

---

① 戴执礼编：《四川保路运动史料汇纂》上卷，"中央研究院"近代史研究所，1994 年，第 672 页。

② （英）安东尼·帕格顿（Anthony Pagden）著，王艳芳译：《信任毁灭及其经济后果：以 18 世纪的那不勒斯为例》，郑也夫编《信任：合作关系的建立与破坏》，中国城市出版社，2003 年，第 160 页。

③ 上海社会科学院历史研究所编：《辛亥革命在上海史料选辑》，上海人民出版社，1966 年，第 81 页。

全面抗战前夕四川的对日防私缉私活动探析①

王雪梅②

【摘　要】　七七事变前夕，日本方面掀起了华北走私狂潮，地处内陆的四川也深受私货泛滥之害，严重扰乱了四川的商业秩序。四川各方面从政府机关，到商人组织、群众团体开展了自上而下的防私缉私活动，如成立防私会，从邮路陆路水路航空各渠道堵塞私货；制定并施行一系列防私缉私法规，加大惩治走私力度，奖励缉私；商会、同业公会和广大民众也参与其中。然而不久各地走私货品又卷土重来。分析其原因，主要在于日货走私问题的侵略实质，国民政府防私缉私策略措施的应急性、被动性等方面。

【关键词】　华北走私；四川；防私缉私

从 1933 年开始，日本方面掀起了震惊世界的华北走私狂潮，1935 年后走私得到日本军方的包庇纵容，达到猖狂的地步。私货不仅在华北一带和沿海泛滥，也开始大量涌入内地。目前学界关于华北和沿海一带日货走私缉私的研究

────────────

①　基金项目：本文为四川省哲学社会科学"十二五"规划 2014 年度一般项目"1930 年代四川商业社会的规则与秩序研究"（项目号：SC14B068）的阶段性成果。

②　作者简介：王雪梅，女，1970 年生，四川崇州人，1997 年在四川师范大学中国近现代史专业获史学硕士学位，2007 年在四川大学获史学博士学位；现为四川师范大学历史文化与旅游学院副教授，中国近现代史专业硕士研究生导师；主要研究方向为中国近现代社会经济史、商法史，在《民国研究》《四川师范大学学报》等刊物发表论文 30 余篇，有专著《近代中国的商事制定法与习惯法》等。

成果，已相当丰富①，但对于同时期内地的日货走私及防私缉私活动情形，则少有涉及。地处西南内陆的四川，其时也深受私货泛滥之害，严重扰乱了四川的工商业发展秩序。四川各阶层从政府机关，到商人组织、群众团体开始了自上而下的防私缉私活动，成立了防私缉私组织，颁布并施行了一系列防私缉私的法规和措施。本文拟以1936年到1937年全面抗战前夕为时间段，从其时四川各阶层的防私缉私活动入手，对国民政府的缉私策略和措施在四川的实施情形进行梳理，对其取得的实际成效及其原因进行探析；指出日货走私问题的实质，并结合四川防私缉私运动的实际对国民政府的相关策略和措施之得失进行分析。

一

从1933年开始，为配合将华北从中国分离出去的所谓"华北自治运动"，日本利用《塘沽协定》后形成的特殊局面，从陆、海两个方向向中国走私货品，掀起了震惊世界的华北走私狂潮。1935年后，走私得到日本军方的包庇纵容，采取武装走私的方式，解除我海关缉私武装，达到十分猖狂的地步。走私规模之大、范围之广，前所未有。走私货物包括人造丝、白糖、卷烟纸、布匹、炼乳、啤酒、煤油、胶鞋、药品、颜料等，出口私货主要是银圆，也有不少制造毒品的原料（如火酒、火油）。② 大规模的走私浪潮给中国造成了种种恶果，破坏了中国的"关税自主"，造成了巨额的关税损失，同时严重摧残了中国的民族工商业。由于得到日本军方的包庇纵容，这时候的日本对走私已不再讳言，堂而皇之地称之为"特殊贸易"。1936年5月，中国外交部就日方怂恿日、韩浪人在河北走私，并干涉中方海关人员缉私一事，向日本政府提出抗

---

① 主要论文有郑会欣：《抗日战争前夕日本对华北走私问题初探》，《南京大学学报》1983年第4期；姚会元：《1933—1936年日本在华北的走私活动》，《中国社会经济史研究》1986年第1期；连心豪：《近代潮汕地区的走私问题》，《中国社会经济史研究》1996年第1期；杨家余：《华北事变后国民政府遏制华北走私活动述论》，《安徽史学》2002年第1期；齐春风：《抗战时期西北地区的走私活动》，《青海社会科学》2003年第2期；齐春风：《抗战时期国统区与沦陷区走私贸易述论》，《民国档案》1999年第1期；齐春风：《抗战时期日本在港澳湾地区的走私活动》，《中国边疆史地研究》第13卷第3期（2003年9月）；郑成林：《抗战前商会对日本在华北走私的反应与对策》，《华中师范大学学报》2005年第5期；孙宝根：《抗战时期国民政府缉私研究（1931—1945）》，苏州大学，2004年硕士论文；李佳豪：《抗战时期四川缉私研究（1936—1945）》，四川师范大学，2015年硕士论文。专著有孙准植（韩国）：《战前日本在华北的走私活动》（一九三二—一九三七），"国史馆"，1997年，等等。

② 斛泉：《华北走私之全貌》，《东方杂志》第33卷13号，1936年7月1日，第241页。

议。但抗议无济于事，日本陆续在苏、鲁、闽、粤等地设特殊贸易协会，分派武装掩护这些组织。1936年8月，日本驻华领事会议决议："第一，凡有领事的地方扩大警权一倍以上；第二，保护特殊贸易，即是保障其私货倾销。"①并拟"在九江、南昌、汉口、沙市、重庆等埠，设立特务机关，谋进一步之亲善"②。这实际上是谋划以强硬手段将私货遍销中国。

随着私货在华北和沿海的泛滥，处于西南腹地的四川也开始受私货泛滥之害。当时私货入川途径有二：一是长江航运，由宜昌以上至重庆间沿岸各埠上岸。日本舰只"挟运私货开到四川巫山、云阳一带，便以无线电通知重庆奸商，用木船提运"，转运来渝，"在中途已将国货商标贴上，陆运来渝，缉私者无从确认其是否私货"③；再由大商号批发给肩挑背负的小贩，销售到城乡每个角落，这是沿江一带数量最大的私货来源途径。在重庆，大批私货在百货商店改头换面，冒充国货低价售卖。据当时记者调查，陕西街、都邮街等百货商店、洋布庄等所陈列之商品，"几无一非私货"；还有大量沿街肩挑叫卖者，重庆市场"已为私货所占据"④。邻近的江津、合川等县也发现有大量私货，价格奇低，数目惊人。涪陵等地，"曾有某国军舰二艘停泊涪陵荔枝园，深夜雇力夫运货上岸，据云多系绸缎洋瓷等"，除军舰包庇走私外，一部分则由奸商自西秀黔彭等地运入。⑤ 在万县，私货"今年春间即已开始偷运来万，初起尚属少数，近一月以来，始逐渐增多，现已满街充斥，到处皆是矣"；为此万县党部特令商会转饬各商人行号，不得购买走私货物。⑥

二是通过邮寄入川，数量也很惊人。1936年6月，"东川邮局转运处，经海关扣留，去成都及泸县之走私邮包，共达百余袋，现正依法处分中"⑦。之后由华北寄来的邮袋越来越多，"昨日记者又至邮局调查，得悉可疑邮包，除陆续退换扣留者外，竟增至一千件左右……吾川已为走私货物所充塞矣"⑧。海关以扣留邮包过多，特于6月底暂时停止检验，商托邮局凡有可疑邮件请予暂时扣留，待该关请示上级将既扣邮件处置完竣后，再行检验。而在成都，主要是由华北寄来的大量邮包类私货充斥，"近日由华北寄来之邮袋更为踊跃，

---

① 《同胞们，快起来巩固我们的四川》，《救亡情报》第16期，1936年8月27日第1版。
② 《日将在长江各埠设立特务机关》，《新新新闻》1936年7月21日第2版。
③ 《某方用军舰偷运来川渝市私货日益增加》，《新新新闻》1936年6月16日第5版。
④ 《渝市私货日益充斥，市商会决制裁奸商》，《新新新闻》1936年6月9日第5版。
⑤ 《各县走私概况》，《四川月报》第9卷第1期，1936年7月。
⑥ 《万县党部请商人勿买卖私货》，《新新新闻》1936年6月20日第5版。
⑦ 《邮包私货概况》，《四川月报》第9卷第1期，1936年7月。
⑧ 《渝市邮局代海关扣留可疑邮包数目惊人》，《新新新闻》1936年7月9日第5版。

至昨日截至海关认为嫌疑重大而扣留者，已达四百余袋，至前次扣留二百余袋之邮包，收包人已将包单寄来，经海关验明，并无海关检验印戳，又无进口派司，事实上已为走私货物无疑……至上项扣留之邮袋收包人经记者详细调查，大多均系成都交通公司、晋隆太、振兴号、晋义长、晋义生、益晋恒、宝源隆、同太长等家"①。川北之南充，亦有人贩运私货，如脚踏车、苏货杂货、棉纱等；泸县商店的私货，多数系从上海进货，用邮包直接寄来，某大商店在津更有特种进货机关，因之自华北走私风潮浸入长江流域后，"泸县私货之多，恐不减于沿江各地"②。

私货的大批涌入，给四川的经济、政治、社会风气等方面造成了极坏的影响，扰乱了正常的商业秩序，沉重打击了民族工商业的发展。潮水般的私货因逃避了较重的关税，售价比国货便宜得多，因而买主络绎不绝。一些爱国商贩贴出"饿死也不卖仇货"的标语，但终究不是竞争对手，很多被挤垮了。如自贡的洋货广货匹头业及经营洋纱布店，"经此事影响，登门顾客寥若晨星……日渐萧条"③。因私糖倾销长江上游各地，内江糖对外销路完全断绝，为此资内富糖业改造会请严厉查缉私糖，"近因走私猖獗，囤积宜沙之吾川橘糖，价值陡落，每万斤须亏折资本八十余元，川糖商人，裹足不前"④。川南商业中心泸县，1936 年六个月来，各商家营业状况极度衰落，不及去年四个月之营业数字，其中一重要原因，即是走私仇货充斥市场。⑤ 私货的滥价倾销冲击着各地的市场交易，严重威胁着民族工商业的生存与发展。

1936 年 6 月以来，日本向国民党南京政府提出在成都设领事馆，且不管中国政府是否同意，于 8 月初派出日驻蓉代领事岩井一行赴蓉，拟强行在蓉设领。川地各界群众愤慨万分，纷纷通电反对，指出"成都一地，并非商埠，依据条约，不得设置领事"。《新新新闻》在社论中痛切地告诫人们，一旦日本在蓉设领得逞，便会"沿长江设特务机关，走私货物如潮水涌入……彼辈去年在北平之一切行动，定将重演于今日之成都"⑥；若任走私发展下去，将陷入从此"日货充斥，国货日弃"的局面，平津沪汉如此，各地亦莫不同受威胁，"行见正式商店歇业，工厂关门"，将使"西南半壁破产之农村、工业、商业，

---

① 《海关扣留可疑邮袋增至四百余件》，《新新新闻》1936 年 6 月 27 日第 5 版。
② 《泸县私货充斥》，《四川月报》第 9 卷第 2 期，1936 年 8 月。
③ 《自井洋广业生意萧条，仍然是受走私影响》，《新新新闻》1936 年 8 月 3 日第 6 版。
④ 《资内富糖业改造会请严厉查缉私糖》，《新新新闻》1936 年 8 月 18 日第 6 版。
⑤ 《泸县商业衰落，市面私货充斥》，《新新新闻》1936 年 8 月 11 日第 5 版。
⑥ 《四川空前之外患——设领与走私》，《新新新闻》1936 年 8 月 10 日第 9 版。

势必受其摧残而置于死地"①。

二

面对各地日渐猖獗的走私情弊，国民政府三令五申，严为防止，成立了查禁走私的各种机构组织，制订颁布了一系列防私缉私的政策法规。其中财政部在防私缉私政策法规的制订方面做了大量工作，大致来说，"有惩治偷漏关税暂行条例，重者至处死刑；对于进口货物，则有稽查进口货物运销章程；除航运加紧缉私外，对于陆路方面，则有防止路运走私惩治细则"②，并将关于查缉私货各项办法颁行各地，四川的防私缉私活动也就此开展起来。

1. 成立防私会，与海关等部门一起开展防私缉私工作

1936 年 7 月，四川省政府召集有关机关团体组织建立全省防止走私委员会（简称防私会）。防私会组织机构的设置如下：设委员长一人，由省政府主席兼任；委员由各相关机关团体指派之代表充任并互选常委五至七人；制订章程，规定下设业务、鉴定、调查三股。参加防私会的机关团体，包括四川省政府各厅处、银钱业公会、成渝两市政府、航业公会、公安局、重庆关监督、警备部、善后督办公署、市商会、四川省新生活运动会、地方税局、营业税局、报界协会、东西川邮政管理局，等等。并要求各县市成立防私会分会，之后重庆、成都、宜宾、万县等大多数县市纷纷成立分会，由行政长官担任委员长。1936 年 9 月 15 日，四川省防私会奉省政府令改设为肃清仇货委员会，目的为"斩断仇货来源，肃清现有仇货，根绝将来永不贩运仇货"③。

各地防私会成立后，积极行动起来，主要负责调查货品、搜集证据、鉴定其是否走私货物，成为其时四川防私缉私工作的中坚力量，先后制订了《四川省防止走私委员会计划大纲》和《各市县分会防止走私大纲》。重庆防私会开会议决，鉴定包裹由该会函请市政府转令商会，并函邮局，包裹到时，即将提

---

① 四川省档案馆编：《四川档案史料》1985 年第 2 期（总第 10 期），第 4 页。

② 《防止购销走私货物，渝商会忠告同业切勿存侥幸之心轻于尝试》，《新新新闻》1936 年 6 月 16 日第 5 版。

③ 《为令知本会改名并规定分会登记检发组织大纲令仰遵照具报由》，四川省档案馆，全宗号 64，案卷号 024，1936 年 9 月 15 日。

单呈会，候派员鉴定确非私货，即予提取。① 成都防私分会查得蓉春熙路交通公司和西顺城曾泰产苏货店，由津沪邮寄来自行车原料、麻织品及香妃绸等共若干包，查验税单均有种种可疑之点，防私会当即饬令呈缴原售货家之有力证件，于一周内交点清楚，以便放行原货。② 宜宾组织起缉私委员会，每日该会缉私股份派缉私人员，赴各轮船堆栈检查，查获孙旭恒宝元通偷运的大量私货，并予以处罚。绵阳防私会十分注重调查，分为邮运、船运、车运、力运各组，清查私货入境；并责由商会制表登记存货。在各市县防私会工作人员的严密查缉之下，私货仍暗中运入川中，尤以人造丝、酒精两项为最多，省防私会为切实严缉，特训令市县防私分会稽查货物种类酌予修正，规定以后如人造丝、酒精之类，应从严考核其寄地和厂名、商标，以免私货充斥。③

作为直接从事缉私工作的重庆海关，在防私缉私方面做了大量工作。对凡由华北运来之可疑邮包，均予以暂时扣留，并委托邮局代海关扣留了大量可疑邮包。到 8 月中旬，重庆海关扣留的有走私嫌疑之邮包，前后已达三千余件，估值当在二百万元以上，其中有寄至成都交通公司、晋泰隆等八家商号的大量邮包货品，交由省防私会处理。

2. 从邮路、陆路、水路、航空各方面堵塞私货

针对四川私货来源的两个途径，四川省防私会和地税局、公路局等部门在邮路、陆路、水运及航空运输几个渠道都规定了堵塞私货进入的措施。为严防邮包走私，省防私会议决："凡自华北及上海各地由邮寄来之各种包裹，规定收件人须将提单呈实到会鉴定组，或各市县分会请予派员同至邮局，当面逐包鉴定，如系私货，除没收外，并处以相当之罪。"④ 陆路运输方面，四川公路、地税两局公布防止川黔路走私商货办法十一条，布告川黔运输行商遵照；并制订颁发了检查川黔长途车辆规则，规定凡由海棠溪、綦江两车站向省外出发之行李货物各车辆，应于未装车前一小时通知綦江稽征所，该所派员会同站务人员，一同执行检查，完税后方可放行。⑤

水路航运方面，鉴于川省入口私货大多由轮船而来，省政府饬令川江航务管理处、四川省地方税局与重庆市政府三机关拟定江轮防私办法，对于如何严

---

① 《渝防私会近况》，《四川月报》第 9 卷第 3 期，1936 年 9 月。
② 《蓉分会扣私货》，《四川月报》第 9 卷第 2 期，1936 年 8 月。
③ 《渝防止走私稽查货物种类》，《新新新闻》1936 年 10 月 26 日第 6 版。
④ 《省政府通令严防邮包走私》，《四川月报》第 9 卷第 2 期，1936 年 8 月。
⑤ 《四川公路地税两局公布防止川黔路走私办法》，《四川月报》第 9 卷第 1 期，1936 年 7 月。

密监视执行私货、各同业公会应如何切实联络、航务管理处应如何派舰随时流动稽查等关切到最近缉私要务诸问题，会同妥议办法。① 川江航务管理处、四川省地方税局、四川第一区公烟局，为防止川江上下航船夹运走私起见，特订合组检查航船规则，规定："凡在川江停止，中外大小航船汽船，及大小木船，悉依本规则检查之。"② 针对四川下东沿江一带可以泊船地方常有私货起卸情形，省政府要求各县府抄发下东沿江一带泊船地名表，对于表列该县所属各泊船地方，派员随时前往严密稽查，督饬当地团警协同查缉，并具体拟定查缉各轮办法。省地方税局鉴于奉、巫、渝、万之外的沿江各县"未经设所地方，均可卸下私货"，因此要求下东各县征收局认真缉拿，并转饬各地团保尽力协助。③

航空运输方面，川地税局特制定检查邮船飞机规则，规定在各停机地点的分局所如重庆、成都、万县、宜宾、遂宁站，指定人员负责办理。要求乘客携带应税货物，应于未上机以前，及下机时报完税款，否则一经查出，以漏税认罚；乘客报完税款，即由该分各局所派往之检查员就场征收，等等。④ 针对奸商借包裹行李偷载私货，省政府令省会军警检查航空客货，并由行营令布告周知："令饬当地军警机关，对于飞机运载货客行李，务须一律检查，以儆奸邪而杜弊端。"⑤

面对如此严密的水陆空各路和邮路检查办法，走私商也在不断变更走私手段。"奸民为避免检查，多将私货改由民船小轮拖驳或长途汽车装运内地推销，各地缉私机关尚未普遍注意"，或"以贵重货物，化整为零，改用轻便小包裹寄递，并能由邮局直送商号点收或交航空直寄"⑥。为此省政府通令各地缉私机关，注意民船小轮、公路汽车货运，严防私货；省地税局也规定了取缔轻便包裹办法，要求以后对于邮寄轻便小包，商人提取时，须先到稽征所或征收局呈报缴验提单或航空公司提货单，经查核登记后，始准提取；并须立即到该管税所完税，否则一经察觉，无论自取或邮包送达，均将所寄货物全部没收。⑦

---

① 《省政府令渝三机关会拟江轮防私办法》，《四川月报》第9卷第3期，1936年9月。
② 《航税稽烟三机关订合组检查航船规则》，《四川月报》第9卷第4期，1936年10月。
③ 《地税局令下东各征局严缉私货》，《四川月报》第9卷第5期，1936年11月。
④ 《川地税局检查邮船飞机规则》，《四川月报》第9卷第4期，1936年10月。
⑤ 《省政府令省会军警检查航空客货》，《新新新闻》1937年3月2日第10版。
⑥ 《奸商变更运私方法》，《四川月报》第9卷第5期，1936年11月。
⑦ 《川地税局取缔轻便小邮包》，《四川月报》第9卷第3期，1936年9月。

3. 规定土货运销办法，加大惩治走私力度，奖励缉私

财政部于 1936 年 5 月制订颁布《稽查进口货物运销章程》，规定了应行稽查进口货物的种类和办法。鉴于在缉私稽查过程中出现的偏差，正常商品运销各地往往受检查人员留难，无理被扣，从而妨碍商业；财政部又规定了土货运销办法，对于在国内制造、而实际与洋货极难分别的土货如人造丝、酒精等 26 种货物，要求这些土货运经海关时，应报由海关发给土货运销执照；在内地运输，不经过海关者，应报由同业公会或商会，或工厂联合会，发给土货证明书，方可销售。四川省方面，予以积极推行，省政府一方面严令稽查进口货，一方面严令登记商货，规定凡有海关地方，各商堆积之货物或新进货品，一律向海关申请登记；无海关地方，则向省地税局申请登记。① 并通令各市县防私分会对于已税货物分运办法三项，规定：各进口商人稽查货物，持有重庆海关运销执照，或重庆市商会分销证明书，填证明书号数、日期，及分销货品、种类、数目、地点等项者，即予放行；运销土货，如持有商会之土货证明书，亦请放行；凡小贩运销货物，其价值在三十元以下者，均准免予稽查。② 希望通过稽查进口货物和发给土货运销执照或证明书的方式，"以别泾渭，则私货不难绝迹矣"。

偷漏关税被获，旧例均由海关按照《海关缉私条例》处罚。随着华北走私日益猖獗，已绝非纯粹经济性走私活动，奸商往往在日军庇护之下进行武装走私，因而有关部门不得不制订其他措施来应对。1936 年 5 月下旬，财政部突破权限，拟订《惩治偷漏关税暂行条例》，呈奉国民政府核准公布施行，对偷漏关税、持械拒捕、销售和藏匿私货等行为的处罚做了严格规定，其中有处死刑、无期徒刑、有期判刑及判罚等项，规定"凡偷漏税在五千元以上者，处死刑或无期徒刑"。量刑之重，为之前《海关缉私条例》所未有。四川省方面积极响应，1936 年 8 月，省高等法院高检处令检举偷漏关税案件，"近查川省各地私货充斥有加无已，影响国税至大且巨，各该地虽存防私机关严加取缔，依照该项条例第十条之规定，各地方法院负有制裁之责，各该检察官自应厉行检举以尽职责，嗣后如发现运销或藏匿漏税私货者，务须行使检举职权，依法严究"。③

---

① 《省政府令登记商货》，《四川月报》第 9 卷第 3 期，1936 年 9 月。
② 《省政府核定已税货物分运办法》，《四川月报》第 9 卷第 5 期，1936 年 11 月。
③ 《高检处令检举偷漏关税案件》，《四川月报》第 9 卷第 2 期，1936 年 8 月。

为鼓励查缉起见，财政部重新规定了海关缉私奖励办法。四川省方面，五成乃至更高的给奖成数为海关和其他部门所采纳。省政府准地税局所请奖励巡查员缉私办法，除查拿偷漏关税私货另照财政部提奖办法办理外，该局关于查获进口偷漏货税罚金暨没收违禁物品变价之款，以五成提奖用示鼓励；省政府在查缉各轮船起卸私货办法中也规定："查没收私货变价之款应照财政部规定，系以百分之五十提为当事人，百分之五十汇交总税务司核收；盖为鼓励缉私起见，准对上项变价之款，以百分之六十提奖，百分之四十拨作该地公益之用。"① 省防私会、省地税局、重庆海关等部门还设立了密告柜，招人举发私货，如因而查获者，照章提成给奖，以资鼓励。

4. 商会、同业公会和民众的防私缉私活动

商会作为维护正常商业秩序的商人组织，在防私缉私工作方面起着重要作用。政府非常重视发挥商会在缉私方面的作用，在《稽查进口货物运销章程》等条例中多次明确规定将转口洋货运销证之收存登记，及登记货物分销证之收存登记、填发等事宜，交予商会与同业公会办理。各地商会郑重劝告同业，一致拒购私货；还积极协助政府，不仅大力宣传政府的缉私政策，而且更多体现在政策法规的具体执行上，不管是在对进口货物的运输、稽查，还是在对私货的调查鉴定和惩处等方面，商会都起着重要的作用。

在走私日炽的情形下，1936 年 7 月 20 日，经过数度筹备，重庆市商会防止购私委员会成立，并拟定了组织大纲草案及制裁购销私货办法草案，协助政府缉私。委员会成立后，即函告叙、泸、蓉、内、资、井等市县商会注意邮包私货，以收缉私之实效。成都市商会于 7 月 21 日召开各行帮成立防止购私委员会，随即展开了防私缉私的具体工作，召开各股联席会议，协助办理会务，凡属已到未到之进口货，由各股份聘干事协助办理进口货详细登记。对于全国商会联合会提出的要求商店必须加入公会一事，成都市商会通电赞同，认为这有利于抵制私货盛行。各同业公会方面积极协助查缉私货，如成都五金公会召开会议协商处理走私办法，要求商家限一星期内自行来会登记本帮来货家，以搞清货物来源。② 重庆药材公会为防止会员销售私货起见，特订办法三种："一经查获私货，决交众予以严厉制裁；分饬各组组长，严密稽查；进口药材

---

① 《省政府指示查缉各轮办法》，《四川月报》第 9 卷第 3 期，1936 年 9 月。
② 《五金公会昨开紧急会协商处理走私办法》，《新新新闻》1936 年 7 月 19 日第 9 版。

抵埠时，须向公会报明花色件数，及提验海关税单。"① 自贡市组成私货查缉团，由商会主席任团长，挡获由隆昌运赴荣县、威远之嫌疑货挑，并打算搜查全井匹头洋广杂货，查证有无购买销售寄存私货之奸商。②

各地民众也积极参与防私缉私活动当中。在泸县，有爱国志士多人组织锄奸缉私团，专查走私仇货，对奸商进行裁制。③ 旅居在外的川人对走私问题密切关注，四川旅沪同乡会电请政府严惩奸商，以儆效尤；为协助四川政府缉私，旅沪川人组织起商、学、新闻各界共 500 余人参加的联席会，对日本在蓉设领后"深恐走私猖獗与种种之祸变"，共商应付办法。④ 影响最大的群众反日走私、反设领运动当属爆发于 8 月 24 日的成都事件（又称大川饭店事件）。这一天上万的爱国学生和民众，奋起反抗日本帝国主义非法在蓉设置领事、倾销走私日货，捣毁了留宿和掩护日寇份子的大川饭店、公安第四分局以及贩卖走私货的交通公司、宝元蓉、益晋恒等商号，毙、伤日本人各两人，军警伤亡 10 余人，群众伤亡 30 余人。这次事件使日本在蓉设领、在川大规模进行走私倾销的企图受挫。

三

在各方面的努力下，四川的防私缉私工作渐有起色，私货数量减少，税收增加，正常有序的商业秩序在逐渐恢复。据报道："走私事件，自经各方注意后，此间海关，在月余当中，即扣获由平津运来之私货九百余件，除越过限期之一大部分，已被没收；其余尚有一小部分，等待原运商人，赶缴证明文件。目下川省走私问题，已远不如过去之猖獗。"⑤ 在灌县，此前运到的匹头类私货甚多，经防私会叠加警告，"并将全体匹头业商人召集商会，各自签押负责誓不贩卖私货，故现在在此间之绸缎匹头铺，所售卖者，复经防私委员会检查，确已皆属国货成品"⑥。税收方面，到 1936 年 10 月份，四川税局收入增两倍，据称自 9 月份新津县防私分会成立后，所有成都市附近省垣各县商人，

① 《重庆药材公会防止会员销售私货》，《四川月报》第 9 卷第 1 期，1936 年 7 月。
② 《自贡市私货查缉团搜查全市私货》，《新新新闻》1936 年 9 月 4 日第 6 版。
③ 《泸县奸商不知亡国痛，在沪订走私合同》，《新新新闻》1936 年 6 月 9 日第 5 版。
④ 《旅沪川人协助政府缉私，昨举行商学各界联席会议》，《救亡情报》第 17 期，1936 年 9 月 6 日第 3 版。
⑤ 《渝走私风渐杀》，《新新新闻》1936 年 8 月 19 日第 6 版。
⑥ 《灌县防私会查获走私海菜》，《新新新闻》1936 年 12 月 7 日第 6 版。

"鉴于该分会防止偷税之严密，侦察查考之认真，不甘以血本为孤注，不特走私之货日渐减少，即偷漏关税之事，亦不敢冒昧举行，本月份本所税收，确有起色，大约可收三万余元，较之去年陡增二倍有奇"，为此省政府嘉奖新津县防私分会。[①] 到该年年底，据省防私会呈文称："查本会成立迄今，多赖有关机构之维系，及办事各员之努力，数月来税额逐有增加，走私渐告绝迹，省政府传谕嘉奖。"[②] 至此，四川的防私缉私工作取得了阶段性的成效。

然而好景不长，1937年春节过后，各地走私货品又卷土重来。据报载，"截至本月份，海关方面报告，某国货品入口，已达两千万元以上，目前尚在大批陆续起运来华，多改头换面，冒充我国各厂家出品，混为国货物。并以六百万货物，运四川各地倾销，已经由沪转运汉宜换轮来川，其中以棉纱人造丝、纸及瓷器等次之，五金及教育用品又次之，短期及可纷纷运渝云"[③]。一些唯利是图的奸商又暗中购买巨量私货，源源不断运川销售，由城市及于乡村。省防私会以此种情形，恐商业前途不堪设想，先派该会检查组组长前往渝万两地视察，然后再赴各县视察。4月，由于海关总税务司梅乐和爵士业已出国赴英，职务暂由日本人岸本代理，这不由得让人担忧走私将更行猖獗。[④] 不仅是四川，全国各地的走私问题依然相当严峻，很多地方的走私活动在稍事沉寂后，重又活跃起来。

全面抗战前夕四川各方面的防私缉私活动，不管是在反对侵略、维护国家主权和尊严，还是在维护正常的商业秩序、保护民族工商业方面，都具有积极的意义。从各级政府机关到商会团体、普通民众均行动起来，力图通过各方面的努力来遏制来势汹涌的走私浪潮，也取得了一定成效。但是，直到七七事变爆发，国民政府也未能从根本上解决日货走私问题，四川的情形同样如此。其主要原因在于以下几个方面：

从日本走私问题的实质来看，1936年秋日本侵华间谍头子松石孝良做了一个震动各国的报告，在谈到对华走私问题时他说："帝国货物之向华走私，为帝国对华之断然手段。"其原因是日本"痛感原料之缺乏与市场之狭小，故于1931年'九一八'发动满洲事变川占据之，时帝国市场与原料已得缓和"[⑤]。因此日本在华北的走私活动，其目的是为配合将华北从中国分离出去

① 《各地缉私认真税局收入增二倍》，《新新新闻》1936年11月3日第10版。
② 《省防私会工作努力近月来税额增加》，《新新新闻》1936年12月30日第10版。
③ 《某国货品来川倾销》，《新新新闻》1937年3月27日第6版。
④ 《岸本代总税务司后走私更将猖獗》，《新新新闻》1937年4月8日第3版。
⑤ 钟鹤鸣：《日本侵华之间谍史》，华中图书公司，1938年，第132页。

的"华北自治运动"，为此不惜造成日货充斥华北及内地市场。日本驻重庆领事馆于1937年4月下旬秘密召开了四川间谍会，会上拟订了一份《日本帝国主义侵略四川之秘密计划》，计划表示，"特殊贸易"（即走私）在华北及福建等地获利颇佳，日本帝国财政转佳实有赖于此；然而，"特殊贸易"在华中尤其四川不甚繁荣，因此该计划第一部分即强调要在四川等地也推行"特殊贸易"，并建议在这些地方制造中国著名品牌的假冒伪劣产品，然后以低价倾销，以此打击中国企业。① 由此可见走私问题不是单纯的偷税漏税行为，其实质是日本侵华的重要组成部分。实际上在这以后日本的走私活动从未减少，到七七事变日军大举侵华以后，海关缉私全面崩溃，走私日货泛滥成灾。

从全面抗战前夕国民政府的缉私策略和措施来看，基本都是应急性的，处于被动的应对地位，在逐步适应日本对华走私步骤的种种变化。在华北走私愈演愈烈、已经威胁到国民政府的财政收入和统治基础之时，国民政府不得不强化缉私工作，成立了查禁走私的各种机构，制订颁布一系列防私缉私的政策法规。但国民政府仍未放弃妥协退让的总体政策，这就决定了当时国民政府的缉私策略和措施只能治标，而不能治本；体现在各地的缉私成效，也就大打折扣。在四川，面对私货的泛滥，当局的反应却很迟钝。如当记者问外交部驻川康特派员吴泽湘对四川私货猖獗一事怎么看时，吴氏的回答颇值得玩味，"照此看来，走私延至四川，或者不能说绝无其事，不过报载某国军舰庇运私货一层，目下尚无事实上的证明，外传消息，或多传闻之误，深望新闻界同人慎加审复，俾免另生枝节"② 由此可看出政府对走私一事讳莫如深的态度。从省政府制定的《查缉各轮船起卸私货办法》内容来看，"一经发现有轮船在江中停泊起卸私货，如系本国商轮应即扣留，一面报请该管县府处办。如系外籍商轮，或外国兵轮，只派人暗中监视其所起之私货，俟该船驶行后或货已运至不能与该外舰取得联络地方，即将该项私货挡送县府处办，不得径扣留船只，或于该轮船尚能掩护走私者之地方与时间即行查拿，俾免发生意外事件"③，其中"诚恐发生事端"的表述体现出对外国列强的消极、惧怕态度。

防私缉私工作牵涉海关、地税、运输等诸多部门，需要各部门协同解决。省防私会的成立，宣称"以调查走私货品，筹划防止办法为主要任务，至关于执行事项，由本会签请四川省政府令饬有关机关办理"，将防私事务整合于一

---

① 这份《日本帝国主义侵略四川之秘密计划》，见1937年7月16日成都出版的《图存》周刊后面所附单页文件，现藏于成都市档案馆。

② 《由天津寄成都大批邮包类私货》，《新新新闻》1936年6月17日第16版。

③ 《省政府指示查缉各轮办法》，《四川月报》第9卷第3期，1936年9月。

身，同时协调配合各部门行缉私之责。但防私会的地位又是尴尬的，名义上以各地最高行政首脑为防私会负责人（如省防私会委员长由省主席刘湘兼任），却又明确规定防私会的法律性质与地位，"其性质亦属社会团体之一种，法律上应受各该所在地市县政府之监督指挥"①，这就决定了其防私缉私职权终受各级政府之掣肘。因而舆论对于防私会的工作成效甚不满意："吾人对于防私运动，始终疑惑莫解者，为四川防私协会一贯持冷静态度，毫无表示，目前对象已得，目的既著，有海关提出发货，有舆论指出商家，既不烦放协会诸公之明察暗访，复不牢其搜集证据，何以不立即提出检举，妥筹防止之方？"② 指出四川防私会在据理弹劾、秉公检举方面还做得不够，无法"尽职责而收实效"。

同样，商会、同业公会做了很多防私缉私的具体工作，但对贩运私货者，只能尽劝告之责，虽也规定了制裁办法，但仅限于"开除会籍；通告同业，与之经济绝交；予以汉奸名义，宣布名誉死刑；于本市各报披露其犯罪事实，并再登其相片"等③，无权对贩卖私货的奸商予以法律层面上的惩治。而执法部门却反应迟钝，无实际行动。从1936年7月份起，重庆海关先后扣留了大量有走私嫌疑的邮包，其中有邮寄至成都的大批涉嫌走私货物，渝海关却未能及时对这些货物做出处置；后经省防私会搜集不少证据，侦明真相，交通公司走私案被移交法院办理，而面对数量上千件、价值上百万的邮包走私案，"渝关久久不予处分，法院检察官竟亦噤若寒蝉，丝毫无所表示"，令社会各界大惑不解、议论纷纷。当时《新新新闻》的社论愤然指出："据中央特颁法令规定：走私五千元以上者枪决示儆。四川的防私会及各机构，竟都承认本市没有一家是奸商，一个是走私者吧……为什么未闻当局有何惩治以'示儆'呢？货既被扣留，证据显然，难道中央的法令只特颁给老百姓们看的呢？还是为了顾全仁人君子的风度而不屑与之追究呢？"④ 可见国民政府在抗战前夕对日本侵华态度的妥协退让，造成各级政府机关在对待日货走私问题上的不够积极和主动。因而一方面无法从源头上清除私货，另一方面对贩运私货者执法不严、惩治不力，奸商贩卖私货的行径屡禁不止，防私缉私的政策与措施也就无法真正有效落实。

总之，全面抗战前夕，华北走私浪潮蔓延到四川，面对日货在川地的泛

---

① 《省政府规定各地防私会与县府行文格式》，《新新新闻》1936年9月17日第10版。
② 《本市防私运动之两遗憾》，《新新新闻》1936年8月24日第9版。
③ 《市商会再通告各帮一致拒购私货》，《新新新闻》1936年6月12日第5版。
④ 《从走私说到在蓉设领》，《新新新闻》1936年8月20日第11版。

滥，四川各阶层从政府机关，到商人组织、群众团体开始了自上而下的防私缉私活动，成立了防私缉私组织，颁布并施行了一系列防私缉私的法规和措施，取得了一定成效。然而不久之后各地走私货品卷土重来，分析其中原因，与其时全国性的对日防私缉私形势有着紧密联系。从日货走私问题的实质来看，已不是单纯的偷税漏税行为，而是日本侵华的重要组成部分；国民政府防私缉私策略措施的应急性、被动性决定了在当时无法从根本上解决好日货走私问题。实际上，七七事变爆发后，日本方面更是变本加厉地推行其走私政策，破坏我国经济的稳定，以实现其"以战养战"之战略。国民政府的战时缉私工作面临着更加严峻的考验。

［本文原刊《民国研究》2017 年第 2 期］

近代外国人笔下的川边社会经济状况述论[①]

向玉成[②]

【摘　要】　近代外国人留下了大量关于川边社会经济状况的实地考察资料和文著，翔实甚至"琐碎"地记载了大量关于川边社会经济、宗教、民俗、地理、历史等方面的资料。本文结合相关中外文献资料，主要从茶叶贸易、货币问题、乌拉制、社会经济生活四个方面，梳理近代外国人笔下的川边社会经济状况。近代外国人涌入川边，其主要的战略目标不外乎入藏与打通印缅——扬子江流域，同时，这一战略还源于经济上的考量。因此，近代入川边游历考察的外国人，在知识探索、地理考察、社会经济考察等方面，其背后无不充斥着其各自国家利益的角逐。对近代到川边实地游历的外国人著述加以考察，我们可以明显看出上述"战略轨迹"，以及川边社会经济生活从汉区到"边地"过渡之特点。

【关键词】　外国人；川边；社会经济；考察记载

　　清廷于光绪三十二年（1906 年）设川滇边务大臣，统辖四川打箭炉厅（今康定）及所属各土司和西藏的康部，1912 年改为川边经略使，1914 年以其地为川边特别区，1939 年并入西康省。故"川边"为近代中国西南一个重要的"特别区"，因处于地缘政治、国家、民族、地理等多元因素交接处，其

---

　　① 基金项目：2011 年度国家社科基金西部项目"近代外国人在康区游历考察研究"（项目编号：11XZS011）、2013 年乐山师范学院"引进教师科研启动项目"（项目编号：S1301）阶段性成果。

　　② 作者简介：向玉成，男，1969 年生，四川南部县人，博士、教授、硕士研究生导师，四川省学术技术带头人后备人选；1997 年在四川师范大学历史系中国近现代史专业研究生毕业并获史学硕士学位，2013 年在四川大学历史文化学院专门史专业博士研究生毕业并获史学博士学位，主要研究方向为中国近现代经济史、区域旅游史，先后在《旅游学刊》《中央民族大学学报》等刊物发表论文 60 余篇，多篇被人大复印资料全文转载；先后主持国家社科基金项目"近代外国人在康区游历考察研究"（结题等级良好）及"近代外国人在卫藏游历考察研究"；获省级科研成果优秀奖等奖项 10 余项。

战略地位十分重要。1876 年中英《烟台条约》之"另议专条"签订后，外国人纷纷涌入这一地区。近代外国人对川边社会经济方方面面的实地考察记载，实乃一座巨大的资料宝库。许多外国人留下的实地考察资料和文著，翔实甚至"琐碎"地记载了大量关于该地区社会经济、宗教、民俗、地理、历史等方面的资料，作为原始素材和第一手资料，对于我们采用中外文资料互证的方法研究川边近代经济史，具有重要作用。较之国人对川边社会经济生活的记载，近代外国人的考察记载丰富细致，价值甚大。本文结合相关中外文献资料，主要从茶叶贸易、货币问题、乌拉制、社会经济生活四个方面加以述论，以窥外国人笔下的近代川边社会经济状况之概貌。

一、茶叶贸易

关于近代川边的经济状况，可以说外国人首要关注的就是作为中国藏区最大宗贸易商品川康藏茶叶贸易。1868 年入川边游历考察的英国人古柏（T. T. Cooper）对沿途数量庞大的运茶队伍和川康藏茶叶贸易的巨大规模，有十分形象的记述："在进入通往打箭炉的峡口时，我们超过了一队将近 200 人的从雅安运茶到打箭炉的队伍。在路上我已经发现过有着数百人的长长的运输茶叶的背夫……政府官员许诺他们的日工资由平日的一百文涨到二百文。在陡峭的二郎山山峰脚下的大渡河岸边的羊肠小道上，长长的运输队伍的侧影看上去犹如一道风景线。每个男子平均背负八包茶叶，即 72 公斤，但其中也有背负十二包的，大约 109 公斤。"[①] 1917 年曾入川边游历考察的奥地利人斐士（Fischer，Emil Sigmund）在其书中，参考了贝尔（Charles Bell）、柔克义（William Woodville Rockhill）和孔贝（G. A. Combe）等人的著述，对打箭炉的川藏茶叶贸易记载颇详，说每天都有上千人奔走于运茶路上，在打箭炉看见上千头运送砖茶入藏的牦牛准备出发翻越折多山。

论者认为，近代英国势力入藏力争之川边，正是川藏间的经济命脉与交通枢纽。有学者主张中英《烟台条约》的另议专章绝不是英公使威妥玛的神来之笔，而是随着印度茶业的蓬勃发展，在谋取印茶销藏利益的推动下产生的。这样的分析是很合情理的。1868 年的康区之行，使古柏对打箭炉及川茶入藏有

---

① （英）T. T. Cooper 著，屈小玲译：《成都—藏区之旅：1867 年一个欧洲人探寻商路札记（摘译）》，段渝主编《巴蜀文化研究集刊》（第六卷），巴蜀书社，2011 年，第 244 页。

了极深的了解，他知道打箭炉有 48 家锅庄（茶叶交易行栈），四川商人在雅安、名山、荥经、天全、邓州、灌县等产茶区收购茶叶后运到打箭炉锅庄等候买主，来自西藏、青海、云南、陕西及本地茶商则云集于此采购完税运出。古柏除了自己的考察外，又得到法国驻打箭炉教区主教丁硕卧（Joseph Mary Cheruveru，即肖沃）的协助，对川茶运销情形及利润有了更深的了解。回印后他向英属印度政府提出了报告，主张：（1）在重庆、打箭炉、巴塘、大理、拉萨设置英国商馆，贯通英属印度与长江流域；（2）针对当时英属印度政府争论不休的议题——是取道云南进入中国西南还是取道西藏，古柏提出西藏－四川－长江流域线；（3）茶叶是打通西藏线的有力武器，印茶若能取代川茶，英国将获巨利；（4）西藏政局不稳，俄已向中国西北推进。古柏的提议在英属印度政府中引起巨大反应，八年后，即 1876 年（光绪二年）中英《烟台条约》签订，英国取得了云南边境通商权，打开了宜昌、芜湖、温州、北海、重庆等五口通商、驻扎领事及长江航行与停泊权；条约中还另附专条，允许英人取道青海、甘肃、四川入藏探访。[①]

英国领事谢立山（Hosie Alexander）实地考察并专门研究过 19 世纪末打箭炉在内地与西藏贸易中的宏观经济数据。在 1881 年内地与西藏贸易分析中，载有其统计数据（见表 1）：

表 1　1881 年中国内地与西藏贸易分析表

西藏输至内地	价值（中国两，1 两=约 4 先令）	内地运入西藏	价值（中国两）
羊皮	400000	红茶	600000
其他皮类	100000	中国内地大的棉织物	10000
西藏衣服和毡	100000	外国制造物品	10000
麝香	120000	陶器	15000
角和鹿角	100000	毡帽、丝、白云母薄片、杂货	100000
金粉	100000	总计	735000
药材	100000		

① 冯明珠：《川青藏边域史地考察——近代中英康藏议界之再释》（下），《中国藏学》2008 年第 1 期，第 90～91 页。

西藏输至内地	价值（中国两，1两=约4先令）	内地运入西藏	价值（中国两）
杂货	20000		
总计	1055000		

谢立山分析后认为，如按贝得禄（即英国首任驻寓重庆商务代表 Baber，1877 年曾到打箭炉考察）所提出的，中国官员和西藏僧人走私了三十多万两银的红茶进藏，那么，内地与西藏的贸易大概正好平衡。[①] 到 20 世纪初，情况发生了变化（见表 2）：

表 2　1904 年内地经打箭炉与西藏贸易分析表

西藏输至内地	数量	价值（以银两计）	内地输入西藏	数量	价值（以银两计）
麝香	24533 英两	300000	红茶	11377333 磅	948591
金粉	8000 英两	192000	棉织品	—	46500
羊毛	533333 磅	48000	丝、绸		1500
皮子	145000 张	30000	丝头巾	—	20000
医药	—	84000	烟草	68750 磅	6000
硼砂	26667 磅	3500	外国制造货物		30000
狐皮	11000 张	9000	总计		1052591
山猫皮	600 张	2000			
总计		668500			

谢立山认为，这些数字被低估了，因为大量的内地与西藏贸易是经由西宁和其他线路进行的。他认为每年由内地输入西藏的茶多达 40000000 磅。贝得禄于 1879 年估计，经西宁进行的贸易是经由打箭炉贸易的 20%，在各地还有大量为逃避缴纳厘金的走私。根据柔克义的记载，1889 年打箭炉征收茶税所得厘金约达 120000 两白银，这大概是要从 13500000 磅的中国红茶中才能收取的厘金。经过研究，谢立山做出了《中国红茶经打箭炉输入西藏的价值与数

---

① （英）阿拉斯泰尔·兰姆：《印度与西藏的贸易》，伍昆明译，王尧、王启龙主编《国外藏学研究译文集》（第 16 辑），西藏人民出版社，2002 年，第 183 页。

量之概算》①：

表3　1879—1904年中国红茶经打箭炉输入西藏的价值与数量概算表

年份	重量（磅）	价值（中国两，1两＝4－5先令）	统计者
1879	10000000	600000（160000英镑）	贝得禄
1881	—	600000（150000英镑）	谢立山
1883	2000000	225000	德格丹
1889	13500000	—	柔克义
1898	—	1100000（200000英镑）	李顿
1904	11377333	948591	谢立山

　　上述统计数据对于我们研究清季川康藏之间的贸易问题，具有较大的参考价值。

二、货币问题

　　19世纪末英国在东印度公司制造的"印度卢比"与清廷的"四川藏元"在藏区展开较量，成为近代史上有名的货币之战。乾隆五十八年（1793年），清政府在西藏设立铸钱局，由驻藏大臣亲自督造银币"乾隆宝藏"，以铸造统一官钱取代外币，西藏地方政府则经过中央的批准制造一种"章卡"币。咸丰年间，由于银料匮乏，宝藏币便不再年年铸造，在民间流通较广的是章卡币。由于"自国库拨给的白银所铸造的章卡币均被前藏方面回炉，数年后章卡币变得极少"。西藏货币制度的弊端已严重影响了藏人的生活，这使"印度卢比"有了可乘之机。"印度卢比"专为贸易侵略所发行，币面铸有英王头像，早期的卢比因成色等优势，人皆乐用。据1900年入川边实地考察的戴维斯（Henry Rudolph Davies）记载，当时巴塘、盐井一带通用印度卢比，交换中缺乏零钱，人们则将印度卢比砍成几片，用于兑换，或通用砖茶交换。② 1903年锡良接任川督，提议由成都造币厂仿"印度卢比"大规模生产银币"四川藏

---

① （英）阿拉斯泰尔·兰姆：《印度与西藏的贸易》，伍昆明译，王尧、王启龙主编《国外藏学研究译文集》（第16辑），西藏人民出版社，2002年，第183～184页。

② （英）H. R. 戴维斯著，李安泰等译：《云南：联结印度和扬子江的锁链》，云南教育出版社，2000年，第292～293页。

元",两年后经户部批准,正式铸造重三钱二分的"四川藏元",成色为九成左右,共分一元、半元、四分之一元三种,币面铸光绪皇帝头像,这是中国通行的唯一印有皇帝头像的银币。英商在市场上拼命压低"四川藏元"的购买力,藏商受到英印贸易的影响,也只好将"四川藏元"贬价使用。由于"四川藏元"作为边饷发给驻藏官兵,它的贬值直接影响驻藏官兵的利益,因而他们宁愿用饷银汇兑西藏地方钱币,也不敢领取"四川藏元"使用,使"四川藏元"明显处于争斗的不利地位。为此,清朝官吏对"四川藏元"的货币政策做了补充和修正。川滇边务大臣赵尔丰发行十铜圆作为"四川藏元"的辅币发往西藏市场,并允许用铜圆自由抵换藏元。十铜圆的发行极大地便利了藏人的零星交易,此后"印度卢比"在川边藏区的势力逐渐减弱。但即便如此,清政府并没有达到从西藏市场驱除卢比的目的,除川边以外的大部分藏区可流通的藏元不但贬值,而且数量极少。当时,川边与藏区的茶叶贸易处于一种不平衡的状态。据调查,从四川康定输入西藏的货物总值是 1053491 两,其中茶砖达948591 两;而西藏地区进入康定的货物总值 669100 两,仅占前者的 57.45%。巨大的贸易逆差使西藏的银砖大量流向康定,同时西藏与英印交易使用的卢比,也流入康定被加工成银块。这些银砖银块部分被铸成"四川藏元",又通过与西藏的贸易或以发给驻藏官兵粮饷的身份进入西藏市场流通,由此清政府在西藏发行自铸银币以抵制外币的金融政策得以实现。但英国对清政府从川茶销藏贸易中所获巨额利润垂涎已久,一直企图用印度所产茶叶取而代之。由于印茶入藏造成清政府利权丧失,1910 年,赵尔丰正式成立了官督商办的边茶股份有限公司,公司秉持抵制印茶入藏、提高川茶质量的宗旨,建立了商会公所,专门查验入藏川茶的质量。边茶公司"一年之中曾盈余三四十万",在很大程度上提高了川茶入藏的竞争实力,而"印度卢比"则被边茶贸易限制在后藏一带,并历史性地退出了川边藏区。①

1906 年入川边游历的英国人庄士敦(Reginald Fleming Johnston)对当时打箭炉和康南地区的货币流通情况,以及"四川藏元"与"印度卢比"的竞争有较详细记载:对于在中国旅行的外国人来说,货币问题是一个十分伤脑筋的问题。市面上一般通用的是铜钱,大约 1000 铜钱兑换一墨西哥鹰洋;四川的银币和银锭一般都是剖开使用,加之成色千差万别,因此情况十分复杂。多年来,"印度卢比"在川西地区几乎取代了碎银货币,云南的商人们大量用"印度卢比"作为与缅甸、云南及西藏交易的通用货币,由于其币值比较稳定,商

---

① 周永红:《清末中英在西藏的货币之争》,《南京师大学报》2002 年第 5 期,第 155~160 页。

人们获利甚巨；当地人称"印度卢比"为"喇嘛头"——因其上所印维多利亚女王头像被当地人认作"喇嘛头像"，或称"洋钱"——就像中国其他地方称墨西哥鹰洋和英镑为洋钱一样；当时四川当局为抵制"印度卢比"，在成都发行了相似的货币（指"四川藏元"——笔者），其上铸有光绪皇帝头像——这是第一种铸有皇帝头像的中国货币，其外观和面值都与"印度卢比"极为相似；其中一种面值半卢比的"四川藏元"，作为官方税收指定货币，通行于打箭炉及川西地区。庄氏发现，新发行的"四川藏元"，在打箭炉至九龙八窝龙一带，非常流行；木里地区情况要差些；永宁以南，又看见了各种碎银货币；而到了大理府，"印度卢比"又基本上成了通用货币；在靠近大理的下关，"印度卢比"则可以购买任何东西。在四川，"印度卢比"已经很少见了，而且，其多半会被银商们剖开使用，或者融化回炉重铸，尤其是成色很好的喇嘛头。庄氏自述，鉴于沿途货币极为复杂，其此行就带了多种货币以备不时之需。①

三、乌拉制

在近代入川边游历考察的外国人记载中，"乌拉"是一个必不可少的重要话题。关于乌拉的酬劳，清末规定，藏区驮牛马骑每站脚银一钱六分，每一头牛能驮一百二十斤。在途倒毙，由雇者照章赔偿。② 1911 年赵尔丰根据原在土司头人中流行的征派运输乌拉的习惯旧法及 1720 年川陕总督岳钟琪所订立的章则，加以修改补充，制定了《各属百姓承认官差使置转运公物粮饷应雇骑驮乌拉民夫章程》，于是年七月初三日（1911 年 8 月 26 日）颁布实行。规定："各属乌拉驮价，无论牛马，暂定每站程途，给藏洋半圆，背夫、烫打役每名给银一嘴。俟道路平治之后，勘丈里数，竖立记里石桩，每乌拉一只， 里给脚价铜钱四文，背夫一名，一里给工资制钱二文，按里计算。客商往来，应自行议价雇用。"当时一两一钱五分纹银合藏洋三元半。③

法国传教士古伯察（Evariste-Regis Huc.）在其书中，对于 1846 年康藏地区乌拉制度的具体组织，以及其中的各种复杂情况，有详细记载：（1）制

---

① Reginald Fleming Johnston. *From Pe-king to Mandalay: A Journey From North China to Burma through Tibetan Sichuan and Yun-nan*, London: John Murray, 1908, pp. 153—154.

② 李竹溪、刘方健：《历代四川物价史料》，西南财经大学出版社，1989 年，第 185 页。

③ 李竹溪、刘方健：《历代四川物价史料》，西南财经大学出版社，1989 年，第 188 页。"一嘴"是四分之一个藏洋，两嘴就是半个藏洋，此计量单位在清末民国康定以西的关外一些地方才有。

度规定：墨竹宫是一个要换乌拉的地方，也就是要换马匹、驮兽以及负责牵赴它的人员。这些服差役的牲畜与人员，都是由西藏地方政府在从拉萨通向中原边境的沿途组织的。唯有在这条路上因公务而旅行的汉藏两族的公职官吏，才有权使用这类公益服务。拉萨地方政府向他们发放牒文，其中清楚地注明各个村庄都应为赞助乌拉而提供的人员和牲畜的数目。（2）问题与弊端：那些始终都在设法利用一切机会赚钱的清朝官吏们，也找到了利用西藏地方政府向他们提供的乌拉而进行投机交易的办法。他们在离开拉萨之前使用一切能想象出的手段进行策划，以便能在他们的路条上登记大量牲畜。还有些人索求全部乌拉以用于把西藏商品运往中原。（3）组织和召集：乌拉一般是由村子里的头人"第巴"负责。[①]

据1877年入川边游历考察的英国人威廉·吉尔（William Gill）记载：乌拉（常被称之为"夫马"）问题是一个大问题。在藏区高原上，官员、使节（包括外国人）来往频繁，而且乌拉无报酬，因而成为压在这块土地上的人们头上的重负。由于威廉·吉尔很难让当地人相信他们会付报酬，所以乌拉难找，这使得吉尔耽搁了不少时间，因为当地人想当然地认为吉尔一行不会付报酬。最终好不容易通过土司解决了这一难题。[②]

川边藏区外国教会经济实力强大。据《炉霍县图志》载："本县虾拉沱，于光绪二十七八年间，有法国牧师田养荴（即谭敬修——笔者）者于此设立教堂，招夫开垦，得良田四千余亩，教种大豆、花生、玉蜀、马铃薯等，产量甚丰，由此人烟辐辏，成为本县之重镇。"[③] 1917年小金"八角事件"波及丹巴，丹巴天主教堂被焚毁，司铎佘廉霭（Pere Charrier）逃到康定向主教倪德隆（Pi-erre Philippe Giraudeau）报告，倪向南京法国领事馆求援，领事馆则给北京政府施压。北京政府下令地方（小金的四屯百姓）赔偿3万银圆和1万斤粮食。1920年佘廉霭到小金传教，自己设计修建天主教堂，动用大量民力，于次年修竣，共花费12000银圆。[④] 可以说，乌拉制度，以及当地为传教士、官府负担的各种劳役、税负，成了川边人民的沉重负担，加剧了近代川边的贫困状态。

---

① （法）古伯察著，耿昇译：《鞑靼西藏旅行记 》，中国藏学出版社，2006年，第521～523页。

② William Gill, *The River of Golden Sand*：*the Narrative of a Journey through China and Eastern Tibet to Burma*. Condensed by Edward Colborne Baber and Henry Yule. London：John Murray，1883，pp. 169—172.

③ 秦和平、申晓虎：《四川基督教资料辑要》，巴蜀书社，2008年，第189页。

④ 小金县志编纂委员会编纂：《小金县志》，四川辞书出版社，1995年，第557页。

四、社会经济生活

对于川边近代社会经济的方方面面，外国人的实地考察记载实乃一座巨大的宝库。威廉·吉尔《金沙江》一书中，记载了大量关于川边社会经济生活的细节资料。[①]（1）社会经济状况：吉尔记载，出灌县西门进入岷江河谷，植被茂盛，道路迂回。沿途见到大量苦力运送八英尺长、十英寸宽、重者超过200磅的木材。木材贸易为本地一大产业，沿途村庄均堆积有大量木材。[②] 原木绑成的木筏在河中运输，人力、骡子都在运送木材。岷江河谷农业发达，大量出产水果如桃、枇杷等。汶川县则是一幅悲惨贫穷景象，因为受到灾害打击，街上人烟稀少，仅看见少数老妇人。街道仅300码长，街北头的旅馆小、脏、安静。主人大都很可怜，穷得似乎连贼都懒得光顾。[③] 县埠关（音，Hisn-P'uGuan）有墙和城门，官员称之为"厅"，他邀请吉尔休息一整天，提供其房屋住，还送了些土豆和猪肉。由于吉尔坚决不沾猪肉，因而随从们此后都视其为奇特的"外国穆斯林"。（2）物产：土豆本为中国人视为猪和外国人吃的玩意，但经教会传入华西后，推算起来，不过50年，整过西部和藏区，直到大理，一路都有种植。本地人花费大量力气保路、修路。理番府产玉米，有很多水磨。[④] 由松潘去龙安府（今平武）的路上，有红鹿、山羊、獐子等大量珍稀动物，因为麝香的价格是其重量3倍的银子，所以人们格外小心，捕猎时用陷阱而不是用枪。本地出产燕麦等各种麦类、土豆、菠菜，主食为大麦粑粑和大麦糊，也吃荞麦粑粑和酥油。因为太冷，不产印度玉米。有像西藏鲱鱼的一种小鱼，牦牛肉排很多。（3）经济贸易：此地牦牛肉40文一斤，鸡蛋7文1个。

[①] William Gill, *The River of Golden Sand: the Narrative of a Journey through China and Eastern Tibet to Burma*. Condensed by Edward Colborne Baber and Henry Yule. London: John Murray, 1883.

[②] William Gill, *The River of Golden Sand: the Narrative of a Journey through China and Eastern Tibet to Burma*. Condensed by Edward Colborne Baber and Henry Yule. London: John Murray, 1883, pp. 106—109.

[③] William Gill, *The River of Golden Sand: the Narrative of a Journey through China and Eastern Tibet to Burma*. Condensed by Edward Colborne Baber and Henry Yule. London: John Murray, 1883, pp. 110—113.

[④] William Gill, *The River of Golden Sand: the Narrative of a Journey through China and Eastern Tibet to Burma*. Condensed by Edward Colborne Baber and Henry Yule. London: John Murray, 1883, pp. 114—117.

7月份是松潘一年一度定期的大集市（交易大会）。西番人、蛮子、藏人、Ko-Ko-Nor（青海）人都带着各种毛皮、麝香、鹿角、大黄、药物、手工制品等出产来交易，换取陶器、棉织品和各种杂货。房东是个穆斯林，他非常尊重吉尔，因为其从不沾猪肉和猪肉制品。房东曾到过 Ko-Ko-Nor，说去那里来回要花 6 个月，路极难走，冬天尤其严寒，他向吉尔要了些药来防治冻伤，因为他听中国翻译说那药特别灵，看他那样高兴，吉尔实在不忍心告诉他药实际上绝不会有那样神效。对外国人有着愚昧迷信的中国人，认为外国人都有超自然力，并推及欧洲产品，认为亦能包治百病。很多中国人将蜡烛油视为治疗发疹的特效药，而欧洲糖几乎就是他们的常备药。① 泸定桥左岸的二层楼旅馆大而舒适，有卧室和起居室。在泸定翻译买一只家禽，讲好 120 文，但回去拿时卖家却要 130 文，此一纠纷让吉尔和翻译气愤不已，而且一直耿耿于怀，后来一提起此事就恨骂不已。泸定至小烹坝沿途河谷中仍有少量稻田，小烹坝以上 7 英里处有木桥。瓦斯沟处于炉河（折多河）与大（渡）河汇流处，他们在此好好睡了一觉，尽管此地连搭帐篷之处都难寻，而且过了此地气温陡降。炉河陡急。古道宽约 5 英尺，20 英里，路铺得很好。② 很奇怪此地通用"印度卢比"，原因在于藏人和山民觉得汉人的钱在使用时欺骗性的花招太多，而卢比用起来比较简便。由于没有更小的货币，当地人常将卢比等分成几块用于兑换，细心的汉人当然会用天平，但藏人一般凭肉眼毛估其价值。另外，茶也是一种交易中介单位。卢比通行西至拉萨，东到泸定桥。泸定桥以下也可见到卢比，但不通用。由于从北京来的驻藏大臣刚从此地经过到拉萨去，他几乎带走了所有卢比现金，所以短时间内很难换得大量卢比。好在肖沃帮助吉尔从朋友和熟人中换到了 1000 卢比。沿途用牦牛驮运。③ 马夫头儿要价 40 两，吉尔还价 20 两，然后涨到 29 两，头儿要价 30 余两。他们用"袖里乾坤"的方式商量价格。吉尔还说，俄国探险家普热瓦尔斯基（Prjivalsky）记载甘肃拉卜

---

① William Gill, *The River of Golden Sand: the Narrative of a Journey through China and Eastern Tibet to Burma*. Condensed by Edward Colborne Baber and Henry Yule. London: John Murray, 1883，pp. 127—129.

② William Gill, *The River of Golden Sand: the Narrative of a Journey through China and Eastern Tibet to Burma*. Condensed by Edward Colborne Baber and Henry Yule. London: John Murray, 1883，pp. 166—168.

③ William Gill, *The River of Golden Sand: the Narrative of a Journey through China and Eastern Tibet to Burma*. Condensed by Edward Colborne Baber and Henry Yule. London: John Murray, 1883，pp. 169—172.

楞地区的人也有十分相似的习俗。① 理塘附近的河曲卡（汉人村）贫穷，只有几个山民，泥地上有火塘，无窗，烟大。用 1 卢比买到 20 条平均重半磅一条的鲜鱼，另外还买了一打鸡蛋、15 个鸽子蛋、面粉、羊肉、野禽、芜菁、卷心菜，吃了豪华一餐。理塘城为世界最高城之一，海拔 13280 英尺（约 4100 米），谷物和土豆都难以生长，只产长得很差劲的卷心菜和芜菁。②

著名的英国生物学家威尔逊（Ernest Henry Wilson）对松潘一带的社会经济生活，尤其是当地的农牧业与物产方面，记载甚详：松潘所处的河谷有四分之一到二分之一英里宽，高山一面是 1000 到 1500 英尺高的山坡。山坡上主要种植小麦和青稞，偶尔有些豌豆和亚麻。亚麻籽用于榨取点灯的油。8 月的中下旬，整个郊外是一片随风摇曳的金黄粮食。谷物收割后留下的一节短桩会马上被犁进土。犁地的工具很简单，由一个带铁剪的装置，一根直的木柄，一条长轴构成。长轴用来套两头黄牛或是黄牛与牦牛的杂交种犏牛。在谷物收获的季节，一些从大金河上游来的部族人从西面和西南方向走上很多天，来这里帮忙收割。每年这些人会来到这里要求帮助收割，而他们确实也起到了必不可少的作用。谷物收割后会捆成小把，倒挂在拴栏状的晒架上，然后进行打谷。打谷工具是木制连枷，男女都参加。收获的谷物在水力转动的磨坊里磨成粉。松潘的地名有云杉和冷杉的意思，并代表岷江迂回前行的流径。流水虽然依旧沿袭着它的曲折流向，但森林却早已消失。只有在庙宇和坟地周边还有一些树。山上是一色的光秃秃，没有种地的地方则长满了灌木和长草。山的表层是一层薄薄的肥土，可能是冰川冲积土，很重，但很适合谷物的种植。耕地旁的草丛和灌木丛里有大量的野鸡和一种长耳朵浅灰色的野兔。这一地域还有獐子、麋鹿和白鹿。在沼泽地里一种叫雪猪的土拨鼠大量地挖穴繁殖。松潘的西北部叫安多草原。汉人叫"草地"，是草原的意思。这里是海拔 11000 英尺的起伏高地，放养着成群的牛羊和马。③

女传教士戴如意（Annie Royal Taylor）记载了其 1893 年在结古时与当地藏汉商人讨价还价的过程：由于"仅有一匹马和极少的钱"，戴如意出于安全

① William Gill, *The River of Golden Sand*: *the Narrative of a Journey through China and Eastern Tibet to Burma*. Condensed by Edward Colborne Baber and Henry Yule. London: John Murray, 1883, pp. 188—189.

② William Gill, *The River of Golden Sand*: *the Narrative of a Journey through China and Eastern Tibet to Burma*. Condensed by Edward Colborne Baber and Henry Yule. London: John Murray, 1883, pp. 204—205.

③ （英）欧内斯特·亨利·威尔逊著，红音、干文清编译：《威尔逊在阿坝》，四川民族出版社，2009 年，第 42 页。

考虑，为跟随商队去打箭炉，不得不和商人们讨价还价。她记录了讨价还价的全过程：首先，三个从西宁来的回族商人去向她推销马，双方未达成交易，接着她相继与猪肉商和一些甘孜商人反复讨价还价，请对方带他们去打箭炉，对方开价过高，交易均未成功。然后，猪肉商再次去向她讨价还价。此时另一些藏人说仅要 20 两银子和表的一半价钱，并供给很好的食物和照顾，最后戴氏向猪肉商要回了预付的表，与藏人达成交易并随之顺利到达打箭炉。①

据 1899 年曾到理塘一带游历的日僧能海宽记载，理塘人四季常食牛肉，天天都要屠杀牛，4 头、5 头、10 头不等，喇嘛也食用。吃法为把生的大块牛肉在牛粪火上烧，或者生吃，甚是简单。屠牛法也很简单，把四足缚起来，砍掉脑袋，接着剥皮。牛种是西藏牛，汉人称之为牦牛，毛长 1 尺左右，牛角弯曲呈二三曲折的形状……见人就逃。用它驮带行李，不管山谷与丛林，都可无忧虑行走，但掉进水里被淹死的也有。土人通常 1 人饲养 10 头。论者认为，能海宽关于理塘人食牦牛及役使牦牛的记载，在一百多年前是新资料，清嘉庆十五年（1810 年）陈登龙所编《理塘志略》手抄本，仅在"物产·兽类"条中列有牦牛字样，对其自然属性和功用只字未提，故能海宽的记载在当时实有填补空白的作用。②

五、余论

近代外国人涌入川边，其原因是多方面的。从地缘来说，列强主要的战略目标不外乎：一为入藏，二为打通印缅—扬子江流域。同时，这一战略还源于经济上的考量。以英国为例。论者认为，英国势力入藏力争之地，正是川藏间的经济命脉与交通枢纽。18 世纪以来英国商人的梦想就是打开中国市场，让英国商人与英国货物均能畅行无阻；经历鸦片战争与英法联军之役后，英国取得了长江流域贸易的优势；在此同时英属印度政府的势力也到达印北，顺利取得了锡金，征服了尼泊尔，租借大吉岭，打开了云南，占领了缅甸，接着便是敲开西藏的大门，希望将英属印度与英国长江势力范围联结一气，一方面确保

---

① 赵艾东：《从西方文献看 19 世纪下半叶中国内地会在康区的活动及与康藏社会的互动》，《西藏大学学报》2010 年第 2 期，第 99~100 页。

② 何大勇：《日僧能海宽入滇进藏求法研究》，《中国藏学》2004 年第 2 期，第 80 页。

英国在华的优势，再者亦可将印度货物倾销中国。[①] 由于直接入藏极难奏功，英国才急于打通从印缅经川边入藏的通道。总之，冀图打通东西对进、南下北上的一条甚或数条通道，进入神秘的藏区和广大的内地，这才是列强热衷于川边的关键之所在。1876 年中英订立《烟台条约》，其"另议专条"规定了英国从 1877 年起可派员由中国内地入藏至印度或由印度入藏"探路"，由此英国人获得了由川边入藏之"合约"权利，为英法等列强从中国东部和东南沿海进入川边和藏区腹地打开了"紧箍咒"。此后，进入川边并冀图由此入藏之外国人猛增。一方面，"口岸—边地"的由东向西之趋势明显。但是，值得我们引起重视的是，英法等列强的战略目标，还有另一方面，即"打通南北"，试图从中国西南部的川边打通进入长江流域以及藏区腹地的通道，从而形成通过川边"东西对进、南下北上"的十字交叉通道，这才是近代列强热衷于进入川边的实质。因此，近代入川边游历考察的外国人，在知识探索、地理考察、社会经济了解等方面，其背后无不充斥其各自的国家利益角逐。对近代到川边实地游历的外国人著述加以考察，我们可以明显看出上述"战略轨迹"，以及川边社会经济生活从汉区到"边地"的过渡性特征。

[本文原刊《民族学刊》2014 年第 6 期]

---

① 冯明珠：《川青藏边域史地考察——近代中英康藏议界之再释》（下），《中国藏学》2008 年第 1 期，第 90 页。

四川政潮与蒋介石的因应（1937—1940）

黄天华①

【摘　要】　抗战时期，国民政府西迁重庆，采取各种集权措施以图切实掌控四川，而四川地方势力却因既得利益受损，多次武力抗拒中央，使得四川政潮迭起。1938 年 1 月四川省主席刘湘逝世后，蒋介石任命张群主川。此次引起刘湘嫡系强烈反弹，中央被迫收回成命，改任刘湘旧部王缵绪主川。次年 8 月，风潮再起，四川军人武力驱逐王缵绪。无奈之下，蒋介石不得不亲主川政。然而一年后，在四川军人多方掣肘乃至进行兵变威胁下，蒋介石也不得不辞职，但仍坚持让张群继主川政。持续不断的川政风潮很大程度上破坏了大后方的稳定，影响了抗战大局，也充分反映了战时中央与地方之间复杂多变的关系。

【关键词】　抗战时期；蒋介石；四川军人；川政风潮

　　南京国民政府成立后较长一段时间里，四川依然处于"半独立"的状态，哪位军人的实力最强，所占地盘最多，就会被中央政府任命为省主席。1935 年川政统一时刘湘之所以被任命为省主席，很大程度上是因为他在此前的"二

　　①　作者简介：黄天华，男，1977 年生，四川盐亭人，历史学博士，教授，博导；2002 年毕业于四川师范大学历史系中国近现代史专业并获硕士学位，2008 年毕业于四川大学历史文化学院并获历史学博士学位，2009 年至 2010 年在北京大学历史系进修，2010 年至 2013 年在中国社科院近代史研究所做博士后，2017 年暑假赴美国密歇根州立大学、纽约大学参加四川师范大学"教学名师信息化教学能力提升培训"；现为四川师范大学历史文化与旅游学院硕士生导师、教育学专业博士生导师；主要研究方向为中国近现代史，在《历史研究》《抗日战争研究》《社会科学研究》《四川大学学报》等期刊发表文章十余篇，被《新华文摘》全文转载两篇，被人大复印资料全文转载两篇，摘要一篇，出版专著《边疆政制建置与国家整合：以西康建省为考察中心（1906—1949）》；主持国家社科基金项目 1 项、省部级项目 3 项；获四川省哲学社会科学优秀成果奖三等奖两项；2014 年入聘四川师范大学"251 重点人才培养工程"第三层次人选，2017 年被聘为"狮山学者·杰出青年学者"，2018 年被评为四川省学术和技术带头人后备人选、四川省有突出贡献的优秀专家。

刘大战"中战胜了前任省主席刘文辉。可以说，究竟何人出任省主席主要取决于四川军人"内斗"的结果，中央政府基本上只是对现实予以认可。①

国民政府迁都重庆之后，四川成为畿辅重地，中央政府必须切实掌控四川省政，方能贯彻中央意图。蒋介石曾说，川事"为一切问题中之根本"，只有着力建设、安定四川，对内对外才可"独立无惧"。② 所以，1938年1月四川省主席刘湘去世后，蒋介石迅即任命盟弟张群继任，却引起刘湘嫡系强烈反弹，蒋不得不收回成命，任命刘湘旧部王缵绪主川，风潮迁延三个月才基本平息。次年8月，风潮再起，潘文华、邓锡侯、刘文辉武力驱逐亲中央的王缵绪。在此形势下，蒋介石不得不于1939年10月亲自兼任四川省主席，意在排除四川军人干政，使"中央政权不受威胁"③。

可是，在四川军人眼中，国民政府是在"攫取四川整个地盘"，而他们要尽力保住四川"主权"④，因此多次武力抗拒中央，威胁中央。1939年9月18日，"川省现时最大势力的残余军阀潘文华"的亲信黄应乾向行政院参事陈克文抱怨，"中央对四川予取予求；四川在中央连发言权也没有"；而"中央失了许多地，穷无所归，来到四川，为甚么不尊重四川的意见，四川人一朝气忿起来，出以激烈行动，则中央将到何处去"?⑤ 1940年7月到10月，即英国关闭滇缅公路期间，四川、云南盛传龙云有当"抽底"将军的可能，即"从后面威吓中央"，以刘文辉为首的四川军人也"乘机向中央反攻，所谓打落水狗"，川军十二个师长通电提出"请蒋让位，川人治川"。⑥ 刘湘妻弟周成虎等人甚至打算仿效西安事变，趁蒋到成都时将其扣押。

四川军人的持续杯葛给蒋介石制造了严重麻烦。1940年5月，蒋介石即痛感"四川习俗环境太劣，政治复杂，顾忌太多，如何使之改革上进，思之痛

---

① 黄天华：《国家统一与地方政争：以四川"二刘大战"为考察中心》，《四川师范大学学报》2008年第4期；《蒋介石与川政统一》，《四川师范大学学报》2010年第5期。

② 《蒋介石日记》，1939年5月22日，9月16日"上星期反省录"，美国斯坦福大学胡佛研究院藏。

③ 公安部档案馆编注：《在蒋介石身边八年——侍从室高级幕僚唐纵日记》，群众出版社，1991年，第101页。

④ 秋宗鼎：《抗战初期蒋介石侍从室对四川军阀的调查材料》，中国人民政治协商会议全国委员会文史资料研究委员会编《文史资料选辑》合订本，第11卷第33辑，中国文史出版社，2000年，第122页。

⑤ 陈克文著，陈方正编辑、校订：《陈克文日记（1937—1952）》（上），"中央研究院"近代史研究所，2012年，第483页。

⑥ 《程子健在延安给中央的报告——一年来川康政治形势与党的工作》（1941年8月29日），中央档案馆、四川省档案馆编印《四川革命历史文件汇集》甲12册，内部印刷，1987年，第513页。

苦，艰难甚于抗战也"①。同年 11 月他又感叹对四川军人的处置"宽严皆非，轻重两难"！于是，蒋介石不得不辞职，但仍坚持让张群继主川政。张群成功主川解决了"三年来不了之大问题"，使蒋"如释重负"，认为是该月"最乐之一事"。②

但是，张群主川并未能完全解决问题。1941 年初，因为川军"不稳"，蒋介石就不得不调"精兵"保卫首都。③ 同年 6 月 16 日，蒋介石声色俱厉地对邓锡侯等人说："四川为中央之四川，非谁人之四川。满清三百年之天下，尚且可以推翻，尚有何可惧！"④ 但四川军人依然我行我素。

关于抗战时期四川军人与蒋介石之间的政治角力，大陆有学者较深入地论述了蒋兼理川政之缘起及其治川方针，分析了蒋兼理川政的得与失；⑤ 台湾有学者较深入地论述了刘湘死后的川局波澜以及张群主川的曲折经过。⑥ 美国学者罗伯特·A. 柯白（Robert A. Kapp）在 1973 年的专著中论述了 1938 年以前国民政府与四川的关系⑦，稍后又著文对战时四川的状况做了概论性的阐述。⑧ 四川省人民政府参事室、四川省文史研究馆著《川康实力派与蒋介石》，以及匡珊吉、杨光彦主编的《四川军阀史》⑨，也都是值得重视的著作。本文在现有成果的基础上，希望对相关研究有所推进。

---

① 《蒋介石日记》，1940 年 5 月 5 日，美国斯坦福大学胡佛研究院藏。

② 《蒋介石日记》，1940 年 11 月 9 日"上星期反省录"、30 日"本月反省录"，美国斯坦福大学胡佛研究院藏。

③ 华中师范大学教育科学研究所主编：《陶行知全集》第七卷，湖南教育出版社，1992 年，第 482 页。

④ 公安部档案馆编注：《在蒋介石身边八年——侍从室高级幕僚唐纵日记》，群众出版社，1991 年，第 214 页。

⑤ 陈红民、罗树丽：《抗战期间蒋介石兼任四川省政府主席述论》，《抗日战争研究》2013 年第 4 期。

⑥ 杨维真：《1938 年四川省政府改组风潮始末》，《"国史馆"学术集刊》第四期 2004 年 9 月；何智霖：《张群入主川政经纬（1938-1940）》，《中华民国史专题论文集（第二届讨论会）》，"国史馆"，1993 年，第 753～772 页。

⑦ 罗伯特·A. 柯白：《四川军阀与国民政府》，殷钟崃、李惟健译，四川人民出版社，1985 年。

⑧ 凯普：《中国国民党与大后方：战时的四川》，张玉法主编《中国现代史论集》第 9 辑，联经出版事业公司，1982 年，第 221～230 页。

⑨ 四川省人民政府参事室、四川省文史研究馆：《川康实力派与蒋介石》，四川大学出版社，1993 年；匡珊吉、杨光彦主编：《四川军阀史》，四川人民出版社，1991 年。

一、刘湘与蒋介石猜忌日深

1935 年，军事委员会委员长行营参谋团和蒋介石先后入川，协助刘湘实现了川政统一，中央政府借机强势介入川局，结果引发刘湘与蒋介石之间的一系列冲突。[①] 参谋团主任贺国光回忆："参谋团入川后，非常意外的产生种种流言。刘湘认为中央即将削其兵权，另以他人代之，意颇不怿。情势天天演变恶化，误会难释，双方各自备战，大有一触即发之势。"[②]

1937 年春夏的情形最为严重。为解决分歧，双方信使往还，密集磋商。陈诚特于当年 5 月 22 日劝告刘湘"毅然还政中央"，"勿涉疑惧"，并称"甫澄〔刘湘〕果能还政中央，实中国统一进程上最大之贡献"。[③] 最终，双方于 6 月底达成整编川军的协议，局势缓解。然而川康整军会议召开的第二天，"七七事变"即发生，会议被迫提前结束，川康军队仍然没有按照蒋介石的意图进行裁减。[④]

"七七事变"后，蒋介石又在反复思考"川、桂出兵问题"或"川、滇之处置"。[⑤] 9 月初出川的川军被编为第二十二集团军和第二十三集团军，总司令分别是邓锡侯和刘湘，由第七战区司令长官刘湘统一指挥。但北路川军一到宝鸡，即被拨归第二战区，受阎锡山指挥；沿江东下的川军刚到汉口，就被拨入第一战区，受程潜指挥。刘湘对川军被中央分割，表示不满，所以迟迟不出川。直到 11 月 9 日，刘湘才由蓉飞汉，并于 12 日抵达南京。刘湘虽然抵京，对蒋却颇有埋怨。据周佛海日记，11 月 17 日，王平秋告诉他："刘湘谓蒋先生以若辈为小孩子，国家大计均置于其个人腹中，决不提出商讨，且不表示，但若辈自视则并非小孩，何以蒋先生如此对待？言下深致不满。"[⑥]

就在刘湘到达南京的当天，蒋介石即与国民政府主席林森商议迁都问题。

① 黄天华：《蒋介石与川政统一》，《四川师范大学学报》2010 年第 5 期；《从"僻处西陲"到"民族复兴根据地"：抗战前夕蒋介石对川局的改造》，《抗日战争研究》2012 年第 4 期。

② 郭廷以校阅，王聿均访问，张朋园纪录：《贺国光先生访问纪录》，《口述历史》第 7 期 1996 年6 月，第 31~39 页。

③ 何智霖编辑：《陈诚先生书信集·与友人书》（上），"国史馆"，2009 年，第 115 页。

④ 关于 1937 年春夏四川与中央之间的冲突以及川康整军会议，参见黄天华：《"整军即所以抗日"：蒋介石与 1937 年川康整军会议》，《社会科学研究》2016 年第 5 期。

⑤ 《蒋介石日记》，1937 年 7 月 23 日，8 月 7 日"下周预定表"，美国斯坦福大学胡佛研究院藏。

⑥ 周佛海著，蔡德金编注：《周佛海日记全编》（上编），中国文联出版社，2003 年，第 94 页。

11月16日，国防最高会议正式决定迁都重庆。蒋介石在刘湘离开四川之后才正式决定迁都重庆，似乎不仅仅是时间上的巧合。12月2日，蒋又在思考"对刘态度与行动"以及"四川问题解决之时期"。① 12月25日川人吴虞在日记中说："省政府有明年改组之说，刘某又有死耗，待证。"② 这说明四川已有刘湘逝世的谣言，而且蒋介石有意改造川局已经不是秘密。

1938年元旦，蒋介石确定了抗战的基本方略："集中兵力，改造川黔，奠定基础，重新革命。"基于这一方略，他打算继续调川军出川，并确定新的四川军政人选，但希望能"和平处置"。③ 1月13日，徐永昌与张群商谈和战问题，张群认为："既不能战，即须求和，但敌人条件恐非我们所能堪。且共党方面、桂军方面反对必烈；若刘湘之反对，只他个人之势力地盘问题。"④ 在张群看来，刘湘的地盘意识根深蒂固，直接影响其对和战的态度。次日，蒋介石再次考虑"鄂、川省政府之主席"问题。⑤

其时，刘湘宿疾肠胃病复发，于1937年底入住汉口万国医院。1938年1月7日，刘湘致信夫人："或者危险时期已过矣。"⑥ 这时，川中军政僚属均盼刘湘回川养病，但传言蒋介石对刘湘行动已有限制。1月14日后，刘湘病情出现反复。1月20日下午，蒋介石探访刘湘。晚上七点多，刘湘去世。

刘湘究竟是怎么死的，当时出现了各种说法。中共的材料说："刘到汉口以不明情况而逝世。"⑦ 国民党中央党部秘书王子壮在刘湘去世当天说，刘湘是因韩复榘被捕后吓死的（详后）。刘湘夫人刘周书则宣称是："被蒋委员长毒死的。"⑧ 1964年，曾是刘湘部下但后来又与他关系不好的范绍增回忆说，刘湘与韩复榘有勾结，当韩被抓之后，刘湘就被吓死了。稍后，曾任宋哲元第一集团军总司令部参谋长的张樾亭回忆说，刘湘与韩复榘有勾结，当韩被抓之后，刘湘即被蒋派人毒死。黄应乾也回忆说，他当时听到很多传闻，其中之一

① 《蒋介石日记》，1937年12月2日，美国斯坦福大学胡佛研究院藏。

② 中国革命博物馆整理，荣孟源审校：《吴虞日记》（下册），四川人民出版社，1986年，第757页。

③ 《蒋介石日记》，1938年1月1日、4日、11日，美国斯坦福大学胡佛研究院藏。

④ 《徐永昌日记》第4册，"中央研究院"近代史研究所，1991年，第215页。

⑤ 《蒋介石日记》，1938年1月14日，美国斯坦福大学胡佛研究院藏。

⑥ 乔诚、杨续云：《刘湘》，华夏出版社，1987年，第239页。

⑦ 《川康特委报告书——一九三七至一九四〇年七月》（1940年8月20日），中央档案馆、四川省档案馆编印《四川革命历史文件汇集》甲12册，内部印刷，1987年，第168页。

⑧ 乔诚、杨续云：《刘湘》，华夏出版社，1987年，第244页。

就是刘湘是被特务毒死的。①

据南昌行营别动队首领康泽回忆，他当时印象，刘湘的病"并不怎样严重"，因此他"多少有点怀疑"刘湘是在装病，"以便藉此回四川"。蒋介石曾告诉康泽，刘湘请求"回四川去疗养。我没有答应他。你要派人在医院附近监视，预防他秘密逃走"。② 后来，蒋介石特意叫何应钦把扣留并枪决韩复榘的事告诉刘湘，随后刘湘就吐血而亡。可见，关于刘湘死因，有病死、被毒死、被吓死等多种说法，以致美国学者柯白说："刘湘之死的真相从来没有完全澄清过。"③

不管刘湘之死的真相如何，上述说法的广泛流传，反映了蒋介石和刘湘之间互相猜忌颇深，刘湘嫡系潘文华就在成都公开讲："死也不愿到前方去！"④

然而，诸多中央军政要员却认为刘湘之死是国家之福。王子壮在日记中写道："自中央迁川，时闻刘湘不稳之传说，但观其出兵抗战，始则迟疑，继仅派六师（川共派十二师，余六师非刘湘系），川省军尚保有廿余万，且较精，绝非如广西之开诚相与，蜚语之来，盖亦有自。外传彼与韩复榘有默契，今韩以不努力抗战，被逮来汉，将予以军法审判，刘之不起，殆亦因此。中央当此抗战之际，西顾之忧，得以消除，亦幸事也。"⑤

1938 年 1 月 21 日，陈克文在日记中说："四川军阀刘湘病死汉口万国医院。人人见面，都道是国家一件幸事，与山东军阀韩复榘最近之被扣留查办，一样的民心称快。刘湘病死偏在今年今日，在川兵参加作战之后，而又在军事

---

① 范绍增：《关于刘湘、韩复榘之死的一点见闻》，中国人民政治协商会议全国委员会文史资料研究委员会编《文史资料选辑》第 42 辑，文史资料出版社，1980 年，第 251～253 页；张樾亭：《记刘湘、韩复榘、宋哲元联日反蒋的失败》，中国人民政治协商会议全国委员会文史资料研究委员会编《文史资料选辑》第 54 辑，中国文史出版社，1962 年，第 95～98 页；黄应乾：《刘湘死后川局波澜纪略》，中国人民政治协商会议全国委员会文史资料研究委员会编《文史资料选辑》第 12 辑，中华书局，1960 年，第 80～81 页。

② 康泽等：《康泽自述及其下落》，传记文学出版社，1998 年，第 93～96 页。按，不仅康泽在怀疑刘湘装病，有可能蒋介石也在怀疑刘湘装病，因为 1930 年代初刘湘经常托病拒绝赴京见蒋介石，或者以回老家养病为由拒不执行调川军出川的命令。虽然刘湘真的有宿疾，但有时难免让人怀疑他是在生"政治病"。参见黄天华：《"整军即所以抗日"：蒋介石与 1937 年川康整军会议》，《社会科学研究》2016 年第 5 期。

③ 罗伯特·A. 柯白：《四川军阀与国民政府》，殷钟崃、李惟健译，四川人民出版社，1985 年，第 169 页。

④ 《罗世文给周恩来转长江局的报告——以团结抗战解决刘湘系纷争和其他工作》（1938 年 3 月 8 日），中央档案馆、四川省档案馆编印《四川革命历史文件汇集》甲 11 册，内部印刷，1987 年，第 78 页。

⑤ 《王子壮日记》第 4 册，"中央研究院"近代史研究所，2001 年，第 384 页。

政治重心之汉口，则亦可谓死得其时，死得其所矣。……鲁韩、川刘、湘何，素以雄视一方，不听中央命令称。今刘死，韩拘，何亦已离湘，中央统一之势，当更为巩固，惜已恨其过晚。"① 徐永昌也说，刘湘逝世即昭示我国"似已渐有生机"，这是"天不拟亡中国"之兆，吾人不可"自亡之"。②

蒋介石于 1 月 20 日得到刘湘去世的消息后也说："甫澄逝世，私情可痛，然从此四川得以统一于中央，抗战基础稳定，未始非国家之福。"23 日，蒋又说，最近两星期以来，"有极重大之三事，一为拘办韩复榘……二为严拒倭寇诱降条件……三为刘湘逝世，四川得以完全统一于中央，抗战基础大定，此皆足以慑服倭寇转危为安之机也"。同年底，蒋介石反省一年来得失，认为"鲁韩受诛，川刘病毙"都是于国家有益的大事。③

二、张群主川受阻与王缵绪继任省主席

1 月 22 日，国民政府迅即任命张群为四川省主席。同时，蒋介石有意撤销川康绥靖公署，让川军直接归中央管辖。蒋介石之所以选中张群，除了张是其盟弟外，张是四川人这一点也相当重要。因为自 1935 年中央势力入川以来，四川军人都是举着"川人治川"的旗帜来排拒中央势力。

但是，一般人对张群能否顺利出任、能否导川政入正轨颇有疑虑。1 月 22 日，王世杰在日记中写道："政府抗战，将以川省为后方最重要之根据地。然川军、川政之不良，殆为各省之冠。川军数量之众，殆超过日军常备军总额（廿五师团约五十万人），而纪律器械均甚劣。"刘湘"病殁于汉口，政府决定以张岳军为川省政府主席。一般人对于川省前途，多杂忧虑与希望两感"④。

果然，张群主川的消息引起刘湘嫡系的强烈反弹。23 日，四川省保安处处长王陵基首先通电反对。王氏系川军中的元老派，曾任清末四川陆军速成学堂教官，刘湘、杨森等川军将领多出其门下，刘湘生前对王氏常执弟子礼。此时，王氏又为刘湘系统核心组织武德学友会的首领，且以保安处处长身份代理

---

① 陈克文著，陈方正编辑、校订：《陈克文日记（1937—1952）》（上），"中央研究院"近代史研究所，2012 年，第 174～175 页。

② 《徐永昌日记》第 4 册，"中央研究院"近代史研究所，1991 年，第 221 页。

③ 叶健青编辑：《蒋中正"总统"档案·事略稿本》第 41 册，"国史馆"，2010 年，第 74、79～80 页；《蒋介石日记》，1938 年末"一年中之回忆录"，美国斯坦福大学胡佛研究院藏。

④ 《王世杰日记》第 1 册，"中央研究院"近代史研究所，1990 年，第 168 页。按，王世杰所记刘湘逝世的日子有误。

四川省保安司令一职，掌握二十多个保安团，不论资历、威望或实力，王氏皆自认为四川省主席和川康绥靖主任之职是其囊中之物。同一天，刘湘所部留驻后方的6个师长、5个旅长由许绍宗领衔联名致电何应钦、武汉行营主任何成浚，对四川省军、政人选提出主张，说："日来人心惶惶，不可终日，汉奸土匪，纷纷蠢动。……窃念贺主任国光、邓军长锡侯、刘军长文辉、王军长缵绪，皆夙为川中军民所欣戴，恳两公转达中央遴选分长全川军政，必能抚绥军团，安辑民众。"① 许绍宗等人提出的人选有贺国光、邓锡侯、刘文辉和王缵绪，而且是分掌军政，不能一人全揽。

同时武德学友会又在成、渝两地大造反张舆论，贴标语、散传单、发代电，举行游行示威，声势颇大。民众团体四川省抗敌后援会亦向全国发出通电，力陈："川中军民无不拥护中枢抗战到底之主张，誓死反对屈辱妥协及亲日分子，应请选派素来主张彻底抗战且为川民仗仰之大员主持，国家前途，实深利赖。"② 该电影射曾经留学日本、长期主持对日交涉的张群是亲日派，不能主川。

刘湘嫡系的行动早就引起蒋介石的注意。1月22日，蒋介石提醒自己："四川统一后内部恐惧心应设法消弭。"③ 24日，《大公报》发表社评《今后的四川》，除肯定张群为主川的恰当人选外，特别强调今后的四川须"打开地方观念，铲除一切部落思想。要知四川不仅是国家的四川，并且是复兴国家的根据地。今后的四川一切建设，皆须针对国家全局，统筹并顾，而不应局限于省的单位"④，意在为张群主川提供舆论支持。

随后，蒋介石又派顾祝同偕潘文华飞抵重庆，进行调停或试探由顾祝同主川的可能性。⑤ 但是，刘湘旧部极力反对顾祝同赴成都。王缵绪直接电顾挡驾，说："四川治安及一切问题，概由绪等负责，勿劳过虑。我公以前线为重，勿须驾蓉。"⑥ 顾祝同见环境恶劣，只好留驻重庆，另派贺国光等人赴蓉调解。

---

① 四川省人民政府参事室、四川省文史研究馆：《川康实力派与蒋介石》，四川大学出版社，1993年，第142页。按，该书著者在电文中的"两公"后面有注释"此电系拍到武汉请何应钦、何成浚代为转呈"。

② 四川省人民政府参事室、四川省文史研究馆：《川康实力派与蒋介石》，四川大学出版社，1993年，第143页。

③ 《蒋介石日记》，1938年1月22日，美国斯坦福大学胡佛研究院藏。

④ 《今后的四川》，《大公报》1938年1月24日第2版。

⑤ 四川省人民政府参事室、四川省文史研究馆：《川康实力派与蒋介石》，四川大学出版社，1993年，第148页。

⑥ 四川省人民政府参事室、四川省文史研究馆：《川康实力派与蒋介石》，四川大学出版社，1993年，第149页。

27 日晚，蒋介石又为"川事费尽心力"，延至十一时始睡。① 次日，蒋决定对川方针仍以"和缓为主"，并"特发长电慰勉川中诸将领"②，但告诫川军将领只有服从中央命令，中央才会有所安顿。同日，《大公报》又发表题为"再论川事"的社评，再次呼吁川中人士应放眼国家全局，打破地方观念，一致拥护政府。

29 日，蒋在无奈之下只得决定暂由省政府秘书长邓汉祥代行省主席职权，暂由钟体乾代行绥署职权。不过，蒋介石仍然没有改变让张群主川的初衷，而且有意让张群兼重庆行营主任一职，并打破惯例，在重庆组织四川省政府，以免新省政府受四川军人的威胁。对此，王子壮评论说，刘湘旧部公然反对张群主川，以张群为亲日派作借口，"封建势力之鸱张，致中央不得不屈予迁就……目前中央既不便撤销张群之命，以自损威信，尤不能听彼等将领之擅作主张，大势所趋，暂由现在之邓秘书长代行若干时，再图善后之策也"③。

2 月 28 日，蒋介石日记曰："四川风潮已可平息，此乃心急之过，应戒之。"④ 也就是说，刘湘逝世之后，蒋介石认为机不可失，必须乘机掌控四川政局，于是迅速任命张群继任四川省主席，不料刘湘嫡系强烈反弹，迁延一月之久仍不能解决，这时蒋才认识到处理此事操之过急了。

值得注意的是，日本利用此次风潮到处散播谣言，妄说四川已经独立。2 月 26 日，刘湘亲信张斯可专门在汉口发表谈话驳斥这种谣言。3 月 1 日，刚从武汉参加完后方勤务会议返回成都的四川省民政厅厅长嵇祖佑也发表谈话予以斥责，并说"邓晋康总司令（即邓锡侯）在汉亦数度会晤。渠最近即将返川一行，中央请邓总司令继任川省政府主席，邓氏表示如以本人主川政，则不愿回川，不若再上前线，其意志似甚坚决"⑤。这表明蒋介石有意请邓锡侯出任四川省主席，但邓锡侯部的主力已出川抗战，他知道自己在四川的军力薄弱，无法震慑刘湘旧部，所以力辞。

但蒋介石还是要借助邓锡侯的威望和势力来平衡刘湘旧部的势力，于是决定保留川康绥靖公署，由邓锡侯任主任。3 月 1 日，该项任命正式发表。3 月 3 日，邓氏飞返成都。

---

① 《蒋介石日记》，1938 年 1 月 27 日，美国斯坦福大学胡佛研究院藏。

② 叶健青编辑：《蒋中正"总统"档案·事略稿本》第 41 册，"国史馆"，2010 年，第 96～98 页。

③ 《王子壮日记》第 4 册，"中央研究院"近代史研究所，2001 年，第 397 页。

④ 《蒋介石日记》，1938 年 2 月 28 日"杂感"，美国斯坦福大学胡佛研究院藏。

⑤ 四川省人民政府参事室、四川省文史研究馆：《川康实力派与蒋介石》，四川大学出版社，1993 年，第 149～150 页。

在此期间，刘湘嫡系之间的裂痕越来越大，王陵基已不能掌控局势。蒋介石侍从室的资料显示，此时刘系部属已形成三派：王陵基、张斯可派；潘文华派；王缵绪派。"旋潘（文华）、王（缵绪）因失望而合作"①，与王陵基、张斯可派对峙。王陵基支持邓锡侯主绥署，而潘文华、王缵绪反对。潘、王主张由他们二人掌川省实权，王陵基任保安司令，邓离川赴前线任战区司令长官。

面对四川乱局，蒋决定采取"均势与怀柔"政策。他首先从王陵基处着手，着力劝勉，实施笼络。恰好王陵基在潘文华、王缵绪攻击下，"减低欲望"，不再奢望出任省主席和绥靖主任，于是"态度渐趋缓和"。② 最终，王陵基被任命为第三十集团军总司令，领兵出川抗战。同时，蒋介石派潘文华为第二十八集团军总司令；王缵绪为第二十九集团军总司令；刘文辉兼重庆行营副主任；郭勋祺、郭昌明等师长升任军长，各人均官升一级，心满意足。

4月26日，行政院决定：王缵绪代理四川省政府主席，潘文华为川康绥靖公署副主任。王子壮评论说，中央"将刘部之有实力之三军长潘、王、王于集团军总司令、省主席、绥靖主任分别支配，始获相当之满意"③。这样，扰攘三个月的四川省政府改组风潮得以基本平息。

7月30日，蒋介石决定"川主席以王缵绪真除，而以岳军主重庆行营，使得各能负责尽职"，如此"四川政治当可解决矣"。④ 8月1日，行政院正式任命王缵绪为四川省主席，张群为重庆行营主任。

蒋介石之所以最终选中王缵绪，重要原因之一是王缵绪是刘湘旧部中的"反对派"，"系中途投刘，其部队历经整编，实力全被宰割"⑤，所以王缵绪在一定程度上对刘湘不满。同时，王缵绪早在1935年参加峨眉山军官训练团时，"即与中央方面挂上了钩，刘湘生前对他就已在加以防范"⑥。而且，王缵绪为

① 本段及下段详见秋宗鼎：《抗战初期蒋介石侍从室对四川军阀的调查材料》，中国人民政治协商会议全国委员会文史资料研究委员会编《文史资料选辑》合订本，第11卷第33辑，中国文史出版社，2000年，第119~120页。

② 秋宗鼎：《抗战初期蒋介石侍从室对四川军阀的调查材料》，中国人民政治协商会议全国委员会文史资料研究委员会编《文史资料选辑》合订本，第11卷第33辑，中国文史出版社，2000年，第121页。

③ 《王子壮日记》第4册，"中央研究院"近代史研究所，2001年，第477页。

④ 萧李居编辑：《蒋中正"总统"档案·事略稿本》第42册，"国史馆"，2010年，第117页；《蒋介石日记》，1938年7月30日，美国斯坦福大学胡佛研究院藏。

⑤ 秋宗鼎：《抗战初期蒋介石侍从室对四川军阀的调查材料》，中国人民政治协商会议全国委员会文史资料研究委员会编《文史资料选辑》合订本，第11卷第33辑，中国文史出版社，2000年，第121页。

⑥ 四川省人民政府参事室、四川省文史研究馆：《川康实力派与蒋介石》，四川大学出版社，1993年，第159页。

获得四川省主席的位置，也于 1938 年 6 月投靠复兴社，通过康泽获得了蒋介石认可。

三、其他军政势力觊觎省政

这次四川省政府改组风潮和民元以来四川历次政争一样，都是各种派系参与其间，或联甲倒乙，或联乙倒丙，分合不定，变幻莫测。不仅刘湘旧部试图攫取省政，其他军政势力也觊觎着四川省主席这一位置，从而形成多方竞逐的局面。

第一位觊觎该职的重要人物是省政府秘书长邓汉祥。刘湘出川时曾指定由邓汉祥代行省主席职权。蒋介石侍从室的调查资料表明，邓汉祥握有川省"政治实权"。中共的资料也显示："省政府方面刘湘实际上支配不了，大权主力〔要〕在秘书长手里（他是政学系）。"①

据记载，"核心社（即武德学友会——引者注）策动反对张群时，邓乃一面派省政府职员黄功隆、黄伯殊、李仲扬等与取得联络，一面密令中心社（邓汉祥为其首领——引者注）分子发动民众，组织宣传'中央'应慎重川省军政首长人选。旋更策动县训学员开会，通令各学员团结一致拥护其主省政。故自'中央'发表邓暂代省主席，各地专员、县长、视察员及区长等，拍发拥邓通电，纷至沓来，其意即欲在此动荡局面中，攫得主席地位"。也就是说邓汉祥一面与武德学友会联合一致反对张群主川，一面又通过各种途径想取得该职。但是，邓汉祥的言行颇遭王陵基、傅常、许绍宗、周成虎等刘湘嫡系之"嫉视"或"不满"。②

其实，早在 1937 年 7 月川康整军会议前，邓汉祥到南京时，川中就"盛传邓私自活动主席一职，刘湘颇疑之，核心社激烈分子曾有主张杀邓者，刘湘之妻周书亦一度赴邓家滋闹"。③ 据说刘湘在汉口住院期间，也曾考虑撤换邓

---

① 《四川省工委调查材料——各地的政治、经济民生、救亡运动及党派活动》（1938 年），中央档案馆、四川省档案馆编印《四川革命历史文件汇集》甲 11 册，内部印刷，1987 年，第 146 页。

② 秋宗鼎：《抗战初期蒋介石侍从室对四川军阀的调查材料》，中国人民政治协商会议全国委员会文史资料研究委员会编《文史资料选辑》合订本，第 11 卷第 33 辑，中国文史出版社，2000 年，第 121~122 页。

③ 秋宗鼎：《抗战初期蒋介石侍从室对四川军阀的调查材料》，中国人民政治协商会议全国委员会文史资料研究委员会编《文史资料选辑》合订本，第 11 卷第 33 辑，中国文史出版社，2000 年，第 122 页。

汉祥的省政府秘书长职务，以傅常继任。因为"邓汉祥吃'两头望'（即两面派手法），一方面借地方力量，与国民党中央有所勾结；同时又挟此自重，且在川中各县布置与他有关的县训学生分任县、局长，以树党羽。刘对邓早已不满"。刘曾问亲信乔毅夫："邓汉祥造得起反吗？"乔回答："我们在后方尚有军队十余万，邓那几个学生敢造反吗？如有异图，我们请他到绥署优待起来（拘押之意），不就完事了吗！"[1] 刘湘死后不久，"绥署人物曾唆使刘夫人去打了省政府代主席邓汉祥的耳光，平日呼邓汉祥为邓汉奸"[2]。可见，双方关系一度非常紧张。

因为邓汉祥是贵州人，和何应钦关系较深，因此，"邓汉祥走何应钦的路线，企图继刘主持省政"[3]。同时，邓汉祥又被认为是政学系的要员，和张群关系甚密，所以遭到四川军人的坚决反对。王缵绪于8月正式出任四川省主席后，就免去邓汉祥的省政府秘书长一职。不过，他又被张群延揽为重庆行营第二厅厅长，以后还有重用。

第二位觊觎四川省主席位置的是西康建省委员会委员长刘文辉。此前，刘文辉曾经占有大半个四川，且多年出任四川省主席。孙震回忆说："川政在新调整之后，觊觎川政之人仍甚多，尤以西康省主席兼二十四军军长刘文辉，以以前曾多年奉中央命令兼任四川省主席名义，现在该军又未出川参加抗日，中央循文辉之意，留置该军于川康境内，因之刘氏对四川省主席一职尤为积极进取。"[4]

刘文辉对此回忆说："一九三八年春刘湘病故，蒋介石认为是拿下四川的大好机会，便马上向我们打出了两张牌：一是撤销川康绥靖公署；二是派张群继任四川省主席。……消息传来，引起了川康军政界的强烈反应，刘湘高级幕僚张斯可立即找我驻蓉代表段升阶，要我快从雅安到成都来筹商对策。时邓锡侯尚在前线抗战，我同潘文华和刘湘部下的其他几个将领会商，都认为这么一来，军权政权都给抓走了，四川就成了姓蒋的，没有我们的话说了，决不能答应。同时还估计到，正在全民抗战期间，蒋无力也不敢对四川用兵，只要我们

① 黄应乾：《刘湘死后川局波澜纪略》，中国人民政治协商会议全国委员会文史资料研究委员会编《文史资料选辑》第12辑，中华书局，1960年，第71~72页。

② 《川康特委报告书——一九三七至一九四〇年七月》（1940年8月20日），中央档案馆、四川省档案馆编印《四川革命历史文件汇集》甲12册，内部印刷，1987年，第167页。

③ 《张曙时给中央统战部的报告——川康特委统战工作》（1940年12月10日），中央档案馆、四川省档案馆编印《四川革命历史文件汇集》甲12册，内部印刷，1987年，第322页。

④ 孙震：《八十年国事川事见闻录》，四川文献研究社，1979年，第203页。

一致反对，他就没有办法。……在我们坚决反对下，蒋被迫改变了主意。"①
四川军人看准蒋介石在抗战时期"无力也不敢"对四川用兵，所以肆无忌惮地
反对张群主川。最终，蒋介石不得不收回成命。可以说，四川军人确实有些私
心自用，不顾抗敌大局，反而趁机维护一己私利。不过，蒋介石也操之过急，
让四川军人觉得中央要"吃掉"四川，使地方势力无从立足，于是群起反对。

为安抚刘文辉，让他不再掺和川局，蒋介石也积极推进西康省的正式建
立。② 其时，"恰逢王缵绪想当四川省主席，暗中活动甚力，为了取得刘文辉
的支持，王许刘事成之后，决将雅安、西昌两个专区划交西康（刘湘生前拒绝
划出），并在财政上给以补助"。1938 年 4 月，刘文辉应召赴汉谒见蒋介石时，
也向蒋提出要求，蒋见川局动荡，"恐刘文辉推波助澜，对刘所提有关建省要
求，亦皆首肯"③。因此，孕育多年的西康省终于在 1939 年元旦正式建立，刘
文辉出任省主席，找到了一个新的立足点。

本来，蒋一度有意让邓锡侯出任四川省主席，可是邓却力辞。随后，蒋又
属意贺国光主川。据载，"蒋集团以贺国光为四川军官速成同学，与潘（即潘
文华——引者注）等关系密切，且在参谋团入川后与各方相处大体融洽，且何
应钦支持甚力，刘、卢（即刘航琛、卢作孚——引者注）亦密为建议，蒋乃内
定由贺国光主川政"④。但同样遭到了四川军人的极力反对。贺国光也明确表
示不愿蹚浑水。几十年后，贺国光接受采访，还说自己对于出主川政，不敢热
衷，盖川事烦麻，川人地方观念重。⑤

另一位可能人选则是民初曾任四川省省长、与刘湘关系甚深的张澜。张澜
"在刘湘的系统下还占相当的地位，影响刘湘很大"⑥。张澜和另一位四川耆宿
邵从恩专门为此事在汉口征求潘文华亲信黄应乾的意见，黄应乾则说："表老

---

① 刘文辉：《走到人民阵营的历史道路》，生活·读书·新知三联书店，1979 年，第 14 页。

② 关于西康建省之详细过程，参见黄天华：《边疆政制建置与国家整合：以西康建省为考察中心
（1906—1949）》，人民出版社，2014 年。

③ 四川省人民政府参事室、四川省文史研究馆：《川康实力派与蒋介石》，四川大学出版社，
1993 年，第 151 页。

④ 黄应乾：《刘湘死后川局波澜纪略》，中国人民政治协商会议全国委员会文史资料研究委员会
编《文史资料选辑》第 12 辑，中华书局，1960 年，第 84 页。

⑤ 郭廷以校阅，王聿均访问，张朋园纪录：《贺国光先生访问纪录》，《口述历史》第 7 期 1996 年
6 月，第 31～39 页。

⑥ 《一个关于四川的经济政治文化的报导》（1938 年 5 月 19 日），中央档案馆、四川省档案馆编
印《四川革命历史文件汇集》甲 11 册，内部印刷，1987 年，第 446 页。

（张澜号表方）能返川主政，大家都很欢迎，就是军方通不过。"① 此议遂作罢。张澜随即主张四川军人出川抗日，呼吁张群早日上任。

然而，张澜此举却引发了王缵绪的恶感，认为张澜有意阻挠他出长省政。结果，王上任将近一年时，就将张澜原部属、第十一区行政督察专员鲜英撤职。荣昌县县长杜象谷是张澜的私人秘书，也被王缵绪加以贪污罪名，几被枪决。张澜也因王缵绪的压迫，由成都避居重庆。

此外，时任四川省财政厅厅长的刘航琛后来回忆说，在四川军人极力抵制张群后，孔祥熙曾要他代理省主席，刘航琛回答说："刘甫澄先生刚死，就叫我去，我干得了；今天才叫我，我干不了哪！张岳军是被许多军人反对下来的，我现在拿他们如何办？王陵基与我要好，把他调出来打仗，连个撑腰的人都没有了，对于军人我更没有办法了，还是另外想办法吧！现在我是干不了的。"② 刘航琛与孔祥熙关系密切，经济上多有往来，或许孔祥熙希望由刘航琛主川后，更好地控制四川的经济。

由上可知，即使刘湘去世之后，军人依然在四川政局中占有举足轻重的地位，张群、邓汉祥、张澜、刘航琛之所以不能出长省政，即因"军方通不过"，或没有军人"撑腰"；邓锡侯、刘文辉则是因为在川兵力无法胜过刘湘嫡系，也无法主川。不过，这次风潮又使得刘湘嫡系分裂，王缵绪迅速倒向中央，排挤、打压地方势力，引起潘文华的强烈不满，于是逐渐和刘文辉、邓锡侯等人联合起来进行"倒王运动"。

四、潘文华、邓锡侯、刘文辉武力驱逐王缵绪

在这次省政府改组风潮中，虽然蒋介石成功策反、收服王缵绪，但其他一些地方军人却更加死心塌地地反对中央的集权，双方之间互不信任的情形反而更加严重。

1938年二三月间，蒋介石有意将重庆的警备部扩大为卫戍司令部，由刘湘旧部、时任警备司令李根固出任卫戍司令，而由中央另选一人为副司令。但此举却被刘湘旧部视为中央要侵夺地方权力，于是打算先发制人，加强对重庆

① 黄应乾：《刘湘死后川局波澜纪略》，中国人民政治协商会议全国委员会文史资料研究委员会编《文史资料选辑》第12辑，中华书局，1960年，第87页。
② 沈云龙、张朋园、刘凤翰访问，张朋园、刘凤翰记录：《刘航琛先生访问记录》，九州出版社，2012年，第77页。

的控制。2 月 25 日，许绍宗即致函王陵基说："'中央'将于 3 月 29 日临时代表大会中变更重庆各机构，以为攫取四川整个地盘之初步。为保持川省主权必须控制重庆咽喉，亟应（1）加强警备实力……（2）应先发制人，借口拱卫中枢，将重庆现有之警备部扩大为卫戍部，附设一地方治安委员会，使重庆与江、巴两县联成一整个集团，借以抵制'中央'，组训民众，而加强保持此咽喉重地之力量，以免'中央'援京、汉先例在重庆增设卫戍司令部，高压一切。"① 许绍宗强调中央要"攫取四川整个地盘"，而川军须保住四川"主权"，这些用语充分说明川军的"地盘"意识根深蒂固。

八九月间，蒋介石正想方设法调川军出川，川军则费尽心机要留在四川。潘文华就"奇想天开"地要求中央让其所辖部队守御大巴山，军令部予以驳回后，潘文华竟借此说"中央不信任他"②。可见双方对任何一件小事都从政治攻防的角度来考虑。

而且，这时川康滇地方实力派正在和日伪方面秘密接触。根据日方资料，龙云、刘文辉曾派人和北平的伪"中华民国临时政府"首脑王克敏联系，表示正欲组成四川、云南、西康、贵州四省联盟，发起和平运动；希望王克敏的伪政权给予谅解及声援，并与日方取得联络。③ 1938 年 9 月，汪精卫集团人马与日本代表进行谈判时，梅思平告诉日本人："和平运动必须由汪（精卫）先生领导。周佛海等我们的同志集合在汪先生的旗帜之下。与汪先生共同行动的有云南的龙云、四川的将领、广东的张发奎以及其他人，已经秘密取得联络。"④

10 月 23 日，国民党四川省党部主任陈公博向周佛海谈四川、云南情形，认为今后的抗战形势"恐不容乐观"⑤。11 月 7 日，汪精卫向国民党党政军要员报告外交内政各项不良消息，其中之一就是"四川军人邓锡侯、王缵绪等电参政会，因广东之失，深感地方维持非常重要。四川为后方重镇，尤应多配兵力，以资维持"。邓、王言外之意，就是四川不欲再出兵。而汪精卫在报告之余，"深露悲观之态度"。王子壮认为四川"军人似深受保境安民之毒，于此抗

① 秋宗鼎：《抗战初期蒋介石侍从室对四川军阀的调查材料》，中国人民政治协商会议全国委员会文史资料研究委员会编《文史资料选辑》合订本，第 11 卷第 33 辑，中国文史出版社，2000 年，第 122 页。

② 《徐永昌日记》第 4 册，"中央研究院"近代史研究所，1991 年，第 382～383 页。

③ 原日本驻北平大使馆档案，《堀内参事官呈广田外务大臣电》，第 178 号，1938 年 5 月 16 日。转引自蔡德金：《汪精卫叛逃与龙云》，人大复印资料《中国现代史》1988 年第 4 期，第 221 页。

④ 松本重治：《上海时代》，曹振威、沈中琦等译，上海书店出版社，2005 年，第 651～652 页。

⑤ 周佛海著，蔡德金编注：《周佛海日记全编》（上编），中国文联出版社，2003 年，第 186 页。

战紧急致有此无形之流露也"，他判断："于此情形，深知内外之艰难也。"①
11月16日，张群又致电徐永昌说，川军将领要求："一、前令其再调四师出
川事，暂停止；二、另成立数个师，饷由中央担任。"② 也就是说，川军不但
不继续出兵，反而要中央出钱让他们增加军队。

另一方面，王缵绪获任四川省主席之后，主要策略就是大量撤换地方人
员，安排亲中央的特别是复兴社的人出任一些重要职位，从而损害了其他地方
势力的利益。王缵绪先是逼省财政厅厅长刘航琛辞职，接着撤换了掌握"全川
县政人员"的邓汉祥，改由平民教育派的陈筑山出任省政府秘书长；又将民政
厅厅长嵇祖佑撤职，改由陈果夫推荐的 CC 系骨干胡次威继任。教育厅厅长也
改由 CC 系、四川安岳人杨廉继任。

同时，王缵绪又想大批撤换县市长，却遭到地方势力的强力抵制。本来，
在刘湘时代，"由县长起到保甲长止，共办了十八种训练班（如县政人员训练
班、财政人员训练班等等）"，全川县政有百分之七八十以上是这些人在当事，
他们"都不赞成张群入川，因为这样一来他们的饭碗会成问题"③。他们"以
饭碗为中心"组成各种同学会，"系统很严谨"。新任民政厅厅长胡次威"带了
沦陷区县政人员二百多到重庆，准备安顿。教育厅厅长杨廉带了沦陷区中学以
上各教职员三千余人（皆 CC）到渝，准备在全川教育界陆续安插"，却听说事
情"颇不易办"，只好"个别设法安顿"。④

不过，不管地方人士如何抵制，以蒋介石为代表的中央势力仍在逐步深
入、慢慢扩大。1939年3月，另一 CC 系骨干、四川人郭有守接任教育厅厅长
后，"继续把省立各学校和主要私立校、县立学校校长一律换成 CC 分子"⑤。
同时，不少复兴社人员也逐渐被王缵绪任命为专员或县长，中共就说："王缵

① 《王子壮日记》第 4 册，"中央研究院"近代史研究所，2001 年，第 572~573 页。

② 《徐永昌日记》第 4 册，"中央研究院"近代史研究所，1991 年，第 423 页。

③ 《四川省工委一年工作总报告——各派政治力量和党的组织、宣传、群众工作》（1938 年 11 月
12 日），《四川省工委调查材料——各地的政治、经济民生、救亡运动及党派活动》（1938 年），中央档
案馆、四川省档案馆编印《四川革命历史文件汇集》甲 11 册，内部印刷，1987 年，第 109、134 页。

④ 《川康特委报告书——一九三七至一九四〇年七月》（1940 年 8 月 20 日），中央档案馆、四川
省档案馆编印《四川革命历史文件汇集》甲 12 册，内部印刷，1987 年，第 200 页。按，原文在杨廉后
面用括号标注有："C. C. 后被李宗仁告发其在皖任教厅时贪污枉法，在渝枪决。"

⑤ 《川康特委登华向南方局报告——川康地方政情变化和党的组织及工作情况》（1939 年 9 月 8
日），中央档案馆、四川省档案馆编印《四川革命历史文件汇集》甲 11 册，内部印刷，1987 年，第
201 页。

绪主川后，复兴社特务队大批的在王缵绪的政权支持下布置起来了。"①

如前所述，"饭碗"是地方势力非常关心的核心问题，中共川康特委也发现："地方势力与中央仍有摩擦，但地方势力仅力图自保现有机关地盘，在政治上表示消极，不问后方群众运动。""绥署邓方公开讲绥署保存是维持刘、邓干部饭碗问题，除此之外，不问其他。"② 因此，王缵绪不断砸地方势力的饭碗，不能不引起地方势力的反弹。

此外，王缵绪代理主席之后，曾和邓锡侯、刘文辉、潘文华、邓汉祥等人一起商量"如何把持川康、保持实力，如何表面拥蒋、暗中多方防制，使蒋对川康无从下手"。他们还和龙云一起签订川滇康合作协议，明确规定"三省在政治军事经济各方面要实行合作"。但不久王缵绪就向蒋告了密，出卖了川康滇地方实力派。蒋介石为此特致电龙云，谓川情复杂，盼他不要干预。③

刘文辉也回忆说，"王缵绪平日之为人，利欲熏心，反复无常"，四川军人"怕他出卖地方倒向蒋那一边去，乃将省主席职位给他，使之安心跟着我们走。谁知此人本性难移，一经与蒋挂钩即被收买，把我们的反蒋内幕通通向蒋告密；任省主席后的所行所为，又复处处与我们对立，充当蒋介石在四川的代理人。我们当然不能容忍"④。戴笠呈给蒋介石的情报也指出，王"大委私人，布置势力"，意图削弱邓锡侯、潘文华、王陵基等的势力，因而引起川省军政高层多数人的不满，邓、潘等人于是对王的施政多方掣肘。⑤

由于潘、邓、刘的多方抵制，王缵绪的施政效果并不理想。恰在此时，蒋介石对川政现状也越来越不满意，想撤换王缵绪，按照自己的规划来建设四川。1938年12月蒋到重庆后，更加关注四川问题，更想掌控四川局势。从1939年开始，蒋日记中关于四川问题的记载比比皆是，而且巨细无遗，即使一个县的科长贪污而没有被惩办都会引起他的注意。1939年3月4日，蒋对徐永昌说："中央放弃武汉迁移重庆后，则抗战时期愈长愈好；以短期内如果

① 《张曙时给中央统战部的报告——川康特委统战工作》（1940年12月10日），中央档案馆、四川省档案馆编印《四川革命历史文件汇集》甲12册，内部印刷，1987年，第359页。
② 《罗世文给南方局的报告——成都时局恶化和川康特委工作上的转变》（1939年3月18日），中央档案馆、四川省档案馆编印《四川革命历史文件汇集》甲11册，内部印刷，1987年，第156~157页。
③ 邓汉祥：《蒋介石派张群图川的经过》，中国人民政治协商会议全国委员会文史资料研究委员会编《文史资料选辑》第5辑，中华书局，1960年，第76~78页。
④ 刘文辉：《走到人民阵营的历史道路》，生活·读书·新知三联书店，1979年，第15页。
⑤ 《川康滇黔政情（一）》，蒋中正档案，档号：002080101038012，"国史馆"馆藏。转引自许秀孟：《抗战时期省级民意机构的建立：以四川省临时参议会为例的讨论（1939-1945）》，硕士学位论文，台湾师范大学历史学系，2011年，第73页。

和平，则中央对内对外皆不及准备与布置；若中央掌握四川，果能建设进步，则统一御侮更有把握矣。"① 王世杰也认为，如今刘湘去世，大部分川军已出川，正是整理川局的最好时机②。

当时，蒋正在积极筹划以紧邻重庆的巴县和江北县为自治试验县，践行地方自治，加强后方建设。③ 他认为："积极整顿四川，统一西南，巩固后方，为今日惟一之要务，犹未着手也，应于四川实行地方自治。"他制订的 6 月"大事预定表"中就赫然出现了"川黔主席与地方自治之筹备"一项。6 月 10 日，在下星期"预定课目"中又列出"川黔主席与地方自治"一项。7 月的"大事预定表"中列出了三项："对西南统制之准备与建设计划"，"地方自治之督促"，"建设四川、西康之整个计划"。④ 也就是说，蒋要积极建设川康，并统制川康滇黔，而地方自治是其中的重要一环。为了做到这些，蒋打算撤掉王缵绪。

1939 年 8 月 10 日，潘文华系的彭焕章、陈兰亭、刘树成、周成虎四师长，邓锡侯系的谢德堪、杨晒轩二师长，刘文辉系的刘元瑭师长联名发出反王通电，并调动军队进逼成都，武力驱逐王缵绪。川军各派还向王缵绪提出了三个主要条件："一、禁烟问题须依彼等主持（卖烟者皆各军主要人物）；二、川省一半县缺须由彼等支配；三、保安费一半须由彼等支配。"⑤ 充分说明四川军人想掌控县长任命权，并保住自己的财路。

此事爆发后，引发诸多反应，四川局势再一次陷入动荡之中。中共川康特委报告显示：事件发生后，双方均以勾结汪派互相攻讦，汪派暗藏分子必然在暗中利用此事挑拨离间，企图捣乱抗战后方，破坏国内团结是毫无疑问的。⑥ 同时，日本人也企图借机搬弄是非，破坏团结。王子壮就记载：敌机"投下传单，意图离间。尤于成都掷下不少"；敌机轰炸意在"灭我空军，造成恐怖之世界，其尤狠者，乃挑拨四川民众之感情，使彼感觉因中央移此而遭受灾害。今日川省虽僻陋，似亦不至再上其圈套。敌人鉴于川省武人之封建（前月有七

---

① 《蒋介石日记》，1939 年 3 月 4 日，美国斯坦福大学胡佛研究院藏。
② 《王世杰日记》第 2 册，"中央研究院"近代史研究所，1990 年，第 46～47 页。
③ 《蒋介石日记》，1939 年 3 月 15 日，4 月 7 日、11 日，美国斯坦福大学胡佛研究院藏。
④ 《蒋介石日记》，1939 年 5 月 31 日"本月反省录"，6 月 1 日"本月大事预定表"，6 月 10 日"本星期预定工作课目"，7 月 1 日"本月大事预定表"，美国斯坦福大学胡佛研究院藏。
⑤ 《徐永昌日记》第 5 册，"中央研究院"近代史研究所，1991 年，第 126 页。
⑥ 《川康特委登华向南方局报告——川康地方政情变化和党的组织及工作情况》（1939 年 9 月 8 日），中央档案馆、四川省档案馆编印《四川革命历史文件汇集》甲 11 册，内部印刷，1987 年，第 210～213 页。

师长反对王缵绪主席……）深欲有所利用耳。国家危亡至此，而一切活动，纯为私利，诚不知四川军人是何居心也"！①

五、蒋介石亲主川政

驱王运动引发蒋介石对川局的极大担忧。事件发生的第二天，蒋就说："四川军阀又要争夺私利，目无中央，目无外患，痛愤无已。此为内乱、内讧，虽为川事，实最严重。""外患至此，尚有军阀如此作恶，愚鲁无识之徒，不可以包容也。"第三天，蒋又说，"四川王潘斗争"等事"使此心惶惶无主"。②

四川军人反对王缵绪主川，也"获得了四川绅士们（张澜、邵从恩、梁叔子等）的赞成"。③ 8月12日，蒋介石设宴招待国民参政会川康视察团参政员时，张澜"即席请蒋先生迅速撤王"，蒋回应说"已派贺国光、何成浚前往成都处理"。④

8月13日，蒋日记曰："川事决自兼代。"17日，蒋决定"川将领应先晓以是非利害而以诚感之，对于王之是非优劣自当秉公查明，以明赏罚，并可诉之公论民情"，决不能因少数军人之喜怒而撤换大员。19日，蒋又说："最近不如意事尤以成都各师长反对王主席最为痛心。惟终能动性忍心，再以逆来顺受之道处之，以求不致溃决则幸矣。"⑤ 这说明蒋在处理此次风波时颇感为难，如果撤王，则有向反王军人屈服的嫌疑，坏了纲纪，堕了威信；如果不撤王，局势又有可能"溃决"。8月下旬，在中央的干预下，驱王运动暂告平息，对峙双方并未兵戎相见。但正如蒋介石所说："四川纠纷虽熄，然而其事未了也。"⑥

9月13日，蒋召见邓、潘、王等，当晚在日记中写道："下午见共党代表

---

① 《王子壮日记》第5册，"中央研究院"近代史研究所，2001年，第301、353页。

② 《蒋介石日记》，1939年8月11日，8月12日"上星期反省录"，美国斯坦福大学胡佛研究院藏。

③ 《川康特委登华向南方局报告——川康地方政情变化和党的组织及工作情况》（1939年9月8日），中央档案馆、四川省档案馆编印《四川革命历史文件汇集》甲11册，内部印刷，1987年，第205页。

④ 《王世杰日记》第2册，"中央研究院"近代史研究所，1990年，第132页。

⑤ 《蒋介石日记》，1939年8月13、17日，8月19日"上星期反省录"，美国斯坦福大学胡佛研究院藏。

⑥ 《蒋介石日记》，1939年8月26日"上星期反省录"，美国斯坦福大学胡佛研究院藏。

5人，国社党代表8人，军阀、政客、共党同日会见，实使心神疲惫，加之外交复杂，参政会辩难要求，川局不定，而汪倭乱华犹为小焉者也，若非上帝赐力，盍克任此繁剧。"① 值得注意的是，蒋此时已把川局不宁看得比日本侵华还严重，说明他此时更加注重经营四川，而把对日作战作为长期的持久的事情，还不那么急。

稍后，蒋召见在前线作战的刘湘嫡系唐式遵的代表，"嘱其转告唐总司令，四川省主席现由委座自兼，将来谁作战有功，即交谁主持"。唐纵认为这是："一方面鼓励唐抗战，以示留以酬功之意；一方面委座兼任，以杜后方军人觊觎政治之门。别是非，明曲直，无有出其右者。委座此种处置，诚令人赞佩无既也。"② 这透露出蒋有意督促在前线的四川军人戮力杀敌，并以四川省主席一职作为奖赏或诱饵；而且，蒋兼理川政的真意就是不让留守后方且手握重兵的四川军人掌控政治。

可是，蒋对于今后的川局仍然没有把握。9月16日，他在日记中说："常以川事为念，此种遗毒不除，川无宁日矣。""川事复杂不定，殊为可虑，此乃为一切问题中之根本，故外交无论如何吃紧，仍以此为念也。"③

此时，邓、潘、刘方面就提出由邓、潘二人之一主川，但蒋不同意。蒋又试探过张群主川的可能性，同样被四川军人给顶回去。刘文辉就说："一九三九年，蒋又旧事重提，要张群继王缵绪为四川省主席，我们再给顶回去，蒋无可奈何，只有亲自来兼领。"④ 蒋则坚决表示，行政院"院长我可不做，四川省主席不能不兼"⑤。9月19日晚，蒋下发手谕，立刻改组四川省政府，亲自兼理省主席，令王缵绪率部出川抗战。

10月7日上午，蒋正式接任四川省主席。当天，蒋在日记中说："兼理川政如期视事，此为基本安危之关键，从此抗战建国为基业，只要能谨慎努力则大定矣。"⑥ 同一天，顾颉刚在日记中写道："今日为蒋委员长就代理四川省主席职，从此四川确立中央势力，亦抗战中一收获也。"⑦ 这说明在一些人眼中，

① 《蒋介石日记》，1939年9月13日，美国斯坦福大学胡佛研究院藏。
② 公安部档案馆编注：《在蒋介石身边八年——侍从室高级幕僚唐纵日记》，群众出版社，1991年，第98页。
③ 《蒋介石日记》，1939年9月16日"上星期反省录"，美国斯坦福大学胡佛研究院藏。
④ 刘文辉：《走到人民阵营的历史道路》，生活·读书·新知三联书店，1979年，第14页。
⑤ 四川省人民政府参事室、四川省文史研究馆：《川康实力派与蒋介石》，四川大学出版社，1993年，第166页。
⑥ 《蒋介石日记》，1939年10月7日"上星期反省录"，美国斯坦福大学胡佛研究院藏。
⑦ 顾颉刚：《顾颉刚日记》第4卷，联经出版事业股份有限公司，2007年，第292页。

直到 1939 年 10 月蒋兼任四川省主席，中央势力才在四川站稳了脚跟。这从一个侧面说明了蒋兼任省主席具有重要的象征意义。

可是，蒋的很多重要幕僚都不同意他兼任四川省主席。在蒋介石发出命令的当晚，行政院秘书长魏道明"很不以为然"，专门跑去和孔祥熙"谈了一回"①，却无法改变这一决定。徐永昌也说："川将领之无理驱王，置之不理最善，以有功者代之亦可，而蒋先生自己决定兼代，乃策之最下者。"② 张治中也说："当蒋要兼理四川省主席时，我们都不赞成，而蒋仍然兼了。我们都不了解：为什么蒋一定要自兼四川省主席呢？做得好，是应该的；做得不好，损失威信。我曾经当面进过，蒋的答复是：'因为没有人。'……但是我们总觉得，蒋兼理四川省政是不必的，有机会就进言：'为什么还要兼？'"后来，"大概蒋意识到我们共同反对他兼主川政的态度了"③，所以就辞了。

事实上，蒋在兼理川政一年中只到成都两次，主要是由省政府秘书长贺国光秉承其意旨处理各方事务，但中央却借机"进一步掌握四川政权，政治、经济、军事、文化，各方面来了一个整个计划，加紧其四川中央化的工作"④。最重要的当然是人事布局。"中央进攻地方特点，主要在集中力量开始全面地夺取地方政权，自省政府各厅以至各县。"⑤ 蒋之所以撤换县市长，主要原因之一就是推行新县制，践行地方自治。可是，地方势力却把这些举措看作对自己权力的压制和剥夺，因而暗中抵制。地方势力发动《新新新闻》等报纸对新县制予以大肆批评，"从干部不够、经费增多、人民痛苦不堪各方面提出反对意见，亦有绅士著成短论发表，而大绅士名流则默不一言，只在省参议会中省预算坚不通过……斗争颇为激烈"⑥。

由于四川军人的多方掣肘，蒋介石治理川政的效果并不理想。⑦ 1940 年 2

① 陈克文著，陈方正编辑、校订：《陈克文日记（1937－1952）》（上），"中央研究院"近代史研究所，2012 年，第 483 页。

② 《徐永昌日记》第 5 册，"中央研究院"近代史研究所，1991 年，第 189 页。

③ 张治中：《张治中回忆录》，华文出版社，2007 年，第 187~188 页。

④ 《邹风平给南方局的报告——川康政治形势，党的组织工作和群众工作，应付"三·一六"事件办法》（1940 年 4 月 12 日），中央档案馆、四川省档案馆编印《四川革命历史文件汇集》甲 12 册，内部印刷，1987 年，第 37 页。

⑤ 《川康特委工作报告——政治形势、党的组织、群众运动》（1939 年 11 月 25 日），中央档案馆、四川省档案馆编印《四川革命历史文件汇集》甲 11 册，内部印刷，1987 年，第 233 页。

⑥ 《川康特委报告书——一九三七至一九四○年七月》（1940 年 8 月 20 日），中央档案馆、四川省档案馆编印《四川革命历史文件汇集》甲 12 册，内部印刷，1987 年，第 203~204 页。

⑦ 关于蒋介石的治川措施，参见陈红民、罗树丽：《抗战期间蒋介石兼任四川省政府主席述论》，《抗日战争研究》2013 年第 4 期；黄天华《川康实力派与抗战时期的中国政治》，博士后工作报告，中国社会科学院近代史研究所，2013 年 6 月。

月 15 日，中间党派要角李璜、黄炎培等人就认为四川"政治系统紊乱"；剿匪、禁烟"尚有好趋向"，兵役"最未有好办法"；"廿九年度预算由七千余万骤增至一万万，因各部竞事扩充，而无人肯加裁制"；新县制也有问题。① 鉴此，蒋介石不得不让张群来主川，以分担重任。

六、蒋介石终释重负与张群继主川政

1939 年 10 月 7 日，蒋介石在日记中说："余理川政，滇省以成都兵变，中央人员被捕之谣甚炽，其幸灾乐祸与嫉妒恐惧之念昭然若揭，外患至此，而内忧如彼，可痛也乎，抗战期间，军阀如此，可谓毫无心肝，其与汪奸相差无几矣。"② 这里有两点值得注意。蒋接任川省主席时，云南居然盛传"成都兵变"和"中央人员被捕"，意思是说四川军人效仿张学良扣押了蒋介石等人，而云南对此是"幸灾乐祸"的。

10 月 18 日，王世杰在日记中写道："四川省政府之风潮，近虽因蒋先生自兼省主席稍见缓和，然无知自私之四川旧军人仍图挣扎。蒋先生昨自成都返渝，似仍未能解决一切。"③ 果然，11 月 16 日，蒋就发现"川政、滇情与共党三事仍在酝酿之中"。11 月 30 日，他又说："川中驻军态度不良，然以静处之，不□□定也。"④

12 月 12 日，蒋日记曰："本日为双十二，在华清池蒙难第三周年纪念日，不胜惶恐之至。昨日以川滇政客与军阀有纵横捭阖之酝酿，而桂白对反攻南宁之部署自用私心不肯遵令处置，新疆盛世才有扣留贺耀祖之消息，国内军阀之恶劣，毫无国家观念。……思之痛楚，无以复加，终夜不得安寐。"⑤ 12 月 16 日，蒋又说："川事酝酿，不可不注意也。"⑥

---

① 黄炎培著，中国社会科学院近代史研究所整理：《黄炎培日记》第 6 卷，华文出版社，2008 年，第 244 页。

② 《蒋介石日记》，1939 年 10 月 7 日"上星期反省录"，美国斯坦福大学胡佛研究院藏。

③ 《王世杰日记》第 2 册，"中央研究院"近代史研究所，1990 年，第 169 页。

④ 《蒋介石日记》，1939 年 11 月 16 日，11 月 30 日"本月反省录"，美国斯坦福大学胡佛研究院藏。

⑤ 《蒋介石日记》，1939 年 12 月 12 日，美国斯坦福大学胡佛研究院藏。

⑥ 《蒋介石日记》，1939 年 12 月 16 日"上星期反省录"，美国斯坦福大学胡佛研究院藏。

此时，四川谣传省政府秘书长贺国光被刺。① 蒋也获得情报，说潘文华在贺国光上台后，对其所介绍之人未能任用，大为不满，决定加强"反贺运动"；川军且有"四川省主席请由川人任之"的主张。② 中共川康特委负责人罗世文也向南方局领导报告："近来成都重庆之间不时双方互传一些很离奇的谣言——如新年岁首时重庆曾一度盛传川省政府实际负责人被刺或被扣之消息，以及前日此间又一度传陈辞修在昆明被扣与中央宪兵被滇龙解除武装。"③ 值得注意的是，四川和云南同时盛传中央大员在当地被扣或被刺，或者中央军队被地方军队解除武装，说明此时四川和云南反中央的情绪非常高，气氛非常紧张；四川军人和龙云正协力对抗中央。

四川军人的这种跋扈与异动，蒋介石绝对不能容忍。蒋之所以亲兼川政，最基本的目的就是要保证在重庆的中央政府不受川军威胁。正如唐纵对郑锡麟所说："委座希望安定四川，以巩固抗战策源地。苟七师长能出川抗战，无论主席也好，厅长也好，中央自愿畀予川人，因中央政权不受威胁也。"④ 所以蒋很快就决定，对驻扎在川南地区、且反中央最烈的周成虎和刘树成（刘湘堂弟）二人采取措施，他认为"只要泸州稳定，则全局亦安矣"⑤。

1940年1月13日，蒋即在"指示川南之布置"⑥。随后，"中央武力沿成渝路逐渐西侵，曾到简阳；川南到达泸州，企图完成成渝、川陕线军事布置，分割潘、邓间以及潘与刘树成、周成虎间军事联络。在西康CC周学昌等利用省党部活动，破坏刘文辉信仰，说刘是亲汪派。在川陕鄂边区政治部，积极破坏潘文华与民众间关系，说潘要逮捕救亡学生。调训刘树成、周成虎师长及其干部⑦。

蒋之所以同时针对刘文辉，是因为西康地区刚刚发生甘孜事变，即中央支

---

① 黄炎培著，中国社会科学院近代史研究所整理：《黄炎培日记》第6卷，华文出版社，2008年，第228页。按，黄炎培消息来源广，他知道贺国光实际上没有被刺，但其他一些不明实情的人却有可能相信这则传闻。

② 《一般资料——呈表汇集（一〇四）》，蒋中正档案，档号：002080200531003，"国史馆"馆藏。转引自许秀孟《抗战时期省级民意机构的建立：以四川省临时参议会为例的讨论（1939—1945）》，硕士学位论文，台湾师范大学历史学系，2011年，第77～78页。

③ 《罗世文给博古等同志的信——报告国民党中央与川康地方势力矛盾诸问题》（1940年1月），中央档案馆、四川省档案馆编印《四川革命历史文件汇集》甲12册，内部印刷，1987年，第16页。

④ 公安部档案馆编注：《在蒋介石身边八年——侍从室高级幕僚唐纵日记》，群众出版社，1991年，第101页。

⑤ 《蒋介石日记》，1939年12月23日"上星期反省录"，美国斯坦福大学胡佛研究院藏。

⑥ 《蒋介石日记》，1940年1月13日，美国斯坦福大学胡佛研究院藏。

⑦ 《川康特委工作报告——政治形势、党的组织、群众运动》（1939年11月25日），中央档案馆、四川省档案馆编印《四川革命历史文件汇集》甲11册，内部印刷，1987年，第233～234页。

持的班禅行辕和刘文辉部队发生了武装冲突①，导致蒋刘之间的关系一下子上
升到非常紧张的状态。1 月 31 日，蒋就在密切注意"刘文辉解散中央新兵力"
一事。2 月 3 日，蒋又说："刘文辉态度与行动出乎意外之恶劣。"② 即刘文辉
正在强硬地拔除西康地区的中央军力，免除中央对自己的威胁。3 月 31 日，
叶圣陶听说"西康有康滇军队协力缴中央军军械事"后，说："此等消息皆报
纸所不载，而言者甚众，或诚有之，皆政治犹未能明朗之征，前途之隐
忧也。"③

与此同时，蒋还认为周成虎、刘树成、刘文辉等人与中共有密切联系，而
这绝对不是他所乐见的。2 月 16 日，蒋特意让贺国光"嘱潘文华转告刘树成，
切勿与共党接近"④。3 月 15 日，蒋又在日记中说："泸州周成虎师、乐山刘树
成师已为共党企图之目标。""康刘已入共党之包围中乎？后方各地情形与军阀
心理之恶险，殊堪注意，然有备乃可无患矣。"⑤

4 月 21 日下午，蒋由渝飞蓉处理四川省政。谁知蒋"一到蓉城，谣言四
起，不曰邓晋康将长某战区，即曰潘文华将任某省主席，或曰，某师长反对出
兵，正宜团结保存实力，各种谣言不一而足"⑥。即蒋可能把邓锡侯、潘文华
调出川，而川军反对出川，以免被中央借机"消灭"。蒋又注意到"四川省政
府基础不固，预算亦未确定，当努力以求进步"⑦。所谓预算就是指为推行新
县制所拟定的预算，结果在省参议会中被四川绅耆阻挠，不能通过。稍后，蒋
成功地将成都、重庆的警察局长调换了。这在蒋看来是一件大喜事，因为它标
志着中央"在成都政治之威信又进一步，川政基础渐稳矣"⑧。

但蒋很快又消极了，5 月初他就说："川政几乎无法可施也，奈何？""四
川习俗环境太劣，政治复杂，顾忌太多，如何使之改革上进，思之痛苦，艰难
甚于抗战也。"⑨ 5 月 7 日，翁文灏在日记中写道："闻邓、潘、刘曾集议，不
愿将兼川省主席而愿述政川人。可叹。"⑩ 这些清楚地说明蒋虽然亲主川政，

① 关于甘孜事件，参见黄天华：《刘文辉与甘孜事件》，《西南民族大学学报》2009 年第 3 期。
② 《蒋介石日记》，1940 年 1 月 31 日、2 月 3 日，美国斯坦福大学胡佛研究院藏。
③ 叶至善、叶至美、叶至诚编：《叶圣陶集》第 19 卷，江苏教育出版社，2004 年，第 243 页。
④ 萧李居编辑：《蒋中正"总统"档案·事略稿本》第 43 册，"国史馆"，2010 年，第 152 页。
⑤ 《蒋介石日记》，1940 年 3 月 15 日，美国斯坦福大学胡佛研究院藏。
⑥ 公安部档案馆编注：《在蒋介石身边八年——侍从室高级幕僚唐纵日记》，群众出版社，1991
年，第 127 页。
⑦ 萧李居编辑：《蒋中正"总统"档案·事略稿本》第 43 册，"国史馆"，2010 年，第 422~423 页。
⑧ 《蒋介石日记》，1940 年 4 月 30 日"本月反省录"，美国斯坦福大学胡佛研究院藏。
⑨ 《蒋介石日记》，1940 年 5 月 4 日"上星期反省录"，5 月 5 日，美国斯坦福大学胡佛研究院藏。
⑩ 翁文灏著，李学通、刘萍、翁心钧整理：《翁文灏日记》，中华书局，2010 年，第 458 页

但四川政治仍然没有多少好转的迹象，四川军人仍然多方掣肘中央。

7 月 15 日，蒋介石与各军政要员研究如何巩固云南与四川。对滇，都主张增兵；对川，张治中主张将四川分为几省，或者"滕部与川阀，以杜其反侧"①，也就是说要派兵防止四川军人兵变或叛乱。

蒋则在采取措施试图分化四川军人。1940 年 8 月，"蒋为挑拨四川内部团结，以省主席时而诱潘，时而诱邓，弄得邓、潘时合时离。最近又以调川军出川抗战，调胡宗南军入川来威胁邓、潘，邓、潘等知省政无望，乃进而团结……邓、潘、刘并与龙云有往来，企图造成西南地〔方〕川滇康大团结。最近蒋出兵二十余万到云南，也许会促成这个团结"②。蒋与四川军人互相攻防的结果是"地方与中央势力演成势不两立的严重现象"，周成虎、刘树成、彭焕章几个师长甚至说："不将中央力量打击出去，就有亡川之苦痛，我们受不了压迫，干吧！"③ 如此激烈的话语足以表明双方矛盾已越来越深。

11 月 3 日，蒋听说"川局不安之极，一笑置之"。虽然如此，蒋仍在密切注意"川局小军阀不安"及其"与康刘勾结"。④ 这里所说的小军阀就是周成虎、刘树成二人。11 月 4 日，中央截获周成虎给潘文华的秘密报告，说其"根据最近情报，中央有向该军压迫之势，主张该师退驻宜宾，请潘邓刘切实合作，并请打通云南关系，组织社会团体"⑤。11 月 7 日，王世杰记载："四川军人（刘湘旧部）为固位计，近来有异谋，已为中央发觉。"⑥ 同一天，蒋感叹说："本日无雨气冷，心神顿起萧条凄怆之象，为近来所未有之景气。四川军阀之无知自扰，与粮价之高涨不已，亦足使精神之不安也，此种不生不死之环境与局势，令人郁闷无已。"⑦ 可见四川军人的异动深深地烦扰着蒋介石。

稍后，蒋又说："三星期以来无日不准备赴蓉整理省政，始之外交重要，继以敌机乱袭，卒以周成虎师长图谋不轨之阴谋发现，决心中止。如果此次急猝赴蓉，或以余性急心燥，致生祸乱，亦未可知。"⑧ 此处有几点值得注意。

① 《徐永昌日记》第 5 册，"中央研究院"近代史研究所，1991 年，第 367 页。

② 《川康特委报告书——一九三七至一九四〇年七月》（1940 年 8 月 20 日），中央档案馆、四川省档案馆编印《四川革命历史文件汇集》甲 12 册，内部印刷，1987 年，第 199 页。

③ 《张曙时给中央统战部的报告——川康特委统战工作》（1940 年 12 月 10 日），中央档案馆、四川省档案馆编印《四川革命历史文件汇集》甲 12 册，内部印刷，1987 年，第 325 页。

④ 《蒋介石日记》，1940 年 11 月 3 日，美国斯坦福大学胡佛研究院藏。

⑤ 公安部档案馆编注：《在蒋介石身边八年——侍从室高级幕僚唐纵日记》，群众出版社，1991 年，第 172 页。

⑥ 《王世杰日记》第 2 册，"中央研究院"近代史研究所，1990 年，374~375 页。

⑦ 《蒋介石日记》，1940 年 11 月 7 日，美国斯坦福大学胡佛研究院藏。

⑧ 《蒋介石日记》，1940 年 11 月 9 日"上星期反省录"，美国斯坦福大学胡佛研究院藏。

一是 10 月中旬以来蒋"无日不准备"到成都整理省政，说明蒋觉得四川省政已到不得不整顿的时候。二是周成虎等人打算采取军事行动，甚至准备仿西安事变，趁蒋到成都时扣押他。① 蒋听到这个消息，随即取消了赴蓉行程。

11 月上旬，川康经济建设委员会在成都召开第一次大会，会议由张群代蒋介石主持。张群利用此机会"与刘文辉、邓锡侯、潘文华等连日进行政治交易，为自己执掌川政铺路搭桥"，而刘、邓、潘等人"已清楚看到蒋介石绝不会让川政再落入川康将领手中，而蒋介石兼理川政，又使刘、邓等深为不安，因而在与张取得默契后便一致向张表示推戴"②。于是，11 月 13 日，行政院通过决议，张群兼理四川省主席，同时兼任成都行辕主任，意在使张群掌握成都的中央军，以震慑四川军人。对此，蒋评论道："川省主席问题顺利解决，此为三年来不了之大问题，能获得如此结果，实如释重负，故此为最乐之一事也。"③

1941 年 1 月，蒋介石总结上一年的工作，得出结论："去年一年中之抗战形势，在前十个月，无论军事、外交、财政、金融、经济、交通、物价、粮食以及中共、滇龙、川局皆处于最危急之境地。"四川军队如果真的和中央军发生冲突，足以"召分裂之祸"，这是抗战中的中国绝对无法承受的。④ 还好，张群终于主川，承担起掌控川局的重任，这让蒋大大松了一口气。

不过，张群主川之后，川军对中央的威胁并没有完全解除，特别是周成虎、刘树成仍然坚持反中央。因此，接下来很长一段时间里，蒋仍然时时为处理川局犯难。

结 语

国民政府迁都重庆以后，采取各种非常措施，愈来愈迫切、强势地介入四川，以整合、摄取各种地方资源。地方势力却因为很多既得利益被剥夺，因此对中央政府越来越不满，与之展开了一系列的明争暗斗，使得四川政潮迭起，

---

① 1941 年，王子壮说，四川军阀"以攫取政权之计转而谋不利于蒋先生"，"去冬又有因张群主川复谋西安事变之重演"，但被中央破获。（《王子壮日记》第 7 册，"中央研究院"近代史研究所，2001 年，第 371~372 页）

② 匡珊吉、杨光彦主编：《四川军阀史》，四川人民出版社，1991 年，第 560 页。

③ 《蒋介石日记》，1940 年 11 月 30 日"本月反省录"，美国斯坦福大学胡佛研究院藏。

④ 蔡盛琦编辑：《蒋中正"总统"档案·事略稿本》第 45 册，"国史馆"，2010 年，第 278~284 页。

这在很大程度上破坏了大后方的稳定，削弱了抗战力量，影响了抗战大局。

四川军人"地方观念甚深"[①]，他们总是试图维护一己私利，明里暗里抵制中央政府的各种集权措施，在此国家危亡的非常时期，在道义上处于下风，在实力上也处于劣势。不过，他们持续不断的抗争也反映其利益诉求有一定的合理性。

中央政府虽然占有道义上的优势，但也须适当照顾地方势力的利益；否则，中央政府的稳定将受到威胁。1943年6月，陈克文就注意到"半年来四川的残余军阀，仍不断的假借粮食和其他问题，鼓动反对中央的风潮，鄂西大捷以前形势尤为恶劣"，"鄂西大捷之后风潮虽稍见和缓，反对粮食征实数额，仍未稍戢"。[②] 1944年12月，贵州独山失陷后，重庆受到直接威胁，四川军人再次公开提出"川人治川"的要求，但蒋坚持"非张主席更不行"[③]。此后，局势逐渐缓解，直到抗战胜利。

另一方面，自国民政府迁川以后，"各种人物都挤到四川，四川情况为历史上所未有的复杂"；"各党各派皆到四川做中心地带以谋发展"；"大家都想到川康来找出路，想在川康打下基础，而在这个基础上面繁荣滋长起来"。[④] 在这种情况下，各种政治势力都在拉拢或争取四川军人，使得四川的政治状况异常复杂，也使得四川军人在大后方"有举足重轻之势"[⑤]。

因此，抗战时期的四川政局关乎中央政府的安危，关乎民族救亡图存之成败；而持续不断的川政风潮，影响了抗战大业的方方面面，也充分反映了抗战时期中央与地方之间复杂多变的关系，揭示了抗战历史的复杂曲折。

[本文原刊《历史研究》2017年第2期]

---

① 诸多国民政府军政大员均如是看。详见《王世杰日记》第1册，"中央研究院"近代史研究所，1990年，第334~335页；《徐永昌日记》第4册，"中央研究院"近代史研究所，1991年，第264页；《徐永昌日记》第5册，"中央研究院"近代史研究所，1991年，第374页；洪朝辉编校：《海桑集——熊式辉回忆录》，明镜出版社，2008年，第223、434~435页。

② 陈克文著，陈方正编辑、校订：《陈克文日记（1937—1952）》（下），"中央研究院"近代史研究所，2012年，第766页。

③ 公安部档案馆编注：《在蒋介石身边八年——侍从室高级幕僚唐纵日记》，群众出版社，1991年，第476页。

④ 《川康特委报告书——一九三七至一九四〇年七月》（1940年8月20日），《张曙时给中央统战部的报告——川康特委统战工作》（1940年12月10日），中央档案馆、四川省档案馆编印《四川革命历史文件汇集》甲12册，内部印刷，1987年，第185、324页；《川康特青委给南方青委的报告——关于川康青年的现状及本时期的工作》（1939年），中央档案馆、四川省档案馆编印《四川革命历史文件汇集》甲11册，内部印刷，1987年，第378页。

⑤ 李璜：《学钝室回忆录》（增订本，下卷），明报月刊社，1992年，第572页。

全面抗战时期四川的粮食运输管理[①]

谭　刚[②]

【摘　要】　全面抗战时期四川是大后方的粮源基地，担负着前方战场军粮和后方民食供应重任，因此保证四川粮食运输的通畅是夺取抗战胜利的重要保障。为此，国民政府和四川地方政府一方面设立了粮食管理机构以加强粮食运输管理；另一方面颁布了大量粮食运输法规以指导粮食运输，增强粮食运输力量，保证粮食运输安全。这些政策和措施的实施一定程度上保证了大后方军需民食的供给，对后方粮价的飞涨发挥了一定抑制作用，但由于国民政府粮政的腐败以及粮运价格过低、运输手续繁杂等原因，粮食运输政策又未能完全发挥应有的作用。

【关键词】　抗战时期；四川粮食运输；管理机构；政策内容；评价

全面抗战期间，四川粮食运输的畅通与否不仅事关四川粮食问题的解决，而且也直接影响大后方粮食问题的解决。因此，为加强战时四川粮食运输管理，国民政府和四川地方政府相关粮食主管机构颁布了众多法令，出台了一系列政策，在粮食运输建设方面发挥了一定的积极作用。但目前学术界对此还未

① 基金项目，本文系西南大学历史文化学院学科建设招标项目"抗战时期大后方中小城市发展研究"（编号 LSYB04）的阶段成果。

② 作者简介：谭刚，男，1971 年生，四川自贡人，2002 年四川师范大学历史系中国近现代史专业硕士生毕业并获史学硕士学位，2005 年南京大学历史系博士生毕业并获史学博士学位，现为西南大学历史文化学院教授、博士生导师。主要研究方向为抗日战争史、近代交通史和重庆城市史，已在《近代史研究》《抗日战争研究》《中国边疆史地研究》《中国经济史研究》、Journal of Urban History 等国内外学术期刊发表中英文学术论文和书评近 40 篇，出版学术专著《抗战时期大后方交通与西部经济开发》（中国社会科学出版社 2013 年）、《动荡中的社会转型——大后方城市社会生活变迁研究（1937—1945）》（科学出版社 2017 年）两部，先后主持国家社科基金两项和省校级项目多项，获重庆市社科优秀成果奖三等奖一次。

见专门研究。①有鉴于此，笔者利用一手的档案资料和文献史料对全面抗战时期的四川粮食运输管理问题进行系统深入研究，以期管窥支撑国民政府八年全面抗战的深层次原因。

一、四川粮食运输管理机构的演变与职能

由于新式交通发展缓慢，全面抗战前四川粮食运输方式主要以传统的木船水运和人力畜力运输为主。就水运而言，四川河流众多，具有发展水运的自然条件，加之水运具有量大价廉的优点，也十分适合粮食运输。进入民国时期以后，四川省政府为确保航运安全，开始整治川江航道。通过对川江航道的治理，川江航运条件得到改善，推动了四川粮食水运的发展。在交通不便的山区，既无公路也无江河，粮食运输仰赖人力背挑与畜力运输。至于粮食运输管理，除军粮和公粮是由政府出面组织调运外，全面抗战前四川一般居民所需粮食主要由私商从产地自由贩运，管理十分松散。全面抗战爆发前，粮食行政属于经济部主管，粮食运输则由农本局负责管理。

全面抗战爆发之初，为加强粮食管理，国民政府于 1937 年 8 月 18 日公布的《统制战时粮食管制条例》第三条规定："为管理粮食事宜，设战时粮食管理局，直隶于行政院。"第四条规定了战时粮食管理局的六大事项，其中第五项便是粮食运输。②但这一条例因战事紧张而束之高阁，粮食运输并未实行统制。由于四川在抗战初期远离战区，加上 1937 年粮食丰收，粮食问题并不突出，四川粮食运输管理也较为薄弱。随着沿海地区相继陷落，四川的战略地位日益显要。1938 年 1 月 2 日，四川省政府成立了四川省粮食管理委员会，省民政厅厅长嵇祖佑兼任主任委员，何北衡、刘航琛、王陵基等为委员，四川省粮食管理委员会工作偏重于粮食调查。到 1940 年秋，由于四川粮食歉收，加上宜昌失守，鄂西江防部队军粮及陪都民食须由四川省接济，刺激了四川粮价猛涨，从而引起后方粮价上扬。为此，国民政府行政院于 1940 年 8 月 1 日设

---

① 相关学术论文主要有金普森、李分建《论抗日战争时期国民政府的粮食管理政策》（《抗日战争研究》1996 年第 2 期）；陈雷《抗战时期国民政府的粮食统制》（《抗日战争研究》，2010 年第 1 期）。王洪峻《抗战时期国统区的粮食价格》（四川省社会科学院出版社，1985 年）一书分析了粮食运输因素对粮食价格的影响，但王洪峻先生旨在阐述粮食运输与粮食供需之间的关系，对粮食运输本身的问题，包括粮食运输路线、方式、价格、管理等方面的论述阙如。

② 重庆市档案馆编：《抗日战争时期国民政府经济法规》（下），档案出版社，1992 年，第 320 页。

立了全国粮食管理局，统一管理全国粮食的产销储运，并规定各县、省设粮食管理委员会或粮食管理局，管理各县、省粮食的产储运销。① 1940 年 9 月 3 日，四川省粮食管理委员会改组为四川粮食管理局，嵇祖佑任局长，具体负责管理四川粮食运输及其他事务。全国粮食管理局和四川粮食管理局的成立并未解决后方和四川的粮食问题，于是在 1941 年 6 月 30 日，国民政府撤销了全国粮食管理局，于 7 月 1 日成立了粮食部，"管理全国粮食行政事宜"，内设总务司、人事司、储运司、财务司及调查处，其中储运司专管粮食仓储运输。②同年 9 月 1 日，四川省政府也将四川省粮食管理局撤销，成立了四川省粮政局，刘航琛任局长，接管原四川省粮食管理局业务。四川省粮政局设立有仓储运输股，具体管理"粮食仓储运输之设计调度及指导事项"③。

鉴于战时四川粮食不仅要满足四川本省需要，而且还要接济其他省份，为加强四川军粮运输，1940 年 8 月全国粮食管理局成立后，全国粮食管理局还专门设置了运送军粮的直属机构——四川粮食购运处。四川粮食购运处在全川每个行政区设有督察长官办公室，县设督察员，监督地方粮库运送军粮。为加强军粮运输力量，四川粮食购运处与四川省船舶总队部共同征调船只，组织粮食运输。1941 年 3 月，全国粮食管理局局长卢作孚致电四川粮食购运处，要求四川省船舶总队在四川设置办事处或管理站以帮助运送军粮，其中设立办事处的地区包括南充、绵阳、泸县、宜宾、乐山各县和合川，设管理站的地区包括合川、江口、遂宁、武胜、成都、南充、江安、南溪、富顺、合江、蓬安、潼南、太和镇、赵镇、三江、新津共 16 处。④办事处和管理站的设立便利了军粮运输。

到 1941 年 8 月，由于四川开始实行田赋征实，粮食运输量大增，为进一步加强粮食运输管理，四川粮食购运处于 1941 年 10 月 1 日改组为四川粮食储运局，康宝志任局长，直接受粮食部管理。四川粮食储运局是专门运输四川征集粮食的专门机关。以 1941 年度为例，该年"四川收购粮食自征收机构交由

---

① 重庆市档案馆编：《抗日战争时期国民政府经济法规》（上），档案出版社，1992 年，第 35 页。

② 《粮食部组织法》，《革命文献》第 110 辑《抗战建国史料——粮政方面（一）》，台北"中央"文物供应社，1987 年，第 198 页。

③ 《四川省政府粮政局现行科室职掌表》（1942 年 3 月 25 日），四川省档案馆藏四川粮政局档案，编号：（民九二）428。

④ 《全国粮食管理局致成都四川粮食购运处代电》（1941 年 3 月），中国第二历史档案馆藏四川粮食储运局档案，编号：（九六）498。

四川粮食储运局接收以后之运输工作统由四川粮食储运局办理"①，其中"供应前方军粮为本局最重要之业务"②。四川粮食储运局主要业务分为五种，除了配粮、储粮外，还包括接粮（即接收各县配拨之粮食）、运粮（即各县储存粮食之集中与外运）和交粮（即各县储存粮食或运出粮食拨交领粮机关）。作为负责粮食交接运输的专门机关，《四川省征收购粮食交接办法》专门规定了四川粮食储运局粮食交接的具体事项，具体交接规定为"四川各县（局）征收征购所得粮食由各县（局）田赋管理处拨交四川粮食储运局各该县（局）仓库接收"，"四川粮食储运局在各县（局）仓库委由各该县（局）长兼任仓库主任"，"各县（局）仓库主任秉承四川粮食储运局之命于收纳仓库接收粮食后分别办理再度集中及拨交军公粮暨屯储或转运事宜"③。为方便全省粮食运输，四川粮食储运局将四川划为八个区，每个区设办事处，督导四川138县的粮食配运工作。全川八区分别为成都区、岷江区、叙渝区、涪江区、沱江区、嘉陵江区、渠河区和渝夔区。④各办事处按粮食自然流转范围及流向设置，便利于粮食的配拨和运输。每办事处设有四科，其中配运科职责包括处理登记军公民粮的分配拨交、水陆运输、征雇水陆运输人力及工具、审核转报运价运约、调查审核处理运输纠纷及车船失事、办理运输保险等事项。⑤全川重要粮食产地和消费地都设有办事处，这为四川军粮的运输管理提供了便利。

为加强四川各地征集粮的运输力量，四川粮食储运局特设立木船运输管理所和车辆运输管理所，并设立了运输科，这三个机构在粮食运输中发挥了重要作用。⑥为应付四川复杂的交通情况，四川粮食储运局成立之初，按照四川水陆交通与运输工具的情况，设立11个运输段，包括7个水运段和4个陆运段，并根据各县仓库所在地，在交通便利的地点分设131个运输站。运输站分四等：运输米粮50万石以上者为一等站；50万石以下30万以上为二等站；30万石以下10万石以上者为三等站；不足10万石者为四等站。其中一等站10个，

---

① 《三十年度四川征购粮食运输临时处理办法》，粮食部编《粮政法规·储运类》，1944年印，第61页。

② 粮食部四川粮食储运局编：《粮食部四川粮食储运局所属各分局各处仓配运粮食暂行办法》，1944年印，第18页。

③ 《四川省征收征购粮食交接办法》，四川省档案馆藏四川粮政局档案，编号：（民九二）459。

④ 《四川粮食储运局设置成都等八区办事处》（1942年10月6日），四川省档案馆藏四川粮政局档案，编号：（民九二）459。

⑤ 《四川粮食储运局各区办事处组织规程》（1942年10月6日），四川省档案馆藏四川粮政局档案，编号：（民九二）459。

⑥ 洪瑞涛：《三年余来之四川粮食配运业务》，《粮政季刊》第1期，1945年6月，第63页。

二等站 5 个，三等站 14 个，四等站 101 个。①由于粮食运输站遍及全川，粮食运输网络在全川形成。作为粮食部的直属管理机构，四川粮食储运局对加强四川军粮运输无疑发挥了重要的作用。

在四川粮食管理局成立前，后方地区的民用粮食主要还处于自由流通阶段②，四川民粮运输由粮商成立的同业公会管理。1940 年 8 月全国粮食管理局成立后，鉴于四川各地民粮供应紧张，为调剂四川各地民食供应，全国粮食管理局在成都、内江、绵阳分别设立了四川民食第一、第二、第三供应处，就近供应所在地民食。③1941 年 10 月四川粮食储运局改组成立后，其承担运输的征集粮食除了满足军粮和公粮需求外，全部余额也用于供给民食。民食分为拨交民食和出售民食两种，"属于拨交民食县份，县储运处遵照分局拨运命令指拨"，"属于出售民食之县份，经过粮食部核定各区全年配额后，饬由本局转令各区"，准备完毕后以备供应。④此外，1941 年 9 月以后，四川粮政局也加强了对四川民食运输的管制。四川粮商可经营四川各地民食运输，不过要受四川粮政局管制，大量粮食运输出境或入境须向当地粮政机关报告，经核准发放许可证后才可通行。⑤

需要说明的是，战时国民政府对四川粮食管理实行中央与地方分级管理。全国粮食管理局和后来的粮食部属于中央粮食管理机关，而四川粮食管理局和后来的四川粮政局是地方粮食管理机关，前者属行政院管辖，后者属四川省政府管辖，因此二者并无行政隶属关系，但四川地方粮食管理机关要受中央粮食管理机关的业务监督。如粮食部"对于各地方长官执行本部主管事务，有指导监督之责"⑥。至于四川粮食购运处及之后在此基础上改组成立的四川粮食储运局，因为属于中央粮食管理直属机构，不受四川省政府统辖，但要受四川省

---

① 《四川粮食储运局运输机构设置纲要》，1941 年，中国第二历史档案馆藏四川粮食储运局档案，编号：(九六) 2402。

② 金普森、李分建：《论抗日战争时期国民政府的粮食管理政策》，《抗日战争研究》1996 年第 2 期。

③ 顾寿恩：《抗战以来之粮价管制》，《革命文献》第 113 辑《抗战建国史料——粮政方面（四）》，台北"中央"文物供应社，1988 年，第 171 页。

④ 粮食部四川粮食储运局编：《粮食部四川粮食储运局所属各分局各处仓配运粮食暂行办法》，第 32 页。

⑤ 参见张桂编：《我国战时粮食管理》，正中书局，1944 年，第 107 页。

⑥ 《粮食部组织法》，《革命文献》第 110 辑《抗战建国史料——粮政方面（一）》，台北"中央"文物供应社，1987 年，第 198 页。

政府的指导监督。①总的来讲，1941 年四川实行田赋征实后，四川粮食管理机构有三个平行系统：一是属于财政部系统的四川省县市田赋管理处，二是属于省政府系统的四川省粮政局及各县粮政科，三是属于粮食部系统的四川省粮食储运局及各区储运办事处。由于这三个系统互不相属，"造成种种不应有的隔阂，彼此不能圆满合作，甚至互相摩擦"②。由于粮食管理机构职责重叠，降低了粮食管理效率。

二、四川粮食运输管理的内容

全面抗战爆发初期，由于四川粮食问题尚不突出，四川粮食运输管理相对松散，军粮运输由政府组织。在 1940 年 8 月全国粮食管理局成立前，四川军粮运输由后方勤务部和四川地方政府组织运输。③除军粮由政府组织运输外，民食由商户自由运输，运输工具的使用、运输的交接、运输安全和运输价格主要由粮食同业公会进行管理，四川粮食主管机构主要负责监督。但随着四川粮食问题日渐突出，尤其是 1941 年四川实行田赋征实后，国民政府将四川田赋收归中央接管，以保障军需民食供应。四川粮食运输的实际工作由四川粮食储运局专门负责管理，而四川粮政局的职权范围在"粮食加工调制之规划""粮食仓储之设计及指导"等方面，较少参加具体的粮食运输管理。④由于在 1941年 10 月至 1945 年 8 月间，四川征实、征购和征借粮食统一由四川粮食储运局负责运输，因此，通过分析四川粮食储运局的具体粮食运输内容，可以看出这期间四川军粮运输和民食运输情况。具体地讲，战时四川的粮食运输管理内容主要有以下四方面：

其一，四川粮食储运局大量制造和租用粮食运输工具，以加强粮食运输力量。全面抗战初期，由于粮食运输大多由粮商承担，粮食运输工具由粮商提供，还不存在粮运工具不足的问题。1941 年四川田赋征实开始后，粮食运量大增，由于自备运输工具有限，难以满足大量运输粮食的需要，四川粮食储运

---

① 许廷星：《四川粮食管理机构合理化问题》，《四川经济季刊》第 1 卷第 2 期，1944 年 3 月，第 151 页。

② 许廷星：《四川粮食管理机构合理化问题》，《四川经济季刊》第 1 卷第 2 期，1944 年 3 月，第 154 页。

③ 张桂编：《我国战时粮食管理》，正中书局，1944 年，第 104 页。

④ 许廷星：《四川粮食管理机构合理化问题》，《四川经济季刊》第 1 卷第 2 期，1944 年 3 月，第 154 页。

局于是采取了两项措施解决这一问题：一是通过自置或租用运输工具以加强自身运输力量，二是将部分粮食运输委托给商户代运。为加强自身运输力量，四川粮食储运局在1941年公布的《三十年度四川征购粮食运输临时处理办法》第四条规定："粮食运输应尽先利用本部制备之木船及特约之板车，由四川粮食储运局拟具木船营运计划及特约板车装运办法。"①由于水运是四川主要的粮食运输方式，为提高运力，四川粮食储运局首先大量制造或租用木船。1941年4月1日，全国粮食管理局会同交通部准建木船550艘，委托交通部川江造船所代办造船工程，约定4月1日开工，11月底全部完成。②其中分配给四川渠河流域的载重6吨木船250艘，载重9吨木船150艘，载重16吨木船100艘；分配给涪江流域者的载重9吨木船10艘，载重16吨木船38艘，载重25吨木船18艘，由原来的粮食管理局交给四川粮政局使用。③除了自造运输木船外，当时四川粮食储运局还准备与中国内河航运股份有限公司洽商贷款制造煤气木船50艘。④经过四川粮食储运局的多方努力，川江运粮木船数量有所增加。到1944年3月，四川粮食储运局专用于运粮的自办船97艘，贷让船70艘，登记船372艘，总载量44万1270市担。⑤由于驿运也是重要的运粮方式，全国粮食管理局还委托四川省驿运管理处代造板车230辆，到1941年9月四川粮政局成立时，将该项车辆接收并交由四川驿运干线渠万段调配，以专门用于军粮运输。⑥至于汽车，一般不用于粮运，但四川粮食储运局也备有少量汽车用于粮食急运。在1941年11月，四川粮食储运局设立汽车运输管理处，内分总务、技术、运输及会计四股，设在重庆市郊区小龙坎，其汽车运输队有大竹、广元、梁万、成都、乐山、璧山、綦南、荣自等车队。到1945年，四川粮食储运局共有运粮汽车141辆。⑦四川粮食储运局通过大量制造和租用

---

①　《三十年度四川征购粮食运输临时处理办法》，四川省档案馆藏四川粮政局档案，编号：(民九二)390。

②　中国公路交通史编审委员会编：《中国公路运输史》第1册，人民交通出版社，1990年，第345~346页。

③　丁星铎：《粮食运输概论》(手抄本)，中国第二历史档案馆藏四川粮食储运局档案，编号：(九六)2053，第28页。

④　丁星铎：《粮食运输概论》(手抄本)，中国第二历史档案馆藏四川粮食储运局档案，编号：(九六)2053，第28页。

⑤　洪瑞涛：《三年余来之四川粮食配运业务》，《粮政季刊》第1期，1945年6月，第82页。

⑥　丁星铎：《粮食运输概论》(手抄本)，中国第二历史档案馆藏四川粮食储运局档案，编号：(九六)2053，第28页。

⑦　丁星铎：《粮食运输概论》(手抄本)，中国第二历史档案馆藏四川粮食储运局档案，编号：(九六)2053，第15页。

粮食运输工具，的确在一定程度上加强了四川粮食运输力量。

其二，加强粮食运输交接的管理，以消除交接中发生的各种弊端。从起点站到交粮点是粮食运输的关键，为保证粮食运输交接中的计量准确，防止粮政人员徇私舞弊，1941 年四川粮食储运局规定："各运输站运输粮食，计算收交数字，应量（斗）、衡（秤）并用，各项有关表单须填市石数和折合市斤数。"[①] 到 1942 年，四川粮食储运局在《检发运输粮食交接暂行办法》中又进一步明确了各仓库运输交接的具体事项，包括：（1）各仓库交接运输米粮应采用衡交衡收，量交量收原则，凡包装米粮应用衡制，散装米粮应用量制。（2）从起运仓以衡交运的中转粮，转运到达仓后均以衡转衡收，从起运仓以量交者转运到达仓则以量转量收。（3）为便于粮食接算，各仓库起运、到达收转米粮均采用量衡并计办法。[②]但是采用斗斤并用方法，既不便于工作，又容易产生差错，为此四川粮食储运局要求所属各地仓库拨交军米时，一律以"衡"交拨，每大包净重 200 市斤，而拨交省、县级公粮以及拨交妇女工作队、儿童保育院、民食供应处、司法、田管员工以及囚粮等均以"量"交。[③]

尤其是四川粮食储运局将部分粮食运输委托给商户代运，在运粮过程中难免发生各种舞弊现象，或短交或掺假。如在 1943 年 10 月，粮食部会同后勤军政两部门，派人员赴江北、保定区及木关沱等交接军粮地点察看交换情形，就发现交接的部分军粮米质太差。造成米质差的重要原因是运粮船户掺杂放水，蒙混押运员，掺水时间长，押运员与船户串通舞弊。[④]鉴于上述原因，粮食部制定了一系列法规，防止粮食在交接运输中被人舞弊侵吞。第一，加强了在粮食交卸中所用度量标准工具的检查，以防止转交粮食短斤少两。1943 年颁布的《四川粮食储运局各仓库运输粮食暂行办法》规定："各仓站交接米粮所用斗秤应以度量衡检定所检定合格之斗秤为标准（凡经检定有正公差负公差之斗概不准使用），为防日久发生变易而致不准起见，应随时送各该地检定所检定，每月至少应检定一次。"又规定"各仓库所用斗秤，如斗之内壁及斗平圆有磨损、斗之四厢有倾斜应即妥为修理或呈请换发放另购，如秤砣粘有泥土并应随时刷净，否则一经交粮机关或接收粮食机关检查不符，即按私制量器惩处"，

---

① 《运输站运粮暂行办法》，中国第二历史档案馆藏四川粮食储运局档案，编号：（九六）2042。
② 《检发运输粮食交接暂行办法》（1942 年 11 月 3 日），中国第二历史档案馆藏四川粮食储运局档案，编号：（九六）2042。
③ 洪瑞涛：《三年余来之四川粮食配运业务》，《粮政季刊》第 1 期，1945 年 6 月，第 67~68 页。
④ 《拨交六战区军粮因米质太坏影响交接》（1943 年 10 月 30 日），中国第二历史档案馆藏四川粮食储运局档案，编号：（九六）2042。

交接时"各仓库应派妥实干员监视，斗手遵照规定平口硬利，不得有凸凹碰撞震动斗升情事"①。第二，实行粮食运输押运制度，以加强粮食运输监管。四川粮食储运局1943年明文规定："凡各站起运粮食均须派专人押运轮船，限每船一人或二人，木船汽车板车驮运人力等应视车辆及力夫数目酌定押运员之多寡，但每批至多以三人为限。""各押运员须随粮押运，每至住宿或停留地点尤须注意看守。"② 由于在粮运途中曾发生过船户与押运员共同舞弊的现象，为此，四川粮食储运局于1942年11月26日通令："应采用连环保证办法，即由同批船户出具连环保结，一船短交，连坐同批船户共同赔偿以收相互监督之效。"③第三，制定了粮食运输损耗标准，以减少运输损耗。粮食部制定的《粮食收交仓储及运输损耗率暂行标准草案》对火车、汽车、人力兽力车运、人力兽力挑运、木船、轮船运输的粮食损耗都做了明确规定：人力兽力车运输的损耗率，行程一日以内的包装粮食和散装粮食分别为0.2％和0.4％，行程在一日以上三日以下为0.3％和0.6％，三日以上五日以内为0.4％和0.8％，五日以上十日以内为0.5％和1.0％，十日以上为0.6％和1.2％；木船运输的损耗率，行程一日以内的包装粮食和散装粮食分别为0.2％和0.4％，行程在一日以上三日以下为0.3％和0.6％，三日以上五日以内为0.4％和0.8％，五日以上十日以内为0.5％和1.0％，十日以上二十日以下为0.6％和1.2％，二十日以上四十日以下为0.7％和1.4％，四十日以上为0.8％和1.6％。并且规定："因过失或保管不力，以致损耗者，应依照其数量之半数责令赔偿。"④粮食运输损耗率标准的制定，减少了因人为因素造成的粮食损失，也有利于粮食运输任务的保质保量完成。第四，实行粮食运输奖励制度。为了鼓励粮户保质保量按期交粮，四川粮食储运局于1942年11月18日颁布了《木船运输粮食吉到奖励办法》，规定凡如数如量交足粮食者给予奖励。为便于计算奖金，将川江运输区段划分为六线，即长江线、涪江线、嘉陵江线、渠河线、沱江线和岷江线，规定船户"经过区段之一段数发给之每一区段之吉到奖金，每市石五角"，"上述各江之支流航程在壹百华里以内者统以一段计算，每市石另行加给奖金

---

① 《粮食部四川粮食储运局各仓库运输粮食交接暂行办法》(1943年)，重庆档案馆藏重庆市粮政局档案档，编号：(〇三五三) 52。

② 《各运输站运粮暂行办法》，四川省档案馆藏四川粮食储运局成都分局档案，编号：(民九四) 1。

③ 《各县船运粮食应采用连环保证办法》，中国第二历史档案馆藏四川粮食储运局档案，编号：(九六) 2402。

④ 《粮食收交仓储及运输损耗率暂行标准草案》，《革命文献》第110辑《抗战建国史料——粮政方面 (一)》，台北"中央"文物供应社，1987年，第361~365页。

五角"①。到 1944 年，为完成运输重庆抢运粮食的任务，四川粮食储运局一度实行运费加成办法，以每船大河日行 40 公里，小河日行 35 公里计算运输时间，按期到达后加发 10％的奖励。②这些粮食交接法规的颁布，一定程度上保证了粮食运输的顺利交接，有助于减少粮食运输过程中的舞弊行为。

其三，大力加强粮食运输安全管理，减少粮食运输事故。全面抗战初期，由于政府对粮食运输管理较为松懈，加上川江河流滩多水急，运粮船只沉没事故时有发生。其中最严重的是在 1940 年 12 月至 1941 年 6 月间，赵镇、泸县、长宁、内江、眉山、洪雅、筠连、江安、庆符、高县、宜宾、江津、彭山、邻水、新都、富顺、古蔺、开县、三汇、渠县仓共 20 个起运地共运碛米 1.7517 万市石，因粮船沉没而损失粮食高达 6040.571 市石，占发运总数的 34.48％，其中三汇转出的 18 只运粮木船有 6 只船沉没，渠县仓 4 只木船有两只木船沉没。③随着粮食运输统制的实施，四川粮食储运局和四川省粮政局等粮食管理机关加强了粮食安全的管理。1942 年粮食部责成四川粮政局采取以下措施加强粮食安全管理：一是迅速查明各河流险滩，雇用当地熟练的放滩船工放滩；二是严格管理船工帮会；三是办理必要的运输保险；四是长江自乐山以下枯水期，自宜宾以下应多利用轮船装运；五是规定适当运费；六是严厉惩处作弊船户和押运人员。④ 1943 年四川粮食储运局公布了《粮食部四川粮食储运局各仓库运输粮食暂行办法》，对粮食安全管理做了进一步规定"运输粮食如在半途遇有滩险或其他障碍致不能继续进行时，应即分别报知起运仓库或应到达仓库，并报知本局附近仓库协助设法解决过滩"，"凡起运粮食如遇大水及其他危险致粮食受有损失者，应立即报由附近仓库派员处理"，并且规定严惩腾空放炮者⑤，规定"押运人员或运户如互相勾结或勾结外人或单独行为故意腾空放炮，经查属实者即送军法机关依法执行枪决"⑥。各种粮食运输安全法规的制定，体现了国民政府对粮食运输安全的重视，也有利于减少粮食运输过程中由

---

① 《木船运输粮食吉到奖励办法》（1942 年 11 月 18 日），中国第二历史档案馆藏四川粮食储运局档案，编号：（九六）2402。

② 《年关运粮奖励办法代电》，中国历史第二档案馆藏四川粮食储运局档案，编号：（九六）2058。

③ 《廿个粮食起运、转运地发出粮船失吉损失》（1940 年 12 月），中国第二历史档案馆藏四川粮食储运局案，编号：（九六）706。

④ 《极应筹课改善详为规划防止运输弊端训令》，四川省档案馆藏四川粮政局档案，编号：（民九二）1561。

⑤ 先卸货，再沉船，谎报失吉以谋利的方式，俗称"腾空放炮"。

⑥ 《粮食部四川粮食储运局各仓库运输粮食暂时办法》（1943 年），重庆档案馆藏重庆市粮政局档案，编号：（〇三五三）50。

于自然和人为因素造成的损失。

据四川粮食储运局统计，1942 年粮船沉没 449 次，损失粮食 25035 市担；1943 年粮船沉没 1235 次，损失粮食 59694 市担；1944 年粮船沉没 1447 次，损失粮食 84654 市担。[①]在 1942 年至 1944 年三年间，因粮船沉没而损失粮食合计 169383 市担，损失粮食数量占运粮总量比例下降至 6.7％。[②]不过，尽管政府加强了粮食运输安全管理，仍然还是有不法分子通过腾空放炮而牟利。如在 1944 年 7 月，四川粮食储运局嘉陵江区办事处派人调查渠江近来粮船沉没事故骤然增多的原因，就发现渠江各地的土匪、流氓及船户暗地组织"三三社"，和该江押运人员原组成的"生期会"合并。他们以船户名义出面冒领军粮，将粮食领载后即腾空放炮，控报失吉。三汇至合川一段为该社活动范围，而且有当地之劣绅暗中支持。[③]这些事例的出现，表明战时粮食运输管理仍然存在漏洞。

其四，制定运输价格管理法规，以适应战时粮食运输需要。全面抗战初期，除军粮公粮外，粮运价格由粮商同业公会议定，政府只负监督职责。1941 年实施粮食运输统制后，四川粮食运价由四川田赋粮食管理处规定，1943 年规定水运运价按干流和支流核定，"谷每石每里八分，米每石每里一角二分"，"其他小河支流，谷每石每里一角一分，米每石每里一角八分"。[④]到 1944 年，由于物价上涨，该年度四川各县征购征借粮食集中运价有所提高，规定各县粮食集中水运运价为"长、岷、沱、涪、嘉、渠各江干流，谷每市石每华里一角二分，米（或麦）每市石每华里一角八分；其他小河支流，谷每市石每华里一角八分，米（或麦）每市石每华里二角一分"[⑤]。1944 年与 1943 年相比，各干流和支流的水运运价仅提高了 50％。至于粮食陆运运价，也由四川田赋粮食管理处管理。1943 年四川各县粮食集中陆运运价为："谷每石每里四角，米每石每里六角。"[⑥]到 1944 年，粮食陆运运价有所提高："每市石每华里六角，米

① 洪瑞涛：《三年余来之四川粮食配运业务》，《粮政季刊》第 1 期，1945 年 6 月，第 83 页。

② 四川省地方志编纂委员会编纂：《四川省志·粮食志》，四川科学技术出版社，1995 年，第 200 页。

③ 《渠嘉两江船组"三三社"图腾空放炮》（1944 年 7 月），中国第二历史档案馆藏四川粮食储运局档案，编号：（九六）44。

④ 《四川省各县县政府颁发三十二年度集中运费暂行办法》，重庆档案馆藏重庆市粮政局档案，编号：（〇三五三）53。

⑤ 《四川省各县县政府办量粮食集中运输须知》，重庆档案馆藏重庆市粮政局档案，编号：（〇三五三）50。

⑥ 《四川省各县县政府颁发三十二年度集中运费暂行办法》，重庆档案馆藏重庆市粮政局档案，编号：（〇三五三）53。

（或麦）每市石每华里九角。"① 1944 年粮食陆运运价也比 1943 年提高了 50%。尽管战时四川粮食运价有所提高，但与迅速上涨的物价相比，则微不足道。有鉴于此，在全面抗战后期，四川粮食运费开始采用了实物给付。1943 年 10 月，安岳县参议员刘澄签提出发放实物的标准："每运米五斗途程在三十里内者，往返一日二餐给食米一升，六十里内者往返一日半四餐给食米二升，九十里内者往返二日六餐给食米三升，不另给宿费。"② 1944 年 6 月 20 日，四川粮食储运局密电沱江区办事处：称"绵、德、什、广四仓水陆运赵（镇）及金堂陆运运价均自午（指七月）月份起折发实物，以试办三个月为期。""折发实物由起运仓分两次发足，先发七成，运到赵镇取得运进报单后发三成。"③ 通过向运粮民众改发实物，在一定程度上减少了由于物价上涨给广大民众带来的损失，有利于维护运粮民众利益。

三、抗战时期四川粮食运输的效绩及评价

尽管四川粮食运输管理由来已久，但由于军阀混战，在 1935 年前粮食运输管理不善。直到 1935 年后，粮食运输管理始有起色。全面抗战爆发后，随着国民政府迁都重庆，四川为大后方中心省份，四川的粮食需求剧增。从全面抗战爆发到 1939 年前，由于四川粮食连年增产，四川粮食问题还不突出，但从 1939 年下半年开始，随着粮食减产，粮价猛涨，粮食问题日渐严重。为解决粮食问题，国民政府和四川省政府在粮食运输方面采取了一系列措施，包括设立专门的粮食运输管理机构，大力制造和租用粮运工具、加强粮运管理、制定粮运价格等措施，也取得了一定成绩。国民政府粮食部部长徐堪曾讲，从 1941 年 6 月粮食部成立到 1946 年 11 月止，粮食部虽然采取的措施有诸多不足，"但在此环境极端艰困之下，军公民食供应无缺，各地粮价指数始终比一般物价指数为低，区区效绩，差堪自慰"④。其中虽有自夸之意，但也不无道

---

① 《四川省各县县政府办理粮食集中运输须知》，重庆档案馆藏重庆市粮政局档案，编号：（〇三五三）50。

② 《安岳县参议员刘澄签提请增加再度集中民供口粮案》（1943 年 10 月），四川省档案馆藏四川粮政局档案，编号：（民九二）198。

③ 《粮运费改发实物试行问题》（1944 年 6 月 20 日），中国第二历史档案馆藏四川粮食储运局档案，编号：（九六）2043。

④ 徐堪：《抗战时期粮政纪要》，章伯锋、庄建平主编《抗日战争》第五卷《国民政府与大后方经济》，四川大学出版社，1997 年，第 672 页。

理。作为大后方中心省份的四川，战时四川粮食运输管理能取得一定成效，粮食部自然功不可没。概而言之，战时国民政府和四川省政府的粮食运输管理在一定程度上保障了军需民食供给，有助于稳定四川粮食价格。具体表现在以下三方面：

第一，战时四川粮食运输在一定程度上保障了军粮供给，为夺取全面抗战的胜利提供了一定的物质保障。在全面抗战时期，四川是大后方粮源基地，据估计，战时四川提供的粮食，包括征粮、购粮、借粮总额为 8 千万石以上，占全国征粮总额的三分之一。①战时军粮运输或由政府自运，或监督商运。尤其自 1940 年 6 月宜昌失守后，湖北恩施的第六战区所需军粮由原来的湘米接济改由四川的彭水、黔江等处接济。②为方便向第六战区运送军粮等物资，1940 年 8 月 4 日，交通部令民生公司与招商局各出资一万元，在重庆组成了官督商办性质的"川湘、川陕水陆联运总管理处"，经营由重庆至衡阳和广元与陕西之间的水陆联运业务。通过川湘水陆联运线，民生公司和招商局积极协助政府运送军粮。其中民生公司在八年全面抗战中共运载军粮 11.6 万多吨。③驿运在战时也运送了大量军粮。仅从 1940 年 10 月开办到 1941 年 5 月止，四川驿运部门就运送军粮 69.8099 万吨。④1941 年 10 月起粮食运输大多由该局自备车船或租雇商车商船担任，较少交由其他运输机关运输。1943 年 10 月至 1944 年 12 月间，四川粮食储运局仅木船运粮就达 137.784 万市石⑤，其中大部分是运送的军粮。总之，大量军粮通过水运和驿运输送到抗日前线，有力支持了中国抗战大业。

第二，四川粮食运输部门运送了大量民食，有利于维护后方社会经济稳定。战时由于大量工厂、学校内迁四川，四川人口数量增加，尤其是大城市人口增加更为明显。重庆人口由 1937 年的 47 万增加到 1946 年的 124 万⑥，成都人口 1936 年为 48 万人⑦，到 1945 年增至 70 万⑧，城市人口的大量增加为

① 《感谢四川人民》，《新华日报》社论，1945 年 10 月 8 日第 2 版。

② 张曼文：《重庆的水陆空立体联运》，中国人民政治协商会议西南地区文史资料协作会议编《抗战时期的西南交通》，云南人民出版社，1992 年，第 311 页。

③ 袁智：《烽火岁月中的民生公司》，中国人民政治协商会议西南地区文史资料协作会议编《抗战时期的西南交通》，云南人民出版社，1992 年，第 295 页。

④ 四川驿运管理处编：《四川驿运》，1941 年 7 月印，第 2 页。

⑤ 洪瑞涛：《三年余来之四川粮食配运业务》，《粮政季刊》第 1 期，1945 年 6 月，第 82 页。

⑥ 《陪都十年建设计划草案》，重庆档案馆藏重庆市政府档案，编号：（市政府）112。

⑦ 《中国 50000 人口以上都市表》，《地理学报》第 4 卷，1937 年 4 月，第 21 页。

⑧ 沈汝生、孙敏贤：《成都都市地理之研究》，《地理学报》第 14 卷第 3、4 期合刊，1947 年 7 月，第 23 页。

民食供应带来了很大的压力。为解决城市人口粮食供应问题，1941 年 7 月 1 日，粮食部在重庆设陪都民食供应处，办理民食采购、储藏、运销调节事宜，此外在成都、内江、绵阳分别设立了四川民食第一、第二和第三供应处，负责调剂四川各地民食供应。尤其是为保证陪都粮食供应，1940 年 11 月重庆市粮食管理委员会拟定了《重庆市米业运商联营采购办法》，组织粮商采购集团，分别划定县份购运粮食。1941 年 3 月，重庆运商集团发展到 19 个，采购贩运的范围遍及白沙、朱沱、永川、合江、长宁、合川、武胜、潼南、岳池、铜梁、邻水等地，资本总额达 553 万元。[①] 到 1943 年，四川全省起运粮食总数为谷 918 万市石，运往重庆的就达 720 万市石，为总运量的 78%[②]。总之，通过设立民食供应处和组织粮商运粮，大大加强了粮食运输力量，有利于缓解城市粮食供应紧张状况，从而也有利于后方社会经济稳定。

第三，战时四川粮食运输业的发展在一定程度上加速了四川各地间粮食流通，缩小了不同地区间的粮价差别，从而有利于缓解粮价上涨速度。由于四川各地自然条件差别大，各地粮食产量不同，因而粮食价格呈现一定地域差别。一般来讲，由于产粮多，在粮食生产区的粮食价格较粮食消费区的粮价低。通过加强粮食运输，可以加速四川各地之间的粮食流通，从而调剂四川各地粮价。全面抗战期间通过粮食运输方式究竟在多大程度上缩小了四川各地的粮价差，我们很难进行具体的量化分析，但通过分析战时四川各城市粮食价格的差别可以窥见一斑。在 1940 年 3 月，四川部分城镇的主要粮食平均批发价如下表所示。

1940 年 3 月四川部分城镇主要粮食平均批发价格表（单位：每市石元）

地点＼价格	中等米	小麦	玉米	糯米	黄豆	蚕豆
成都	17.44	15.71	15.05	21.80	18.66	14.99
郫县	24.51	18.61	15.05	27.93	25.85	16.81
新津	22.39	15.46	15.89	25.28	26.61	21.80
乐山	22.17	18.39	20.54	28.95	21.51	18.90
德阳	21.97	19.94	18.44	22.16	21.56	15.31

① 李明主编：《四川粮食调运》，四川大学出版社，1994 年，第 69 页。

② 国民政府粮食部编：《重庆粮运销》，1947 年 4 月印，中国第二历史档案馆藏粮食部档案，编号：（九六）11。

价格 地点	中等米	小麦	玉米	糯米	黄豆	蚕豆
内江	22.29	16.34	19.39	24.00	19.30	18.34
自贡	22.87	16.29	19.31	18.48	19.11	18.70
江油	18.08	15.97	14.10	19.60	19.60	13.64
重庆	18.08	14.72	10.49	19.44	17.33	14.50
涪陵	19.93	13.78	10.40	19.44	15.36	13.84
云阳	16.80	11.32	13.17	19.44	15.47	8.40
南充	17.45	15.51	9.21	19.44	16.80	10.61

资料来源：周春主编《中国抗日战争时期物价史》，四川大学出版社，1998年版，第39页。

从上表可以看出四川不同城市的粮价差别，重庆、成都两大城市的粮价相对较低，特别是重庆作为全省最大粮食消费区，粮价反较省内许多粮食产地粮价低，而郫县、内江、德阳等地粮价较高。其中原因固然与国民政府严格控制大城市粮价有关，但不可否认重庆、成都两市交通方便，粮食运输渠道畅通，政府可以迅速调运粮食产区的粮食进行调剂，从而有利于稳定粮价。而郫县、内江、德阳等地交通相对落后，运输成本高，造成粮价相对偏高。

有研究表明：抗战时期随着四川交通运输条件的改善，粮价相对稳定。[1]国民政府和四川省政府通过发展四川粮食运输业，尽量减少运输成本，缩小了粮价地区差别，进而有助于缓冲狂涨的粮价。如若不然，则四川粮价上涨更快。

尽管国民政府的粮食运输政策取得了上述积极作用，但由于客观和人为因素，这些积极作用又受到了很大的限制，主要表现如下：

第一，粮食仓储运输管理人员腐败严重，给四川粮食运输业带来了极大负面影响，削弱了粮食运输管理的成效。全面抗战时期，国民政府也比较注意监察粮政人员，粮食部为此专门设立了督导室，由专人负责检查粮政工作，以杜绝弊端，但由于粮政任务艰巨，动员人数众多，在粮食运输过程中，"一切怠忽责任，故意损害，以及掺水、掺假、侵蚀、盗卖等弊端，层见叠出，防不胜

---

① 王洪峻：《抗战时期国统区的粮食价格》，四川省社会科学院出版社，1985年，第65页。

防"，尽管粮食督导及密查人员严密纠察，但"仍难根绝"。[①]粮食运输的腐败主要表现为：（1）虚报收数或侵吞余粮；（2）握存集中费、运费，延迟发放，克扣数额；（3）使用不合法的衡量器交拨粮食，营私舞弊。[②]曾任乐山聚点仓库业务代理总务股长等职务的郑万禄回忆国民政府粮政的腐败时举出了许多例子，其中在粮食运输方面运输人员可假借各种事故而获利。据郑调查："百分之九十以上的事故，是人为造成的，只有百分之零点几是自然发生。"办法包括添水使米发酵，增加数量等。[③]虽然郑的调查不免夸大，但在粮食运输中借故谋私者的确大有人在。由于粮政腐败，大量征收的粮食去向不明。根据1941年及1942年四川征购粮食分配数字，就发现不少漏洞。根据《民国三十年度四川粮食储运局粮食分配计划》，1941年四川接收军米225万大包，约折碛米300万市石，合稻谷600万市石，供应民食年需食米300万市石，合稻谷600万市石。这就是该年四川征购的1200万市石稻谷的分配数字。但实际过程中公教人员及大都市居民仍多向市场购粮，购到平价米的不多，因此供应民食600万市石并未完全用于供应民食，多余粮额去向不明。况且1941年四川征实征购中超收的130多万市石更不知下落。据1942年四川粮食储运局《三十一年度粮食估计表》所载，1942年四川粮食储运局共运出稻谷1436.9333万市石，而该年四川征实征购粮食数为1656万市石，与分配数字相比，多出了200多万市石，但这部分不知下落。实际上这些下落不明的粮食落入了粮政人员私囊。国民政府粮政的腐败不仅严重地败坏了国民党的形象，也大大阻碍了四川粮食运输业的发展。

第二，相对于战时飞涨的物价，四川粮食运输价格过低，损害了运粮民众的切身利益，严重制约了粮食运输的发展。据统计，1941年度粮食部发给各省运费仅5300余万元，实际上政府为四川拨付的运费远不能满足四川粮运的需求。有人统计，单四川一省仅粮食再度集中运输费用就4万万元之巨，可见政府拨款只是杯水车薪。[④]四川各县组织粮食再度集中期间，农民所得运费不敷口食，苦不堪言，甚至还酿成运粮民众只好沿途讨食的悲剧。1941年6月18日，四川粮食管理局致电重庆四川粮食购运处，称："第十五区所辖各县动

---

① 徐堪：《行政院关于粮政之推行报告》（1943年7月至1944年3月），《革命文献》第111辑《抗战建国史料——粮政方面（二）》，台北"中央"文物供应社，1987年，第61页。

② 《粮食部代电请各省政府严密纠举田粮弊端电》，粮食部田赋署编《田赋法令汇编》，1946年10月印，第29页。

③ 王洪峻：《抗战时期国统区的粮食价格》，四川省社会科学院出版社，1985年，第205页。

④ 闻汝贤、闻亦博：《中国现行粮政概论》，正中书局，1944年，第87页。

员民夫十万人运送军粮，惟南江至江口一段途长四百五十华里，山路崎岖，往返共需九日，每各仅发口食费二十七元，际此生活日高，致归途颇多乞食者。"① 1942 年 8 月，四川省参议会在给四川省政府的议案中也提及："粮食再度集中，中央规定征用民夫，并依里程给予口粮折价款，值此生活高昂，即发给价款，不足以供日用。有劳务者多属贫之家，一旦被征力役，举家生活困难。上年有不分远近，贫富及有无劳力之家，一体征役。富者缴代金可以免役，贫苦者受累惨重，更有规定的集运口粮折价款不照实发给。"② 政府为运送军粮需要征雇大批民工，尽管每日发给运粮民工一定伙食费，但民工所得远不够支出。1943 年 10 月，安岳县参议员刘澄签提到发动民众运送军粮时，"再度集中每石每里亦仅给口食费四角五分"，而强壮民工每人约共运米五斗，行走六十华里来往需一天半，合计只得伙食费 13.5 元，而在一天半运粮中总共需费则高达 138 元。③鉴于米价上涨，四川粮食储运局后来将运费改发实物标准，并提高了发放实物标准，但对广大民众来说，运粮等于做苦力，运粮所得运费甚少，亏本严重。1944 年 10 月 22 日，井研县临时参议会电称："该县县境多山，仅有溪流，不通舟车，运输困难，再度集中区，距边远乡镇远八九十里，以故每次运粮，老弱妇女肩挑背负，或雨或晴，备极劳瘁，集团行动，稽远延时日，往返一次，需二三四五日不等，生活高昂，口粮折价，不足一餐之需，民工赔累，每市石多至五六百元。"④运粮价格过低，导致运粮民众入不敷出，严重阻碍了粮食运输的发展。

第三，粮食运输手续繁杂，影响了四川粮食运输业发展。在粮食运输中，运输手续复杂，运输耗费时间长。在粮食初度集中运输过程中，由于各收纳仓分布乡间，且运输所经过的路线多为乡镇小道。四川多山，路面崎岖不平，由集中地点运至都市或前方多靠人力挑运或背运，加之运输里程少则数十里，多则百余里，民众运粮费时费力自不待言。在再度集中运输过程中，虽然路线较初度运输路线较通畅，且由政府负责，但由于运量巨大，动员民众甚多，对广大民众来说仍是巨大负担。在粮食运输中，不仅手续复杂，运输耗费时间长，

---

① 《四川粮食管理局发重庆购运处代电：动员民夫十万人归途乞食颇多》(1941 年 6 月 18 日)，中国第二历史档案馆藏四川粮食储运局档案，编号：(九六) 477。

② 《准省参议会函送戴参议员克诚等提粮食再度集中须按当地实情发足工资案》，中国第二历史档案馆藏四川粮食储运局档案，编号：(九六) 1644。

③ 《安岳县参议员提请增加再度集中民供口粮案》(1943 年 10 月)，四川省档案馆藏四川粮政局档案，编号：(民九二) 198。

④ 陈开国：《三年余来岷江区粮食储供应之总检讨》，《粮政季刊》第 1 期，1945 年 6 月，第 86 页。

而且验收人员对粮户的有意刁难，也使粮户疲于奔命。《大公报》1941年12月20日披露了一篇读者投书，内容是一个乡民写信给该报，申述其缴纳粮谷时所受到的痛苦：

> 大兴场（离重庆三十里）附近农民萧知顺，有田可收毛谷十二石，粮额一钱五分，往年只上十元左右的粮额。今年连征带购，共纳粮谷四石七斗，折合老斗一石六斗，保甲通知限令送到十余里外的偏僻地方堰塘坎去缴，逾期就要受罚。当即请五名力夫挑去，谁知才没有人收，只得在那里等候，夜间请人看守；第二天收了半天，未能赶上，又挨了一天，到第三天才算收下；力钱和夜间请人看守等费共用去好几十元，整整饿了两天。[①]

粮食运输手续的繁杂加重了人民群众的负担，也挫伤了群众的运粮积极性。总之，由于上述种种原因，四川粮运难免发展受阻，全面抗战时期四川的粮食运输政策在施行过程中也难以达到预期目的。

[本文原刊《抗日战争研究》2012年第4期，收入本辑时作者略有改动]

---

① 《读者投书：乡农送缴实物者言》，《大公报》1941年12月20日，第3版。

民国时期川西北羌地汉人的经济生活[①]

汪洪亮　　何广平[②]

【摘　要】　民国学人陶云逵提出的"边地汉人"是边疆研究领域一个重要的学术范畴。民国时期川西北羌族地区是时人心目中的"文化边疆"，其经济发展与社会变迁与羌地汉人的经济活动密切关联。本文对民国时期的"羌地"与"羌地汉人"做了界定，对羌地汉人的职业结构、经济活动及日常经济生活做了描述，并分析了羌地汉人对羌族地区经济社会发展的意义。

【关键词】　民国时期；羌地汉人；经济生活

1943 年，陶云逵发表《论边地汉人及其与边疆建设的关系》，首次提出"边地汉人"这个学术概念，认为"已在边地立足，发展，与边胞有友好关系而为边胞所信任的汉人，不失为边建实际工作上的一把便利的钥匙"，因为这些人在生活方式上，既保存了中原文化的若干特质，"又采纳了边胞文化若干方式"，"多少受着双重文化的陶镕"，"事实上成为人类学上所谓的'Marginal

---

①　基金项目：本文为中国博士后科学基金第 58 批面上一等资助项目"抗战时期华西坝教会五大学的边政研究"（项目编号：2015M580189）研究成果。

②　作者简介：汪洪亮，男，1976 年生，四川峨眉人，研究员；2004 年在四川师范大学中国近现代史专业研究生毕业并获历史学硕士学位，2013 年在四川大学获历史学博士学位，2018 年在中央民族大学获得社会学博士后证书；清华大学访问学者；四川师范大学中国近代史和专门史（民族史）硕士生导师，四川师范大学教育学专业博士生导师；四川省有突出贡献的优秀专家，四川省学术和技术带头人后备人选；现为四川师范大学历史文化与旅游学院副院长，四川省社会科学重点研究基地中国近现代西南区域政治与社会研究中心主任，兼任四川省武则天研究会副会长、成都薛涛研究会会长、成都市历史学会副会长；主要研究领域为中国近现代史、边疆学术史、地方文化史、基督教在华传布史和大学校史；承担国家社科基金、中国博士后科学基金等项目 10 余项，在《民族研究》《中国边疆史地研究》等刊物发表论文 60 余篇。

何广平，女，1989 年生，四川泸州人，2015 年在四川师范大学中国近现代史专业研究生毕业并获历史学硕士学位，现为四川省泸州市江阳区文化局干事。

Man'"，他们在边疆建设工作中可以担任实际工作者与边胞间的"枢纽人"。同时，他指出当时"所谓'边疆社会''边疆民族'等等实在是指所有一切与中原汉语文化不同体系的诸非汉语社会而言。边疆社会一语的'边疆'一词的地理的含义在诸人心目中实已失去其显著地位"，由此"边疆社会乃是'文化的边区'（Cultural Marginal Area）的社会"。① 这一学术见解非常重要，揭示了我们研究边疆社会的一个重要视角。尽管有学者对蒙藏新及东北等传统认知的"地理边疆"地区汉人移民做了研究，但是多未对陶云逵 70 多年前的宏论做出学术回应，也少有学者以此概念来研究"文化边疆"民族地区汉人群体的社会生活。②

羌人最初居住于今青海、甘肃、四川、新疆等广大地区，至民国时期，则主要居住于川西北的汶川、理番、茂县、松潘等地区。此地位于汉藏之间，族群交互，文化多元。边疆教育司编印的《边疆教育概况》将川西北纳入边疆教育的范围，即承认川西北为边地。③ 时任蒙藏教育司司长骆美奂指出，虽然"川西西距葱岭万余里"，"然以数千年来，交通未辟，文教未备，先民遗绪，邈焉寡闻，训致风习攸分，语文殊异，是虽不能谓为地理之边疆，而已沦为文化之外域"④。川西北羌地既属"边疆"，羌地汉人也是"边地汉人"。笔者拟对民国时期羌地汉人的社会生活做一考察，既展示该地汉人"汉在羌藏之间"的生活状貌，也体现他们作为羌地建设的"枢纽人"角色。本篇侧重其职业结构及经济生活，敬祈方家指正。

一、民国时期的"羌地"与"羌地汉人"

民国时期的"羌地"，只是一个大致的范围，因为何为羌人，如何分布，

---

① 陶云逵：《论边地汉人及其与边疆建设之关系》，《边政公论》第 2 卷第 1—2 期，1943 年，第28～34 页。
② 王川有两篇论文借鉴了陶云逵的"边地汉人"概念：《民国时期西藏地方"边地汉人"研究的学术价值——从任乃强先生对康藏民族关系史的研究说起》，《任乃强与康藏研究学术研讨会论文摘要》（2009 年 8 月）；《民国时期"康西"边缘的"汉人社会"——以西藏工布达江一地为中心》，《西南民族大学学报》（2011 年第 1 期）。汪洪亮指导的硕士研究生何广平近年发表两篇有关羌地汉人的论文，即《民国时期川西北羌地汉人与羌地经济》（《中华文化论坛》2014 年第 3 期）；《羌地汉人社会历史研究述评》（《乐山师范学院学报》2014 年第 7 期）。
③ 教育部边疆教育司编：《边疆教育概况》，1943 年。
④ 教育部蒙藏教育司编：《川西调查记》，1943 年，骆美奂《序》，第 1 页。

时人并无定论；但大体是指川西北一带，则没有大的分歧。早在 1920 年，英国传教士陶然士（Rev. Thomas. Torrance）出版了《羌族的历史、习俗和宗教》（the History，Customs and Religion of the Chiang），认为羌人主要"分布在汶川县、理番、威州、茂州、叠溪和松潘。他们也居住在梭摩深处黑水河河岸"[①]。1929 年，中央研究院史语所助理研究员黎光明与其好友王元辉一同调查川西民俗，认为川西民族有西番、獞猓子、土民、羌民及杂谷民族，以及少量的汉人。[②] 胡鉴民认为汶川、茂县、理番三县为羌民区域。[③] 冯汉骥认为"羌民族所居留之地，全为沿岷江河谷，及其支流之河谷"，分布地为松潘、理番、茂县、汶川。[④] 美籍学者葛维汉（D. C. Graham）自 1933 年至 1948 年间多次前往川西地区，认为羌族主要分布在沿岷江流域和杂谷脑河流域一带，北自茂县的叠溪，南至汶川的索桥，杂谷脑河流域的蒲溪沟一带皆属之。[⑤] 1936 年，四川省第十六行政督察区对境内各民族情况进行调查。由各县上报的"苗夷民族调查表"可知，懋功、理番、茂县、松潘、汶川均有羌族分布。[⑥] 1938 年，督察区各县填报的《西南边区民族调查表》，称县内有羌民的主要有松潘、理番、汶川、茂县四县。[⑦]

"羌地汉人"，即生活于羌族地区的汉人。陶云逵指出："在边地的汉人之多寡视其区域距离中原文化中心区之远近以及政府对此区域经营历史之长短而定。"[⑧] 川西北羌地虽远离中原文化中心区域，但其自秦汉时期即已是中央王朝的统治区域。民国时期羌地汉人急剧增多。辛亥革命后，川西北沦为军阀割

①（英）托马斯·托伦士牧师（按：即陶然士）著，陈斯惠译：《羌族的历史、习俗和宗教：中国西部的土著居民》，汶川县档案馆，1987 年，第 17 页。

② 黎光明、王元辉：《川西民俗调查记录 1929》，"中央研究院"历史语言研究所，2004 年，第173 页。

③ 胡鉴民：《羌民之信仰与习为》，李绍明、程贤敏编《西南民族研究论文选（1904 年－1949年）》，四川大学出版社，1991 年。

④ 冯汉骥：《松理茂汶羌族考察杂记》，《川大史学·冯汉骥卷》，四川大学出版社，2006 年，第418 页。

⑤ 葛维汉：《羌族的习俗与宗教》，李绍明、周蜀蓉编《葛维汉民族学考古学论著》，巴蜀书社，2004 年，第 9 页。

⑥ 阿坝州档案馆藏：《第十六区专署：省政府十六区专署及各县府关于夷部状况、苗夷民族调查的表》，1936 年 2 月至 1938 年 11 月，全宗号：8，目录号：1，案卷号：1016。

⑦ 阿坝州档案馆藏：《第十六区行政督察专员公署：十六区专署、各县府关于边民族、土司调查表和夷务工作月报表》，1937 年至 1939 年，全宗号：8，目录号：1，案卷号：1014。

⑧ 陶云逵：《论边地汉人及其与边疆建设之关系》，《边政公论》第 2 卷第 1－2 期，1943 年，第28 页。

据争夺的对象，大批汉人士兵、军官随之而来。[①] 1927年，四川省政府及二十八军在川西北设置松理懋茂汶屯殖督办公署，军长邓锡侯先后在屯殖区域内推行查荒、招垦、"化夷"、开设学校、设置金融机构、发展工商业等措施，招揽、吸引了内地一批农工商业者前往屯区。1935年川政统一后，随着国民政府迁都重庆，国民政府对四川地区控制力增强，更多内地汉人前往羌地。据地方志记载：1933年，今阿坝州总人口为264049人，藏羌回等少数民族人口160021人，占60.60%，汉族104028人，占39.40%；1949年总人口为345370人，藏族179421人，羌族38150人，回族8366人，少数民族人口占总人口65.3%，汉族119430人，占总人口34.7%。[②] 1941年9月，茂汶全县有羌族6281人，汉族29964人，回族764人，1949年有汉族11479人，羌族23976人，藏族83人，回族793人。[③] 1950年，阿坝州汉人占总数35.61%；羌族人口比重较大的三个县分别为汶川、理县、茂县，汉族人口占总数比例分别为72.03%、24.58%、37.46%。[④]汶川为川西北之门户，与灌县（今为都江堰市）很近，汉人汇聚最多。

民国时期有关川西北羌地汉人的描述中，实际上已部分地将已汉化了的回人、满人纳入其中。邓锡侯编《四川松理懋茂汶屯区屯政纪要》中统计屯区各地人口数时，将回族纳入汉人之中。[⑤] 王元辉在《近西游副记》中讲述汶川境内的汉人时称，"所谓汉人，是包括回回而言"，这些回族"除了不吃猪肉而外，没有与汉人相异之点，所以不能把他们看作另一个民族，至多不过认他们是奉回教的汉人而已"。[⑥] 时人"国民"赞同王的观点，并指出回人"居住城厢，团结力强，以教习中文，能说汉话，与汉人感情融洽"。[⑦] 庄学本也说，理番地区的汉人，"自汉武帝平西南夷后始有移入，至乾隆征金川，随来的军队多乐业在此，汉民乃渐多。其中一小部分为旗民，为以前'绿营'的旗兵，

---

① 据学者统计，仅茂县，在民国五年（1916年）至民国十年（1921年）间，不同派系军阀混战与更替即达6次之多。参见耿少将：《羌族通史》，上海人民出版社，2010年，第396页。

② 四川省阿坝藏族羌族自治州地方志编纂委员会编：《阿坝州志》（上），民族出版社，1994年，第360~361页。

③ 四川省阿坝藏族羌族自治州茂汶羌族自治县地方志编纂委员会编：《茂汶羌族自治县志》，四川辞书出版社，1997年，第115~116页。

④ 四川省阿坝藏族羌族自治州地方志编纂委员会编：《阿坝州志》（上），民族出版社，1994年，第363~365页。

⑤ 邓锡侯编：《四川松理懋茂汶屯区屯政纪要》，1936年，第14页。

⑥ 王天元（王元辉）：《近西游副记》，拔提书店，1935年，第163页。

⑦ 国民：《川西北的边疆民族》，《边政导报》第11、12号，1948年5月，第27页。

现在已混入汉民之中，分辨不出了。"① 可见那时人们言说中的"羌地汉人"并非完全对等于今日民族意义上之"汉人"，而是指除了当地主体民族——羌人、藏人之外的汉人以及汉化了的回人、满人等其他人群。

民国时期，活跃于羌地的汉人主要有长期居住者和短期逗留者两种。长期居住者可分为"土著汉人"和"客籍汉人"两类，"土著汉人""多两湖两广之人，明末清初随军移住"②，"多属屯兵之后裔"③；"客籍汉人"则"多安、遂、潼、乐、简阳、中江、平、青、安、绵之人，大都内地经济落伍者"④。他们多因当地民贫地瘠，人口众多，谋生不易，加之"民国以来的历年内战，出粮、出款、出力、出兵，使得他们不能安居乐业，迫而离乡别井，于是群起向着省政府不易统治的川西北边疆去逃生"⑤。

二、民国时期川西北羌地汉人的职业结构及其经济状况

时任汶川县教育科长的周铁汉认为，"往松茂汶一带经营和开边"的内地移民"大概有四类人"：一是"作挑担背运之苦力，后经营小生意者"，二是"木工、裁缝、铁匠、硝皮匠等手艺人"，三是"作农工，或挖药贩药者"，四是"专从事较大规模之商务者"。在他看来，政府虽注重垦殖边区，但羌地移民却多为"一般人民自动"的"边地经营前驱者"，"不须政府扶助，自动往边地经营"，"多数是夏初去，秋末冬初复还"，"其中有一部分上门入赘，娶夷女为妇，依习改夷姓，但多于后时仍复汉姓，由此生齿繁殖，通婚变俗，可加速夷人改汉进程"。⑥ 除了上述四类外，内地移民还有公职人员、士兵、教师、医生、学者、邮政人员等其他职业。如汶川汉人"多业农，次为商贸小贩及公务员"⑦。理番汉人"多经商或务农"⑧。松理懋茂汶屯殖督办署也认定，屯区

① 庄学本：《羌戎考察记》，上海良友图书公司，1937年，第59页。
② 邓锡侯编：《四川松理懋茂汶屯区屯政纪要》，1936年，第13～14页。
③ 张雪崖：《松理懋茂汶屯殖区现状》，《开发西北》，第2卷第4期，1934年，第20页。
④ 邓锡侯编：《四川松理懋茂汶屯区屯政纪要》，1936年，第13～14页。
⑤ 国民：《川西北的边疆民族》，《边政导报》第11、12号，1948年，第27页。
⑥ 《汶川县概况资料辑要》，马大正主编《民国边政史料汇编》第二十八册，国家图书馆出版社，2009年，第577～578页。
⑦ 《汶川县概况资料辑要》，马大正主编《民国边政史料汇编》第二十八册，国家图书馆出版社，2009年，第544页。
⑧ 《理番概况资料辑要》，马大正主编《民国边政史料汇编》第二十八册，国家图书馆出版社，2009年，第525页。

汉人"多业农商"。① 下文拟以其从事职业,略述其经济生活状况。

(一)农业生产者

民国时期羌地汉人从事农业生产者可以分为两大类:地主和一般农户。汉人地主一部分从商人中转变而来,或其祖上为商人,坚守"以末致富,以本守之"的传统,将钱财转换为田产。他们将土地外租收取租金,也留下部分土地雇佣长工耕种,只需支付工钱或提供衣食。部分地主还从事商业活动。地主是羌地富人阶层,多加入袍哥组织,成为袍哥大爷,同时又利用钱财及社会关系,被选为当地的乡保长及参议员等,享有较大权势。如理县佳山寨汉人地主贾开允,既是袍哥大爷,也是省参议员,与当地乃至四川省军政界人士皆有往来。

根据经济条件差异,一般农户又可分为几类:一是经济条件较好者,为当地富农,平时自己耕种,农忙时则雇人协助;二是经济条件略差者,多为清末民初迁来羌地的汉人,租佃地主或土司的土地,也开辟荒地;三为特别贫穷者,"多半是贫穷户借贷无法偿还的和流落本地的外乡汉人",单身汉居多,生活较落魄,既未租种土地,也未开辟新地,只能为地主或富农家帮工,主人家"一般只管饭,一年给一两件衣服",工钱极少,有的甚至没有。② 多数汉人农户兼营上山挖药、脚力运输、砌房、打井、养蜂,以及农闲时外出贩卖日用杂货等副业,以补贴家用。还有一部分内地贫农"于春末往边地作雇农",或"长工",完工后回内地,也有"受人招赘",在当地成家立室者,"终身侨住该地"。③

民国时期,羌地汉人多居住于沿岷江正流、近河床水边的"大路之地"④,以及各市区、城镇等交通条件较好的地区,其农业活动受气候及地形影响相对较小。但其生产方式粗放,"初垦之年穷尽地力,及其瘠薄,去而之他"⑤,与羌人差异并不大。汉人所种农作物比羌人丰富,主要有玉米、小麦、荞麦、马铃薯、水稻、白菜、萝卜、圆根青菜、辣椒、四季豆、苋菜、茄子、黄瓜、花

---

① 邓锡侯编:《四川松理懋茂汶屯区屯政纪要》,1936年,第17页。

② 中国科学院民族研究所四川少数民族社会历史调查组:《羌族地区近代经济资料汇辑》,四川省编辑组编《羌族社会历史调查》,四川省社会科学院出版社,1986年,第18页。

③ 《汶川县教育科长周铁汉报告》,马大正主编《民国边政史料汇编》第二十八册,国家图书馆出版社,2009年,第578页。

④ 冯汉骥:《松理茂汶羌族考察杂记》,《川大史学·冯汉骥卷》,四川大学出版社,2006年,第418页。

⑤ 邓锡侯编:《四川松理懋茂汶屯区屯政纪要》,1936年,第77页。

椒、胡桃等。那时羌地种植罂粟较多，汉农也多加入其中，政府屡禁不止。

（二）手工业者

民国时期羌地手工业、工业不甚发达。羌人手工业主要是传统的砌石和家庭妇女的纺织，当地铁匠、木匠、铜银匠等多为汉人工匠。[①] 早在清代，羌地实行改土归流，"招工匠引入，定居为业"[②]。内地工匠一般于每年春末，"奔走边地各村落卖技，积数月之久稍有积蓄，到秋末略购轻便易携之物，如药材兽皮等，返内地可赚一笔款项，此为一年辛苦所得，俟到次年春末，又可再去"[③]，如此往复。部分汉人农户也是工匠艺人，农忙时从事农业生产，农闲时到各村寨做工，以补贴家用。阿坝州档案馆藏《四川省理番县下孟乡户口调查表》中就记载，佃农朱海田"备考"一栏中为"木匠"[④]，可知他不仅从事农业，也从事木匠工艺。这批工匠在内地可能并不算工艺精湛，但在羌地尚可站住脚跟，如时人言："作木匠，或裁缝，未见得个个都是内行，然而他们作来能够使雇主满意。可见边疆民族生产水准的落后了。"[⑤]

茂县刨烟坊在民国羌地汉人手工业中为规模最大者，据传系由甘肃临洮（旧名狄道）刨烟工人开设，狄道烟制造技术亦因此传入茂县。茂烟制造技术与狄道烟类同，仅泡烟叶的方式不同（狄道烟是在池子里装上红麻油泡，而茂烟是用开水发叶子）。茂县刨烟坊"多系绵竹、绵阳、罗江、安县等地人"开设，工人也多来自这些地方。刨烟坊最多时有30多家，多属小刨房，小规模经营者仅有刨刀一二，工人较少；规模较大者，亦仅有刨刀数张，工人一二十个。刨烟工人收入以计件算，多劳多得。工坊内还招收徒工，徒工的学习期为三年，由技工传授技术，其收入一年才二三十元，仅够日用开支，三年出师后才按技工工资算。当时茂烟在川内较出名，销售范围遍及全川，云、贵等地也有出售，"多由外地商号派人来此坐庄，成年长期的收购，或百担、千担收购，运回销售"[⑥]。茂县刨烟业历经近百年发展，到1935年，因刨烟坊房屋及生产

---

① 西南民族学院民族研究所：《羌族调查材料》（内部资料），1984年，第61～62页。

② 四川省阿坝藏族羌族自治州地方志编纂委员会编：《阿坝州志》（上），民族出版社，1994年，第351页。

③ 《汶川县教育科长周铁汉报告》，马大正主编《民国边政史料汇编》第二十八册，国家图书馆出版社，2009年，第578页。

④ 阿坝州档案馆藏：《四川省理番县下孟乡户口调查表》，《理番县政府：理番县府有关下孟乡户口的调查表》，1944年9月，全宗号：4，目录号：1，案卷号：71。

⑤ 国民：《川西北的边疆民族》，《边政导报》1948年第11、12号，第27页。

⑥ 四川省编辑组编：《羌族社会历史调查》，四川省社会科学院出版社，1986年，第34页。

设备毁于战火，老板及工人纷纷回籍而衰落。

木材采运业为另一重要行业。羌地原始森林茂密，从先秦到民国，一直都是成都等地木材供应地。民国以前，羌地木材采运方法较原始，使当地森林资源遭到大量破坏。威尔逊在阿坝州考察时大发感慨："这里的森林被破坏了！"[1] 董云盛是岷江木材水运的开创者，汶川"商办砍伐原始森林第一家"，1907年开设云盛木号，初采用人力背运的方式，将伐下的木材背到映秀，再扎成木筏运到灌县、成都。后又改人力背运为水运漂送。1912年，灌县水利府知事姚宝珊以认股集资的方式，在理县以一百股筹组森茂公司，"以每月三百元银圆的代价"收购了云盛木号[2]，"是为内地人入山大规模经营伐木之始"[3]。此后许多内地汉人加入川西北木材生意行业，先后有信成公木号、义昌木厂、茂华木厂、太和木厂、茂和公司、松太木厂、利济木厂等木材企业成立。各木厂人员有山场经理、粮食司事、青山管事、漂师等职，木材砍伐实行包工制，由棚长承包，计工给价，食用则由厂方垫购。其采运方法，"系山上开路下河，放漂至省"[4]。时任汶川县县长凌光衡言："运省之木，每块洋四五圆，而山本不过一角；惟砍伐工程及水陆运力不赀，无亦不及三圆"，可见利润丰厚，但如经营不得法，"亦常致折本"[5]。其他如遇山洪、火灾、战争等自然或人为原因皆可导致其折本。1925年，姚宝珊经营的森茂公司因火灾焚毁大批木材而倒闭；1933年，利森公司和松茂荣公司因叠溪水灾损失惨重，导致资金周转不灵，不得不合组为松泰木号。

羌地纺织业在民国时期也有了较大发展。如茂县平民民生工厂就是一个公私合营的综合性生产企业，由屯署代办张雪岩与乡绅赵子惠于1928年联合二十余家股东组成，采用现代企业管理体制，由各股东组成董事会，厂长向董事

---

① （英）欧内斯特·亨利·威尔逊著，红音、干文清编译：《威尔逊在阿坝》，四川民族出版社，2009年，第13页。

② 李树清口述，索国光整理：《姚宝珊在汶、理经营木厂的一些事迹》，中国人民政治协商会议四川省汶川县委员会文史资料委员会编《汶川县文史资料选辑》第三辑（内部资料），1989年，第20页。

③ 王恺：《伐木制材报告（一）：川西伐木工业之调查》，《经济部中央工业试验所木材试验室特刊》第25期，农产促进委员会，1942年，第2页。

④ 凌光衡：《二十五年秋季出巡日记》，阿坝州档案馆藏《第十六区专署：省政府十六区专署汶川、理番县府关于县长出巡辖境情形及日记的呈令（一）》，1937年1月至12月，全宗号：8，目录号：1，案卷号：641。

⑤ 凌光衡：《二十五年秋季出巡日记》，阿坝州档案馆：《第十六区专署：省政府十六区专署汶川、理番县府关于县长出巡辖境情形及日记的呈令（一）》，1937年1月至12月，全宗号：8，目录号：1，案卷号：641。

会负责，"厂长之下有稽查员（管事务），督工（管工人，似工头）"①，聘任成都裁绒技师彭德厚为技术指导，招揽工人及学徒50余人，后"设梳纺科（约100人）、制革科（约50人）、裁绒科（约100人）、针织科（约20人）、染色科、总务科等"，先后开展纺毛线、纺毛绒毯（地毯、椅垫、床垫）、编织绒毯、制革制鞋、机织袜、纺纱等生产。② 该厂引进新技术，其设备主要有毛织机、梳毛机各1部，弹花弓5盏，手摇纺车200架，手摇织袜机10部，手织毛衣机20副，制革工具1套，木制毯架50套，手工裁绒工具100套。③ 产品销往西藏、成都等地，并在松潘、成都分别设立多个销售点。

（三）从商者

民国时期羌地商人多为汉商，当时民谚"油、盐布匹靠客家（汉人），玉麦荞子靠自家"④ 可为佐证。羌地汉商"将内地生活日用杂货品和大米、食盐、茶等食品输入羌地"，"又将羌地特有的物产，如木材、药材、矿产、野兽皮毛、黄烟等输入内地"⑤，丰富了羌地人民物质生活，促进了羌地商品流动，增加了羌人收入。汉人从商者，以行业和地域为主，形成商帮，如茂州地区茶号以陕帮和川帮为主，陕帮茶号有丰盛合、本立生、义和全，"专就灌县、汶川南部购茶"；川帮茶号有聚盛源、裕国祥，川帮除了在灌县、汶川一带购茶外，还"兼有绵竹、擂鼓坪等处采买"⑥。当地麝香收购则以河南商人为主，形成"河南帮"，主要有杜盛兴、协盛全两家。松潘和理番杂谷脑是民国时期羌地较大的两个商品贸易场所，分别是"草原番民"和"山地番民"与汉人交易的中心。⑦ 经营商品贸易者以汉人为主。庄学本1934年游历川西北，发现杂谷脑市场人口约七百人，"戎人占十分之七，汉人只有十分之三"，"但商权则完全操于汉人之手"。⑧ 1941年夏，李有义被邀参加中华基督教会全国总会

---

① 中国科学院民族研究所四川少数民族社会历史调查组：《羌族地区近代经济资料汇辑》，四川省编辑组编《羌族社会历史调查》，四川省社会科学院出版社，1986年，第3页。

② 四川省阿坝藏族羌族自治州地方志编纂委员会编：《阿坝州志》（中），民族出版社，1994年，第1272页。

③ 耿少将：《羌族通史》，上海人民出版社，2010年，第412~413页。

④ 西南民族学院民族研究所：《羌族调查材料》（内部资料），第63~64页。

⑤ 何广平：《民国时期川西北羌地汉人与羌地经济》，《中华文化论坛》，2014年第3期，第42页。

⑥ 邓锡侯编：《四川松理茂懋汶屯政纪要》，1936年，第141页。

⑦ 李有义：《杂古脑的汉番贸易》，《西南边疆》1942年第15期，第1页。注："杂古脑"，即"杂谷脑"，因这一称谓乃音译，故在民国文献中常有多种写法，"什谷脑"亦为其一。

⑧ 庄学本：《羌戎考察记》，上海良友图书公司，1937年，第178页。

与教育部合办的暑期大学生边疆服务团，历时两月考察川西北，认为杂谷脑"全市的人口约一千"，"一半是汉人，一半是戎民"，而汉人"十分之九以上都是经营商业"①。当时理县邮局曾对辖区进行详细调查，指出理县境内"汉人住地仅城区及各乡镇"，杂谷脑一带"约有汉人千五百人"，多居住于市镇上②。李有义所言应为市镇所见之估计，官方调查数据或更为准确，但也能印证李所言当地商业主要为汉人所操持的事实。而从他们所提供的数据来看，还可以得出 20 世纪三四十年代杂谷脑一带汉人及汉商急剧增多的结论。

根据商业贸易额以及交易方式的不同，当地汉商可以分为行商和坐商。行商多为小贩商人，被当地人称为"挑子客"，主要有三种。一是"季候性的商人"，多为临近各县的农民，农闲时挑担到羌地贩卖杂货，农忙时节即回家务农，属于小本买卖；一般从农历九月起开始往返于川西北地区与内地之间，年底回家过年，"一共可以跑五六趟"，可得到六七百元的收入，成为内地一部分人最重要的副业收入③，虽然亦农亦商，但仍以农业为主。二是职业"挑子客"，常年从内地贩运杂货，沿着岷江流域的各村落吆喝贩卖，再贩运羌地货物回去。每年阴历八月是藏人和羌人等"番民"到杂谷脑贸易的旺季，也就成了职业"挑子客"一年中最繁忙的时期，一般要到第二年"过了正月方又起始作第二年的生意"④。可见职业"挑子客"也有季候性，但他们一般不从事农业，善于洞悉市场行情，一旦某一货物开始涨价，马上采购。⑤ 三是沿途的苦力。严格来讲，这类苦力并非真正的商人，一般受人之雇，将货物从内地运往川西北地区，到达地点后，有人用剩余的工资购买当地物产，然后转售内地，从事商品活动具有单向性。其中也有部分苦力汉人历经数年后，积累了一定资本，转而经商。汶川县教育科长周铁汉指出，"此辈力夫，多由内地贫乏农夫经若干时之肩挑背磨，稍有储蓄，便从事作小贩，自己负运，再若干时，苦心经营，也就可作小商人，由此积为大商，也常有之"⑥。小贩商人资本普遍较

① 李有义：《杂古脑的汉番贸易》，《西南边疆》1942 年第 15 期，第 1 页。
② 阿坝州档案馆藏：《理县全境地方概况及交通详情调查表》，《理县西川邮局有关地方概况及交通详情、邮差、邮政人员考核等的调查表、报告复函详情表》，1941 年 4 月至 1949 年 10 月，全宗号：4，目录号：1，案卷号：10。
③ 李有义：《杂谷脑的汉番贸易》，《西南边疆》1942 年第 15 期，第 6 页。
④ 李有义：《杂古脑的汉番贸易》，《西南边疆》1942 年第 15 期，第 6 页。
⑤ 王田：《清季民国川西北汉商经营与区域社会：以杂谷脑市镇为中心》，《西南民族大学学报》2012 年第 12 期，第 14 页。
⑥ 《汶川县教育科长周铁汉报告》，马大正主编《民国边政史料汇编》第二十八册，国家图书馆出版社，2009 年，第 578 页。

小，每次经营的货物较少，其机动性和灵活性较强，与当地人民之间交往更频繁，有学者指出："在微观视野中，内地小商业者处在杂谷脑地区族群交往的最前沿。"① 这个观察很有睿见，其实放眼整个川西北羌地，内地小贩商人都处在了族群交往的最前沿。

坐商是拥有固定商铺的商人。民国时期川西北羌地坐商，除少数是本地工商业者外，多数是陕西、甘肃、河南等省及四川各地商号所设置的分号，其中部分商号与西方列强和国内买办有着密切联系。② 他们在川西北羌地贸易中占据了主导地位。部分坐商操纵着当地大部分汉番贸易，与地方士绅及军政人员关系密切。杂谷脑怀远商店经营者黄瑾怀以经营食盐为主，"是当时杂谷脑唯一的大盐店"，其货栈设在杂谷脑头面人物王荫三的家里，与张澜、黄炎培均有往来，张、黄常到黄瑾怀成都家里做客。③ 有些商人与地方政府互动密切，地方政府向他们贷款，以各种地方税收作抵押，"到借款到了相当数目的时候，商号的人就被请出任地方财政局长及税务局长之类，取得了地方的经济权"，从而间接地参与或把持了地方政局。抗战前，杂谷脑一商号经理即被委任为保安团总，后又被推举为该地商会会长，兼理番财政局主任委员及牙税局局长。④ 也有由政而商者。肖克昌曾拜军阀邓国璋为干爹，担任过营长、县长等职，"因军旅生涯不景"，在威州袍哥车子权帮助下"弃军从商"，不仅开设茶旅社，做麝香、黄金等交易，还开设烟膏店，从事鸦片买卖。因肖与当地军政人士过从甚密，其经营之商铺，"往来于汶灌之间，沿途关卡军警，只需肖的一张名片，就能通行无阻"⑤。

民国时期羌地汉人从商货品较为广泛，既有食盐、糖、酱油、针线、火柴一类日用杂货品，也有大米、茶叶、绸、缎、布匹、叶烟、药材、麝香、动物皮毛、铜铁制品等类商品。其中，药材、茶叶、麝香经营为大宗。药材是羌人换取日用所需品的主要物品之一，也是其农闲时节的重要副业，小贩商人、坐商都乐于收购药材。羌地药材少数由采掘者自行运往灌县出售，更多则由商人

① 王田：《清季民国川西北汉商经营与区域社会：以杂谷脑市镇为中心》，《西南民族大学学报》2012年第12期，第15页。

② 耿少将：《羌族通史》，上海人民出版社，2010年，第376页。

③ 王锡纯、罗世泽：《回忆黄炎培先生威州之行》，中国人民政治协商会议四川省汶川县委员会文史资料委员会编《汶川县文史资料选辑》第三辑（内部资料），1989年，第1～2页。

④ 李有义：《杂古脑的汉番贸易》，《西南边疆》1942年第15期，第6页。

⑤ 罗世泽：《威州史话》，中国人民政治协商会议四川省汶川县委员会文史资料委员会编《汶川县文史资料选辑》第三辑（内部资料），1989年，第67～68页

于各处采购再运往灌县。① 自行运售者一般是专门组织药夫挖药的棚老板（又称棚长），他们为药夫提供饮食日用和工资，还要修路（因挖药地点多为高山，无路可走，挖药者需要自行开辟道路）。很多商人"由灌县取买各种茶、布、油、酒、烟等货物入山中各边界及草地售卖，并由各产药材区域收购药材，而运售灌县者，称为药贩子，或称山客"②。收购药材者往往兼做其他生意（或者说从事茶叶、麝香、日用杂货等类商人也兼做药材生意）。药材经由各级药商运往灌县后，"存于素来交易之药店，以之发卖于水客（笔者注：指来往于各地采购货物的商人）或其他各地之药商"，药店收取所存药材的百分之三作为手续费，商会则收取百分之二作为商会经费；此外，卖与水客的药材实行"九四给银"的办法，即价值100两的药材，水客只给94两。③ 茶叶、麝香也多为商帮垄断。自晚清以来，川西地区的茶叶贸易就形成了川陕两帮的格局，陕帮处于领先地位，当地四大茶号皆属陕帮。1935年"四大茶号因经营失利，先后倒闭"，一部分川帮茶号继之而起，川西茶叶贸易格局有所改变。④ 当时屯区内规模较大的茶号主要有陕帮的丰盛合、本立生、义和全和川帮的聚盛源、裕国祥。⑤ 可见陕帮在当地茶叶贸易中仍有重要地位，只是市场份额不比以前。陕帮主要在灌县及汶川南部地区购买茶叶，川帮则除了在灌县采买茶叶之外，还在绵竹、擂鼓坪等地采购茶叶，都采用就地烘制的方法，然后转运松潘等地出售。⑥ 麝香主要被河南商帮垄断，因河南位于北方，当地人也称河南帮为"北帮"。当时河南帮香号有杜盛兴、协盛全、义德志、张太常、汤洪发等，其中杜盛兴、协盛全的规模最大，据地方文献记载，这两家"每年收购的麝香达700余市斤（包括香壳），平均时价为208银圆每斤，其年营业额高达14.5万余元"⑦。这些商号在川西北地区收购麝香，然后运往河南、上海、香港及国外。

---

① 谢培筠编：《川西边事辑览》，新民书局，1935年，第10～11页。
② 中国科学院民族研究所四川少数民族社会历史调查组：《羌族地区近代经济资料汇辑》，四川省编辑组《羌族社会历史调查》，四川省社会科学院出版社，1986年，第25页。
③ 谢培筠编：《川西边事辑览》，新民书局，1935年，第11页。
④ 冯克鑫、李四方供部分稿，郭德必搜集整理：《漫话川西"边茶"》，中国人民政治协商会议四川省汶川县委员会文史资料委员会编《汶川县文史资料选辑》第二辑（内部资料），1987年，第28～29页。
⑤ 邓锡侯编：《四川松理懋茂汶屯区屯政纪要》，1936年，第141页。
⑥ 谢培筠编：《川西边事辑览》，新民书局，1935年，第36页。
⑦ 雷伯和：《杂谷脑镇——建国前的川西北重要商品集散地》，《理县古今》（内部资料），理县志编纂委员会办公室编印，1984年，第8～9页。转引自王田：《清季民国川西北汉商经营与区域社会：以杂谷脑镇为中心》，《西南民族大学学报》2012年第12期，第17页。

（四）其他行业

农、工、商并不能涵盖所有职业。除了前述三大类行业之外，羌地汉人还有不少从事其他职业者，如政府官吏、教师、医务人员、传教人员、学者等。

四川省档案馆所藏民国时期"四川省政府人事处""四川省政府民政厅"等记载的有关松潘、理县、茂县、汶川等地人事资料，可以证明民国时期川西北羌地政府公务人员（上至县长，下至一般科员）以汉人为主。如 1946—1947 年的理县政府"公务员任用审查表"的人员总数为 25 人，22 人籍贯所在地均在汉人集中区域，可以断定其中绝大部分为汉人。① 一些汉人在羌地充当政府或土司翻译、邮政人员等半公职性质职员。曾任靖化县县长的米庆云认为，1942 年以前被派到川西北做官的，主要有三类人：一是"资历不深的初任试用人员"；二是"能力不强和他们认为品质不好但又非用不可的次要人员"；三是"在内地县份搞得不好或为当权人物仇视忌恨的人员"。② 此论或言过其实，但从一个侧面反映了部分事实，即川西边地并非内地汉人从政者乐往之地，而来此地任职者的官德和才干也良莠不齐。从羌地各县政府首脑来看，文化素质大多较高，特别是 1930 年以后的县长（知事）不少毕业于高校。民国时期理县县长共有 22 人（1 人为再任），学历可考者有 12 人，其中仅 2 人为高小、私塾毕业，其他 10 人均为高等学校或军事训练班毕业。如李景轩毕业于北大哲学系，米珍毕业于川大，刘腾轩毕业于华西大学，黄莘牧毕业于日本东京明治大学政法科。茂县县长有 16 人，其学历可考者有 9 人，均为高等学校或军事训练班毕业。如张雪岩毕业于北大，朱思九毕业于东北大学，谢培筠毕业于日本大阪高等工业学校。其中不乏文武双全者，如茂县县长刘仲容毕业于北京师范大学教育研究科，后入黄埔军校，曾任四川省军官政治部副主任、川康绥靖公署少将参谋等职，还著有《实用理财学》《黄浦导师事功计》《蒋校长大事系年》等书。③ 汶川县县长康冻卒业于师范学校，并曾执教半年，后入黄埔军校，曾任国民政府军事委员会参谋团政训处中校处员、中央陆军军

---

① 四川省档案馆藏档案：《四川省政府人事处：理番县府呈报职员任用情形，任用、试用、试署期满成绩审查表及省政府人事室训令、公函》，全宗号：民 42，案卷号：1573.

② 米庆云：《蒋政权在川西边区禁烟的真相》，中国人民政治协商会议全国委员会文史资料研究委员会编《文史资料选辑》第 33 辑，中华书局，1963 年，第 156 页。

③ 四川省档案馆藏：《四川省政府三十四年度定期视察茂县县长考核报告表》，1945 年 11 月 20日；《四川省政府定期视察十六区各县及巴中、平昌县县长考核报告表》，1942 年至 1947 年，全宗号：54，案卷号：3589。

官学校特训处中技训育员、新繁县县长等职。① 也有部分县政官员与土劣为
伍，鱼肉百姓，乘机敛财，更有甚者开设烟馆。杨特树在茂任职县长期间，收
买一批自带枪支不要薪饷的烟贩，与十六区专员谭毅武之子、时任专区保安司
令部少校参谋谭克孝勾结贩烟，并公然鸣枪抗拒谭毅武检查，最终将谭气
死。② 理番县县长徐剑秋，"终日一榻横陈，连公文也在烟榻前处理"③。松潘
县县长汪一能曾向十六区专员王元辉承诺整顿地方风化，严罚地痞流氓，严厉
禁烟，却借铲烟之机，收受贿赂，并将所收鸦片转运售卖。④

　　近代以来，西方部分传教士、学者以游历、探险等方式进入我国边疆民族
地区考察，出版了不少研究成果。"我国边疆之研究，已较英法俄日等国人士
落后数十年，故吾人对于我国本身之边疆状况，其认识程度且不逮远甚。"⑤
抗战军兴，国府内迁，西南大后方成为国之重心，西南边疆因而成为时人关注
的重点区域。大批高校内迁，改变了中国的教育和学术地图，原先远离边疆或
并不从事边疆研究的学者有了亲近边疆、研究边疆的机会，推动了边疆研究的
复兴，并且改变了边疆研究的格局。⑥ 川西北羌地位于西南大后方，自 1930
年代以来，就有大批汉人学者前往考察，对其民族、社会、文化、经济、政治
等进行了较为深入的研究。如庄学本 1934 年考察了汶川、理番、茂县等地，
将沿途风土人情、神话传说等以游记的形式记录下来，并将其命名为《羌戎考
察记》；胡鉴民 1937 年考察了羌人的地理分布情况、社会制度、风俗习惯、宗
教信仰、经济组织等，先后撰写了《羌族之信仰与习为》《羌民的经济活动型
式》；冯汉骥 1938、1939 年两次前往羌地，对羌人的历史、地理、体质特征、
人口情况、文化、经济、政治、婚姻习俗等进行了调查研究，著有《松理茂汶
羌族考察杂记》（*The Cist Graves of Lifan*）（即理番的石棺葬）等。华西坝
上教会五大学（华西、齐鲁、燕京、金陵、金陵女子大学）也有不少学者深入

① 四川省档案馆藏：《汶川县府呈县长到职日期及资格审查、誓词，县长开会、请假、就医，机关法团慰留县长与四川省政府指令、训令》，1935 年 3 月至 1942 年 12 月，全宗号：54，案卷号：5348。
② 中国科学院近代史研究所近代史资料编辑组编：《近代史资料》第四期，中华书局，1963 年，第 108 页。
③ 米庆云：《蒋政权在川西边区禁烟的真相》，中国人民政治协商会议全国委员会文史资料委员会编《文史资料选辑》第 11 卷第 33 辑，中华书局，1963 年，第 141 页。
④ 四川省阿坝藏族羌族自治州地方志编纂委员会编：《阿坝州志》（下），民族出版社，1994 年，第 2599~2600 页。
⑤ 柯象峰：《中国边疆研究计划与方法之商榷》，《边政公论》第 1 卷第 1 期，1941 年，第 47 页。
⑥ 汪洪亮：《20 世纪三四十年代中国学术地图变化与边疆研究的复兴及其格局》，《四川师范大学学报》2015 年第 2 期。

实地，目睹当地生产方式粗放、医疗卫生条件差、文化教育落后，故而提出了不少改进思路并提供了技术支持。

中华基督教会边疆服务部在川西北羌地的社会服务活动，包括医疗卫生、文化教育、生计改良、边疆研究等领域，从1939年一直持续到1955年（传教工作在1949年后即已基本停止）。边部工作人员多由内地招募而来，其职业包括教师、医生、护士、传教士以及专家、学者。边部先后在羌地创办了5所小学和3所医疗机构，还开办了民众学校、民众图书室、民众阅览室、妇女毛织习艺所，进行了巡回施教、巡回医疗、农作物病虫防治、农业改良、畜牧改良、示范造林、社会赈济等工作，对于改善羌地民众生活，提高羌地民众知识文化水平，促进羌地社会的发展，具有重要意义。边部人员的生活极其艰苦。由于边部筹措经费较为困难，通货膨胀严重，工作人员薪资并不高。交通不便、房屋简陋、生活日用品缺乏等等困难，在边部主办刊物《边疆服务》《边疆服务通讯》中屡有提及。[①] 耿笃斋曾描述边部人员在羌地的生活，衣服"破了补，烂了缝"，日常食品缺乏，居住的地方"既不能避风，又不能遮雨"，行路无交通工具，等等。[②]

综上所述，民国时期羌地汉人因其职业结构的不同，呈现出不一样的经济生活状貌。总的来讲，羌地汉人受当时当地自然地理及经济环境的影响，生活艰苦、困顿者较多。

三、民国时期川西北羌地汉人的日常经济生活

日常生活包含内容较为宽泛，包括衣食住行、婚丧嫁娶、文化娱乐等各个方面。限于篇幅，本文仅侧重衣食住行等偏经济层面。羌地汉人的其他方面社会生活，笔者将另文讨论。

民国时期欧风美雨与传统文化接触更加全面和频繁，国人日常生活面貌已较前有了极大变化。但川西北羌地毕竟僻处边陲，山地环绕，交通不便，不少藏羌人民仍保持其原有生活方式。羌地汉人日常社会生活大体"与内地无异，

---

① 汪洪亮：《中华基督教会边疆服务的成效考量及其原因分析》，《四川师范大学学报》2011年第2期，第9～10页。

② 耿笃斋：《边疆通讯（三）·宣教士的边疆生活》，《田家半月报》第7卷第23期，1940年，第8页。

惟尚简朴"①，同时又融合了当地少数民族生活习惯。

川西北羌地位于岷江两岸，多山陵地带，"较暖，风势渐和，雨量亦较多，降雨期自三月至十月止，雨期外常见霜雪冰雹，农作概只一季，而高地苦潦，低地患旱，农事丰凶，随地位之高下，适得其反"，仅"汶川之中滩堡至茅亭沿江一带微产稻米"，当地"除资产阶级外，罕食稻米"，稻米主要从灌县、绵竹、平武等地输入。②不过，玉蜀黍（即玉米）、小麦、荞麦一类作物在羌地较为适宜种植，羌地汉人中丰裕之家"以食米为主，间食玉蜀黍，小麦，荞麦等面粉制品"，中等以下人家则与羌人、藏人基本相同，以玉蜀黍、小麦、荞麦为主食，但汉人喜欢在这些食物中添加油盐，"并佐以蔬菜"③。蔬菜主要有茄子、南瓜、包菜、萝卜、辣椒、菜豆、黄瓜、葱蒜、白菜、豆芽、马铃薯等，其中马铃薯在某些时候又充当主食的角色。汉人吃饭时喜欢菜粮掺半，但羌地一年只有五六个月有新鲜青菜，其他时候只能吃盐菜、酸菜或野菜，或"不吃菜"④。松潘地区部分汉人因长期与藏人相处，饮食渐染藏人习惯，"食酥油……及牛羊肉类"，其饮茶习惯也同于藏人，喜喝粗茶。⑤也有汉人不能习惯，如王元辉与黎光明在松潘大寨土官家里，初次喝酥油茶，"吹开碗面上浮着的酥油轻轻地喝着，那沉在底下的糌粑和奶渣，丝毫不敢动"，最后在筷子的帮助下"很胆子地把碗中彻底一揽，闭着气喝它两口，觉得除了'满口钻'而外，其他都很平常"⑥。

民国时期羌地汉人的服饰与内地汉人相差无几，"只较为朴素简单"，富裕者多穿机织棉料品，中产以下者则多穿土布衣服。⑦城镇绅士、商人以穿长袍马褂为主，富家妇女多着旗袍、绣花鞋，农村男女多穿粗布长衫或短衫，知识分子及公职人员多穿中山装，穿平布长衫。羌地汉人的衣裤多为蓝、葱白、黑布长衫或短衣，多为手工缝制。女子多以棉布做的右侧开扣的短衣、便裤，拴圆头结绊或齐头裻裻围腰，也有青年妇女穿旗袍。当地汉人（也包括羌人）不

---

① 阿坝州档案馆藏：《四川边区各县民政概况调查表（茂县）》，《第十六区专署：省政府十六区专署及各县府关于社会政治、经济、兵要、地理、人口、交通、民财、教建调查的表呈令》，1936年4月至1936年12月，全宗号：8，目录号：1，案卷号：947。

② 邓锡侯编：《松理懋茂汶屯区屯政纪要》，1936年，第13、32、16页。

③ 汉周：《屯区鸟瞰》，《川边季刊》第1卷第4期，1935年12月，第172～173页。

④ 耿笃斋：《边疆通讯（三）·宣教士的边疆生活》，《田家半月报》第7卷第23期，1940年，第8页。

⑤ 《松潘边茶价大涨》，《川边季刊》第2卷第1期，1936年3月，第151页。

⑥ 王天元（王元辉）：《近西游副记》，拔提书店，1935年，第68页。

⑦ 汉周：《屯区鸟瞰》，《川边季刊》第1卷第4期，1935年12月，第175页。

管男女都喜缠黑、白布帕或纱帕在头上，据庄学本言，是为"纪念孔明死时的丧服，那时诸葛亮的武功也曾达到威州"①。理县男子多头戴黑色"瓜皮帽"，女子戴"毛线编织的各式线帽"，老年人则戴"昭君帽"。鞋袜多为手工自制的鞋袜，鞋子有布鞋和草鞋，罕见皮鞋、胶鞋；小部分青年妇女穿长线袜，多数穷困人家不穿袜。

川西北羌地汉人的住房保留了内地房屋的造型结构，也融合了一部分川西北羌地的风格特征。汉人住房因地而异，以汶川为界，县城以南至灌县、茂县东路及安岳、北川一带主要以瓦房为主；县城以东、以北的威州、理番、茂县、松潘、懋功、抚、绥、崇化等沿大道各城"均为半瓦房而半平房之形式"，即门面一方或两方为瓦房，内部为平房。②贫困之家屋顶则多盖草或树皮。房屋建筑形式"多为3间或横5间，个别大户人家有4合院，或为几家人合建"。城乡居民一般将中屋辟为堂屋，"多为会客之用，客人到家，可在中堂桌两边就坐"。多数房屋厨房中没有灶台，"习惯用铁三脚或简易半圆形灶上，横放两根细铁板，上放锅、壶之类为灶"，此种习惯可能借鉴于当地羌人。③

川西北羌地地处四川盆地西北部边缘地区，地形以高山深谷为主，区内河流湍急，其交通运输受地形影响，主要以陆路为主，水运仅漂送木材等，并无船只通行。宿师良所编《屯区交通纪》中详细地描述了当地交通情况，他指出当地"水不可以行舟，陆不可以并辔，在汉人居处之一线官道间尚有桥梁可济，旅店可居，但一入土人住牧之境则路断人稀，除阻尤甚"④。王钧衡也认为，川西北"对外的通道，主沿河谷而行，陆无车，水无船，往返赖徒步或乘骑，路而崎岖，翻山越岭，步履维艰"；有的道路为盘旋于崇山峻岭的羊肠小道，行人或行走，或骑马于道上，有的地方则需"以手攀崖，缓步而行"⑤。川西北羌地运输商品货物，"一为马骡及犏牛驮运，一为用人工背挑"，因所经地区多山及险要地区，以人工背挑最多。据川西北商会一干事称，当地货物有四分之一运往灌县，另外还有四分之三则运往沿边各县，"如平武、北川、安县、绵竹、彭县、迪庆、宝兴、康定及甘肃、青海二省之边县"。货物运至灌县后，"对价值贵重之货物，则多由汽车运往成都，更由成都将最贵重之货物

① 庄学本：《羌戎考察记》，上海良友图书公司，1937年，第37页。
② 汉周：《屯区鸟瞰》，《川边季刊》第1卷第4期，1935年12月，第175页。
③ 前述皆参见四川省阿坝藏族羌族自治州地方志编纂委员会编：《阿坝州志》（上），民族出版社，1994年，第478页。
④ 宿师良编，谢培筠校：《屯区交通纪》，谢培筠编《川西边事辑览》，新民书局，1935年，第96页。
⑤ 王钧衡：《四川西北区之地理与人文》，《边政公论》第4卷第9-12期，1945年，第42页。

由飞机输出"①。而运往沿边各县的货物则因沿路交通情况与羌地相似，多为骡马驮运和人工背挑。此外，羌地还有一种称做"滑竿"的运输方式，即由人力抬人，"抬人时加凉布蓬，抬货时就不用加凉布蓬。抬滑竿的人绝大多数是安岳、遂宁、永川、乐至等县的穷人，其中绝大部分人染上了鸦片烟"②。

与内地汉人相比较，民国时期川西北羌地汉人的日常生活因受地理环境、气候、经济条件影响，较内地更落后。中山服仅在羌地部分知识分子及公教人员中流行，旗袍则成为富家女性的"专利"。川西北羌地稻米及蔬菜的产量均较少，当地汉人除经济条件较好的士绅、商人等群体外，日常饮食中大米、蔬菜均较少食用。内地城市权贵饮食中已有咖啡、面包、葡萄酒等西式食品，但在羌地汉人中尚少见。1946年，中华基督教会边疆服务部以西式早餐招待理番县县长徐均良、汶川县县长祝世德等人，《边疆服务通讯》刊文称，这"在威州还是破天荒第一次"③。就居住而言，除教堂外，民国时期羌地很难见到西式建筑，民居以中式土木结构为主，较古朴，与内地农村地区汉式建筑相似。但是，羌地汉人民居内部设置与内地也有不同，房屋中有一种样式为石砌平房，在梁端搭盖搁木，上铺以竹槁，之上再铺细黄土，使之平整结实。房顶仅留一方孔以通光线。厨房上留一圆孔，作用与烟囱类似，如遇雨天或收拾农作物（此类房屋房顶一般作为晾晒农作物之用）时，则将该圆孔盖上。这种平房一般在楼下屋内设一楼梯通往房顶，楼梯多用两梯，"中经板楼一层"，"以减少危险"④。部分汉人厨房的设置较为特殊，多用铁三脚或简易圆形灶上横放两根细铁板，上放锅、壶之类即为灶，内地汉人厨房则有专门搭建的灶台。若论交通，显然那时川西北羌地交通运输方式更原始，陆路交通无公路、铁路，水路则无法通行船只，其运输方式主要为骡马驮运、人力背挑以及人力滑竿。

四、羌地汉人的经济活动与羌地社会变迁

历史的面相远比我们所描述的复杂和精彩，边地汉人的社会生活还有更多

---

① 中国科学院民族研究所四川少数民族社会历史调查组：《羌族地区近代经济资料汇辑》，四川省编辑组编《羌族社会历史调查》，四川省社会科学院出版社，1986年，第25页。

② 罗天平：《建国前灌（县）威（州）道上风情纪实》，中国人民政治协商会议四川省汶川县委员会文史资料委员会编《汶川县文史资料选辑》第二辑（内部资料），1987年，第5页。

③ 《破天荒西餐宴嘉宾》，《边疆服务通讯》第5期，1946年2月。

④ 汉周：《屯区鸟瞰》，《川边季刊》第1卷第4期，1935年12月，第176页。

丰富内容需要我们去发掘。通过前文对民国时期川西北羌地汉人的职业结构及其经济生活的简要介绍和分析，我们不难看到其职业结构与内地汉人大体相似，多务农商。边地工业基础薄弱，汉人在其中担当了主角。在商业领域，羌地汉人担当了商品流通和物资流转的枢纽。王明珂曾以"羌在汉藏之间"来描述羌人历史与文化，非常贴切地呈现了羌人处于两种强势文化的夹缝中的族群认同。羌地汉人的经济生活，其实也处于多种文化的影响之下。他们或长居边地，或往返边地与内地，与内地汉人的经济生活有明显差异；同时由于长时间的接触和交往，加上羌地自然人文地理环境的限制，羌地汉人的经济生活，尤其是日常生活方面也就入乡随俗，与羌人保持了较多的一致性。川西北除了羌人外，还有藏人，尤其是往理县以西，藏人比例就更大。羌地汉人游走在汉羌藏之间，长期与羌、藏等少数民族群体相处，在自觉或不自觉中受到了当地社会生活的影响，有的甚至"羌化"或"藏化"，表现出既有别于羌地民族群体，又不同于内地汉人群体的一面。他们名副其实地担当了陶云逵所言"枢纽人"的角色。若对边地汉人熟视无睹，我们要理解民国时期的川西北边地社会，恐怕是有隔膜的。

实际上，羌地汉人不仅促进了当地人口流动，也带去了一些先进的生产方式和管理方法，将羌地工商业纳入更为广阔的市场之中。前述木材采运、山场管理方式及纺织业的设备与技术更新，均较羌地原有产业有了明显进步。这些企业管理人员及一线工人大多来自内地汉人。羌地汉商的商业贸易活动较为宽广，将大米、盐、茶等输入羌地，又将羌地之物产输往内地乃至国外。如羌地汉人将麝香销往河南、香港、上海甚至海外等地，不少"在上海、天津、香港等处都设有分号，随时报告市价的涨落，香号销场大半是出口，他们营业的盛衰是直接受到国际市场的影响"[1]。药材收购也与麝香基本相同，"各地产出之药……大都由药商前赴适宜地方如松潘、茂县、理番、杂谷脑、懋功、抚边、两河口各处备价采购，转运到灌县发售"[2]，再运往其他地方出售。同时，川西北羌地出现了现代金融业和邮电业。四川省银行茂县办事处、茂县合作金库、理番合作金库、汶川合作金库等金融机构相继成立。各县城及交通沿线城镇设置有邮政代办所或邮政局，可办理邮寄函件、包件、普通汇票汇兑业务外，部分邮政局还兼营储金业务。羌地电讯事业起步于1921年茂县设立电报局。此后松潘、汶川、理番也有了电话业务，并向乡镇地区延伸，方便了羌地

---

① 李有义：《杂古脑的汉番贸易》，《西南边疆》1942年第15期，1942年，第5页。
② 谢培筠编：《川西边事辑览》，新民书局，1935年，第10～11页。

民众的社会生活。

以汉人为主的政府人员及其他社会组织在羌地开展了一系列农业改良措施。1927年，四川省政府在川西北地区设立松理懋茂汶屯殖督办公署，将松潘、理番、懋功、茂县、汶川五县和抚边、绥靖、崇化三屯划为屯殖区域，"各荒地林野，适于垦殖者，择要调驻屯军，携备农具、籽种、力畜，由长官督率，分段开垦。刊木伐草，视地择种，反复操作，以成熟土。农闲日期则于训练军事外，采药狩猎，攀危崖，陟幽谷，险隘识于平素，筋骨锻于无形，泊乎瓜期，授地归农，充预备兵"，还招募壮丁及农户参与垦荒事宜。[①] 督办公署通过这种移民垦殖、寓兵于民、兵民结合的方式，鼓励了一批内地农户前往羌地参与垦殖。那时羌地农业仍处于广种薄收、耕作粗放的阶段，鸦片种植也占用了不少耕地。国民政府于1935年4月发布"禁烟通令"后，羌地各县政府先后施行了禁吸、禁运、禁售、禁种、肃清烟土等措施。政府还先后在茂县较场坝、理番县薛城等地设立气象测候所，设立农业技术推广部门，进行了良种、良法的引进、试验及推广、病虫害的防治、农民技术培训等工作。1938年，四川省地质调查所奉四川省政府令派遣技师李贤诚前往十六行政督察区考察地质矿产。[②] 中华基督教会边疆服务部在川西北羌地开展了包括农业、畜牧业、园艺业、手工业技能培训在内的生计改良工作。[③]

汉人在川西北羌地的经济活动，还极大促进了羌地城镇的发展。川西北羌地独特的地理位置，决定了其城镇主要分布于岷江及其支流沿岸一带。民国时期川西北羌地城镇是汉人聚居的主要地区，其市镇发展及其贸易职能的提升，均有赖于汉人在当地的经济活动（尤其是商贸活动）。由于商品贸易的兴盛，大大小小的商品市场得以形成，如茂州、威州、薛城、土门、叠溪、杂谷脑、松潘等地，其中以松潘与杂谷脑市场最繁荣。

一般情况下，从事经济活动者首在趋利。羌地汉人的部分经济活动，对羌地经济社会发展也有消极影响。以羌地木材采运业为例，有些伐木公司"颇尽砍伐之能事"，"木工不知保护森林，每以砍伐巨树，而催残邻近之无数大小树木，殊属可惜"。[④] 理番县县长龚万材指出，理番各木厂"任意砍伐，违背章

---

① 邓锡侯编：《四川松理懋茂汶屯区屯政纪要》，1936年，第51、83页。

② 阿坝州档案馆藏：《第十六区行政督察专员公署：十六区专署关于中央等赴边区视察团的测量考察事、美国人到汶川考察动物、取缔度量衡、办佛教会等的规则办法》，1937年至1941年，全宗号：8，目录号：1，案卷号：1044。

③ 汪洪亮：《基督教乡村科技改良与川康边地社会经济变迁（1939—1955）——以中华基督教会边疆服务为中心的历史考察》，《西南边疆民族研究》2011年第2期，第42~50页。

④ 侯慕渔：《忆川西理番》，《边疆服务》第16期，第21页。

规"，"凡漂木经过之处所有田土桥梁道路均为之毁损，且漂工多至数百人，所经之地禾稼任意践踏，沿河居民骚扰不堪"，这些木厂大肆砍伐，导致"百里外森林行将砍伐罄尽"①。大批汉人在羌地种植鸦片，"每年种烟季节，常有外地烟帮成群结队，自带生产工具和武器，分批进入汶川、理番、茂县、松潘、北川等地大肆毁林开荒，种植鸦片"②。每到收获季节，便形成"烟会"，"内地流痞奸商，前往赴会，络绎于途"。③ 前往羌地种烟、贩烟之外地人多与羌地乃至四川军政人物有特殊关系，个别商贩本身甚至就是政府人员或军阀。鸦片贸易对羌地经济影响恶劣，李有义指出边区种烟之显著影响有三：一是"吸收人力"，"鸦片烟之种植为集约农作，所需之人工甚多，若干挖药牧畜之人，均因种鸦片收入较多，放弃其正业，而受雇于鸦片种植，正当货物之生产遂日益减少；二是"吸收资金"，"因鸦片烟之价值甚高，遂将一部分作正当贸易之资金吸收于此种非法之贸易中"；三是占据耕田，造成"粮食之生产减少，普通番民粮食更感不足，治安也因之不易维持"④。参与羌地鸦片贸易之汉人可能少于羌人、藏人。但从重要性来讲，部分汉人因其雄厚的经济及政治资源优势，在羌地鸦片贸易中充当了主导性角色，因此羌地汉人应对羌地鸦片贸易活动带来的危害负主要责任。

五、结语

综合上文所述，我们可以看到，民国时期羌地汉人在羌地经济社会中发挥了突出作用，他们大多辛劳地游走在内地与边地之间，在羌地农工商教等各行业勤勉劳作，将内地生产方式、生活习俗等带到羌地，部分回到内地的汉人又将羌地文化习俗、物产等带回内地，加强了汉羌交往，促进了羌地经济社会文化的发展，对加强汉羌之间的经济文化交流和民族融合起到重要的桥梁纽带作用，充分体现了陶云逵所言"枢纽人"的角色。羌地汉人的经济生活，因职业不同及生活水平差异而有不同，但大多因受制于边地交通不便，文教落后等

---

① 龚万材：《为据转职县财务委员会呈请严禁倒卖森林请予核示一案由》，阿坝州档案馆藏《第十六区专署：十六区专署关于采伐林办厂、严禁盗卖木材、森林山场备图的呈令》，1936 年 3 月至 1938 年 11 月，全宗号 8，目录号：1，案卷号：771。
② 耿少将：《羌族通史》，上海人民出版社，2010 年，第 403 页。
③ 李先藻：《川西北行》，《国讯旬刊》第 189 期，1938 年，第 13 页。
④ 李有义：《杂古脑的汉番贸易》，《西南边疆》1942 年第 15 期，第 9～10 页。

因，生活困顿者较多。在生活方式及习惯方面，羌地汉人既有与内地汉人基本相似的一面，也有因地制宜或入乡随俗的一面，吸收了羌人不少特有生活方式；部分汉人甚至在长久边地生活中已经被"羌化"或"藏化"，呈现出"汉在羌藏之间"的特有风貌。这再次表明密切的经济文化交流以及长期的共同生活是多元一体的中华民族形成的重要原因。

［本文原刊《中国边疆史地研究》2017 年第 3 期］

卫藏与康区历史关系发展演变过程探讨[①]

黄辛建[②]

【摘　要】　藏族三大传统地理区域中的卫藏与康区之间联系非常紧密，大致经历了唐代吐蕃时期、元明时期、明末清初、清朝末年和民国时期五个发展阶段。两区关系的发展演变对我国的民族团结进步和国家的统一稳定产生过重要影响。虽然来自卫藏的吐蕃曾经征服过康区，但自吐蕃灭亡后卫藏势力从未统治过整个康区。近年来达赖及其分裂集团提出的"西藏从来就有一个统一的大藏区"之类的言论，是罔顾两区历史关系发展客观事实的不实之论。

【关键词】　历史时期；卫藏；康区；关系

卫藏与康区是藏族三大传统地理区域中的两区。其中，卫藏包括雅鲁藏布江及其支流拉萨河、年楚河流域为中心的前藏和后藏地区；康区的范围东达大渡河，南到高黎贡山地方，西至鲁共拉山，北抵巴颜喀喇山，包括川西、滇西高原一带以及西藏自治区的昌都和青海省的玉树地区。历史上，卫藏与康区有着非常密切的联系，两区之间关系的发展演变对我国的民族团结进步和国家的统一稳定产生过非常重要的影响。近年来，达赖分裂集团无视两区历史关系发

---

① 基金项目：2013 年度国家社会科学基金项目"藏区地缘格局中的卫藏与康区历史关系研究"阶段性成果。项目编号：13CMZ018。

② 作者简介：黄辛建，男，1979 年生，四川安县人，历史学博士，研究员；2008 年毕业于四川师范大学中国近现代史专业并获史学硕士学位，后在四川大学获得历史学博士学位并在四川大学、四川省社会科学院完成博士后的研究工作，现为四川省民族研究所研究员；主要研究方向是抗战史及藏族历史，已在《中国藏学》《西南民族大学学报》《社会科学研究》等刊物发表论文 20 余篇；主持国家社科基金青年项目及重大项目子课题各一项、中国博士后面上资助项目一项及其他省级课题 5 项；出版《监视、防护与救济：抗日战争时期国民政府民防问题研究——以四川为中心的考察》（独著）、《藏羌地区历史文化与教育》（合著）；获四川省哲学社会科学三等奖两项、四川省优秀教育科研成果三等奖一项。

展演变的客观事实，将康区视为西藏的一部分，抛出"大西藏"之类的言论。目前，学术界对两区历史关系发展演变过程尚未见专文论及。[①] 有鉴于此，笔者拟在已有研究的基础上，结合相关史料，对卫藏与康区历史关系加以系统梳理和探讨。

一、唐代吐蕃时期：吐蕃东扩及佛教自卫藏向康区传播

卫藏和康区的民族和部落之间很早就有所往来，但并不紧密。7世纪开始，来自卫藏的吐蕃的军事扩张开启了两区之间历史关系发展的大幕。吐蕃军队大规模进入康区始于唐贞观年间。贞观十二年（638年），吐蕃"进破党项、白兰诸羌，帅众二十余万屯松州西境"[②]；"龙朔后，白兰、春桑及白狗羌为吐蕃所臣，藉其兵为前驱"[③]。咸亨元年（670年）的大非川战役后，吐蕃从青海、甘肃一带南下，西山八国等诸羌部落归降。随后，吐蕃军队进入大渡河上游区域。仪凤三年（678年），吐蕃"并西洱河诸蛮，尽臣羊同、党项诸羌。其地东与松、茂、巂接，南及婆罗门，西取四镇，北抵突厥，幅员万余里，汉、魏诸戎所无也"[④]，康区的民族和部落纷纷被吐蕃征服。此后，唐与吐蕃在川西、滇西高原一带频繁交战，这些战事多发生在康区的边缘地带或周边地区，吐蕃一直保持着对康区一带的实际控制。

吐蕃在康区采取了一系列的"蕃化"措施。首先，吐蕃将康区纳入其政治体制中，设置"吐蕃南道节度使"[⑤] 进行管理，滇西的神川都督府即由其辖制。其次，授予康区部落首领以官职，并将这些部落编入军队且参与对外作战。贞元十二年（796年），韦皋"收降蛮七千户"时就发现"吐蕃所赐金字告身五十五片"。[⑥] 再次，吐蕃"出师必发豪室，皆以奴从，平居散处耕牧"[⑦]。这些以军队为主，附带家室及奴隶在内的庞大的人员迁徙，使吐蕃的扩张成了大规模的民族迁徙活动。同时，吐蕃在"与霍尔交界之处"安插了被称为"噶

---

① 黄辛建：《卫藏与康区关系研究综述》，《阿坝师范高等专科学校学报》2015年第4期，第24~27页。
② 《资治通鉴》卷195。
③ 《新唐书》卷221《西域传》。
④ 《新唐书》卷216《吐蕃传》。
⑤ 林冠群：《唐代吐蕃军事占领区建制之研究》，《史学集刊》2008年第21期，第33页。
⑥ 《册府元龟》卷987《外臣部·征讨六》。
⑦ 《新唐书》卷216《吐蕃传》。

玛洛"部的军队，要求他们"在没有接到国王命令之前，不得回防"，现在这些地方"好多都是吐蕃法王派来驻防唐蕃边界的部队之后裔"。①

佛教随着吐蕃的扩张开始从卫藏向康区传播。松赞干布为"获大虔心"，在康区修建了隆塘准玛寺和登隆塘度母寺。②赤热巴巾"于卫、康、多思麻三地修建十二座闻、思、修习的讲经院，康区有诺衣俄切、谐衣毕噶、恰衣龙须四座。具有讲经持戒殊胜（特指修习）特点之六座寺庙，康区有噶曲雍仲孜、阔昆土孜仑珠二寺。断语修心之十二座寺庙。康区有丹笛山、彭木林昂龙、安穷四寺"。③不过，这些只能算是庙，影响不大。赤松德赞时期，佛教继续在康区传播。"七试人"之一的毗卢遮那等被流放的僧人发挥了重要作用。毗卢遮那长期在"察科，他曾收玉扎宁保等为徒"④，"在康区前后三次讲授法类"，还有南喀宁波等人，"有一名叫阿扎惹乍那仁漠的班智达来到康区后，译出《密集广释》等教典，并作说"⑤。毗卢遮那等僧人被流放，促成了佛教向康区的传播，吐蕃将康区列为四大佛教传播区之一。⑥但由于毗卢遮那等人语言不通、习俗不同，所以其传教对象局限在康区的上层人士。毗卢遮那与察瓦绒首领交流时，还需要首领之女玉扎担任翻译。⑦而且，当时康区的部落数量众多，成分复杂，各自为政，加之苯教徒和当地的原始宗教徒们对佛教不断阻挠，这一时期佛教在康区传播的广度和深度都是有限的，传播范围局限在个别地方和社会上层。

会昌二年（842年），达磨灭佛，佛教徒纷纷离开卫藏，进一步促进了佛教在康区的传播。10世纪后半期，印度班智达念智称在卫藏学会藏话后辗转来到康区，长期为人讲《俱舍论》《四座》等显密经论，并且翻译了一些经书。前后藏10人中的热希租墀迥乃也到过康区。由于他们的活动，康区形成了讲授佛学的小小中心，对后弘期佛教的复兴和藏传佛教的发展做出了重要的贡

① 智巴丹·贡却乎丹巴绕吉著，吴均等译：《安多政教史》，甘肃民族出版社，1989年，第22页。

② 布顿·仁钦珠著，蒲文成译：《布顿佛教史》，甘肃民族出版社，2007年，第116页。

③ 札巴孟兰洛卓著，王尧、陈践译：《奈巴教法史》，《中国藏学》1990年第1期，第115~117页。

④ 智巴丹·贡却乎丹巴绕吉著，吴均等译：《安多政教史》，甘肃民族出版社，1989年，第22页。

⑤ 廓诺·迅鲁伯著，郭和卿译：《青史》，西藏人民出版社，2003年，第98~103页。

⑥ （英）托马斯著，刘忠、杨铭译：《敦煌西域古藏文社会历史文献》，民族出版社，2003年，第73页。

⑦ 洛珠加措掘藏著，俄东瓦拉译：《莲花生大师传》，青海人民出版社，1990年，第282页。

献。① 总体来看，来自卫藏且操蕃语、着蕃服的蕃人成了吐蕃文化向康区迁移的载体。这些蕃人长期在康区居住、生活和生产，结婚生子，繁衍后代，与当地的民族相互融合。据载，在维州，吐蕃曾"将妇人嫁于此州阇者。二十年后，妇人生二子成长"②。他们与康区的民族长期杂处，在文化上彼此交流和影响，大大加速了相互融合的过程，无疑为康区藏族的形成奠定了基础。同时，随着佛教的传播和渗透，最终使康区与卫藏在文化心理素质和语言上趋于一致。大体到吐蕃灭亡后的五代、宋、金时期，即 11—13 世纪，康区的民族与部落基本融合于藏族之中，康区藏族最终形成。③

二、元明时期：以藏传佛教为纽带的两区关系

元明两朝，萨迦派、帕竹派先后在中央王朝的支持下在卫藏建立了具有政教合一性质的地方政权，但康区并不在其管辖范围之内。在这种情况下，藏传佛教成为两区之间联系和往来的纽带，来自卫藏的教派势力通过建寺、授徒和讲经的形式，在康区发展壮大自己的势力，并获得了诸如调解各部落间的纠纷等权力。

萨迦派在康区的发展最早见于史料记载的是萨班前往凉州之际。南宋淳祐五年（1245 年），康区馆觉的部落首领敦楚"适逢喇嘛法主叔侄前往藏拉雅朵地方巡视道场，遂拜见之，跟随喇嘛做侍从。当法主叔侄前往北方时，被（敦楚）迎至左陀地方，承侍直至他们前往北方。后来，由于薛禅皇帝和喇嘛八思巴掌管（西藏），（敦楚）遂成为多康岗的主宰人"，是萨迦派在康区的"重要支持者"④。在馆觉等部落的支持下，萨迦派在康区迅速发展。据记载："法王萨班有大、中、小三种寺院。……小寺遍及康、藏、卫等各地。"⑤ 有学者统计，13 世纪中期萨迦派在康区新建了 6 所寺院，其中稻城 1 所、白玉 2 所、甘孜 1 所、道孚 1 所、康定 1 所，为这一时期在康区建立寺庙最多的教派。元朝末年，萨迦派在失去元朝政治上的庇护后其政治权力和宗教地位不断下降，

---

① 王森：《西藏佛教发展史略》，中国社会科学出版社，1986 年，第 23 页。

② 《旧唐书》卷 174《李德裕传》。

③ 石硕：《试论康区藏族的形成及其特点》，《西南民族学院学报》1993 年 2 期，第 26 页。

④ L. 毕达克·顿楚著，张云译：《萨斯迦主权在康区的出现》，《西北民族研究》1993 年第 2 期，第 147~148 页。

⑤ 阿旺贡噶索南著，陈庆英、高禾福、周润年译注：《萨迦世系史》，西藏人民出版社，2002 年，第 94 页。

逐渐走向低谷。康区的萨迦派势力受此影响，也逐渐变得处境艰难，终明一代，藏东地区仅仅新建立了3座萨迦派寺庙。①

在藏传佛教中，噶举派对康区的影响最大，噶玛噶举、帕竹噶举和止贡噶举这三个分支均与康区有着极深的渊源。噶玛噶举派与康区联系最为紧密，其创始人都松钦巴是达波拉杰门下"康巴三大弟子之首"。20岁之前，都松钦巴一直在康区学法，后又致力于康区的传教活动，南宋绍兴十七年（1147年）在类乌齐附近修建噶玛丹萨寺，开创噶玛噶举派。都松钦巴长期致力于康区与卫藏的传教活动，影响很大。他在康区聚有徒众千人，曾调解当地头人之间的纠纷，并以大量财物献给卫藏的寺院。帕竹和止贡两派的创始人同样来自康区。帕竹派的创始人帕木竹巴到卫藏学法并建派后，在康区影响很大。"多康地区六昄实家族中的显贵、首领、叔侄和门生广大，他同众人无不关系密切"，其弟子一直将康区作为重要的佛法弘传区。《朗氏家族史》称："在多康下部地区（的僧人）没有不是我们尊者的门徒的。"② 据《明实录》载："乌斯藏帕木竹巴故元灌顶国师章阳沙加③，人所信服。今朵甘赏竺监藏与管兀儿相仇杀，朝廷若以章阳沙加招抚之，则多甘必内附矣。"④ 止贡噶举派的创始人仁钦贝是"多康哲垅塘巴却秋"即今邓柯县人，他一直将康区视为其弘法的根据地，主要弟子和随从中来自康区的数量众多且占据了重要的位置。在康区早期的噶举派寺庙中，大多数是属于止贡派的，康北一带最初建立的噶举派寺院，几乎均是如此。萨迦政权时期，止贡派势力极大，有藏文史籍称，止贡派"尝聚徒十八万人，声震遐迩。时谚有云：山皆止贡山，坝皆止贡坝"⑤。

与此同时，康区势力纷纷借助来自卫藏的教派力量来提高自己的地位和影响。在萨班前往凉州的队伍中，康区的白利部落随行，并在卫藏归顺后输诚，成了最早归顺元朝的康区部落之一。萨迦时期，馆觉首领敦楚在萨迦派的支持下，在康区的地位十分尊崇，"在他的贡觉地方，连宣慰使司、万户长、千户长亦未封拜，他照拂林葱家族，林葱家族被委封为万户长和千户长"；但随着帕竹派取代萨迦派成为卫藏的统治者后，敦楚又转而成了帕竹派的门徒，并将林葱家族发展为帕竹派在康区的坚定支持者，"林葱家族的本钦释迦坚赞思想

① 王开队：《康区藏传佛教历史地理研究》，暨南大学博士学位论文，2009年，第55~65页。

② 绛曲坚赞著，赞拉·阿旺等译，陈庆英校：《朗氏家族史》，西藏人民出版社，1989年，第71~72页。

③ 即第二代第悉释迦坚赞。

④ 《明实录》卷75《洪武五年五月丁酉条》。

⑤ 任新建：《从八邦寺文物看噶玛噶举派在康区的兴衰》，《康定民族师范高等专科学校学报》1995年第4期，第11~12页。

纯洁，慈祥地护佑我们的弟子……邓萨替寺有林葱家族十三位嫡传的供灯"①。

三、明末清初：卫藏的政教之争及格鲁派在康区发展

明末清初，来自卫藏和康区的政教势力纷纷与蒙古部落结盟，形成了噶玛噶举派及其支持者藏巴汗、康区的白利土司、木氏土司以及来自蒙古的却图汗的联盟，与对抗格鲁派及其支持者帕竹政权、蒙古固始汗的结盟的两大政教势力之间的对抗。

明万历四十六年（1618年），藏巴汗消灭帕竹政权，在卫藏建立了新的地方政权。失去支持者的格鲁派不得不寻求外力的支持。天启元年（1621年），土默特部在格鲁派的求援下进入卫藏击败藏巴汗。格鲁派取得胜利的方式，使噶玛噶举派一方意识到了寻求外部力量支持的重要性并积极仿效。崇祯八年（1635年），"却图汗父子、红帽派饶降巴喇嘛等会商，决定同藏巴汗同心协力，彻底消除格鲁派，作噶玛巴和主巴的施主"②。噶玛噶举派一方的联盟，再次对格鲁派造成了极大的威胁。当时，白利土司控制了昌都寺等格鲁派寺院，大肆烧毁格鲁派寺院和迫害格鲁派僧人，积极与藏巴汗合作，为却图汗出兵藏区做准备。③ 格鲁派"派去萨丹木④征收茶税的人解释说自己是个平民百姓，才获通行，并威胁说以后不准通行"⑤。桑结嘉措称，当时"全藏区受到白利土司和却图汗等人的侵害，中断了汉藏交往的金桥"⑥。"察哈尔人（林丹汗）、却图汗、白利土司等阻断了汉藏黄金桥，安多的一些有魄力的人们，绕道内地，经打箭炉转中康地区前去卫地。"⑦

① 绛曲坚赞著，赞拉·阿旺等译，陈庆英校：《朗氏家族史》，西藏人民出版社，1989年，第71~72页。

② 智巴丹·贡却乎丹巴绕吉著，吴均等译：《安多政教史》，甘肃民族出版社，1989年，第22页。

③ 东嘎·洛桑赤列著，陈庆英译：《论西藏政教合一制度》，《西藏民族学院学报》1981年第4期，第30页。

④ 在今云南省丽江一带。

⑤ 阿旺罗桑嘉措著，陈庆英、马连龙、马林译：《五世达赖喇嘛传》，中国藏学出版社，2006年，第339页。

⑥ 第悉·桑结嘉措著，许德存译，陈庆英校：《格鲁派教法史——黄琉璃宝鉴》，西藏人民出版社，2009年，第358页。

⑦ 智巴丹·贡却乎丹巴绕吉著，吴均等译：《安多政教史》，甘肃民族出版社，1989年，第22页。

格鲁派不得不又一次寻找外力的支持，并在崇祯八年（1635 年）与固始汗结盟。崇祯十年（1637 年），固始汗与却图汗在青海决战，"却图有兵四万余，亦全歼无余"①。却图汗被杀，噶玛噶举派一方面临固始汗的直接威胁。在康区，一些驻扎在类乌齐寺的白利人及苯教徒遭到杀害，格鲁派一方不断利用朝圣等政治、宗教手段渗透离间。为平息内乱，白利土司将"萨迦、噶当、噶玛、主巴、止贡、达垅等派喇嘛及土官"监禁，并寻求藏巴汗的支持。② 但藏巴汗表现出"无能为力，面对美妙的释迦佛像，他们再也既不作恶，也不为善"。然而，格鲁派一方对白利土司可谓痛恨至极。五世达赖称"这个白利土司十恶不赦，他是应进行诛灭的主要对象"，并主持法事，支持固始汗剿灭白利土司。③ 崇祯十四年（1641 年），白利土司战败后被活埋。崇祯十五年（1642 年）初，固始汗消灭藏巴汗，噶玛噶举派一方失败。

在卫藏，固始汗建立了"噶丹颇章"地方政府，五世达赖是这个政教合一政权的最高领袖。此后，虽然有一些噶玛噶举派僧人及其支持者反抗，但均告失败。黑帽系十世活佛却英多吉及大批噶玛噶举派僧人被迫逃亡康区。在康区，和硕特蒙古的紧逼让木氏土司感到前所未有的危机，其所控制的康南地区出现了叛乱，一些人千方百计投奔格鲁派及和硕特蒙古。为此，木氏土司与噶玛噶举派结成联盟。为驱赶木里的格鲁派僧人，木氏土司扬言"今后老百姓若再送子弟入寺为僧，就要在寺庙内当众砍下这些子弟的头和手，叫他们的父母背尸游众"，木里的拉顶、康坞寺正是在此时被噶玛巴烧毁的。④ 不过，木氏土司一方未能抵挡住和硕特蒙古的攻势。康熙六年（1667 年），和硕特蒙古占领中甸，木氏土司与噶玛噶举派的联盟瓦解。从此，格鲁派在和硕特蒙古的支持下成为康区最大的藏传佛教教派，其在康区的政治控制力和影响力也迅速提高。不过，康区的控制者实质上是和硕特蒙古部落。

这一局面并未维持多久。康熙三十九年（1700 年），和硕特蒙古侵占大渡河以东地区，"将四川打箭炉内土司蛇蜡喳巴居住地方恃强尽行霸占，渐次侵踞河东乌泥、若泥、凡州三处，潜有窥伺嘉庆擦道之意"⑤。清兵于同年"十二月二十日，分兵三路攻打箭炉，杀蛮兵五千余人，斩磨西营官喋巴昌侧集烈

---

① 阿旺罗桑嘉措著，刘立千译：《西藏王臣记》，西藏人民出版社，1991 年，第 123 页。

② 智巴丹·贡却乎丹巴绕吉著，吴均等译：《安多政教史》，甘肃民族出版社，1989 年，第 22 页。

③ 阿旺罗桑嘉措著，陈庆英、马连龙、马林译：《五世达赖喇嘛传》，中国藏学出版社，2006 年，第 339 页。

④ 阿旺钦饶著，鲁绒格丁等译：《木里政教史》，四川民族出版社，1993 年，第 5 页。

⑤ 《清实录》卷 199。

及大冈营官笼送等"①。随着清军越过打箭炉西进直至雅砻江迤东,使和硕特蒙古势力及格鲁派在康区的地位受到严峻挑战。

康熙五十五年(1716年)底,准噶尔军队秘密入藏,击败并杀死拉藏汗,结束了和硕特蒙古在西藏的统治。随后,准噶尔部进军康区,先是"策零敦多卜暗通密信与里塘营官喇嘛,诱伊归藏……续据里塘之喇嘛格隆阿旺拉木喀云:准噶尔五百人已至乍木多地方,现今里塘有察罕丹津所遣之寨桑居住,与准噶尔暗自通谋"②。同时,准噶尔还安排"藏内副王"碟巴达节遣员在中甸一带活动。③ 到康熙五十八年(1719年)初,"现今巴尔喀木沿途有名地方皆西海各部落交纳差事之处,碟巴大克咱④将旧有之营官、堪布,悉用心腹之人替换,而西海王、贝勒等竟无言者"⑤。

面对准噶尔的入侵,格鲁派开始向清朝靠拢。在格鲁派的支持下,清兵越过雅砻江,于康熙五十八年(1719年)六月进驻理塘、巴塘一带,处决了反抗的理塘寺堪布。⑥ 十月,"乍丫、叉木道、嚓哇三处胡土克图罗布藏那木扎尔等欲来归顺。"康熙五十九年(1720年)四月,"中甸等处番目及喇嘛营官到丽江投诚"⑦。

如此,清朝完成了对康区的控制,为进藏扫清了障碍。更重要的是,蒙古部落在康区的统治瓦解。康熙六十年(1721年)春,清兵进藏并在西藏组建了由清政府直接控制的噶厦地方政府。

雍正三年(1725年),雍正做出了在西藏及环西藏周边的川、滇、青之间进行划界的决定:"理塘、巴塘、中甸,原系内属地域,仍归原属……昌都和乍丫二地世世归帕巴拉、罗藏南结活佛管辖,皇考恩准二地区仍归帕、罗管辖。昌都对面之洛隆宗、嚓哇、坐尔刚、桑噶、吹宗、衮卓等部族,欲赏赉尔喇嘛,以按例征税。"⑧ 此次藏区划界,最终以宁静山为界划定了西藏的东界,清政府希望通过此举防止西藏插手包括康区在内的其他藏区事务的目的是显而易见的。反观西藏方面,则仍试图在其他藏区谋得更多的利益。雍正四年

---

① 《清实录》卷203。

② 《清实录》卷279。

③ 《清实录》卷281《康熙五十七年十月甲戌条》。

④ 即策凌敦多布所委任的第巴达孜巴。

⑤ 季永海等译:《年羹尧满汉奏折译编》,天津古籍出版社,1995年,第203页。

⑥ 《清实录》卷284《康熙五十八年六月丁巳条》。

⑦ 《清实录》卷285《康熙五十九年二月甲子条》。

⑧ 中国藏学研究中心等编:《元以来西藏地方与中央政府关系档案史料汇编》(第2册),中国藏学出版社,1994年,第365~366页。

（1726 年）开始划界之际，西藏方面希望通过行贿周瑛以期获取更大的利益。①
乾隆三年（1738 年），达赖喇嘛通过章嘉呼图克图"奏请将理塘、巴塘、佳塘
等处地方仍给达赖喇嘛管辖"②。但乾隆回绝了章嘉呼图克图的请求，从而避
免了西藏方面插手其他藏区的政治事务。

四、清朝末年：瞻对赏藏与康区乱象

道光二十年（1840 年）鸦片战争爆发后，随着国力的衰弱和内忧外患的
困扰，清廷对藏区的控制力减弱，康区相应地呈现向西藏靠拢的趋势。道光末
年，瞻对土司生乱。到同治二年（1863 年），瞻对土司工布朗吉占据了康区大
部，逼近西藏，对西藏格鲁派构成了很大的威胁。格鲁派首先在拉萨举行大法
会，诅咒工布朗吉及其扩张行为；然后召开"汉番会议"，决定"由商上不惜
人财"，出兵围剿工布朗吉。③ 很快，西藏地方"派番员多带土兵，前往乍丫、
官觉、江卡等处分投堵御隘口；并饬三十九族酋带土兵一千五百人，驰赴巴塘
驻扎；及令戴球期美夺结驰赴江卡，以为声援"④。自此，藏兵越过了雍正所
划定的西藏东部界线。同治四年（1865 年）八月一日，瞻对之乱平息。十二
月十四日，清廷做出决定："所有瞻对上中下三处地方，即著赏给达赖喇
嘛。"⑤ 西藏格鲁派势力继蒙古部落统治藏区之后，再次派遣军队入康并获取
瞻对，已然打破了清初以来一直严格限制西藏干涉其他藏区事务的治藏政策。

从此，西藏开始插手康区事务。其方式有以下几种：一是蚕食周边土司属
地。由于未将瞻地与邻封土司接壤界址分划清楚，虽各土司皆得收其侵地，而
与瞻境毗连早年被侵之壤，悉为驻瞻官所有。⑥ 而且，西藏"所派番官，鲜知
大义，以为得此重地，与我抗衡，遂每肆鸥张，渐资蚕食"⑦。二是与土司结

① 拉巴平措主编：《仟乃强藏学文集》，中国藏学出版社，2009 年，第 92 页。

② 顾祖成：《清实录藏族史料》，西藏人民出版社，1982 年，第 4360 页。

③ "中央研究院"近史所档案馆：《瞻对事》，全宗号，外务部，案卷名：《西藏档》，馆藏号：
02-16-007-01-020。

④ 西藏民族学院历史系：《清实录藏族历史资料汇编》，西藏民族学院历史系印，1981 年，第
1672~1673 页。

⑤ 《清实录》卷 163：《同治四年十二月乙巳条》。

⑥ 王彦威：《清季外交史料》，书目文献出版社，1987 年，第 23~28 页。

⑦ 中国藏学研究中心等编：《元以来西藏地方与中央政府关系档案史料汇编》，中国藏学出版社，
1994 年，第 1270 页。

盟。康区土司"震唐古特之威，竭趋附番官恐后，番官亦因瞻地距藏四千余里，孤悬各土司之中，不能不为联合以坚其势，于是结以婚姻，要以盟誓"。三是加强对瞻对百姓及康区土司的控制，在瞻对"筑立新寨，派兵防守，每岁所费不赀。与诸土司约，以按年各助协守之费，又究查曾经为乱部落，订以每岁输纳罚服之资"，瞻对"竟成尾大不掉之患"。[①] 此时清政府对藏区的控制力减弱，与西藏的关系也逐渐松弛了，希图以怀柔方式处理争端，表示"瞻对地方同治年间给予达赖喇嘛管理，该商上果能涤除苛政，妥为抚驭，朝廷一视同仁，只期□安边圉，并无利其土地之心"[②]。

光绪三十一年（1905 年）三月一日，驻藏帮办大臣凤全在巴塘被害，是为"巴塘事件"。巴塘事件前后，十三世达赖虽然未在西藏，但其始终掌控着西藏的政教事务，而巴塘事变背后有西藏方面的操控，这一点是无疑义的。巴塘事变前，"各地叛变皆达赖喇嘛主使，因川督措置乖方，而欲强使暴政于巴塘人民，宜其最易煽动起叛乱也。西康各地喇嘛与藏往来颇密，易受煽为乱，拉萨大寺首领密令其杀尽中原人及欧人。清室懦弱无能，已为喇嘛识破，故达赖得煽之乱"[③]。在巴塘事件中，隶属于达赖喇嘛和拉萨三大寺、受到西藏控制的丁林寺起到了重要作用。事件后，巴塘喇嘛"词多狂悖，不惟土司番民附和甚多，且勾结察里两台、瞻对、三岩等处。瞻对则已派出马队，越至炉边窥伺，关外几为之骚动"[④]。同时，巴塘喇嘛还前往江卡与藏官联系。[⑤] 正如任新建所言："巴塘事变前后，驻瞻藏官曾扬言派马队围犯里塘，阻断官军来援，显然是为巴塘肇乱者打气，让他们感到有恃无恐。几乎在巴塘事变发生的同时，阿墩子、乡城、贡嘎岭、盐井等地喇嘛寺均相继发生叛乱，都说明巴塘事变的背后有西藏上层统治集团的阴影。"[⑥]

光绪三十一年（1905 年）七月，巴塘之乱被平定。次年六月，赵尔丰被任命为第一任川滇边务大臣，在康区改土归流，自雍正划界所形成的西藏与四川之间的界线被从东向西打破。光绪三十四年（1908 年），赵尔丰被任命为驻藏办事大臣兼川滇边务大臣，前往西藏任职。为阻止赵尔丰进藏，西藏方面指

① 王彦威：《清季外交史料》，书目文献出版社，1987 年，第 23～28 页。
② 中国藏学研究中心等编：《元以来西藏地方与中央政府关系档案史料汇编》，中国藏学出版社，1994 年，第 1276～1277 页。
③ 《康酉溯源·巴塘土司篇》（手抄本），中央民族大学图书馆藏。
④ 中国藏学研究中心等编：《元以来西藏地方与中央政府关系档案史料汇编》，中国藏学出版社，1994 年，第 1668～1671 页。
⑤ 吴丰培：《清季筹藏奏牍》第一辑《有泰奏牍》，商务印书馆，1938 年，第 3 页。
⑥ 任新建：《凤全与巴塘事变》，《中国藏学》2009 年第 2 期，第 8～9 页。

控其杀害喇嘛，毁灭佛教，同时组织"察台、瞻对番官……纠众侵逼，三崖、德格两处"①，在"江卡、作冈等处，拒挡汉兵。又煽惑察木多、乍丫及类乌齐等处，勒令派兵相助"②，瞻对藏官也在四处调兵，甚至"暗中行文与各处喇嘛，谓藏中失地已久，彼必与众协力恢复，直到邛州旧界而后已"③。据联豫奏报："据各处采禀，藏官于洛隆宗、边坝、硕般多等处，仍复纷纷调兵，有赴作冈者，有赴江卡者……责讯商上，则又诡言并无其事。"④

面对西藏的强烈抵制，清朝解除了赵尔丰驻藏大臣职务，令其专任川滇边务大臣，负责护送川军入藏。川军于光绪三十五年（1909 年）6 月自成都西进。这是继乾隆五十六年（1791 年）清军入藏驱逐廓尔喀军队之后，时隔 110 多年，再次出兵西藏。清朝的举动引起了西藏方面的强烈反对，厦札密报当时正在返藏途中的十三世达赖，谓"英兵已退，川军大至，恐不利，宜制止之"⑤。十三世达赖一面请求退兵，一面调兵抗阻。9 月，川军抵达察木多。这时，已到达通天河的十三世达赖暗中派遣代本改桑坚赞等三人，在距离察木多两站的恩达聚集 5000 余人对峙。赵尔丰于十月十日移文恩达，要求藏官限期撤兵。12 月，川军进至江达并击溃藏军，次年初抵达拉萨，十三世达赖再次出逃，这次是向南出走印度。

五、民国时期：康藏纠纷与界务争端

民国时期，西藏地方与中央之间的联系大大松弛，西藏地方政府积极向康区发展，康藏纠纷和界务争端是这一时期两区关系发展的主线。辛亥革命后，流亡印度的十三世达赖发起"驱汉运动"。到 1912 年冬，驻拉萨川军与西藏地方政府达成协议，经印度撤离藏境。"驱汉运动"很快波及康区，十三世达赖"密檄康地僧徒，嗾蛮民仇汉"⑥，"藏政府结连康藏各土酋，兴兵驱逐反动汉

---

① 《清实录》卷 597《光绪三十四年十月癸丑条》。
② 吴丰培：《联豫驻藏奏稿》，西藏人民出版社，1979 年，第 94 页。
③ 四川民族研究所：《清末川滇边务档案史料》，中华书局，1989 年，第 242 页。
④ 四川大学中国藏学研究所：《1899-1949 年有关西藏问题历史档案资料汇编》（上）（内部资料），第 90 页。
⑤ 陈渠珍著，任乃强校注：《艽野尘梦》，重庆出版社，1982 年，第 10 页。
⑥ 《西藏研究》编辑部：《民元藏事电稿·藏乱始末见闻记四种》，西藏人民出版社，1982 年，第 137-142 页。

兵，各清责成之令，不啻三申五令。昌都喇嘛寺亦奉到藏政府之令"①。不久，"藏兵乘之，于是逐钟颖，破江孜，围昌都，夺玉树，侵巴塘，入理塘。乡城、德格、金川诸（酋）咸起应之，众号二十万，通英印以为策源，纵衡四五千里，城地悉丧。"② 至此，西藏地方政府自围剿工布朗吉以来再次出兵康区并取得很大成功，赵尔丰改土归流的格局瓦解。6月，尹昌衡入康平乱，昌都之战胜利后，川藏双方在瓦合山、澜沧江一带对峙，直到1917年第二次康藏纠纷时才被打破。

1913年1月，十三世达赖回到拉萨，同外蒙古签订《蒙藏协定》，相互承认对方为"独立国家"。在西姆拉会议上，西藏地方政府代表提出"西藏独立"六点声明，称："西藏疆域欲包括青海、理塘、巴塘等处，并及打箭炉；所有勒收之瞻对税款及藏人所受之损失，一律交还赔偿。"③ 1914年2月，麦克马洪抛出内藏和外藏的划分方式，红线范围几乎包括除青海湖地区和滇西北藏区以外的整个中国地理学意义上的地势第一台阶，即整个青藏高原；蓝线沿柴达木盆地南缘向东后折向南，跨过金沙江后沿澜沧江与金沙江分水岭南下，包括了西藏以及青海省北部及从打箭炉到宁静山之间的广大康区。其中，蓝线以外属于"外藏"，蓝线与红线之间的范围为"内藏"④。但未能达成一致。

1917年7月，彭日升将两名越线割草的藏兵处决，引发第二次康藏纠纷。藏军相继攻克恩达、察雅、宁静等县，于1918年4月攻克昌都，随即东渡金沙江，"巴安等处危在旦夕，全边震动"⑤。8月，双方在昌都商议停战办法，西藏方面得以占据昌都一带，并控制金沙江两岸的广大区域。此合约签订以后，川边镇守使陈遐龄不承认该合约，也未获得北洋政府的认可。10月10日，双方在甘孜签订绒坝岔停战协议，约定川军退守甘孜，藏军退守德格，自10月17日起停战一年，1930年大白事件后再次被打破。

第三次康藏纠纷起于大白事件。最初为大金寺和白利村之争，后引发了康藏之间的大规模军事冲突。最初，藏军连战告捷，在甘孜、瞻化一线形成对峙局面，后刘文辉和马步芳联合反攻，藏军最终败退至金沙江西岸，昌都一带岌岌可危。至此，藏军不但失去了刚刚夺取的德格以东的甘瞻地区，还丧失了第

① 赵心愚、秦和平、王川：《康区藏族社会珍稀资料辑要》，巴蜀书社，2006年，第443页。
② 赵心愚、秦和平、王川：《康区藏族社会珍稀资料辑要》，巴蜀书社，2006年，第273页。
③ 中国藏学研究中心等编：《元以来西藏地方与中央政府关系档案史料汇编》，中国藏学出版社，1994年，第2419~2422页。
④ 吴彦勤：《清末民国时期川藏关系研究》，云南人民出版社，2007年，第94~95页。
⑤ 中国藏学研究中心等编：《元以来西藏地方与中央政府关系档案史料汇编》，中国藏学出版社，1994年，第2440页。

二次康藏纠纷之后控制的德格、白玉、邓柯和石渠四县，双方在金沙江一带隔江对峙。此后，康藏和青藏两个协议签订后，康区未再发生大规模的军事冲突。这一界线实际上成了西藏在康区的暂时分界。

西藏地方政府并未放弃对康区的争夺。1933 年春，小股藏军从昌都出发，分三路袭击青海玉树，欲夺回春科等地，遭到青军的反击而失败。1934 年 2 月，西藏地方政府在大金寺的鼓动下，再次出动藏兵，偷渡通天河，进攻邓柯、德格一带，并同时向白玉、巴塘进攻。① 此后一段时间，藏兵陈兵金沙江一带，多次在刘文辉控制的东岸一带活动，并一度希图前往甘孜地区，以期恢复大白事件之前以德格一带分界的康藏界线。

同时，西藏地方政府还通过其他渠道和方式表达在康藏界务争端中的诉求。1933 年，黄慕松入藏致祭，被西藏地方政府视为解决康藏界务争端的一个契机。黄慕松在拉萨的数月时间里，西藏地方政府始终将康藏界线问题作为谈判进行的首要条件，而黄慕松所代表的国民政府则要以先确定汉藏关系为准。在整个过程中，双方互访面谈及正式会议次数达到 7 次以上，来往信函则多达 10 余封，其中均涉及康藏界线问题，但最终并没有取得任何实质性的进展。②

抗日战争结束后，西藏地方政府再度通过各种途径试图解决久悬未决的康藏界务问题。1946 年 11 月，西藏方面在英国的唆使下受邀参加在印度举行的"泛亚会议"，在此期间，西藏地方政府代表再次"要求中央划给康境土地"③。1947 年，西藏地方政府代表参加国民政府的国民大会之际，再次提出了康藏界务问题。④ 直到新中国成立前，康藏界务争端并未能解决，所以由第三次康藏纠纷所形成的西藏在康区所达到的暂时分界，事实上成为新中国成立后四川与西藏之间的行政分界线，一直维持到今天。

---

① 四川省档案馆、四川民族研究所：《近代康区档案资料选编》，四川大学出版社，1990 年，第341 页。

② 四川大学中国藏学研究所：《1899-1949 年有关西藏问题历史档案资料汇编》（上）（内部资料），第 45 页。

③ 中国藏学研究中心等编：《元以来西藏地方与中央政府关系档案史料汇编》，中国藏学出版社，1994 年，第 2857 页。

④ 四川大学中国藏学研究所：《1899-1949 年有关西藏问题历史档案资料汇编》（上）（内部资料），第 90 页。

六、结语

综上所述，卫藏与康区历史关系的发展演变过程大致可分为唐代吐蕃时期、元明时期、明末清初、清朝末年和民国时期五个发展阶段，总体上呈现出以下四个主要特征。

首先，在两区历史关系发展演变过程中，卫藏居于主导地位，属于主动的一方，而康区常常处于被动的位置。公元7—9世纪，来自卫藏的吐蕃政权征服康区并采取了一系列的"蕃化"措施，加之佛教从卫藏向康区传播，使两区的民族和部落相互融合，促进了康区藏族的形成。元明两朝，萨迦派、帕竹派在卫藏建立了政教合一的地方政权后，纷纷向康区发展。明末清初的政教之争肇始于卫藏，康区木氏土司、白利土司卷入其中，来自卫藏的格鲁派与和硕特蒙古的联盟取得了最后的胜利，格鲁派成为康区最大的教派势力。清末民国时期，从藏兵越过雍正所划定的西藏与四川之间的界线深入康区助剿瞻对工布朗吉之乱，到实现瞻对的领属后与康区部落之间发生频繁的纷争，以及民国建立以后在康区发生的三次康藏纠纷及由此引发的康藏界务争端，卫藏的政教势力无疑是占据着主导地位。

其次，宗教因素是两区历史关系发展的纽带。公元7—9世纪，吐蕃征服康区和佛本之争，将佛教从卫藏传播到康区。达磨灭佛后，原来吐蕃统治的地方分崩离析，各自为政，佛教自卫藏向康区转移，并在康区藏族的形成中发挥了至关重要的作用。元代，在卫藏建立政权的萨迦派、帕竹派及在东部藏区具有重要影响的噶玛噶举派主要是通过宗教手段与康区发生联系。来自康区的僧人则参与藏传佛教的形成和发展中，两区之间因频繁的宗教往来建立了密切的联系。明末清初，来自卫藏的格鲁派在和硕特蒙古的支持下，在康区得到空前发展，并取代噶玛噶举派成为康区势力最大的藏传佛教教派。此后，格鲁派进一步强化了宗教因素的纽带作用，清朝也借助格鲁派来稳固其在康区的统治。清末民国国力衰微，对藏区的控制力减弱，宗教元素在两区关系发展中的纽带作用凸显。达赖喇嘛及格鲁派凭借其在宗教上的尊崇地位，积极向康区扩张和插手康区事务，康区呈现出向西藏靠拢的趋势。直到今天，卫藏与康区之间仍然发生着密切的宗教往来和联系。

再次，历代中央王朝和国民政府对藏区的施政，直接影响到两区关系的发展。元朝将藏区纳入版图，两区之间的历史关系此后一直是在中央政权管辖下发展演变的。当中央王朝强盛时，卫藏与康区的关系基本平稳。当国力衰弱、内忧外患严重及由此导致的对藏区控制力减弱时，两区的关系就会发生一些变化。元代，在卫藏和康区分别设置了乌斯藏和朵甘思进行分区管理，使两区同时成了中央王朝直接管辖的两个行政区域，明代基本沿袭了这一体制。明末清初政权交替之际，两区之间的政教之争也同样激烈，来自卫藏的格鲁派集团在康区获得了巨大的宗教利益和政治权力。清初，雍正做出了在藏区划界的决定，明确了西藏及环西藏周边的青川滇之间的界线。清末民国时期，国力衰微、列强环伺、内乱不断，中央对藏区控制力也大大减弱，两区之间的关系呈现出此消彼长的趋势，西藏方面积极插手康区事务，"各土司处喇嘛，只知有西藏，不知有朝廷"①，但两区仍是中国不可分割的部分。第三次康藏纠纷所形成的川藏界线，一直延续到今天。

最后，虽然来自卫藏的吐蕃政权征服过康区，但自吐蕃灭亡后，来自卫藏的势力却从未统治过整个康区。元代以前，藏区处于分裂之中，各自为政。自元代将藏区纳入我国版图之后，卫藏和康区成为中华民族多元一体格局中的重要组成部分。元明两朝，萨迦、帕竹等教派所建立的地方政权的管辖范围仅限于卫藏，康区则存在大小不一、各自为政的众多部落。明末清初，格鲁派虽然在和硕特蒙古的支持下在卫藏建立了甘丹颇章地方政府，同时成了康区势力最大的教派力量并有着较高的政治宗教影响，但康区是由和硕特蒙古直接管辖的。清朝取代和硕特蒙古统治藏区后，采取了划界的方式，将西藏的管辖范围限定在了宁静山以西，以防止西藏插手由四川、青海及云南分别管辖的康区其他区域的事务。清末民国之际，西藏地方突破清初划界所确定的界线，最盛时一度占据了甘瞻以西地方，但始终未能控制整个康区。达赖及其"流亡政府"将整个康区作为西藏的一部分所抛出的"大西藏"言论，是罔顾卫藏与康区历史关系发展演变过程的不实之论。

[本文原刊《西藏大学学报》（社会科学版）2017 年第 1 期]

---

① 傅嵩炑：《西康建省记》，四川官印刷局，1912 年，第 57～61 页。

1949年噶厦政府"驱逐国民政府驻藏官员事件"再研究[①]

邹 敏[②]

【摘 要】 1949年7月8日西藏地方当局突然向国民政府驻藏办事处宣布暂时断绝与国民政府的政治关系,要求所有国民政府驻藏机关和人员限期离藏。20日,国民政府派驻西藏地方的官员全部被驱逐。噶厦政府为何能在短短的13天内实现对国民政府驻藏官员的驱逐,其原因值得分析。本文结合相关问题的已有研究成果,利用档案、回忆资料、报刊文献等,对这一问题进行探索,认为除了噶厦政府暗中筹备,突然发动对国民政府驻藏官员的驱逐外,溃败中的国民政府"无力"营藏,印、英、美等国际力量对噶厦政府的支援与协助等,都是噶厦政府得以在短时间内成功驱逐国民政府全部驻藏官员的主要原因。

【关键词】 1949年;噶厦政府;"驱逐国民政府驻藏官员";再研究

从1949年7月8日至7月20日,前后仅13天的时间,国民政府派驻西藏地方的机构及其全部官员,包括蒙藏委员会驻藏办事处、教育部拉萨小学、中央气象局拉萨气象测候所、交通部拉萨电台、国防部派驻拉萨的几乎全部特务人员,以及驻藏官员的眷属和部分仆人,个别汉人厨师和裁缝等,总计130

① 基金项目:2017年度国家社会科学基金青年项目"国民政府驻藏办事处与治藏主权研究(1940−1949)"(项目编号:17CZS062)。

② 作者简介:邹敏,女,1985年生,重庆人,2008年在四川师范大学历史文化与旅游学院中国近现代史专业毕业并获硕士学位,2016年获四川大学历史文化学院历史学博士学位。现为四川师范大学马克思主义学院副教授,主要研究方向为康藏近代史,在《中国边疆史地研究》《中国藏学》等刊物发表论文多篇,主持国家社科基金青年项目一项。

余人被噶厦政府驱逐①，此事件即噶厦政府"驱逐国民政府驻藏官员事件"。

噶厦政府悍然发动对国民政府驻藏机构和官员的驱逐，并在极短的时间内完成驱逐，宣称暂时断绝与中央政府的政治关系，不仅令人震惊，其性质也极其恶劣。但对于这样一个重要的历史事件，目前学界对它的关注并不多，仅有屈指可数的几篇论文②和一些著作中有所涉及，本文拟利用已有研究成果和相关资料，对噶厦政府成功驱逐国民政府驻藏官员这一事件的原因进行梳理和分析，揭示中央政权孱弱、国际力量介入与国家边疆稳定安全之间的必然联系。

一、国民政府制裁无力

（一）噶厦政府对时机的利用

进入 1949 年，国内战争形势的演变使国民政府自顾不暇，渡江战役之后，"为保全国军实力，并保证台湾岛的安全"，国民政府开始全面撤退。③"共产党胜利的消息传到拉萨，在西藏统治集团中产生了严重的悲观情绪和忧虑"，因为他们"清楚地看到中国内战即将结束，胜利者将是以毛泽东为首的中国共产党"，而"共产党是无神论者，它对西藏的生活方式和宗教的威胁远远大于国民党"。④所有这些，促使噶厦政府的统治者们开始采取行动，希望利用时机改善西藏地方的政治地位，或者至少在国共政权更替之后具备向新的共产党政权摊牌的某种资本，他们首先想到就是驱逐国民政府派驻西藏地方的官员。

---

① 邢肃芝：《怀念柳陞祺先生及国民政府驻藏办事处同事》，郝时远、格勒主编《纪念柳陞祺先生百年诞辰暨藏族历史文化论集》，中国藏学出版社，2008 年，第 51 页。

② 央珍、喜饶尼玛《1949 年西藏所谓"驱汉事件"性质探析》（《西藏研究》2015 年第 6 期），对一般所称"驱汉事件"的称谓来源进行考察，重新辨析其性质，认为一般所称的西藏地方历史第二次"驱汉"事件当称为"驱逐国民政府驻藏官员事件"；裴儒弟《民国时期西藏地方两次"驱汉"事件的比较分析》（《中国藏学》2015 年第 3 期），对两次"驱汉"事件的原因、名称使用、驱逐对象、性质、影响，以及英国在其中的作用等进行对比分析，认为两次"驱汉"均是在英国势力渗入的背景下，西藏地方政府为争取"独立"图谋；郭冠忠《一九四九年七月八日西藏事件原委》（《民族研究》1990年第 2 期），该文曾以"'驱汉事件'原委（一九四九年七月八日）"为题于 1985 年发表于《西藏党史通讯》，在叙述事件经过的基础上，分析英、印对事件的参与，国民政府和中国共产党的应对，指出事件的发生是帝国主义国家长期侵略西藏地方的历史必然。

③ 张宪文、张玉发：《中华民国专题史·第十六卷·国共内战》，南京大学出版社，2016 年，第261 页。

④ （美）梅·戈尔斯坦著，杜永彬译：《喇嘛王国的覆灭》，中国藏学出版社，2005 年，第 520页、第 521 页。

1949 年上半年，国共双方在西北展开激烈的争夺，国军为夺回西安开始大集结，青海马步芳的"陇东兵团第 129、82 军，以及骑兵第 8 旅，陇南兵团第 119 军及 191 师"也奉命向东集结①，但国军此次反攻以失败告终。紧接着中共对西北确定"钳马打胡"的作战方针，7 月发起扶眉战役，使胡宗南部主力尽失，胡从此离开西北；8 月发起兰州战役，歼灭马步芳的主力，余部分散逃窜。至此，国民政府基本失去对西北的控制。与此同时，西南的局势对国民政府而言也愈发危急，胡宗南在西北失败后转移到西南，但对局势发展已经失去信心，最后擅离职守；川康将领刘文辉、潘文华和邓锡侯等暗中联络并策划起义。

这样的局势对于噶厦政府而言是非常有利的。因为在藏人看来，马步芳的军队"有藏军的优点，而没有它的缺点"。且"青军由黑河入藏到拉萨不过只有十余马站，没有高山大河天险可守"，因此"青海的马家军简直是他们的劲敌"；西康刘文辉的军队也是噶厦长期以来较为顾忌的，但 1949 年 4 月以后，西北的军事调动、西南的危机与战争态势，使噶厦在"青、康边境的军事压力，骤然减轻"，全然没有后顾之忧。②

恰在此时，1949 年 3 月，英人黎吉生向摄政达扎递情报称"目前中国政局不定，要趁此机会把汉人驱逐西藏"，并称"国民党拉萨办事处的工作人员中也有共产党间谍"，他们将与共产党里应外合，使"共产党进军西藏的可能性更大"，摄政应该"立即把汉人从西藏驱逐出去"。③达扎收悉此项情报后，随即在罗布林卡召集会议讨论此事。会中，与会人员多认为"乘中国时局不定之际，是能把汉人从西藏驱赶出去的。况且（这）对今后各方面均有利，还是遵照摄政指令把汉人赶出西藏为妙"④。噶厦政府关于驱逐国民政府驻藏官员和少数其他汉人的决议就此形成，达扎强调驱逐官员一事"关系西藏政教安危"，要求相关人员"严守机密"，参与此事的官员们因此还在绿松石佛像面前

---

① 张宪文、张玉发：《中华民国专题史·第十六卷·国共内战》，南京大学出版社，2016 年，第 261 页。

② 戴新三：《西藏政变的探讨》，《风土什志》1949 年第 3 卷第 1 期。

③ 噶雪·曲吉尼玛：《英人黎嘉逊干涉我国内政唆使噶厦制造驱汉事件暨我被罢黜始末》，西藏自治区政协文史资料研究委员会编《西藏文史资料选辑（十七）》，民族出版社，1995 年，第 121～122 页。

④ 噶雪·曲吉尼玛：《英人黎嘉逊干涉我国内政唆使噶厦制造驱汉事件暨我被罢黜始末》，西藏自治区政协文史资料研究委员会编《西藏文史资料选辑（十七）》，民族出版社，1995 年，第 122 页。

发誓一定保守秘密。① 此次会议之后，噶厦政府立即开始秘密筹备对国民政府驻藏官员的驱逐，主要包括确定被逐汉人的名单、购置军火和调动军队等。

经过数月秘密筹备，噶厦政府于 7 月 8 日悍然发动"驱汉"运动。当日，噶厦派员将时任驻藏办事处副处长兼代处长陈锡璋请到噶厦，由首席噶伦然巴·土丹贡钦向其宣布噶厦政府关于驱逐国民政府驻藏官员的决定，称由于国内战争"甚烈"，"国民党的军队或官员走到哪里，共产党就追到哪里"，噶厦政府"实在不敢"担负"贵处人员的安全"之"重责"，因此，经民众大会决议："西藏（地方）政府对国民政府暂时断绝政治关系，而宗教关系还是存在的"，包括驻藏办事处在内的中央在藏各机关应"准备于两星期之内启程赴印"。② 在宣布驱逐驻藏机关和官员的同时，噶厦还捣毁国民政府交通部拉萨电台，切断中央驻藏机关与中央政府之间的通讯联系，派军警把守驻藏机关，24 小时监控"有嫌疑的汉人"。9 日，噶厦政府发出"为限令中央驻藏人员离藏事致国民政府电"，称："凡中国政府官员及其军队所在地亦即产生共产党主义与动乱""更有许多传说形迹可疑之汉人……来到拉萨"，"如共产主义竟或走进众生幸福源泉之西藏佛法圣地，此西藏全体人民所引为忧虑者也"，但要将这些汉人"从别人当中检查出来，实属困难"，因此：吾人必须遣走一切可疑之共产党秘密工作人员，为检出可疑之共产党秘密工作人员，不使彼等任何一人乔装寄迹于西藏，西藏僧俗大会③特请求中国代表及其随员、无线电报员、学校教师、医院工作者及一切其他可疑之人，必须在规定期限内，各自返回原籍，以免妨碍现存中国与西藏之法主与擅越关系。④

这是噶厦政府对驱逐官员事件的首次官方表述，以民众为借口和对共产主义的抵制为由阐述驱逐国民政府驻藏机关及人员的决定和举措，并将中央政府与西藏地方的关系说成是宗教之"擅越关系"，实际是变相单方面宣布终止与中央政府的历史关系。可见，噶厦政府的驱逐行为完全是擅自破坏团结与统一的分裂行为。

7 月 12 日，噶厦政府为其发动的驱逐事件致电行政院进行申辩，电文不

---

① 噶雪·曲吉尼玛：《英人黎嘉逊干涉我国内政唆使噶厦制造驱汉事件暨我被罢黜始末》，西藏自治区政协文史资料研究委员会编《西藏文史资料选辑（十七）》，民族出版社，1995 年，第 122 页；（美）梅·戈尔斯坦著，杜永彬译：《喇嘛王国的覆灭》，中国藏学出版社，2005 年，第 523 页。

② 陈锡璋：《西藏从政纪略》，西藏自治区政协文史资料研究委员会编《西藏文史资料选辑》（第三辑），北京化学工业出版社，1984 年，第 134 页。

③ 即民众大会，也称作西藏僧俗会议、僧俗会议、全藏会议、大众会议和西藏官员会议等。

④ 中国藏学研究中心等编：《元以来西藏地方与中央政府关系档案史料汇编》（7），中国藏学出版社，1994 年，第 2938 页。

提宗教关系或擅越关系，而是称"我'中藏关系'①……极应根据前辈法王遗训，永久保持"，此说虽相对缓和，但也有以"法王遗训"指代宗教关系之嫌。同时，噶厦政府继续利用民众大会决议，以抵制共产主义为借口，为其驱逐中央政府驻藏机关和官员的举措做"正义"辩护，坚持中央驻藏机关和人员必须离藏："西藏佛教区域，深恐传播'赤匪'主义，众人大为恐惧，惟〔奉〕行永久拥护'中藏关系'及一切权利，须先厉行肃清'匪类'，因是中枢各职员嘱离西藏。此事系出于全藏会议表决，职是之故，不得不从权执行。"②

（二）国民政府的疲软应对

对于此次噶厦政府驱逐国民政府驻藏官员事件，时人多以"政变"相称，如"西藏已酝酿政变"③"西藏发生政变"④"震惊全国的西藏政变便在上月八号爆发了"⑤。戴新三⑥也以"西藏政变的探讨"⑦为题就事件发生的原因进行分析。之所以如此，是因时人都认为它是西藏地方政府宣示"独立"的严重事件。而对于如此严重的事件，国民政府的应对是令人失望的。

7月8日噶厦宣布驱逐时，陈锡璋曾提出驻藏办事处离藏需请示蒙藏委员会批准，以为延缓之计，但被噶厦断然拒绝。⑧陈自噶厦返回办事处后，与处中同仁商量应对办法，大家认为在噶厦强势宣布驱逐驻藏官员的时候，尽管他们宣称与"我们断绝关系"，但"我们始终看他们是自己人"，因此"不宜以对等方式，向藏方提出什么抗议和保留什么条件，自己家里的事，将来会有办法解决"。同时，由于对内地形势不尽了解，大家共同认为应先按噶厦规定的时间离藏，到印度"向驻该地使领馆探明内地情况，再作计议，较为相宜"⑨。7月11日，国民政府驻藏官员开始离藏。7月20日，随着陈锡璋等人离藏，国民政府驻藏机关和人员全部撤离西藏。

---

① "中藏关系"应为中央政府与西藏地方的关系，为保证引文的真实性不做更改，仅以引号标注，下同，不另做标注。

② 中国藏学研究中心等编：《元以来西藏地方与中央政府关系档案史料汇编》（7），中国藏学出版社，1994年，第2939页。

③ 大醒：《西藏的最近事件》，《海潮音》1949年第3卷第8期。

④ 荆夫：《西藏政变透析》，《南洋周报》1949年第27期。

⑤ 丈中人：《西藏政变的来龙去脉》，《宇宙新闻》1949年第2期。

⑥ 曾任国民政府驻藏办事处第一科科长，1944年离藏。

⑦ 戴新三：《西藏政变的探讨》，《风土什志》1949年第3卷第1期。

⑧ 陈锡璋：《西藏从政纪略》，西藏自治区政协文史资料研究委员会编《西藏文史资料选辑》（第三辑），北京化学工业出版社，1984年，第134页。

⑨ 陈锡璋：《西藏从政记（续）》，《中国西藏》（中文版）2000年第4期。

其间，前文已提到噶厦政府于 9 日上达了致国民政府的电文，要求国民政府驻藏机关和人员限期离藏。此外，陈锡璋曾于 8 日紧急致电蒙藏委员会告知噶厦驱逐中央驻藏官员的决议："本日噶厦向职宣告根据僧俗大会决议，请办事处、电台、拉萨小学、测候所全体人员暨秘密工作人员必须于两星期内撤离拉萨，自本日起电台停止收发电报等。"① 9 日晚，陈锡璋又通过驻藏情报人员常希武利用秘密电台向重庆发出一封"十万火急"的电文，并由常希武于 10 日晨与重庆总台会晤，确认电报收悉后，"立即通知对方：'自今日起，停止联络。'"② 这些在总统府和蒙藏委员会发言人处可以得到证实："西藏当局七月九日自印度噶伦堡转来上李代总统电称，为防止共产党混入西藏，经民众大会之决议，请中央驻藏办事处、电台、学校、医院等全体人员，限期离藏。同时，蒙藏委员会亦接得驻藏办事处陈代处长锡璋相同之电报，并称电台即日停止发报。"③

但中央政府对该事件的首次回应是在 7 月 21 日，当日广州《中央日报》专电报道，政府某官员向记者证实，"西藏内部已酝酿政变，中央派驻该地人员已被监视，政府于日前接获上项情报后，已密切注视该事件之发展，并妥密解决之途径"④。"注视"和"妥密"说明国民政府在事件发生 10 余天之后仍未获知详情，也未形成有效的应对方针，时人因此称西藏"发生政变的消息，传出了两个多星期，但真相依然是模糊的"⑤。24 日，也就是被逐人员全部撤离拉萨 4 天之后，国民政府驻印大使罗家伦才首次得知驻藏官员被噶厦政府驱逐的消息⑥，而蒙藏委员会此时"尚无确实情报"，以致时人"殊觉奇特"。⑦

7 月 26 日，总统府发言人向中央社记者谈及噶厦对中央驻藏官员的驱逐：

---

① 《陈锡璋电蒙藏委员会委员长本日噶厦宣告请中央办事处等人于两星期内撤离拉萨本日起电台停止收发电报俟到印后再行电闻又此次同行人数众多并请加拨款项以资应付》（民国三十八年七月八日），徐桂香编《蒙藏委员会驻藏办事处档案选编》（十二），祐憫国际文化有限公司，2006 年，第 530 页。

② 常希武：《"驱汉事件"前后见闻》，西藏自治区政协文史资料研究委员会编《西藏文史资料选辑》（十七），民族出版社，1995 年，第 46~47 页。

③ 中国藏学研究中心等编：《元以来西藏地方与中央政府关系档案史料汇编》（7），中国藏学出版社，1994 年，第 2940 页；《蒙藏委员会发言人昨痛斥西藏当局》，《中央日报》1949 年 7 月 30 日第 1 版。

④ 《西藏酝酿政变，图阻拦班禅坐床大典》，《中央日报》1949 年 7 月 22 日第 1 版。

⑤ 荆夫：《西藏政变透析》，《南洋周报》1949 年第 27 期。

⑥ "新德里七月二十五日电讯：中国驻印大使罗家伦博士昨天说：他已得到情报，西藏的统治者已经把中国政府驻拉萨的办事处驱逐出境，原因是恐惧办事处内有共产党的人员。"（《罗家伦谈西藏政局》，《中央日报》1947 年 7 月 26 日第 1 版）

⑦ 大醒：《西藏的最近事件》，《海潮音》1949 年第 30 卷第 8 期。

此次西藏地方当局前既未电请中央核示，复无丝毫事实根据，乃遂借口民众大会决议以防止共党活动为由，强迫厉行"剿共"国策之中央政府驻藏人员全体撤退，其用意何在，殊不可知。但该项措施之自失立场，违法悖理，则是昭然若揭。①

此次发言措辞略显严厉，但称对噶厦政府之用意不可知，显然不真实。噶厦政府长期以来欲借助英、印的支持分裂祖国，实现"独立"之野心，中央政府并非不知悉，但发言并未提及噶厦的"独立"阴谋。至于中央政府对事件之处理方针，该发言人称："中央现正等待事态发生之真实原因判明后，再作适当之处理。"② 此时，驻藏机关和人员已全部撤出西藏近一个星期，中央政府竟然还在等待事件的真实原因。

据资料显示，迟至8月初中央政府才了解到此次噶厦政府驱逐中央驻藏官员的详细情形。8月3日下午，行政院举行政务会议，讨论了西藏问题，会议称"政府已经获得有关这次西藏问题的详细报告"，故"决议于月内发表有关这一问题的声明"。③ 8月8日，事件发生整整一个月之后，行政院才首次致电达扎摄政和噶厦政府，就噶厦政府7月9日的电文进行反驳，除强调"剿共"乃中央政府一贯政策，所有驻藏机关和人员"均经审慎遴选，绝无共产党混迹其间"，且自入藏以来"奉公守法，从无越轨行动"外，仅是指出噶厦政府的行为"于法于理殊多未合"，并未揭露和谴责其分裂性质。对于事件的解决，电文中虽提出"通知各该驻藏人员仍回拉萨执行职务，以保持中央（政府）与西藏（地方）之固有关系，并对在藏汉民特加保护"，但也没有命令或强制性的用词，仅说此点"是为至要"④。

这是国民政府在事件发生首次提出应对方针。但是，此时距事件发生已有整整一个月，在溃败中忙于撤退的国民政府以电文让噶厦政府通知已被驱逐的原驻藏人员返藏，已不具备实施的可行性。9月3日，蒙藏委员会经驻加尔各总领事馆转电已撤退到印度的陈锡璋等人，要求"人员留印候命"，然而，除

---

① 中国藏学研究中心等编：《元以来西藏地方与中央政府关系档案史料汇编》（7），中国藏学出版社，1994年，第2940页。

② 中国藏学研究中心等编：《元以来西藏地方与中央政府关系档案史料汇编》（7），中国藏学出版社，1994年，第2940页。

③ 《政院昨讨论西藏问题》，《中央日报》1949年8月4日第1版。

④ 中国藏学研究中心等编：《元以来西藏地方与中央政府关系档案史料汇编》（7），中国藏学出版社，1994年，第2940页。

陈锡璋留守至 1950 年 2 月外，其余人员均在 9 月 16 日乘船离开。① 噶厦政府在 9 月回复行政院 8 月 8 日的电文，含糊地称："值此时艰，'中藏'固有关系仍应保持。"② 噶厦的此种回复，很难说是因行政院的电文谴责使其改变措辞，而是因为噶厦在 7 月 12 日的电文中已经提及"中藏关系""应永久保持"。

同月，时任行政院院长阎锡山发表对藏事的声明，在回顾南京国民政府的治藏政策之后，对于噶厦政府驱逐驻藏官员一事也仅是指出噶厦"驱汉""于理于法，实多未合"，对于事件的原因则继续称"其用意何在，诚难索解"，至于中央之处理方针则是"甚盼西藏地方当局……迅自纠正此项错误措施，使所有中央驻藏人员仍回拉萨，执行职务，以免招致不良之后果"。③ 在当时的情势下，"迅自纠正"完全是一句话语而已，不具备效力；"甚盼"二字更显示国民政府对此事的无力。

8 月 13 日，班禅堪布会议厅指出噶厦驱逐国民政府驻藏官员的举措乃"乘时局动荡，'共匪'鸱张之际，遂然勾结外力，背叛中央，驱逐驻藏官员，形成'独立'局面"④，这是首次对此次事件之"独立"性质的揭示。9 月 1 日，刘文辉提出《对藏意见》，指出噶厦驱逐国民政府驻藏官员的目的"不仅在谋求'独立'，并有举兵内侵之企图"⑤，再次强调该事件的"独立"性质。由此形成一个奇怪的现象：首先对噶厦政府驱逐国民政府驻藏官员之"独立"行径进行揭露的不是中央政府，而是班禅方面和地方实力派。

9 月 12 日，蒙藏委员会根据行政院指令召集内政、外交、经济和国防四部，以刘文辉的《对藏意见》为蓝本商讨对藏方针，在最后形成的《对藏意见》中，于军事方针中提到"此次西藏背叛中央之行动，极为明显"，此乃中央政府首次提及事件的"独立"性质。⑥ 此次的《对藏意见》提出包括外交、军事、政治，经济四个方面的应对措施：以军事为主，政治配合军事，外交方

① 陈锡璋：《西藏从政纪略》，西藏自治区政协文史资料研究委员会编《西藏文史资料选辑》（第一辑），北京化学工业出版社，1984 年，第 139 页。

② 中国藏学研究中心等编：《元以来西藏地方与中央政府关系档案史料汇编》（7），中国藏学出版社，1994 年，第 2951 页。

③ 中国藏学研究中心等编：《元以来西藏地方与中央政府关系档案史料汇编》（7），中国藏学出版社，1994 年，第 2943 页。

④ 中国藏学研究中心等编：《元以来西藏地方与中央政府关系档案史料汇编》（7），中国藏学出版社，1994 年，第 2941 页。

⑤ 中国藏学研究中心等编：《元以来西藏地方与中央政府关系档案史料汇编》（7），中国藏学出版社，1994 年，第 2943~2944 页。

⑥ 中国藏学研究中心等编：《元以来西藏地方与中央政府关系档案史料汇编》（7），中国藏学出版社，1994 年，第 2949~2950 页。

面"申明我国立场",经济上由经济部拟定计划,待局势扭转后施行。但此时国民政府已经自身不保,无论做出何种决议都无法实行,尤其是以军事为主的方针,完全无法实现,更谈不上制约和震慑西藏地方政府。

10月,国民政府收悉噶厦政府9月回复的电文,内称"'中藏'固有关系仍应保持",阎锡山随后再次致电摄政达扎和噶厦政府,称"凡在'反共剿匪'之列,皆应引为同志",中央"殷盼"与西藏地方"握手言欢","务希噶厦体察现情,明速表示欢迎中央遴选人员复驻拉萨,完全恢复固有正常关系,以继前辈之遗训"。① 这反映出国民政府在败退之际,虽不愿中央政府与西藏地方的历史关系终结,但又无能为力,只能寄希望于以"缓和"之态笼络西藏地方。

总之,南京国民政府在自身政权崩溃之际,对边疆地区的统治力已是极度微弱,噶厦政府驱逐驻藏官员的事件发生后,国民政府一是局限于表面文词的谴责,未及时谴责其"独立"性质;二是拖延两月才形成"软弱无力"②、无实施可能性的应对方针,无法制约噶厦,扭转局面。

二、国外力量的鼓动与参与

(一)英人黎吉生的推动

黎吉生(Hugh Edward Richardson,1905—2001),英国人,先后担任英驻锡金政务官、英驻江孜商务代办,长期担任英驻拉萨使团负责人。印度独立后,英驻拉萨使团更名为印度驻拉萨使团,黎吉生成为印度驻拉萨使团负责人,直到1950年。黎吉生熟悉西藏情形,乃"英印文官之孙。毕业于牛津大学,精通藏语。著《西藏简史》等藏学论著约10部,发表相关论文100余篇"③,加上他为英驻藏官员时,拥有直接与英国政府高层直接联系的特权。

---

① 《阎锡山致达扎和噶厦电》,转引自郭冠忠:《一九四九年七月八日西藏事件原委》,《民族研究》1990年第2期。

② 徐百永:《国民政府西藏政策的实践与检讨(1927~1949)》,社会科学文献出版社,2013年,第203页。

③ 梁忠翠:《近代中英直接涉及西藏事务高级官员之比较》,《西南交通大学学报》2015年第2期。

因此,"印度独立之后,(他)成为印度政府关于西藏的专家"①。

在噶厦政府商讨如何"抵制共产党"势力进入西藏的过程中,黎吉生向噶厦政府和达扎摄政报告拉萨汉人中有共产党的间谍,并特别提到"国民党拉萨办事处的工作人员中也有共产党间谍"②,建议噶厦将有嫌疑的汉人驱逐出西藏,甚至还"说出了不少人的名字和住址"③。正是黎吉生的这一系列举措推动了噶厦从"反共"到"驱汉"④ 的转变,但他后来却声称对噶厦政府"驱汉""事先毫无所知"⑤,并说噶厦"驱汉"的举动"完全出乎他的意料"。⑥ 这样的说辞,无疑是为了掩盖自己在噶厦政府驱逐国民政府驻藏官员过程中的推动作用。

据时人回忆,1949 年 3 月达扎摄政根据黎吉生的情报召集会议商量是否驱逐国民政府驻藏官员时,曾"把黎吉生(逊)找来,一同密谋策划"⑦。噶厦政府的官员夏扎·甘登班觉也称:"正当统治者们为如何阻止共产党入藏而冥思苦想之际,印度驻拉萨领事馆代表黎吉逊(英国人)装出一副愿意帮助西藏的模样,向其表态:愿意从多方干预和阻挠共产党进入西藏。"⑧ 此外,黎吉生自己曾说噶厦政府的"行动非常迅速而秘密",并说噶厦政府对"中国驻

① 张永攀:《英属印度驻藏机构及其官员论述(1904—1947)》,《西北工业大学学报》2003 年第 2 期。

② 噶雪·曲吉尼玛:《英人黎嘉逊干涉我国内政唆使噶厦制造驱汉事件暨我被罢黜始末》,西藏自治区政协文史资料研究委员会编《西藏文史资料选辑(十七)》,民族出版社,1995 年,第 121~122 页。

③ 土丹旦达:《〈关于和平解放西藏办法的协议〉签订前后》,政协西藏自治区委员会文史资料研究委员会编《西藏文史资料选辑》(第一辑),西藏人民出版社,1981 年,第 32 页;王凡:《西陲寒云黯雪山——柳陞祺谈国府驻藏办事处在拉萨的最后岁月》,《知情者说·与历史关键人物的对话》,中国青年出版社,1995 年,第 88 页。

④ 1949 年 7 月 8 日噶厦政府驱逐国民政府驻藏机关、人员及其眷属、仆人等的事件,较多的是以"驱汉"事件相称,但本文认为央珍、喜饶尼玛的《1949 年西藏所谓"驱汉事件"性质探析》一文所称"驱逐国民政府驻藏官员事件"更为合理,因此采用这一称谓,但此处论述中,对已有文献著作采用"驱汉"的说法不做更改,仅以引号标注。

⑤ (英)黎吉生著,李有义译:《西藏简史》,中国社会科学院民族研究所民族历史研究室、民族学研究室 1979 年印,第 155 页。

⑥ (美)梅·戈尔斯坦著,杜永彬译:《喇嘛王国的覆灭》,中国藏学出版社,2005 年,第 523 页。

⑦ 王凡:《西陲寒云黯雪山——柳陞祺谈国府驻藏办事处在拉萨的最后岁月》,《知情者说:与历史关键人物的对话》,中国青年出版社,1995 年,第 88 页。

⑧ 夏扎·甘登班觉:《原西藏政府驱逐国民党蒙藏委员会驻拉萨办事处人员前后》,西藏自治区政协文史民族宗教法制委员会编《西藏文史资料选辑》(二十一),民族出版社,1990 年,第 133 页。

拉萨的官方代表团，和一些商人"的驱逐是"'西藏独立'的另一很突出的证据"①，这被认为"恰好说明他至少是制造此事件的支持者"②。

梅·戈尔斯坦（M. Goldstein）也指出黎吉生或许"在私下或偶然谈话中说到一旦共产党上台执政，他们可能会要求将国民党的驻藏办事处改为自己的办事处，这种言论可能对西藏人产生了影响"③。谭·戈伦夫（Grunfeld, A. Tom）在其著作中则明确地写道："极为肯定的是黎吉生以某种方式卷了进去。"其理由是黎吉生"曾呼吁印度接受 300 名中国国民"。④这一点柳陞祺也曾谈道："黎吉生随后向印度政府发出呼吁，请求印度政府接纳 300 名中国国民。他还将这批人分为四类：共产党人；与共产党有联系的官员；其他中国官员；其他中国公民。"⑤

谭·戈伦夫还进一步提到，"西藏人曾向他（黎吉生）请教怎么办，按黎吉生本人的记述，他劝告西藏人驱逐那些嫌疑分子"，更重要的是如果黎吉生不向摄政和噶伦们"提起驱逐之事，西藏人也绝不会想到这点"，而黎吉生所谓的"感到惊讶"可能只是对噶厦政府"要求驱逐全部汉人的局面感到惊讶"。⑥英国外交部档案证实了戈伦夫的这一猜测，根据档案记载，黎吉生向噶厦政府建议"最好是让中国官员留下，只把那些进行颠覆活动的嫌犯赶走"⑦。

黎吉生向来主张西藏"独立"，"是侵略西藏最有谋略的专家"⑧，在噶厦政府做出驱逐国民政府驻藏官员决定的过程中，他参与其中再正常不过。正如学者所称："由于黎吉生是个那样强烈支持西藏贵族的人，因而他卷入决策的

---

① （英）黎吉生著，李有义译：《西藏简史》，中国社会科学院民族研究所民族历史研究室、民族学研究室 1979 年印，第 155 页。

② 郭冠忠：《一九四九年七月八日西藏事件原委》，《民族研究》1990 年第 2 期。

③ （美）梅·戈尔斯坦著，杜永彬译：《喇嘛王国的覆灭》，中国藏学出版社，2005 年，第 523 页。

④ （加）谭·戈伦夫著，伍昆明、王宝玉译：《现代西藏的诞生》，中国藏学出版社，1990 年，第 114 页。

⑤ 王凡：《西陲寒云黯雪山——柳陞祺谈国府驻藏办事处在拉萨的最后岁月》，《知情者说：与历史关键人物的对话》，中国青年出版社，1995 年，第 88 页。

⑥ （加）谭·戈伦夫著，伍昆明、王宝玉译：《现代西藏的诞生》，中国藏学出版社，1990 年，第 114 页。

⑦ 转引自茨仁夏加著，谢惟敏译：《龙在雪域：一九四七年后的西藏》，左岸文化、远足文化事业有限公司，2011 年，第 33 页。

⑧ 北京大学历史系等编：《西藏地方历史资料选辑》，生活·读书·新知三联书店，1963 年，第 379 页。

程度比他所乐意承认的要高得多。"① 总之，黎吉生参与其中并发挥了推动作用是无法否认的历史事实。

(二) 印度政府的参与

独立后的印度新政府，继承英国的 "缓冲国" 战略，以本国利益作为考虑问题的出发点，因而 "乐于承认并且希望看到西藏维持'独立'"②。印度在噶厦政府 "驱逐国民政府驻藏官员事件" 中向噶厦政府提供援助主要体现在允许被噶厦政府驱逐的官员过境、与噶厦政府保持通讯并向其提供舆论支持三个方面。

噶厦在宣布驱逐国民政府驻藏官员时就指定 "被逐" 人员必须经印度返回，陈锡璋曾提出允许部分人员按来时的路线经青海或西康返回，被噶厦驳回。③ 对此，"印度政府表示，为了中印友好的关系，愿意协助驻藏人员经印返国"④。事件发生后，印度外事部次长梅农（Menon）曾向国民政府时任驻印大使罗家伦强调被逐人员中确有中国共产党人员，而外事部对这些人员的到来不知如何是好。罗家伦认为，梅农的话传递出的信息是："印度为了要帮助西藏，并且要讨好西藏，去完成这件工作，所以不惜咬定这些在藏人员都是共产党员，而不让他们在印度停留，以免西藏觉得还有后顾之忧。"⑤ 此外，印度政府机关通讯社和印度新闻社还刊发消息称："印度政府答应了西藏一切必需的便利，以利中国办事处人员由印度撤退。"⑥ 这些都说明在被逐人员经印离藏这一点上，印度政府确实向噶厦政府提供了便利。

事实上，如果印度政府拒绝援助和配合，噶厦政府很难在短期内顺利将所有驻藏机关人员驱离西藏，也不会强硬地要求所有人员必须经印度返回。因为这里还有另一个值得考虑的因素，那就是地方军阀势力的存在以及国共战争的形势已使西南陷入危局，西北也多为中共控制，如果被逐人员经西康或青海返

---

① （加）谭·戈伦夫著，伍昆明、王宝玉译，《现代西藏的诞生》，中国藏学出版社，1990 年，第 114 页。
② Attitude of H. M. "Government toward the return of disputed territory in Assam to Tibet by Indian", 15th November 1947，FO，371/63943.
③ 陈锡璋《西藏从政纪略》，西藏自治区政协文史资料研究委员会编《西藏文史资料选辑》（第三辑），北京化学工业出版社，1984 年，第 135 页。
④ 戴新三：《西藏政变的探讨》，《风土志》1949 年第 3 卷第 1 期。
⑤ 罗家伦：《揭开中印间有关西藏的幕》（四），《中央日报》1950 年 10 月 6 日第 3 版。
⑥ 罗家伦：《拉萨叛乱与印度外次梅农的三次谈话》，罗家伦先生文存编辑委员会编《罗家伦先生文存》第 2 册，"国史馆" 中国国民党中央委员会党史委员会，1976 年，第 753～754 页。

回内地，对噶厦政府而言，不可控的因素太多，易生意外，从而使事件持续恶化，难以实现顺利驱逐。所以，要求被逐人员经印度返回，是噶厦最合适的选择，印度政府的支援就更为重要。

噶厦政府在宣布驱逐国民政府驻藏官员的同时，捣毁国民政府拉萨电台，切断驻藏机构与中央政府之间的通讯联系，但印度与西藏之间的通讯却保持畅通，自 7 月 9 日起，印度与西藏地方之间"政府用的电报仍继续收发"，与黎吉生保持密切的通讯往返①，印度政府甚至通过报社传递出支持噶厦政府的信息。

"驱逐国民政府驻藏官员事件"发生后，罗家伦与印度外事部次长梅农就此事进行了三次谈话，7 月 23 日进行的第一次谈话中，在梅农称对拉萨的事件"知道一点"后，罗家伦问道："黎吉生难道没有详细报告给印度政府吗？"梅农回答："他有电报来，西藏以中国政府驻西藏办事处中有共产党分子，令其出境。来电中确切说有共产党分子。"26 日第二次谈话，梅农说"我最近接到黎吉生的电报"，称陈锡璋已离开拉萨，且"陈离开拉萨时，空气至为融洽友好"②。7 月 24 日，"印度尼赫鲁政府即以'考察叛乱'为理由，派遣锡金（即哲孟雄）行政专员达雅赴拉萨，尼赫鲁亦表示不久将访问锡金及西藏"③。这也说明二者之间消息畅通。德里的报道也同样可以证明："七月二十二日，德里各报相继发表了一些消息，知道锡金通拉萨的电讯照通，印度国防部与拉萨的无线电联络并未发生故障，印度政府正等待驻藏商务专员处（印度驻藏代表团）关于拉萨变乱的详细报告。"④ 7 月 30 日，罗家伦在与梅农进行第三次谈话时，也提到"这几天印度报纸屡次登载权威方面的消息，解释西藏事变"，并向梅农出示了印新社刊载的一则新闻。⑤

7 月 27 日，印度政府机关通讯社和印度新闻社发表消息，"露骨地透露英印侵略者吞并西藏的野心"，甚至公然说"西藏从未承认中国的宗主权"⑥。印

---

① 《西藏政变领导者企图反抗政府》，《中央日报》1949 年 7 月 24 日第 1 版。
② 喜饶尼玛、苏发祥：《蒙藏委员会档案中的西藏事务》，中央民族大学出版社，2006 年，第 383~384 页。
③ 《西藏事变真相》（新华社北平二日电），《群众》1949 年第 3 卷第 37 期。
④ 北京大学历史系等编：《西藏地方历史资料选辑》，生活·读书·新知三联书店，1963 年，第 373 页。
⑤ 喜饶尼玛、苏发祥：《蒙藏委员会档案中的西藏事务》，中央民族大学出版社，2006 年，第 384 页。
⑥ 《西藏事变真相》（新华社北平二日电），《群众》1949 年第 3 卷第 37 期。

度政府还高唱"保证西藏自治是印度责无旁贷的责任"①。这些无疑都向噶厦政府传递出印度政府希望西藏实现"真正自治"的信息，并将在适当的时候向噶厦政府提供援助的信息。

（三）英国和美国的介入

在印度独立之际，英国因"不愿将其在藏侵略之成果放弃"，希望将其在西藏的侵略权益转由印度继承②，其具体举措主要表现在：一面向印度政府建议"将西藏分离出去"；③一面向噶厦政府宣称"大英政府将继续进一步关心西藏独立的维持"④，"西藏和大不列颠间业已存在的友好关系将由印度政府予以承袭"⑤，"希望西藏（地方）政府与印度政府保持过去与英国政府同样的关系"⑥。

7月27日，即印度政府公然称"西藏从未承认中国的宗主权"的同一天，伦敦方面称："如局势演变竟至影响一九一四年中英两国所订《西姆拉条约》问题承认之西藏自治权时，英国可能出面干涉。"⑦"伦敦的'权威人士'向合作社记者发表谈话，妄称：'英国从未承认中国所说的西藏是中国的一部分并受中国统辖的讲法'，并且说：'如果中国有加强其统治于西藏的企图，西藏即可……觅取英国的干涉。'"⑧加之此前英国政府确实向噶厦政府提供了某些他们所希望的援助，英国政府的这种表态，就噶厦政府中亲英势力而言，一定是感到欣慰的。

此外，民国后期，由亲英势力把持的噶厦政府"准备维护其事实上'独立'的一个要素就是军队"，但这是一支"装备很差，缺乏训练，不堪造就"

---

① 戴新三：《西藏政变的探讨》，《风土什志》1949年第3卷第1期。

② 李有义：《西藏问题之分析》，《边政公论》1948年第7卷第3期。

③ 转引自张敏秋·《中印关系研究》，北京大学出版社，2004年，第156页。

④ Attitude of H. M. "Government toward the return of disputed territory in Assam to Tibet by Indian"，15th November 1947，FO，371/63943。

⑤ "Annual report of the British and Indian Mission in Lhasa for the year 1947"，FO，371/70046. Goldstein，Melvyn C.，*A History of Modern Tibet*，1913－1951：*The Demise of the Lamaist State*，University of California Press，London，1989，P565。

⑥ （英）黎吉生著，李有义译：《西藏简史》，中国社会科学院民族研究所民族历史研究室、民族学研究室1979年印，第151页。

⑦ 中央社发自伦敦的电讯原件，中国第二历史档案馆藏，转引自郭冠忠：《一九四九年七月八日西藏事件原委》，《民族研究》1990年第2期。

⑧ 《西藏事变真相》（新华社北平二日电），《群众》1949年第3卷第37期。

却深受英国影响的军队。① 当拉萨因共产党势力即将进入西藏而恐惧并呼吁军事援助时，"英国政府鼓励印度政府向西藏提供少量军队和武器"②，印度也予以同意。实为英国和印度在"驱逐驻藏官员事件"前向噶厦政府提供援助的例证。

美国方面，尽管在官方渠道上继续承认国民政府对西藏地方的主权，但出于美苏"冷战"的需要，也倾向于放弃承认中国对西藏拥有主权的传统政策。1949 年初，美国政府部分接受了其驻印大使洛伊·亨德森（Loy Herderson）提出的应该准备将西藏看做是"独立"的和派遣代表团前往西藏地方建立官方联系的建议。同年 7 月，在亨德森和孜本夏格巴·旺秋德丹的推动下，托马斯父子（Lowell Thomas & Lowell Thomas，Jr.）携带美国总统杜鲁门和国务卿艾奇逊的信件自加尔各答启程前往拉萨，同时"给西藏官员们带去了昂贵的礼物"③。托马斯父子"此行的目的，（是）了解西藏情况，告诉美国人西藏在国际问题上的地位，要求华盛顿给西藏以可能的援助"，在拉萨期间，他们确实与噶厦政府谈到共产党进攻西藏，以及美国将如何提供军事援助的问题。④

以上事实足以证明，在噶厦政府发动"驱逐国民政府驻藏官员事件"的整个过程中，美、英、印三国均不同程度参与其中，扮演着挑唆者和支持者的角色。

三、结语

综上可见，1949 年 7 月噶厦政府成功驱逐国民政府驻藏官员的原因是复杂的，并不仅是噶厦政府谋求"独立"和国民政府在战争中败退这么简单，而是包含着国外力量在中国政权更替之际，从自身利益出发对"西藏问题"的介

① （加）谭·戈伦夫著，伍昆明、王宝玉译：《现代西藏的诞生》，中国藏学出版社，1990 年，第 115 页。

② FRUS：1949v09. The Far East：China，Memorandum of Conversation，by the Director of the Office of Chinese Affairs（Sprouse）， pp. 1096. 网址：http：//digital. library. wisc. edu/1711. dl/FRUS. FRUS 1949v09。2015 年 10 月 26 日。

③ 北京大学历史系等编：《西藏地方历史资料选辑》，生活·读书·新知三联书店，1963 年，第 376~377 页。

④ 北京大学历史系等编：《西藏地方历史资料选辑》，生活·读书·新知三联书店，1963 年，第 378 页。

入与政策调整。

在中国政权更替之际，随着国民政府统治的不断败退，西藏地方利用英、美、印的援助不断进行着谋求"独立"的尝试，"离心"倾向日益明显。其间，美国出于"冷战"战略利益，希望将西藏变成美苏在亚洲对战的堡垒；英国不愿彻底放弃在西藏的侵略利益，印度为继承英国的侵略遗产，承袭其在喜马拉雅地区的安全战略体系，希望西藏维持"独立"或事实上的"自治"地位。概言之，国共内战和政权交替之际，国内外多种因素的交织，是噶厦政府敢于在1949 年 7 月贸然发动"驱逐国民政府驻藏官员事件"，并在短短 13 天内成功完成对国民政府驻藏官员驱逐的主要原因。

而这样的局面与结果，既是因国民政府统治力孱弱而起，又因其统治力孱弱无法约束噶厦政府"离心"行为和阻止国外力量对"西藏问题"的介入，形成恶性循环。1949 年的"驱逐国民政府驻藏官员事件"几乎导致民国以来的中央政府与西藏地方政治关系的终结，幸有事件发生后中共中央强烈谴责英、印、美等国策动和协助噶厦政府驱逐国民政府驻藏官员以及妄图分裂中国西藏的侵略行径，明确表示"中国人民解放军必须解放包括西藏、新疆……在内的中国全部领土……西藏是中国的领土，绝不容许任何外国侵略；西藏人民是中国人民的不可分离的组成部分，绝不容许任何外国分割。这是中国人民、中国共产党和中国人民解放军的坚定不移的方针"[①]，并于 1950 年进军西藏，随后和平解放西藏，才使得中央政府与西藏地方的历史关系得以延续，西藏地方历史从此进入一个新时代。

总之，中央政权孱弱，是催生边疆问题的重要原因。边疆地方政府的"离心"活动与国外力量对边疆问题介入，皆是因中央政府无法"实力"治边、营边而起。因此，强大的中央政府及其对边疆地区实力统治，是边疆稳定与安全的重要保证。

[本文原刊《中国边疆史地研究》2015 年第 3 期]

[①]　北京大学历史系等编：《西藏地方历史资料选辑》，生活·读书·新知三联书店，1963 年，第375 页。

政府史视野下抗战时期国统区
粮食危机原因再探析
——以四川省为中心的考察

黄雪垠①

【摘　要】　抗日战争时期国统区粮食危机的爆发和加剧，严重影响了后方稳定。引发这场危机的原因大多被归结为粮食减产、生产销售成本增加、通货膨胀、囤积居奇等，但其深层根源则是国民政府未能贯彻执行囤粮计划，粮政机构不能完全发挥职能，对银行涉粮弊案处置失当，未能及时疏导民众对缺粮的恐慌情绪，由此导致粮价长期持续上涨，终致危机爆发，并持续加剧。

【关键词】　政府史；南京国民政府；粮食危机；行政执行力

抗日战争进入相持阶段后，国统区爆发了严重的粮食危机。这场危机造成了粮食短缺、军粮供给困难，严重影响了后方的稳定和前方的抗战。对于引发粮食危机的原因，不仅时人有深刻分析，后来的学者对此也有专文探讨。② 归

---

① 作者简介：黄雪垠，女，1981 年生，四川苍溪人，2010 年毕业于四川师范大学历史文化与旅游学院中国近现代史专业并获历史学硕士学位，2013 年毕业于南京大学历史系并获历史学博士学位，2015 至 2018 年在南京大学政府管理学院从事政治学方向的博士后研究，现为四川师范大学马克思主义学院副教授，研究方向为中国近现代政府发展史，已在《南京社会科学》《民国研究》《学术探索》等刊物发表论文多篇，主持国家社科基金西部项目、教育部人文社科项目各一项。

② 国民政府粮食部曾这样总结危机的原因："（民国）二十九年，四川省稍旱，秋收欠薄，其时抗战已历三年之久，战区扩大。国际路线及国内交通节节受阻，公私经济渐臻困难，物价步涨，囤积居奇之风渐盛。同时宜昌撤守，江运阻断，滨湖余粮不能后运。鄂西军粮民食须赖川省接济，一时供求失调，民情慌恐。"（中国第二历史档案馆编：《中华民国史档案资料汇编》第五辑第二编（财政经济·九），江苏古籍出版社，1998 年，第 361 页）近年来探讨粮食危机表现及原因的主要文章有：陆大钺《抗战时期国统区的粮食问题及国民党政府的战时粮食政策》（《民国档案》1989 年第 4 期）；罗玉明《抗日战争时期国统区的粮食危机及其原因》，（《安徽史学》2008 年第 1 期）、《抗日战争期间国统区的粮食危机及其影响》（《江西社会科学》2007 年第 5 期）。

结起来，他们大多认为粮食减产、成本增加、通货膨胀、囤积居奇等引发了粮食危机。物价飞涨，粮食紧缺本是战时政府面临的困境，但笔者发现，国民政府严重缺乏危机处理的能力，不能有效应对挑战。正是因为政府低下的行政执行力，导致法令无法有效执行，才使粮食危机酿成并造成严重影响。下文将以粮食危机程度最严重的四川省为例，从政府有效性角度切入，阐释说明。

一、四川粮食危机的爆发及严重程度

四川粮价从 1939 年底开始上涨，至 1940 年时已成不可遏制之势。其时国统区粮价均呈上涨趋势，"惟升涨之程度不同，而以四川为其顶点。四川粮价不特为全国各省最高峰，且其与各省粮价之实际距离，相去极远"[①]。1940 年 8 月全国粮食管理局成立，负责统筹全国粮食产销储运与调节，但"主要是为稳定四川粮价之稳定"[②]，由此可见四川的粮食危机严重程度。

表一　成都平原区市场 1937—1940 主要粮食平均价格指数

（1937 年 1 月至 6 月平均＝100）

时间 \ 粮食种类	米	小麦	水稻
1937 年	95.9	110.7	98.9
1938 年	96.0	150.4	102.2
1939 年	100.3	256.7	111.2
1940 年	557.2	1087.8	483.5

资料来源：秦孝仪主编《中国农民银行四川省经济调查报告》，中国国民党党史委员会编印，1976 年，第 532 页。笔者对此有整理。

[①] 杨寿标：《四川粮价问题》，《中农月刊》1941 年第 2 卷第 7 期。

[②] 夏宗绵：《四川省粮食价格之研究》，秦孝仪主编《革命文献》第 111 辑，台北"中央"文物供应社，1987 年，第 399 页。

表二 1937—1941 年全国各重要城市中等食米每斗价格指数表（1937 年上半年＝100）

时间\地点	重庆	贵阳	衡阳	桂林	曲江	赣州	洛阳	西安	兰州
1937	94.7	85.1	101.7	98.0	103.5	98.0	102.2	100.0	103.3
1938	90.9	63.1	126.7	130.0	127.8	91.6	119.0	115.5	117.2
1939	98.6	122.1	235.0	189.0	187.1	100.5	167.0	173.5	139.3
1940	535.6	323.3	368.3	323.0	421.8	464.4	404.8	316.8	225.4
1941	2607.3	1158.2	1917.1	1101.0	1438.9	1415.4	1044.2	1010.3	842.4

资料来源：《五年来我国各重要城市中等食米每斗价格指数表》，杨寿标《粮价与农民经济》；秦孝仪主编《革命文献》第 113 辑，台北"中央"文物供应社，1988 年，第 208 页。

从表一可知，1940 年作为四川省粮食主要产地的成都平原，其粮价指数相较于 1937 年，大米、小麦、水稻分别增长了约 6 倍、10 倍、5 倍。从表二可知，自 1940 年开始，国统区九大重要城市的米价普遍猛涨，尤其以重庆涨幅最大。1940 年 7 月 8 日，成都市每石米售价 100 元，9 日 108 元，10 日 115 元，到 10 月 1 日涨至 200 元。[1]三个月内粮价涨了两倍，涨幅不可谓不迅猛。

粮食是民众生活的必需品，粮价的急剧上涨，给百姓生活带来了极大困难，其中尤以公教人员和城市居民为甚。1940 年，四川省大邑县政府召开的春季行政会议上，是否提高公教人员的工资成为讨论的焦点之一。大邑县教员平均月工资为 10 元，1939 年一斗米价格为 2 元左右，到 1940 年时一斗米 7 元的价格让教师生存困难。大邑县第三区区长都要抱怨："如此之粮价，叫我们如何生活？"[2] 在陆军总部供职的大邑县人黄唯乐写给家人的信中说道："七月起，先后有几个老乡寻到我，告知老家粮价一日一涨，每月寄回去的钱所买之粮食越来越少，已经出现无米可买的情景，还需要在乡下亲戚那里购买红薯菜叶充作主粮。不知家中情景如何？前日与部里的同事小聚，得知粮价还要继续上涨，我又借了些钱一并寄回，尽可买做粮食。可一日无银，不可半天无粮。"[3] 由此可见，畸形的粮价涨幅严重影响了人民的生活。

另外，粮价上涨已经成为推动物价上涨的主要原因。"领导后方现今一般

① 周开庆编：《民国川省纪要》，四川文献月刊社，1972 年，第 120 页。
② 《大邑县二十九年春季行政会议记录》，四川省大邑县政府编印，1940 年，第 11 页。
③ 《黄唯乐往来文书》，四川省大邑县档案馆藏，档案号：5—151。

物价者，不是汇价也不是币值，而是粮价。"① 畸形的粮价涨势势必进一步加剧物价上涨，引发严重的经济危机。此外，四川省担负着抗战时期"民族复兴"的重任，又有大量的政府机关及文教机构驻扎，超出常规之外的粮价涨势严重危害到国民党统治的稳定。冰冻三尺非一日之寒，如此严重的粮食危机也绝非一日而成，深入探析其原因，发现自1937年抗战爆发到1942年粮食危机达到高潮，这期间政府在涉粮问题的处理上一直存在若干问题。国民政府早在抗战初期就有囤粮的预案，也颁布了一系列法令试图控制粮价的过快疯涨，但这些法令政策在执行层面遭遇到重重阻碍，成了一纸空文。

二、政府在粮食危机中的应对

1. 政府未能如期完成囤粮计划

当粮价波动过剧时，政府本可调集囤粮平抑市价，但1940年四川省政府却没有囤粮可以投放市场。究其原因，则要追溯至此前粮食囤购的失败。抗战初期国民政府即颁布《战时粮食管理条例》《战区粮食管理办法大纲》《非常时期粮食调节办法》等法令，意在管理调配粮食。1939年为避免四川省丰收成灾，蒋介石请政府拨款在川收购粮食，后来又放农贷一万万元充裕农村经济。既有如此良法美意，为何四川省政府仍无储粮呢？

四川省的主政者自恃本省物产富饶，且在1937年"大灾之后，仍未演成粮荒，有此凭借，遂疏远图"。1937年成立的四川粮食管理委员会曾试图举办市场调查，"原有更进一步之规划；究以牵制，调查且未继续"，该会也曾试办运销和代购军粮，终因"人事不足，事务骤增，最后未能付诸实施"②。

1938年四川省有办米六十万包的任务，农本局与四川粮食管理委员会合组四川购粮委员会，该会资金由中央地方分配。中央的资金虽经陆续拨足，而地方分担之资金则始终未有着落。资金不足且数量过巨，不能直接向市场采办，四川省政府与各县磋商后，直到1938年底才制定出计划，中央负责资金始于此时由国库署发出支付通知。而川省粮价自1938年10月以后涨势有增无

---

① 陈豹隐：《领导后方现今一般物价者》，转引自金天锡《论粮价高涨对于物价的影响》，《财政评论》第6卷第2期，1941年8月。

② 翁之镛：《当前粮食问题之剖视》，秦孝仪主编《革命文献》第113辑，台北"中央"文物供应社，1988年，第62页。

减。各县因为粮价高涨，都请求速汇资金且要求增价。国库支付通知虽发，而时值公库法于1939年1月开始实行，依法领款又须重订手续。磋议再三之后，第一批资金陆续汇达各县已在1939年3月上旬。由此，1938年囤粮计划宣告失败。

1939年待各县收到款项之后，粮价早已大涨。各县政府纷纷要求增价，地方团体也要减免军粮或按市价征购。四川省政府亦深韪其说，转代申诉。"各县县长上格省议，下顺舆情，初则继续要求，继则竟同要挟，终至坐待观望，而四处购粮会汇款又不克及时汇足，催促虽力，其效甚微。且资金有限，如再续允增价，则须宽筹财源，然而无法；不允相持愈久，变化更不可测。"① 由是1939年四川省仍未完成囤粮计划。到1940年四川省仅囤粮一百万市石，而实际集中的不过七十万市石。

四川省囤粮计划的流产除了因为资金未能及时到位、省县政府办事拖延外，也与川政统一之初，各县为维护自身利益而与省政府抗衡有关。省政府分配给各县的购粮指标大多遭到抵制。县政府借地方士绅的名义呼吁省政府减轻地方负担，屡次借口资金不足或粮价又涨，要求省政府改变计划。省政府则以囤粮计划原为中央牵头为由，也采取观望态度，把各县的呼吁呈行政院或国府，要求增加款项。在1939年四川省大邑县政府召开的春季行政会议中，县府以商会名义向省政府申诉，省政府的批示则以大邑县为"故刘主席之家乡，应作表率"的商量语气，商请该县尽量完成囤粮计划。② 阆中县也以同样的方法要求商会一再申诉，"前遭'赤祸'，继而天灾，政府应体恤地方"③。省政府则夹在其中上下周旋，时而照顾地方，时而应付中央。因此，中央布置的囤粮任务一直未能完成，导致在1940年粮食涨价初现端倪之时，四川省政府无粮可调，只能任凭粮商哄抬价格。

四川省政统一于1935年，此后经整顿，互调各县县长、开办县政人员训练班、加强省政府合署办公，省内行政系统日趋统一。但不抵防区制遗患甚多，各地方实力盘根错节，直到1940年底张群主政四川前，四川省行政系统都未能完全有效地发挥行政作用。且行政机构虽然新置，但基层行政人员仍旧未能"新化"，新瓶装旧酒的制度自然不能有效发挥作用。

---

① 翁之镛：《当前粮食问题之剖视》，秦孝仪主编《革命文献》第113辑，台北"中央"文物供应社，1988年，第62页。

② 《春季行政会议记录》，四川省大邑县档案馆藏，档案号：15（商会）－72。

③ 《阆中县府关于按期召开县政会议情况》，四川省阆中市档案馆，档案号：秘书室－12。

2. 政府的粮政机构设置混乱效能缺失

健全的行政机关是实施良好政策的先决条件。根据 1937 年颁布的《战时粮食管理条例》，战时粮食管理局为全国管理粮食的最高负责机关，但全国统一的粮政机构并未如期设置，负实际责任的"农产调整委员会"也并未对粮食管理采取什么措施。[①] 直到 1940 年 8 月，为了应付日益复杂的粮食问题，才成立全国粮食管理局。在省设粮食管理局；在县设粮食管理委员会，隶属县政府，以县长为主任委员；乡以下设粮管干部。虽然"粮食机构，始独立成一系统"，但县级粮政机构设置仍是十分随意的，其组织名称、组织制度、主要职能等均未纳入"正规行政系统之内"[②]。

表三 1940 年四川省十三市场粮食管理机构表

区域	市场	组织名称	缘起	组织制度	办公地点	主要任务	主要人员资格
成都平原	温江	斗息局	地方公益	主任及干事	本镇	支配而与保护正式经纪人	经纪人
岷江流域	乐山	县粮食管理委员会	县管理局命令组织	委员制	县政府	评定粮价，登记粮商交易量	县长
沱江流域	内江	县粮食管理委员会	政府促办	委员制	县政府	管理粮价	县长
	金堂	斗息局	办理地方公益	委员制	本镇	支配斗户	绅士
涪江流域	遂宁	粮食管理委员会	政府促办	委员制	县政府	调查登记平抑粮价	县长
	蓬溪	管理委员会	粮价高涨	主任及干事	民众教育馆	调查粮情报告	县长
	射洪	粮食管理委员会	粮价高涨	委员制	县城	调查报告粮情	县长
	三台	粮管会	粮价高涨	委员及干事	县政府	调查报告粮情	县长科长

---

① 王洪峻：《抗战时期国统区的粮食价格》，四川省社会科学院出版社，1985 年，第 123 页。

② 徐堪：《抗战时期粮政纪要》，《四川文献》第 11、12 期合刊，1963 年第 7 期，第 276 页。

续表

区域	市场	组织名称	缘起	组织制度	办公地点	主要任务	主要人员资格
长江流域	江津	粮食管理处	政府设立	管理员	区署	平价登记	科长
	泸县	粮食管理委员会	统制粮食	委员制	商会	管理统制粮食	县长商会主席
	万县	粮管会	粮价高涨	委员制	县政府	调查平价，购买军粮	县长
嘉陵江流域	南充	粮食管理委员会	粮价高涨	主任及干事	县政府	管理市场报告粮价	县长
	合川	粮管会	粮价高涨	委员制	县政府	平价调剂	县长

资料来源：秦孝仪主编《中国农民银行四川省经济调查报告》，中国国民党党史委员会编印，1976年，第550页。

从上表可知，作为四川省主要粮食集散地的五大流域及成都平原，其粮食管理机构的设置并不统一，职能也不尽相同。在温江和金堂叫"斗息局"，合川、万县、三台是"粮管会"。这些机构有的负责报告粮情，有的负责统制粮食，有的则只负责支配斗户。1940年以前川省粮食机构"组织散漫、权责不专，粮政推行未能尽利"[1]，此言可谓不虚。1941年9月，四川省政府依法另行组织省粮政局，裁撤各县市粮食管理委员会，于县市政府内设立粮政科，专门负责粮食管理工作，以期系统分明。虽然机构进一步改组，并加大粮政机构的权责，但四川省主席张群1942年7月仍批评粮政管理问题丛生，"各县市局办理存粮调查，过于敷衍，调查大户，亦诸多不实不尽"[2]。直到1943年情况仍未得到有效改善，"粮食机关三年以来受各方影响变动频繁，迄今未能建立永久而统一之体制，其本身常在动荡中，一切组织人事何从使其健全，而其所负征收储运军公粮等配拨业务上之责任异常艰巨，悉力以赴，未遑他愿"[3]。

专门人才的短缺妨碍了粮政机构效能的发挥。粮食危机爆发后，中央政府

---

① 中国第二历史档案馆编：《中华民国史档案资料汇编》第五辑第二编《财政经济·九》，江苏古籍出版社，1998年，第341页。

② 张群：《张岳军先生在川言论选集》，高雄四川同乡会印，1968年，第276页。

③ 《粮食部对五届十二中全会报告》，秦孝仪主编《革命文献》第111辑，台北"中央"文物供应社，1988年，第57页。

和四川省政府相继制定相关法规，试图控制粮价，比如中央颁行的《粮商登记规则》《粮食市场管理办法》等，四川省粮管局颁布的《管理粮食业商人暂行办法大纲》《管理粮食仓库暂行办法》等。然而要把以上法规落实，省、县、乡镇、保甲都需要配备大量专门人才。全国粮管局也认识到人事的重要，调集大批中央警官学校学生，训练分派各县粮食管理委员会担任干部工作。四川省也大力调训专门粮政人才，但仍不敷使用。1940 年四川省各县虽然相继成立粮食委员会，"惟关于调查管理技术人员，多尚未奉派到县，故粮食管理工作，尚未着手进行"①。1941 年四川省设立 1400 多个粮食征收点，但粮食部部长徐堪仍然感到办理粮政十分困难，其原因除了交通运输不便外，就是各县办理粮政人员的经验不足。② 正如时人感叹："川省各地粮食管理机构表面上虽大体完备，而真正能照规定实行管理的却很少，甚至有不少的人员假借权力，营私渔利，匪特未能收管理的成效，且足以增加粮食供销的失调，刺激粮价的上涨。"③

粮食管理机构未能及时设立和健全职能，基层粮政人员严重缺乏，使粮政机构不能有效发挥管理职能。在粮价猛涨后，政府自然也就不能及时掌握粮情，监控和调配粮食流动，从而导致粮食危机进一步蔓延。

3. 政府对银行涉粮弊案处理失当

太平洋战争爆发后，上海、香港等地大批游资流入后方从事粮食囤积，致使价格飞涨。银行不但为囤购提供资金，更为其提供仓储便利。1940 年 8 月施行的《非常时期管理银行暂行办法》第七条规定："银行不得经营商业或囤积货物，并不得设置代理部、贸易部等机构，或以信托名义或另设其他商号，自行经营或代客买卖货物。"④ 然而当时的情况却是银行大肆利用资金便利从事粮食囤购，政府不能严格按照法令处理这些涉粮弊案，因此无法肃清囤积居奇的资金来源，导致粮价居高不下。

此时发生的四川省银行遂宁分行、重庆银行遂宁办事处囤积案便是一个典

① 张清源：《四川第七行政督察区的粮政》，《现代读物》，第六卷第七、八合刊，1941 年，第 8期，第 247 页。

② 徐堪：《最近之粮政》，秦孝仪主编《革命文献》第 110 辑，台北"中央"文物供应社，1987年，第 23~24 页。

③ 《粮价管制之措施》，秦孝仪主编《革命文献》第 110 辑，台北"中央"文物供应社，1987 年，第 247 页。

④ 重庆市档案馆编：《抗日战争时期国民政府经济法规》（上），档案出版社，1992 年，第 652页。

型。1941 年 12 月，从成都经济检查大队查获的"遂宁重庆银行代理重庆庆昌公司买卖货物往来函件"可知，遂宁重行长期充当庆昌公司的"分庄"，利用银行资金大量囤购菜籽、大米、布匹等生活物资。财政部调查人员认为："该行代客买卖实违反本部第一次管理银行暂行办法第四条及修正办法第七条之规定，似应依法惩处。"但由于国家总动员会议的干涉，从 1942 年 5 月至 11 月长达 7 个月的时间里，财政部与总动员会议对该案的处置各执一词，最后这个轰动一时的大案竟以"不予追究"结案。①

1942 年 5 月发生的四川省银行酉阳办事处囤积案中，财政部吸取了遂宁案的教训不再轻易插手，而是"先令总行查办"，再"移送总动员会议查办"。在相互推诿后，财政部与总动员会议均未派员亲自查办，而是责成酉阳办事处的上级部门四川省银行总行查办，其结果自然是"虽经多方调查，亦未获得证据"②。当湖南省慈利县银行被控非法囤购时，财政部干脆以"道途遥远不便派员彻查"③ 结案。这样的处理办法竟形成惯例，在此后发生的荣县银行囤购案④、四川省银行宣汉办事处囤积案⑤、苍溪县银行、合川县银行、璧山县银行、双流县银行、富顺县银行、丹棱县银行、南川县银行等的囤积案中⑥，财政部大多是责成其上级主管部门查证，其结果也不出"所控不实"的滥调。

为政在人，银行职员参与营私舞弊导致法令难行。《非常时期管理银行暂行办法》第十二条规定："官办或官商合办之银行，其服务人员一律视同公务人员，不得直接经营商业。"⑦ 但银行工作人员趁职务之便从事囤购已成一时之风气。在成都经济检查队 1941 年 11 月 22 日至 25 日所查获囤积案件一览表中，郫县川盐银行、成都川康平民银行、新都县银行、聚兴诚银行共被查获囤积大米 7300 双市石、菜籽 20159 双市石，但最后并未对银行的主管人做出处

---

① 《经济检查大队检查川省行遂宁支行及重庆、美丰银行仓库囤积事件有关文书》，中国第二历史档案馆，档案号：三（6）817。

② 《四川省银行酉阳办事处囤货居奇文件》，中国第二历史档案馆，档案号：三（6）821。

③ 《湖南省银行慈利县办事处囤积案》，中国第二历史档案馆，案卷号：三（6）3225。

④ 《调查四川省银行荣县办事处主任挪用公款囤积居奇案》，中国第二历史档案馆，档案号：三（6）3230。

⑤ 《财政部关于调查四川省银行宣汉办事处主任陈天甲被控囤积案与四川省银行等来往文书》，中国第二历史档案馆，档案号：三（6）3246。

⑥ 《四川省各县银行被控舞弊案》，中国第二历史档案馆，档案号：三（6）3205。

⑦ 重庆市档案馆编：《抗日战争时期国民政府经济法规》（上），档案出版社，1992 年，第 653 页。

分。① 四川省银行副经理张子黎利用银行款设立商号，资本达千万元以上，该行的高级职员大多是其股东，牵涉的行庄商号多达 20 家。该案早在 1942 年即上报财政部，到 1947 年四川省银行董事长邓汉祥仍在申诉张子黎把持行务。② 1945 年 7 月，四川省政府调查认为成都附近的菜籽价格波动过巨，其原因就是四联总处原料购办委员会、中（国）中（央）交（通）农（业）四行及中央信托局斥巨资争相购买所致。③ 国家主要银行尚且如此罔顾法令，各地方银行自然上行下效。蒋介石认为："在县里只须严办几个有势的为富不仁之徒，粮食问题自然可以解决的。"④然而这样的办法"事实上亦不易执行"，其原因即是这些囤户"多系地方士商富室巨绅驻军，甚至机关法团"⑤。由此可见，政府在银行涉粮弊案中，主管机关职责不清，相互推诿，未能公平处理。所以无法肃清囤积居奇的资金来源，市场粮价被恶意哄抬也就不可避免。

4. 政府未能有效应对民众对缺粮的恐慌情绪

在舆论宣传上，政府未能及时辟谣，使轻微旱灾即引发民众对缺粮的恐慌。"人民心理的恐慌是加深粮价波动程度的主要原因。常常为着莫须有的事情，大家便信以为真，始而互相传播，终而自相惊扰，授予粮户粮商以操纵居奇的机会。"⑥ "地方父老的经验，四川经过两三个丰年之后，就要有次旱灾。……而冬春之交又的确少雨，于是更加重了人们的忧虑。"⑦ 1940 年四川省局部地区发生轻微旱灾，从而引发民众的强烈忧虑。但对缺粮的谣言，政府并未及时加以澄清。直到 1940 年下半年粮价涨势不可遏止时，中央政府的相关人员和四川省政府要员才开始强调今年丰收，各省雨水调合，平抑全川粮价，省政府已具最大决心，"省政府鉴于二十六年之经验，对于去雨绸缪之措施，已有具体推行办法"⑧。然而此时，囤积之风已蔚为大观了。

---

① 《成都经检队查获成都、郫县、新都等地川盐、福川银行囤积货物案及有关文书》，中国第二历史档案馆，档案号：三（6）849。

② 《四川省银行经理张子黎等营私违法案》，中国第二历史档案馆，档案号：三（6）847。

③ 《四川省政府电请依法统筹购办成都菜籽菜油案》，中国第二历史档案馆，档案号：三（6）3705。

④ 《蒋委员长对川县长训话》，《大公报》1940 年 11 月 28 日第 2 版。

⑤ 中国第二历史档案馆编：《中华民国史档案资料汇编》第五辑第二编（财政经济·九），江苏古籍出版社，1998 年，第 393 页。

⑥ 王泰管：《一年来川省米价变动之回顾》，秦孝仪主编《革命文献》第 111 辑，台北"中央"文物供应社，1988 年，第 402 页。

⑦ 《四川喜雨》，《大公报》1940 年 3 月 23 日，第 2 版。

⑧ 《嵇祖佑谈川存粮丰足》，《大公报》1940 年 3 月 9 日第 3 版。

在打击囤积居奇的问题上，四川的地方要员常发表一些与中央政令相悖的言论，使民众无所适从，导致政令执行力度大打折扣。1941 年 6 月，川康绥靖主任邓锡侯竟公开声称："我认为要全盘解决粮食问题，使今后全川各销区，不再感受粮食的恐慌，粮价的涨跌，政府能够把它节制住，最好是准许大家公开囤积，奖励大家囤积，但是有一个限制，就是要向政府登记。"①

此外，政府未能有效应对抢粮骚乱的突发事件，致使进一步加剧民众恐慌情绪。时任成都行辕保安科科长李又生呈报 1940 年 3 月 "成都抢米风潮经过"："川省因天旱，奸商囤积居奇，米价飞涨，群情愤怨，成都一般贫民，即有蠢蠢不安之象。……晚八时（1940 年 3 月 14 日——笔者注）发生暴乱，事发之始，仅有八九人在南门外倡率，贫民愤米商之高抬时价，沿途逐渐啸聚（警察及当地哨兵亦同情彼等，初亦未加制止），由数十人而数百人，并转移目标于银行仓库……当饥民沿途抢劫啸聚至重庆银行时，已有三四千人，狂呼乱叫，捣毁窗壁。"② 此次抢米风潮由最初的少数人 "啸聚" 到三四千人，在此期间未见任何政府机构相关人员出面疏导或制止。1940 年 4 月 13 日，因传言当地商会不再售米给外省人，导致外来难民一日之间把阆中城里大米争购一空，继而引发了持续半个月的抢购之风。阆中县政府竟然声称 "此事与政府无关，请商会酌情处理"③。1941 年 6 月成都市再次发生大规模抢米骚乱，蒋介石亦忍不住斥责四川省主席："岳军兄对于贯彻粮食政策筹划粮食供应，更应力排浮议，毅然担当……应痛彻反省。"④

面对来自沦陷区的大量民众涌入，政府缺乏有效的应急方案，缺粮的恐慌已经不可避免。而在突发事件的处理中，地方政府更是对自己的职责无知，放任谣言、恐慌情绪蔓延，最后野蛮地诉诸暴力。这必然引起抢米骚乱、囤积居奇，甚至是武力反抗。

三、政府应对粮食危机失当之检讨

综观上文，在粮食危机爆发和加剧的过程中，各级政府应负主要责任。所

---

① 邓锡侯：《抗战八年之川康后防》，川康政府绥靖主任公署秘书处编印，1946 年，第 39 页。

② 秦孝仪主编：《中华民国重要史料初编——对日抗战时期》（第五编·三），中国国民党 "中央" 委员会党史委员会编印，1981 年，第 276 页。

③ 《柏亚、兴农、河西等关于查禁惩处哥老会首领的呈文》，四川省阆中市档案馆，档案号：社会科—3。

④ 《各省政务（一）》，"国史馆"，档案号：001－050000－0005，第 51 页。

谓战事未开，粮草先行，抗战伊始，国民政府及四川省政府对可能出现的粮食危机缺乏充分准备，也低估了囤积、运输、管理粮食的难度。中央政府资金准备不足，四川省政府亦轻视中央政令，各县政府也多敷衍塞责，导致囤粮计划未能如期完成。此时的粮政机构设置混乱、人员短缺，使得政府无法及时掌握粮食运销及买卖情况，行政监管的缺位，势必让粮食市场陷入混乱。当粮食危机已经爆发，政府也未能有效阻止危机的蔓延与加剧。在银行弊案的处理上，主管部门职责不清，互相推诿包庇，囤积居奇之风不能有效控制，这些都使得危机扩大。最后，在处理抢米的突发性事件时，地方政府明显缺乏危机处理能力，暴力镇压只能进一步引发恐慌。湖南、陕西、广西、云南等省也都有同样情形。在湖南岳阳县，政府官员、内迁人员、难民、军队相互争夺粮食，以致"数部互殴之事，迭见不鲜"[1]。可见当时政府应对粮食危机的束手无策，不独四川如此。

行政执行力的强弱体现出政府的有效性。抗战初期政府即颁布《战时粮食管理条例》，其后又有大量法令法规颁行，但政策要靠行政系统不折不扣地执行，才能使之转化为政府治理的现实表现。亨廷顿认为："各国之间最重要的政治分野，不在于它们政府的形式，而在于它们政府的有效性程度。"[2] 芬纳纵观人类的统治历史，提出了"执行系统"是否有效直接影响政府的统治效果。[3] 注重行政系统有效性研究的政府史，可以从另一个维度审视中国政治现代化成败的原因。[4]

粮食之不足，或者说难以集中，的确是战时政府面临的一大难题，但未能及时控制危机扩大与蔓延，则"在人谋之不周"[5]。战时政府的工作不但要从数量上增加，从质量上更要求高效。英国的"凯恩斯主义"、美国的"罗斯福

---

① 《岳阳县长黎自格给湖南省政府的报告》，湖南省档案馆，档案号：0—15—101。
② （美）塞缪尔·P.亨廷顿：《变化社会中的政治秩序》，王冠华等译，生活·读书·新知三联书店，1989年，第51页。
③ S. E. Finner. "Perspectives in the World History of Government——A Prolegomenon". *Government and Opposition*, vol. 18, no. 1, 1983 (Winter)，p552.
④ 黄雪垠：《民国史研究的新路径探索——政府史的产生及研究视角》，《南京社会科学》2012年第7期。
⑤ 秦孝仪主编：《中国农民银行四川省经济调查报告》，中国国民党党史委员会编印，1976年，第552页。

新政"都是通过扩大行政权力来化解战时危机。① 作为关系国计民生的粮食问题，国民政府在政策执行上心有余而力不足的表现，恰恰暴露出行政系统的脆弱无力。同样面临粮食短缺，共产党领导的根据地政府预防和处理危机的效果则远胜于国民党政府，而其行政系统的现代化、行政人员的能力与素质及颁布的关于粮食管制的法令都远低于或少于国民政府。② 其原因是多方面的，亦不在本文的讨论范围中，但这可以说明，国统区粮食危机大爆发的原因并不能完全归结为战争的因素，必定有国民党政府自身的原因。

如果说国民党是一个"弱势独裁"的党③，那么国民政府也是一个"有限"政府。当然，其"有限"并非出于民主的意愿，而是其行政系统能力所不逮造成的被动"有限"。"有事而努力不称，有权而机构不副。机构既设，而人事不及配备。人事已备，而培养不以其时。欲其速赴事机，克奏全效，虽有贤者，亦难为力"④，这就是当时行政系统的真实写照。

国民党建政后，"让政治上轨道"⑤ 的呼声一度甚嚣尘上，此时行政改革的目标"一是提高行政效率，二是澄清吏治道德，三是节省国家经济"⑥。全面抗战爆发后，蒋介石更迫切希望用科学管理方法延揽行政管理的专门人才。⑦ 不但任命注重地方行政的政学系核心人物张群为四川省主席，还要求他"对于苏俄之行政效率增进方法多加实际考查"。然而，从政府在粮食危机中的应对来看，经历过"革新"的行政系统并未表现出应有的高效率与科学性。

究其原因，政府行为除了受国民党政治影响和制约外，在其行政现代化过程中，虽然学习西方现代的行政理念建立了日趋完备的行政体系，但是传统的

---

① 虽然也有文章认为战时过分扩大的行政权力干扰了正常的市场机制，导致自由的市场机制与政府统制行为发生冲突与较量，结果只能促使黑市经济泛行、大规模滋生腐败行为，但此种结论是基于对市场和交易制度较为完备的广东省的考察。见霍新宾：《市场机制与政府行为——抗战时期广东国统区粮食市场管理的个案考察》，《抗日战争研究》2004 第 2 期。

② 参见郝银侠：《抗战时期国共两党粮政之差异性研究》（《求索》2011 年第 5 期）、《抗战时期国共两党粮政之相似性研究》（《宝鸡文理学院学报》2013 年第 8 期）。

③ 参见王奇生：《党员、党权与党争——1924－1949 年中国国民党的组织形态》，上海书店出版社，2003 年。

④ 翁之镛：《当前粮食问题之剖视》，秦孝仪主编《革命文献》第 113 辑，台北"中央"文物供应社，1988 年，第 65 页。

⑤ 陈之迈：《上轨道的政治》，《独立评论》第 237 号，1937－6－6。

⑥ 张金鉴：《行政学之理论与实际》，商务印书馆，1935 年，第 471 页。

⑦ 1940 年 2 月 29 日蒋介石电陈布雷："研究行政效率与科学管理方法之人士，如在《扫荡报》发表意见之钟自咨，若《大公报》发表意见之王尔道、石渠阁等等，请派人留心联络考察，如其可用则尽量收罗，使之专门研究及制拟实施方案以及发起科学管理运动会，提倡并使中央各院部会署促进其实施为要。"（国民政府：《蒋介石手令（二）》，"国史馆"，档案号：001－016142－0019）

强调"差序格局"的依赖型的权威人格并未改变。马克斯·韦伯认为:"在现代的国家中,真实的政府所以能使其自身发生效力者,既不在于国会的辩论,亦非由于皇帝的敕令,而实系于有关日常生活的行政事务的推行,这事必操于文官的手中。"① 当时的行政专家甘乃光也认为:"近年来中国行政组织——最少是重要机关的行政组织——已在现代化的行程中,但行政机关的内部组织和他的运用却很成问题,亟须加以考究。"② 人情关系、地域、派系、权谋仍旧具有强大的生命力,这些行为让行政系统严重偏离了工具理性,成为部分人谋取利益的工具和宣示权威的载体,严重削弱了政府的有效性和合法性。国民政府亦如晚清政府一样,由于"政府政策、措施在推展方面的变形与失灵,最终走向政策本意的反面"③,其统治崩溃也是必然的。

[本文原刊《江西社会科学》2015 年第 5 期]

---

① (德)马克斯·韦伯:《行政心理学》,牛津大学出版社,1946 年。转引自攸迪、郑吉萍:《探索行政人的心理世界》,《行政与法》2003 年第 8 期。
② 甘乃光:《中国行政新论》,商务出版社,1947 年,第 53 页。
③ 李玉:《试论晚清政府的"失信":从上海股市到"保路运动"》,《四川大学学报》2011 年第 6 期。

《康藏研究月刊》与民国时期的"康藏研究"[①]

谢 敏[②]

【摘 要】 《康藏研究月刊》是民国时期一份专事研究康藏问题的学术期刊。它既是传统康藏研究的内在延续,又是现代康藏研究开启的重要标志。这种现代色彩突出地体现在其重视实地考察、融合多学科理论和方法、研究范围广泛、有专门的研究机构及刊物等方面。该刊同民国其他涉藏报刊一样,有着强烈的"经世"情怀,但又有着不依赖官方,独立的、客观的学术旨趣,代表着民国时期康藏研究的极高水平,在康藏研究史上占据着重要的地位。

【关键词】 任乃强;康藏研究;《康藏研究月刊》

民国时期,研究边疆和康藏问题的专门期刊大量涌现。这既是国人在内外交迫情势下研究边疆、民族问题的必然结果,又是边疆、康藏研究发展水平的具体表现。故从这类报刊入手去探究民国时期的边疆、康藏研究状况,不失为可行之道。就专事研究康藏问题的报刊而言,从前只是学界在进行相关研究时多将它们所刊文字作为资料加以征引。近年来,开始有了进入这类刊物内里做

① 本文曾先后得到王川、杨天宏、王奇生诸位老师以及匿名评审专家的批评和指正,谨此致谢!

② 作者简介:谢敏,女,1984年生,四川巴中人,2010年毕业于四川师范大学历史文化与旅游学院中国近现代史专业并获史学硕士学位,2016年毕业于北京大学历史学系并获历史学博士学位;现为华东师范大学马克思主义学院讲师;主要研究方向为中国近现代史,已在《近代史研究》《民国研究》《社会科学研究》等刊物发表论文多篇。

细致研究的趋势①，但也多停留在"就刊论刊"的层次。本文拟在学界现有研究成果的基础上，以《康藏研究月刊》为例，对民国时期研究康藏的学术期刊与康藏研究的发展状况之间的关系做一番论述。须注意的是，《康藏研究月刊》存世于民国末期，它是如何出现的，在康藏研究领域中取得了何种成绩，居于何种地位，揭示出了民国康藏研究的哪些特点，诸如此类的问题，均值得深入探讨。

一、局势变化与"康藏研究"

"康藏"，是"康巴藏区"的简称，亦称"康""康区"，大致包括西藏丹达山以东、四川大渡河以西、青海巴颜喀拉山以南、云南高黎贡山以北一带的地区。从现今行政区划上看，主要是指四川甘孜藏族自治州、四川阿坝藏族羌族自治州之一部分、青海玉树藏族自治州和果洛藏族自治州、云南迪庆藏族自治州、西藏昌都地区。

民国时期，政府公文、报章杂志中时常出现"康藏"一词，有时专指"康（区）"一地，有时则包含了"康""藏"两个概念，指向整个藏族居住地。"康藏"专指"康（区）"，据目前学界研究，大概始于 1915 年 8 月北洋政府外交部向英国公使朱尔典提出的一份外交照会。这份照会曾明确提到"内藏名称，改为康藏"②。而"康""藏"概念分野，并不是民国时期才有的情况，更不是汉人对整个藏族居住地的划分，而是藏族自己因语言、经济形态、社会情俗等的差别，将其住地分为"（卫）藏""（安）多""康"三部分的结果。

问题是，民国时期为何会用包含两个地域概念的"康藏"一词指称整个藏族住地，却将"（安）多"排除在外呢？依笔者看来，这与藏族自己的历史文化传统有关。

藏民族的形成，可远溯至吐蕃王朝时期。吐蕃东向征服之地，也即是丹达

---

① 既有研究包括石硕、姚乐野：《我国现代藏学的发轫：民国时期康藏研究三种学术期刊及其价值——〈康藏前锋〉、〈康导月刊〉、〈康藏研究月刊〉》，《青海民族研究》2012 年第 2 期；秦慧：《民国时期藏学刊〈康导月刊〉述评》，《贵州民族研究》2010 年第 6 期；姚乐野、秦慧：《民国时期期刊〈康藏前锋〉的价值及文献计量分析》，《贵州民族研究》2010 年第 2 期；谢敏：《〈康藏研究月刊〉述略》，《"任乃强与康藏研究学术研讨会"会议论文集》，四川成都，2009 年；任新建：《康藏研究社介绍》，《中国藏学》1996 年第 3 期。石硕教授在《我国现代藏学的发轫》一文中将这类报刊与民国时期康藏研究联结在一起做思考的取向，很有启发。

② 参考冯明珠：《中英西藏交涉及川藏边情：1774－1925》，中国藏学出版社，2007 年，320 页。

山以东的地方，"皆为康域"。后来，有了北部为"多"、南部为"康"的分野。但很长一段时间，"多"尚被认为系"康"之一部，并未分为对立名词。整个丹达山以东之地，"藏人称为'多康'（Mdo-khams），或单称康（Khams）。或指今西康省地为康，今青海省地为阿多（A-mdo，或译安多）"①。也就是说，"康"可包含"多"和"康"两部。那么，用"康藏"一词指称"藏""多""康"三部在内的整个藏族住地自然不难理解。

鉴于"康藏"一词所指地域有大、小之别，"康藏研究"的范围自然也有广、狭之分。现今学术界多将"康藏研究"作为藏学研究的一个分支，甚至有建立"康巴学"的倡议，意将研究范围置于"康区"一地。而民国时期所说的"康藏研究"，至少就《康藏研究月刊》所刊内容来看，远远超出了这一狭义的范围。本文所用"康藏""康藏研究"等概念，除有特别说明之处，均取广义。

事实上，国内对康藏之地的关注和研究，早在近代以前就已开始。而近代以来，西方列强不断以所谓"探险""游历""学经""传教"等名义渗入此地区，并逐渐发展到对该地区的干涉、分裂和侵略。这使得中央与西藏的双方关系问题演变为中央、西藏与西方的双边三方关系问题。正因如此，康藏研究的意义和价值，无论在西方还是在国内，都日益凸显起来。

清末便出现了张其勤、姚莹、钟方、何藻翔等一批潜心研究康藏的有识之士和大量有关藏事的著述及译作。从当时著述的种类看，除奏牍奏疏外，出现了大量游记和志略，但多沿袭传统文人墨客的撰述方法。关注的焦点也多限于西藏的上层政权交替和现实的政治格局，很少涉及民族、宗教等问题，藏医藏药、天文历法等，更是无人问津。所以，晚清历史上的"康藏研究"基本属于传统的治学范畴，尚不具有现代学术研究的含义。②

民元后数十年，边疆危机仍在加重，围绕康、藏界务引发的冲突不断，康藏一地更被重视。此一时期，康藏研究的学术力量大大加强，出现了一批专门研究康藏问题的专家学者或藏事活动家，比如于道泉、任乃强、吴丰培、黄奋生、刘家驹、谢国安、庄学本等。他们的研究领域，除传统的政治、历史外，还包括了宗教、经济、语言文字、文学艺术、文化教育等多方面。尤需一提的是，不少学者开始利用西方民族学、人类学、社会学的理论和方法来从事康藏研究，大量研究康藏问题的机构团体和专门期刊开始出现，这使得康藏研究开

---

① 任乃强：《多康的自然区划》，《康藏研究月刊》1947 年第 9 期，第 2 页。

② 此论参考杨天宏：《基督教与中国"边疆研究"的复兴——中华基督教会全国总会的边疆研究》，《四川大学学报》2008 年第 1 期。杨文所用"边疆研究"概念包含了此处所说的"康藏研究"。

始具有了现代学术研究的色彩。

到了抗战时期,国民政府认为"我国抗战根据地,本不在沿江海浅狭通之地带,乃在广大深长之内地,而西部诸省,尤为我抗战之策源地"①,遂迁都重庆,西南成为抗战大后方。各种社会力量和资源也随之纷纷西迁南移。一时之间,西南地区成了政治、经济和文化的重心,越来越为国人所关注。

在此种情势下,相关的实地考察更趋频繁,报刊兴办更为普遍。由于西南之地少数民族众多,藏族属其中的大支,藏区又历来为外人所觊觎,当时的宗教界、学术界因此兴起了一股了解藏族、研究藏文化的热潮。抗战胜利后,东北、西北局势已定,唯西陲局势未卜②,这股热潮也丝毫没有冷却之意。正是在这样的背景下,旨在研究边疆藏区问题的"康藏研究社"于1946年10月6日在成都藩署街36号正式成立。"康藏研究社"成立后不久,明白直言:

> 二十年前,研究我边疆者,全属外国人士。彼能精深边辟,无微弗届;认识既清,运用自巧。于是我之边疆多事。于是我之国土日蹙。
>
> 二十年来,国人思患预防,急起直追,以从事于边疆问题之研讨者已不乏人。顾因考察难为普遍,资料各有偏枯,散处诸方,同感孤陋。如何可以通功易事,挈长补短,用收综合会通之效;为国家弥补缺失,与外人争一日长,此为我研究边疆人士所当自图解决者也。
>
> 目前如东北,如外蒙,如西北诸问题,已渐入于解决阶段。惟兹西陲,杌陧未定,光昌前路,亟待人谋。同人等,为协力争取此责任故,组织康藏研究社。③

"边疆多事""国土日蹙",这与外人研究边疆用功之精深不无关系。所以,如何弥补国人研究边事之不足,如何防护边陲之安稳,便成了智识者的心头重任。其实,边疆、民族问题,并不乏专家研究,但总因种种自然限制、人事障碍和局势困囿而不能全美。特别是各专家、智识者散处各方,沟通交流不便,多守缺孤陋,不能互补长短。一些有识之士也曾组织过学会,图救此失,但实

---

① 《发刊词》,《西康省政府公报》1939年1月。

② 此处所指的"局势已定"不涉及国共间的争夺,单指东北、西北地方与中央的关系已成定局、无可争议;相反,由于西藏当地贵族集团和上层人士的作用,以及国外势力的影响,西藏地方与中央的关系多了扑朔迷离之感。

③ 《发刊小启》,《康藏研究月刊》1946年第1期。

效不显。所以，聚集在"康藏研究社"周围的诸同人①认为："欲使一市之人交换学识非有固定会所随时聚集不可，欲使天涯海角之人交换学识，非有专供交换研究意见之会刊不可。"②《康藏研究月刊》由是得以出炉。

二、"康藏研究"的新旧

1941年，李安宅③应聘入川，主持华西协合大学社会学系，并于次年发起筹建"华西边疆研究所"，任乃强随后被聘为该所专职研究员。之后，任乃强又推荐西康学者谢国安及其门婿刘立千来所进行专职研究和藏文典籍翻译工作。1946年夏，任受聘川大，发起成立"康藏研究社"。除了谢、刘二位转而加盟外，冯汉骥、蒙文通、顾颉刚、马长寿、张怡、柯象峰、李思纯、闻宥等知名学者都担当了"康藏研究社"的发起人，其中，谢、刘、李、闻等与任乃强是《康藏研究月刊》的主要撰稿人。④

华西边疆研究所的主要研究对象是西南少数民族，关注焦点就在康藏地区，自任乃强、谢国安、刘立千到来后，该所"几乎就成了藏学研究所"⑤。应该说，该所与任乃强等人发起的"康藏研究社"有着共同的学术旨趣。那么，任等为何离开华西转至川大发起一新的类似的学术机构呢？对此，李绍明认为，任、李之间存在矛盾，且主要在于他们"学术道路和治学方法的不同"⑥。而任新建则认为，任、李二位关系甚好，任转赴川大农学院主要是其老同学、时任农经系主任刘运筹力邀的结果。⑦

---

① "同人"，简单言，即有共同志趣的人，本身边界模糊，可大可小。本文衍用"同人"一词，特指围绕"康藏研究社"及《康藏研究月刊》从事研究和工作的人。但因该社研究人员及刊物编辑、作者有着高度的重合，后文出现的"同人"实际上基本指向刊物的作者群体。虽然，他们撰文数量有多有少，也会在其他期刊上发表同类文章，甚至还有人另外主持刊物，但并不影响他们作为《康藏研究月刊》同人的身份。

② 彭公侯：《康藏研究社成立大会记录》，《康藏研究月刊》1946年第1期，第12页。

③ 李安宅（1900—1985），河北省迁安县人，字仁斋，笔名任责，著名社会学、人类学、民族学家。

④ 有关该刊的基本情况和撰稿人的具体介绍可参考拙文《〈康藏研究月刊〉述略》。

⑤ 陈宗祥口述，岱峻专访。参见岱峻：《风过华西坝：战时教会五大学纪》，江苏文艺出版社，2013年，262页。

⑥ 李绍明口述，岱峻专访。参见岱峻：《风过华西坝：战时教会五大学纪》，江苏文艺出版社，2013年，273页。

⑦ 任新建口述，岱峻专访。参见岱峻：《风过华西坝：战时教会五大学纪》，江苏文艺出版社，2013年，273页。

私人情面或是一方面，矛盾分歧也不是没有可能，但以上两说均无直接的证明材料，或有臆断，或有为亲者讳。但若只是推测，或还有经济的原因。因为华西边疆研究所属于民间学术机构，没有固定的经费来源，只能自筹。据陈宗祥回忆，该所"工作开展得越多经费愈紧张，常寅吃卯粮。撑到最后，所里只能支我很少的工资，每月就几十块钱"，后经人介绍去美军新津机场战地服务团当翻译，才"可以攒一点钱"①。陈系李门学生，时在研究所供职，所言当不虚。事实上，无论是办社还是兴刊，经费从来都是一个大问题。即便是任乃强兴办的"康藏研究社"，后来也是"经费的困难，入了绝境"②，直接影响到研究社的生命。所以，任等的离开，或许也有研究所捉襟见肘不堪支付工资的因素。

当然，若从更广阔的视野看，此中确实不乏中西新旧的分野。正如李绍明所提及的那样，任乃强"是传统的历史地理学派，与社会人类学的体系差异很大"，而李安宅"治学教书全是社会学人类学功能学派那些东西"③，研究所更像是"李氏人类学理论的物化机构"④。李氏所在的华西协合大学是一所教会大学，任氏转赴的四川大学是一所国立大学。一般而言，教会大学因着外资的关系在教学、科研和师资等方面会显得新相一些。抗战时期，高校内迁，五所教会大学齐聚华西坝上，大批受过西方社会学人类学教育的学者也转至此地，坝上新相更显。

其实，新旧之别，并不只表现在教会大学与国立大学之间，也不只表现在抗战时期，而是中西交冲以来就一直存在并为人所争论。成都文化风气相对于东部地区显得较"旧"，国立大学相对于教会大学更是"富于国故的知识"，即便川大内部也时常有"你新我旧"之别。⑤ 不过，新旧并不绝对，只是一组比较而言的概念。新旧分别是一方面，新旧杂糅、互相借鉴，以致亦新亦旧、半新半旧，新旧转化却是另一方面。譬如，蒙文通、刘咸炘等既与古学有剪不断的联系，又不同程度地涉足新学；民族学、人类学的中国功能学派的研究也

---

① 陈宗祥口述，岱峻专访。参见岱峻：《风过华西坝：战时教会五大学纪》，江苏文艺出版社，2013年，272页。

② 《该刊紧要启事》，《康藏研究月刊》1949年第24期第30页。

③ 李绍明口述，岱峻专访。参见岱峻：《风过华西坝：战时教会五大学纪》，江苏文艺出版社，2013年，273页。

④ 陈波：《李安宅与华西学派人类学》，巴蜀书社，2010年，第112页。

⑤ 关于川大内部新旧的讨论可参考王东杰《国家与学术的地方互动：四川大学国立化进程》(1925—1939)（生活·读书·新知三联书店，2005年）一书的相关章节。

"可能还包含一点中国传统学术的东西"①。

即使在《康藏研究月刊》同人圈子中，有留学归来的，也有在国内接受过新式教育的，还有全然受传统中国学术所熏染的研究者。但无论是在这一同人群体之间做比较，还是将之与其他投身康藏研究的学者做比较，都会发现，实地考察是他们从事研究的一大特色。

自1929年起，任乃强本人就三次考察康区，搜集了大量一手材料，后来顺利完成了《西康诡异录》《西康十一县考察报告》《西康图经》《康藏史地大纲》《吐蕃丛考》等著作；谢国安对前后藏、羌塘、阿里、拉达克等地进行了考察；刘立千对德格、昌都、类乌齐等地进行了考察；戴新三居藏四年间，游历并考察了卫藏各大名城；李思纯于1936年受刘文辉聘请出任西康建省委员会顾问，为政一年间考察了西康各地，并留下了《康行日记》这一珍贵手稿；庄学本自20世纪30年代起，不断深入康藏地区拍照摄影，留下了《羌戎考察记》《十年西行记》等考察文集；岭光电出生于四川凉山地区，1936年军校毕业后也返回凉山做了实地调查，并在此基础上对彝区进行了多项革新。

马长寿作为中央博物院专员在康区进行了民族分类、体质种属、社会组织、家族谱系等方面的考察和研究；柯象峰和徐益棠也曾率团入康考察，各自留下了《西康纪行》和《西康行记》等游记著述；冯汉骥率川康科学考察团社会科学组对康区民族进行了分类研究；以凌纯声为团长的川康民族考察团对羌、嘉、戎、倮倮、西番等民族进行了调查研究；林耀华、李安宅等人对四川凉山、四土嘉绒、甘肃拉卜楞寺等地进行了田野工作和研究。

比较而言，以任乃强为首的《康藏研究月刊》诸同人仿佛更受传统中国史学观和志书撰述的影响，他们关注的焦点更多在于"边疆舆地"，而不是生活在一个小的社区或社群的某一特定族群的文化，这是与很多从事现代人类学、民族学、社会学的学者相区别的一面。不过，这并不意味着任乃强等人不注重各学科知识的融会贯通。相反，就任乃强而言，在他的边疆民族研究中，博采了历史学、地理学、民族学、语言学、考古学等众家之长，不为某一家所限，"是一位跨越学科边界的、非学科化的学者典范"②。所以，新旧之别并不一定那么纯然，单就实地考察成为新旧两方共同的选择而言，新旧也是可以互通融合的。

---

① 彭文斌主编：《人类学的西南田野与文本实践——海内外学者访谈录》，民族出版社，2009年，第154页。

② 王建民：《中国近代知识分子与边疆民族研究——以任乃强先生为个案的学科史讨论》，《西南民族大学学报》2010年第10期，第47页。

纵观整个民国时期，在投身康藏研究的人士中，既有康藏研究大家和知名学者教授，也有活跃于政界、宗教界、文化界的名流贤士。他们以文字互现为长，多注重实地考察游历，除了运用文献典籍，还融合了社会学、民族学、宗教学、语言学、历史学、考古学、地理学等多学科的理论和方法，折射出了浓郁的学院气息和现代色彩。这些既是民国康藏研究有多元包容态势的明证，又是民国康藏研究的一大特点。

很长一段时间以来，正统中国学术并不十分重视民族、边疆研究。即便民族、边疆研究在清季有跻身"显学"的态势，但也基本属于传统学者的治学范畴，不具现代学术研究的意义。反倒是西人"汉学"对中国民族、边疆的研究颇有成绩，且颇具现代学术研究色彩。但从 20 世纪 30 年代中后期开始，中国学者也渐渐赶上，形成一股康藏研究的势力，开始突破这一领域几乎为外国学者所独擅的局面。

三、《康藏研究月刊》内外的"康藏研究"

《康藏研究月刊》从 1946 年 10 月 30 日出版到 1949 年 9 月 30 日停刊，共出版发行 29 期。从其所刊载的文章来看，任乃强撰稿 33 篇[①]，约占刊载文章总数的 25.8%；谢国安撰 12 篇，其中口述并由任乃强整理 1 篇，约占刊载文章总数的 9.4%。此外，刘立千译文 22 篇，撰文 4 篇，约占总数的 20.3%；戴新三撰 18 篇，另有 2 篇系从《周福生赴藏行程记录》中摘抄而来，约占总数 15.6%；李哲生（即李思纯）译文 12 篇；彭公侯译文 10 篇；罗哲情错亦写有《我在国民大会的提案》《我的家乡》（上、下）共 3 篇文章；其余人等共撰10 篇，这意味着该刊 29 期共刊出文章 128 篇（其中不少为长篇连载）。[②] 从数

---

① 不包括两篇《前文补注》和一篇《附旅行怒江盆地》。两篇补注是对谢国安《西藏四大圣湖》、戴新三《扎什伦布寺小志》的补注，分别见《康藏研究月刊》1946 年 11 月第 2 期 6 页和 1947 年 4 月第 7 期 11 页；后一篇文章附在任乃强《三种译文康藏地图说略》一文后面，见《康藏研究月刊》1948 年 6 月第 21 期 27 页。因此三篇文章系对前文的补注或附注，故未列入统计。

② 任新建《康藏研究社介绍》一文统计为 65 篇，没将任乃强的《该刊插注藏文之代用字说明》《我要支持该刊的生命》和曾代国的《柏尔再版英藏字典序言》计算在内。石硕、姚乐野《我国现代藏学的发轫》一文依照任新建说法认为文章总数为 65，但文中列表数目为 66，前后矛盾。笔者此处按文章标题计算，但分载于该刊不同期数的文章分别计算，如：任乃强《德格土司世传》分载于《康藏研究月刊》1947－1948 年第 13－16 期，则统计为 1947 年 3 篇，1948 年 1 篇，合为 4 篇，故统计总数为 128篇。后文统计一依此例。长篇分别是《玛尔巴译师传》《蛮三国本事》《后藏环游记》《德格土司世传》《藏印纪行》。

据上看，任乃强、刘立千、戴新三是撰（译）文的大户，谢国安、李哲生、彭公侯撰（译）文数的量也不相上下，但若不算译文和连载，单纯从个人撰写文章数而言，还是以任、谢两人丰硕一些，这大概跟他们一为康藏研究社理事长兼《康藏研究月刊》主编、一为康藏研究社研究部主任有关。

需注意的是，在这些文章中，涉及康区的文字占了很大的比例，康区在他们笔下的重要性和意义有了很大的凸显，这应该是民国康藏研究的又一大特点。其中，任乃强依据土司家传谱牒、口碑资料以及相关藏汉文史资料所写成的《德格土司世传》《天全高、杨土司世系》"均有重要史学价值，至今仍为修志者所依据"。法国传教士古纯仁（F. Gore）所著，李哲生所译的《川滇之藏边》"多发人所未见未闻之地理、民俗、掌故"，"颇能补正史记载之不足"。谢国安《再谈羌塘风俗》一文，详细记述了羌塘人民的饮食起居、生活习惯及婚丧嫁娶，为后人了解和研究康藏历史文化、民俗风情提供了素材。罗哲情错《我的家乡》一文，对康区民族心态、日常生活、性格特征多有描写，同时亦为近代史上著名的"甘孜事变"提供了珍贵的背景资料。①

此外，《康藏研究月刊》所登载的仅是该刊同人在20世纪40年代后半期的部分研究著述。事实上，早在20世纪20年代末期，《康藏研究月刊》大多数同人就在关注并研究康藏问题。据统计，除去《康藏研究月刊》上所刊载的，他们还另撰有二百余篇涉及康藏的记述或论文。这二百余篇中，仍以任乃强撰述最丰，共137篇，约占总篇数的55.7%；次为闻宥，撰稿27篇，约占总篇数的11%；再次为庄学本、李鉴铭二位，分别撰有23篇、22篇文章，各占总数约9.3%、8.9%；岭光电撰稿15篇、张志远撰稿10篇，各占总数约6.1%、4.1%；其余如：李思纯、戴新三、岑仲勉、刘立千、谢国安，共撰（译）稿12篇，约占总数的4.9%（见表1）。

登载他们文章的报刊主要有：《康导月刊》《中国文化研究所集刊》《责善半月刊》《边政公论》《新亚细亚》等。② 任乃强、闻宥、李鉴铭三人的文章分别主要集中在前三种刊物上。任乃强曾于1929年、1936年和1944年三次入康考察，1935年还被任命为西康建省委员会委员。此时期，刘文辉建立了西

---

① 任新建：《康藏研究社介绍》。此外，任文对《康藏研究月刊》所刊其他文章的学术贡献也多有评述，供参考，兹不赘言。

② 对《中国文化研究所集刊》与《责善半月刊》的简介，可参见谢桃坊《四川国学运动述评》，（《西华大学学报》2008年第6期）相关内容；有关《康导月刊》《边政公论》和《新亚细亚》的介绍可参考秦慧《民国时期藏学期刊〈康导月刊〉述评》；叶罗娜《新亚细亚学会与〈新亚细亚〉月刊》（《赤峰学院学报》2007年第1期）；刘晓光《〈边政公论〉研究》（云南大学硕士学位论文，2011年）。

康县政人员训练所，任乃强等也受邀担任一些讲学工作，所以其大量文字会出现在《康导月刊》上自不为怪。而闻宥时任华西协合大学中国文化研究所所长，其将《中国文化研究所集刊》作为最主要的投稿刊物，亦易理解。《责善半月刊》为齐鲁大学国学研究所所编，李鉴铭的游记、杂记、日记等基本载于此刊，盖因李为山东人士，并就读于齐鲁大学。

表1 《康藏研究月刊》同人1949年以前发表在国内其他报刊上的涉藏文章

作者\类别	文章篇数	发表时间	主要期刊	补充说明
任乃强	137	1929—1949	《康导月刊》《新亚细亚》《边政》《边政公论》	1946—1949年分别发表3篇、7篇、5篇、3篇
闻 宥	27	1936—1948	《中国文化研究所集刊》《燕京学报》《学思》	1946—1948年分别发表6篇、1篇、2篇
庄学本	23	1935—1947	《康导月刊》《中华》（上海）	1947年发表1篇
李鉴铭	22	1940—1945	《责善半月刊》、《康导月刊》	
岭光电	15	1940—1948	《康导月刊》《西康青年》	1946—1948年分别发2篇、2篇、1篇
张志远	10	1937—1946	《西康经济季刊》《康导月刊》	1946年发表1篇
李思纯	4	1929—1943	《东方杂志》《民族学研究集刊》	
戴新三	3	1938—1949	《蒙藏月报》《边政公论》	1949年发表1篇
岑仲勉	2	1913—1946	《地学杂志》《民族学研究集刊》	1946年发表1篇
刘立千	2	1948—1949	《边疆通讯》《风土什志》	
谢国安	1	1947	《华西乡建》	

注：表内数据主要来源于刘洪记、孙雨志对1872—1949年国内报刊上发表的涉藏文章的统计目录，任新建对任乃强著述的整理目录，以及《民国时期期刊全文数据库（1911—1949）》等电子资源。见刘洪记、孙雨志《中国藏学论文资料索引》，中国藏学出版社，1999年，1~95页；任乃强《任乃强藏学文集》，中国藏学出版社，2009年，659~664页。

庄学本从1934年至1944年这10年间，用镜头"探测"康藏地区。除了上表所列文字性的记述外，还有数量很多的摄影作品。岭光电兼具彝族土司和国民党行政官员的双重身份，所撰之文几为彝族的制度、典籍、歌谣、婚俗以及对所辖之地的革新计划书。张志远所撰文章与西康省的实业建设密切相关，这与其时任西康省农牧试验场场长和毛织厂厂长不无关系。庄、岭、张三人的文字，多通俗实用，并不重点固定在某一期刊上发表。比较而言，因谢国安、刘立千、李思纯、戴新三多将撰（译）著述发表在《康藏研究月刊》上，故上表所列文章数目比较单薄。根据刘洪记、孙雨志对1872—1995年国内报刊上发表的涉藏文章的数字统计，笔者抽检其1930—1949年的数据，发现在1949年前，此类文章自30年代开始便大幅增加，并在1931—1936年、1939—1944年呈现出了两个高峰（见表2）。

表2　1930—1949年发表于国内报刊上的涉藏类文章

年份	1930	1931	1932	1933	1934	1935	1936	1937	1938	1939
数量	69	141	108	199	358	287	166	94	85	128
年份	1940	1941	1942	1943	1944	1945	1946	1947	1948	1949
数量	123	138	131	123	121	86	46	97	96	50

来源：刘洪记、孙雨志《中国藏学论文资料索引》，772页。

前一时段，康、藏界务纠纷复演激烈，1931年青海建省后各业待兴，给康藏的研究和发展带来了契机。尤其在1934年，报刊登载文章数量更是达到极盛，这一方面跟十三世达赖去世不久，西藏政局面临新的转折有关，另一方面也与国民政府正相对处于经济繁荣、政权稳定时期，有余力积极寻求对边疆藏区的治理有关。后一时段，受战争影响，各专家学者、学术机构西迁南移，更多的研究资源向康藏地区靠拢，再加之1939年西康建省的推动，文章数量又有所回弹，但终不如前一时段。1945—1949年间，发表登载的文章篇数更是大不如前，究其原因，则在于抗战结束，一些研究资源开始从西南流失，内战接踵而至，频发的战乱影响了国力，进而也影响了康藏研究的发展。时局影响学术，学术反映时局，由此可窥。

从《康藏研究月刊》同人发表在各类报刊上的文章来看，也基本上集中在20世纪三四十年代，此与前述是基本一致的。虽然抗战结束后，涉藏文章数量有所跌落，但较30年代以前还是稍微可观。这一时期（1946—1949年），

国内报刊所刊载的涉藏文章总数达 289 篇（参考表 2），[①] 任乃强等人撰述有
167 篇，约占总数的 57.8％；而他们在《康藏研究月刊》上所发表的文章又
约占他们撰文总数的 76.6％（见表 3）。即是说，1946—1949 年间，在众多从
事研究康藏问题的学者间，任乃强等人发挥着重要的作用；在众多涉藏报刊
中，《康藏研究月刊》则占据着重要的地位。

表 3 1946—1949 年《康藏研究月刊》同人发表在国内报刊上的涉藏文章

数量 　　　　　年份	1946	1947	1948	1949	合计
《康藏研究月刊》刊载篇数	10	59	38	21	128
其他期刊所载篇数	13	12	9	5	39
合计	23	71	47	26	167

注：此表系笔者据表 1 和《康藏研究月刊》所刊文章统计而得。其中，同一作者刊载于
不同期刊上的文章内容或有重复，但为数甚少，亦分别统计入内。

四、在涉藏报刊的浪潮之中

"从 1833 年至 1910 年间，约有 500 种报刊问世。"民国时期，更是增加到
16000 余种，"其中少数民族地区和有关少数民族的报刊 1000 种，而涉及有关
藏族较多的报刊 80 余种"[②]。在这 80 余种报刊中，最早的是驻藏大臣联豫
1907 年（光绪三十三年）在拉萨创办的《西藏白话报》，该报一般也被认为是
康藏历史上第一家近代报刊。涉藏报刊的大量出现是在南京国民政府成立之
后。从 1929 年至 1949 年，除三种创刊时间不明的刊物外，共 76 种。[③]

前述 80 余种报刊基本上创办于藏族聚居区、康藏临近省区、国家政治文
化中心等区域。西康建省后，办报尤甚，共 40 种，加上西藏、青海、甘肃的

---

① 据查证，《中国藏学论文资料索引》的统计数据虽不完全，但遗漏数毕竟是少数，且 1946—
1949 年这一时段本身涉藏文章数量就不如 1946 年之前，遗漏数会更小。所以，后文数字比例只能是
概数，并不精确，但不至于影响大致的判断。

② 西饶江措：《藏学报刊汇志》，《中国西藏》1998 年第 4 期，第 46 页。

③ 该数据来源于笔者对西饶江措《藏学报刊汇志》（《中国西藏》1998 年第 4 期）等文章所汇集
报刊的统计。

10 种，超过总数大半；川省次之，18 种；南京，13 种。① 笼统观之，涉藏报刊主要集中于藏族聚居地区。但事实上，报刊多集中于康定、南京、重庆、成都、西宁这几个城市。

这 80 余种报刊中，有综合性报刊、专业性报刊、政论性报刊、学术性报刊、宗教性报刊以及教育性刊物，如：《蒙藏旬刊》《康藏前锋》《汉藏教理院年刊》《康导月刊》《康声报》《康藏研究月刊》等等，基本囊括了 1907 年至 1949 年间 90% 以上的涉藏文章、介绍、消息、图片和资料。另外不到 10% 的涉藏文章则大多聚集在同一时期涌现的边疆报刊上，如：《新亚细亚》《边政公论》《边疆通讯》《边事研究》《中国边疆》《开发西北》《边政》等等。一些调查研究成果甚至还会发表在《东方杂志》《申报》《国闻周报》等大型报刊上。

涉藏专业学术期刊的大量涌现，可说是民国康藏研究的另一特点。所以，对《康藏研究月刊》进行考察，势必要放回到整个研究边疆、民族问题的报刊的创办浪潮中去。

比较而言，《康藏研究月刊》最突出的特点就在于它的"民间性"，这是与很多类似的报刊相区别之处。蒋介石、戴季陶、于右任等政府要员都曾在新亚细亚学会任职，该会所办刊物《新亚细亚》每期开篇都有戴季陶的指导性文章，官气十足。《康导月刊》由西康省政府拨款补贴，创刊号就有向传义②、刘文辉等人的题词和戴季陶手书序言，所刊文章主要体现的也是刘文辉的施政思想。而且也正因为官方的扶持和资助，这些报刊存世时间一般都不至于太短。

"从清光绪二十四年（1898 年）三月至 1949 年底的 51 年间，已确知在成都先后出版的月刊以内的近代报刊有 700 家。……创办这些报刊的，既有官方，又有民间团体或报界同人等，还有的报刊由官方资助而以'民间'的面目出现。"③ 而观《康藏研究月刊》，发现其恰恰缺乏官方或半官方的背景，不可能获取政府大量的基金支持，一方面，不如《新亚细亚》《康导月刊》等报刊存世时间长；另一方面，因经费限制无法增加版面、扩展除学术之外的内容，难以吸引广泛而固定的受众，不能收综合报刊之实效。在前述创办于成都的700 家近代报刊中，"断续出版达 10 年以上者仅数家，多数仅出数年或数月即停刊，受本身和外在条件限制而旋生旋灭者，也为数不少"④。而《康藏研究

---

① 该数据来源于笔者对西饶江措《藏学报刊汇志》(《中国西藏》1998 年第 4 期) 等文章所汇集报刊的统计。

② 向传义（1886—1955），字育仁，四川仁寿人，时任西康建省委员会委员。

③ 成都市地方编纂委员会：《成都市志·报业志》，四川辞书出版社，2000 年第 8 期，第 8 页。

④ 成都市地方编纂委员会：《成都市志·报业志》，四川辞书出版社，2000 年第 8 期，第 8 页。

月刊》主要借任乃强、罗哲情错伉俪之力，能维持达三年之久，殊属不易。

除了与其他报刊有相区别的一面，强烈的现实关怀、与时局的紧密联系又是《康藏研究月刊》与其他报刊相类似的一面。康藏研究社成立之始，其社章总则第二条就规定："本社以研究康藏区内一切情形，提供整理意见，协赞政府设施为宗旨。"① 其创刊的目的就在于沟通汉藏文化、唤起国人对康藏研究的关注，发刊词中"同人之意，将此涓涓泉流，滴穿封闭康藏的巨石，俾国人洞见其症结所在"之句，即申此意。《新亚细亚》创刊号上就声称其使命在于"为整个中国建设而研究中国的边疆"，"为实现民族主义而研究东方民族的解放"②。《边政公论》之所以得以创办，也是为了"集合对于边事夙具热望，边政饶有兴趣之士"，进而"研究边疆及其文化，介绍边疆实际情况，促进边疆建设，加强中国民族之团结为宗旨，上以襄赞政府之政治设施，下以建立国人之正确舆论，期于边政前途，有所裨益"③。不无例外，《西陲宣化使公署月刊》的办刊宗旨也是："向蒙藏人民宣传政府政策，拥护中央政府、维护祖国统一，报道中外要闻、民族风情、藏蒙建设等。"④ 此种现实关怀不仅可从创刊宣言、办刊宗旨中去观察，还可从刊物所登载的文章内容中看出来。

在《蒙藏旬刊》中，有关蒙藏时闻和国内外纪要的报道和记录占了大量的篇幅。在《边疆消息》中，大量介绍了有关藏族和蒙古族的政治形势。⑤ 在《康藏研究月刊》中，任乃强对西藏政变发表了一系列的看法，指出了其间既有外人引诱、内部争斗的事实，又有中央政府对藏事隔膜、治藏失策的短缺。谢国安通过对藏北羌塘风物的记述，以及对冈底斯山和四大圣湖的介绍，纠正了颇多误传的藏北、藏南地区地理、民族、风俗。

上述各种报刊，无论是官办还是民办，也无论是综合性的还是专业性的，都为民国时期的康藏研究提供了展现的平台，更为后来了解民国时期的康藏研究状况提供了依据。虽然它们创办的时间有先有后，存世的时间有长有短，但基本不曾断裂，覆盖了差不多整个民国时期。以 20 世纪 30 年代以来最主要的三种研究康藏问题的报刊而言，《康藏前锋》存世于 1933－1939 年，《康导月刊》存世于 1938－1948 年，《康藏研究月刊》存世于 1946－1949 年，时间上

---

① 《康藏研究社社章》，《康藏研究月刊》，1946 年第 1 期，第 14 页。

② 《创刊宣言》，《新亚细亚》，1930 年创刊号。

③ 马大正编：《民国边政史料汇编》第一册，国家图书馆出版社，2009 年，《序》第 2～3 页。

④ 马大正编：《民国边政史料汇编》第一册，国家图书馆出版社，2009 年，《序》第 3 页。

⑤ 有关《蒙藏旬刊》《边疆消息》的简介详参西饶江措《藏学报刊汇志》和《藏学报刊汇志（续·）》（《中国西藏》1998 年第 5 期）。

完全相延续。而《康藏研究月刊》诸同人更是从 20 世纪 20 年代末期开始就关注并研究康藏，说他们的研究基本上可反映出民国时期康藏研究的面貌和水平，并不为过。

五、结语

仅就存世时间而言，似乎很难理解《康藏研究月刊》的意义和作用。[①] 但若将该刊放到民国康藏研究学术发展脉络中去看，则不难发现：它不仅是传统康藏研究的内在延续，更是现代康藏研究开启的重要标志，代表着民国时期康藏研究的极高水平，在康藏研究史上占据着重要的席位。

就围绕在《康藏研究月刊》周围的多数同人而言，他们不仅受传统中国史学观和志书撰述的影响，而且还注重实地考察，善于融合历史学、地理学、民族学、语言学、考古学等多学科的理论和方法，折射出了浓郁的学院气息和现代色彩。但他们的研究范围并不囿于传统的历史政治、地理沿革，而是广涉康藏宗教、民族文化、风俗语言、社会经济等方方面面。在他们笔下，涉及康区的文字占了很大的比例，康区的重要性在整个康藏研究中变得越来越突出。

在国运蹇促和民族危亡之际，《康藏研究月刊》以"陈言献议、协理政务"为宗旨，欲"为国家弥补缺失，与外人争一日长"，入于学术，出于时务，既对关涉康藏历史、宗教、文化等方面的问题进行了深入的学术研究，又表现出了强烈的经世情怀。但它并不是孤立的存在，而是与民国时期众多的涉藏期刊紧密联系在一起的。它既是民元以来涉藏报刊创办浪潮的延续，与它们有着共同的关怀，又显示出了不依赖官方，独立的、客观的学术旨趣。更加难能可贵的是，抗战结束后，大量的学者和学术机构开始从西南一隅流向全国各地，而任乃强等人主要凭借私力，坚持办刊，使西南地区作为康藏研究重镇的地位得以保留。1949 年前后，一部分康藏研究力量分流到了台湾地区，《康藏研究月刊》诸同人更是为大陆尤其是西南地区康藏研究保留了一支学术的命脉。

［本文原刊《社会科学研究》2014 年第 4 期］

---

① 该刊 1949 年 9 月 30 日过早夭折。关于其停刊的原因，在笔者的搜录范围中，除任新建先生所言的"罗哲病逝""经费支绌"两条原因外，尚未见专门的文章或文段论述过。确实，经费是决定一种刊物能不能顺利出版发行的至要因素，罗哲的病逝给刊务工作带来不便，对任乃强本人来说也是一种打击，但笔者认为，该刊的停刊跟当时面临的新局势，与任乃强等人面临新局势时产生的心理变化并不是全无关系。

践行民族政策：中央民族访问团
参与西康民主建设

郭学成[①]

【摘　要】　新中国成立初期，为巩固我国民族地区政权，消除民族矛盾与隔阂，更好地实施《共同纲领》，党中央派中央民族访问团出访西康，参与当地民主建设。本文从访问团参与自治区建设、调解民族纠纷和创立文字等方面着手，展现访问团认真落实"民族平等""民族团结"和"民族自治"的政策规定，促进西康地区民主发展，维护国家统一、民族团结，这对我们今天更好地实施民族政策有所启示。

【关键词】　西康；《共同纲领》；中央民族访问团；践行

我国是一个统一的多民族国家，民族政策历来受到执政者的重视，它关系到一个国家的长治久安。为了消除封建统治时期造成的民族矛盾与隔阂，更好地践行《共同纲领》中"民族平等""民族团结"和"民族自治"的政策，1950年6月，党中央派出以时任中央民族事务委员会副主任刘格平为团长的中央民族访问团（下文简称访问团）出访西康，参与当地民主建设。

一、建立自治区政府，巩固政权稳定

西康省位于中国西南边陲，地势险要，绝大部分是少数民族地区，而且少

① 作者简介：郭学成，男，1988年生，江苏盐城人，历史学硕士，2015年四川师范大学历史文化与旅游学院中国近现代史专业研究生毕业并获历史学硕士学位，现为四川民族学院讲师，主要研究方向为中国近现代史、康藏史。

数民族兄弟占总人口的 60％。根据《共同纲领》第六章民族政策中第五十一条"各少数民族聚居的地区，应实行民族的区域自治，按照民族聚居的人口多少和区域大小，分别建立各种民族自治机关"① 的要求，西康省政府决定成立西康省藏族自治区和西昌地区民族民主联合政府等自治区政府。由于《共同纲领》中没有建立自治区的明确方案，省政府领导也不知如何实施建设，访问团的来访正好给他们提供了指导与帮助。8 月 23 日，访问团按照党中央的要求到达驻地，参与工作。"刘格平团长将大部分团员分成三个小分队，作为访问团的先遣队，分别前往西昌、甘孜和理塘等地。剩下的成员在雅安继续学习民族政策，研究各项访问工作，并建立起党、团支部，建全组织生活。"② 部署工作后，刘格平团长带领几位团领导和西康省政府领导对成立西康省藏族自治区政府和西昌地区民族民主联合政府等民族区域自治政府进行研究讨论。9 月 3 日通过听取中共康定地委书记苗逢澍在西康省委会议上关于康定区的工作情况的汇报，刘格平团长决定去实地考察，建设一个真正的民主自治区政府。9 月 10 日，在苗逢澍书记的陪同下，刘格平离开雅安前往康定。

9 月 23 日，访问团到达康定后，刘格平就忙着访问的工作，到当地群众家去拜访。除向当地群众带去党中央、毛主席对少数民族的关心，宣传《共同纲领》中的"民族平等"和"民族团结"等政策外，刘格平还与少数民族兄弟进行了真诚的交流，并且为建立一个少数民族兄弟自己的自治区政府搜集了许多宝贵的意见和建议。

通过大家的共同努力，筹备已久的西康省藏族自治区成立大会暨西康省藏族自治区第一届各族各界人民代表大会于 11 月 17 日在康定隆重召开。"大会为期 8 日，17 日开幕，24 日闭幕。参加会议代表共 302 人，其中藏族 217 人，占代表总数的 71.8％；汉族 65 人，占 21.5％；彝族 15 人，占 9.94％；回族 5 人，占 1.66％。"③ 刘格平团长代表党中央做了大会发言："主要希望'康区④的藏、汉、彝、回各族同胞，在自治区人民政府和中央的领导下，消除过去的隔阂，大家团结一致，拥护中央人民政府和毛主席，以及西南军政委员会、西康省人民政府，支援人民解放军消除残余的匪特，发展各民族的政治、

---

① 中共沧州市委党史研究室编：《刘格平文集》，中央民族大学出版社，1999 年，第 263 页。
② 江山：《回忆西南民族访问团》，《中国统一战线》1988 年第 7 期，第 45 页。
③ 康定民族师专编写组编纂：《甘孜藏族自治州民族志》，当代中国出版社，1994 年，第 303 页。
④ 康区（康属），是康定专区的通称，主要是藏族地区。另一个是雅安专区，通称雅区（雅属），基本上是汉族地区。再一个是西昌专区，通称宁区（宁属），是汉、彝杂居地区。

经济、文化和教育事业，建设民主、幸福、模范的新康区。'"① 之后，西康省主席廖志高同志等相关领导同志相继发言。大会还向中央和地方政府发了致敬电。同时也陆续收到了全国各地的许多贺信、贺电。党中央在《人民日报》发表了题为"西康藏区举行各界人民代表会议　藏族自治区域人民政府成立　标志该区藏汉彝回四族及藏族内部大团结"的社论，表示对西康省藏族自治区人民政府成立的庆祝："西康省藏族自治区域第一届各界人民代表会议，于十一月十七日召开，二十四日胜利结束。标志着西康省康定地区藏、汉、彝、回四个民族大团结和藏族内部大团结的西康省藏族自治区域人民政府，亦于二十四日在康定正式成立……藏族自治区域人民政府的成立，是《共同纲领》民族政策的具体实施。"②

西康省藏族自治区成立后，中央民族访问团离开康定赶往西昌。受地理位置和气候的影响，访问团12月2日从雅安出发，花费半个月的时间于18日才抵达西昌。1950年2月，国民党军统局的高级特务黄逸公奉特务头子毛人凤之命，到西昌成立"西南边政委员会"，执行特殊任务，企图利用这个伪委员会联络大小凉山、川南泸定，以及云贵地区反动势力和不明实情的少数民族头领，煽动作乱，对新政权构成威胁。虽然"3月27日，中国人民解放军44师132军团解放西昌，但是还有地主、恶霸、土匪、特务、地痞流氓等残余势力在做垂死的挣扎"③，可见凉山地区的工作开展起来依旧困难。访问团到达后的第二天就开始了西昌地区民族民主联合政府的筹备工作，希望西昌地区民族民主联合政府早些成立，使当地民族兄弟免受反动分子的迫害。访问团成员到处走访，与当地各阶层民众进行交流、了解具体情况，同时遵照《共同纲领》的规定，经过大家的汇总和分析，并与当地领导、部族头领一起商讨，终于完成了西昌地区民族民主联合政府的筹备工作。

12月25日，西昌各族各界人民代表会议暨西昌地区民族民主联合政府成立大会在西昌召开，31日闭幕，历时七天。本次到会"代表共348人，其中汉族200人，彝族110人，回族18人，西番3人，□□人10人，亚拉1人，汉族代表中包括党派代表三人，政府机关代表一六人，军队代表十四人，工人代表十九人，农民代表九五人，青年及学生代表九人，妇女五人，教育界代表

---

① 《甘孜藏族自治州概况》编写组：《甘孜藏族自治州概况》，民族出版社，2009年，第139页。

② 《西康藏区举行各界人民代表会议　藏族自治区域人民政府成立　标志该区藏汉彝回四族及藏族内部大团结》，《人民日报》1950年12月15日。

③ 凉山彝族自治州地方志编纂委员会编纂：《凉山彝族自治州志》，方志出版社，2002年，第43页。

十五人，新闻界代表一人，银行贸易代表一人，医界代表一人，商界代表一二人，开明绅士八人（实际士绅代表不止此数，有些统计在商界及教育界中去了）"[①]。

起初，一些少数民族参会代表认为大会不会办成，徒劳无功，甚至连一些汉人也怀疑开会的意图，不肯作为代表出席。会理一名叫陈邦铨的农民代表，他认为自己不识字，哪里能当代表，群众选他当代表，一定是别人捉弄他。后来陈邦铨想找人替他出席，可因付不起佣金只有自己前来。当他忐忑不安进入会场，看到"中央访问团刘团长、区党委员秦副书记及军管会负责同志——向代表握手"[②] 这一幕时，心里感到不可思议，但事实就是如此："刘格平团长等高兴地迎接各界各族人民代表并同他们握手表示感谢参会，访问团团员们和当地的其他工作人员也热情地将代表们安排到各自的座位。"[③] "代表非常感动，互相述说，他们过去从来没有受到过这样的待遇，今天居然中央的大官迎接他们，过去就连政府的工作人员都瞧不起他们。"[④] 在各族各界人民的共同努力下，西昌各族各界人民代表会议暨西昌地区民族民主联合政府成立大会在西昌得以顺利召开。

在大会上，刘格平团长做了发言，传达了党中央、毛主席对少数民族兄弟姐妹的关怀，宣传了《共同纲领》中"民族平等"和"民族团结"等民族政策。之后，会议上总结过去的工作，并通过了今后的工作任务，成立了各族人民联合政府专署委员会以及协商委员会，以便协商今后的工作任务。

结束了西昌的访问，刘格平团长率领团成员对昭觉、泸定、甘孜（县）、荥经、汉源等地区人民政府的成立进行指导。每一个地方政府的成立，访问团都是遵照党中央、毛主席的指示，依据《共同纲领》中的规定，结合当地具体情况进行指导和参与筹备，使各族、各阶层的兄弟姐妹体会到中国共产党领导下的人民政府才是真正的人民政府，人民才是人民政府真正的主人。

---

① 《关于西昌专区第一届各族各界人民代表会议综合报告》，四川省档案馆，全宗号：建康016，案卷号：188，案卷标题：西昌专区各县各族各界人代会、少数民族座谈会总结等。

② 《关于西昌专区第一届各族各界人民代表会议综合报告》，四川省档案馆，全宗号：建康016，案卷号：188，案卷标题：西昌专区各县各族各界人代会、少数民族座谈会总结等。

③ 《关于西昌专区第一届各族各界人民代表会议综合报告》，四川省档案馆，全宗号：建康016，案卷号：188，案卷标题：西昌专区各县各族各界人代会、少数民族座谈会总结等。

④ 《关于西昌专区第一届各族各界人民代表会议综合报告》，四川省档案馆，全宗号：建康016，案卷号：188，案卷标题：西昌专区各县各族各界人代会、少数民族座谈会总结等。

二、举办座谈、化解矛盾，促进民族团结

根据"中华人民共和国境内各民族一律平等，实行团结互助，反对帝国主义和各民族内部的人民公敌，使中华人民共和国成为各民族友爱合作的大家庭。反对大民族主义和狭隘民族主义，禁止民族间的歧视、压迫和分裂各民族团结的行为"[1] 的规定，中央民族访问团还召开座谈会，化解民族内部、外部之间的矛盾，促进民族团结。座谈会相对于各族各界人民代表大会，氛围轻松，交流方便，更容易融入少数民族兄弟之中。因不同的民族、不同的地区有着不同的特点和情况，所以座谈会召开的难易、所涉及的内容等也就不同。雅安是汉人居住为主的地区，又东临"天府之国"，在政治、经济、文化和生活等方面都要比藏区、彝区等地先进、开放、富裕，收到外界的消息要比其他地区畅通，相互交流也比较多，也更容易接受外来事物，召开的少数民族座谈会也比较容易，气氛融洽。

在彝族地区座谈会召开得就比较困难，因当地彝族与内部、外部的矛盾比较尖锐。中央民族访问团在此召开少数民族座谈会时，到会的群众不多，他们对此有顾虑：一是对新中国《共同纲领》中的民族政策不了解，担心和以往封建政权一样，民族政策是一个空壳。国民党反动势力曾在解放军解放彝区前制造了许多谣言，如："共产党要共产、共妻，黑白彝平等，十家用一把菜刀。"[2] 二是彝族内部之间矛盾很尖锐，经常"打冤家"。当访问团去邀请他们来参加座谈会时，他们都会问对方是否参加，如果对方参加，自己一方一般都不会参加，否则那个场面就会失控，造成人员伤亡。因此，解决"打冤家"就成为关键。所谓"打冤家"，"彝语称着'吉泥吉舍'，'吉泥'意为敌对，'吉舍'意为械斗"。[3] "是凉山彝族内部间纠纷械斗的方式，当纠纷到了难以解决的时候便进行冤家械斗。冤家械斗时间长，频率惊人，情况复杂，这是过去凉山彝族社会的一大特点。"[4] 它主要由争夺物质利益（根本原因）、婚姻问题、

[1] 中共沧州市委党史研究室编：《刘格平文集》，中央民族大学出版社，1999年，第263页。
[2] 《昭觉县彝族自治区第一届人民代表大会总结报告》，四川省档案馆，全宗号：建康007，案卷号：59。
[3] 孙旭军、蒋松、陈卫东：《四川民俗大观》，四川人民出版社，1989年，第232页。
[4] 四川省编辑组：《四川彝族历史调查资料、档案资料选编》，四川省社会科学院出版社，1987年，第96页。

日常纠纷和家族复仇等因素引起，造成人口大量伤亡、生产严重破坏、交通和贸易受阻等。访问团认为"打冤家"不但破坏彝族内部的和睦，而且扰乱了地区的稳定，更是破坏整个中华民族的团结，于是便将"解冤家"作为座谈会的主题内容。

在座谈交流过程中，刘团长悉心听取每一位彝族兄弟的想法、建议，结合实际情况，用真心去感化敌对双方，使他们化干戈为玉帛，握手言和，和平相处。通过访问团真诚的劝解，以及他们到达凉山后的所作所为，很多冤家相继被调解成功。如访问团在昭觉访问期间，就和当时西康省派出的凉山工作团共同努力调解了凉山阿庐和马家的冤家纠纷。"这个纠纷一共持续了六年之久，双方共死四十多人。经过中央民族访问团和凉山工作团多次上门邀请，双方当事人看到他们的诚意才肯来昭觉解决此事，对于推进以后的解决纠纷、维护团结工作起了很大的影响。"① 访问团首先传达了党中央、毛主席对少数民族兄弟的关怀，传达了西南军政委员会刘伯承、邓小平和贺龙等领导对彝族兄弟的关心。在让双方述说纠纷起因时，双方不讲原因只争着说对方的过错，场面一片混乱。在双方发泄完心中怨气后，工作人员耐心地对双方进行劝说，经过努力，双方决定不计前嫌，和睦相处。矛盾问题处理完后，阿庐家头人黑母激动地对刘团长说："我阿庐家永远跟着共产党走。共产党活，我便活；共产党死，我也死。"② 因访问团将党中央的民族政策宣传到位，当地彝民各阶层看到毛主席派来人员的实际行动，他们感受到毛主席对他们的关怀，许多冤家主动进行调解，决定拥护中国共产党的领导，维护民族团结，努力生产，建设新家园。

由于历史的原因，彝区冤家纠纷很多，且访问团在当地停留时间很短，许多冤家来不及调解。依据西康省各族各界人民代表大会工作中的规定，在访问团的指导下成立了"调解纠纷委员会"，继续调解工作，使彝族兄弟真正和睦相处，过上幸福生活。委员会人员包含各个阶层，如昭觉县调解纠纷委员会委员的设置："总共聘请了七十一位调解委员，内土司、土目十一人，黑彝三十五人，白彝二人，苗族一人，工作人员二十人（内彝人干部九名，汉人干部十

---

① 《昭觉县彝族自治区第一届人民代表大会总结报告》，四川省档案馆，全宗号：建康007，案卷号：59。

② 《昭觉县彝族自治区第一届人民代表大会总结报告》，四川省档案馆，全宗号：建康007，案卷号：59。

一名），会后他们分别回返本乡进行调解工作。"① 这七十一名调解委员中包含了上层、中层、下层以及彝、汉、苗等民族人员，有助于解决打冤家，维护团结。"调解委员会成立后，在 1951 年一至三月，共成功调解了四十五件纠纷案件，有四名调解纠纷委员会委员因调解工作出色，得到了委员会给予的表扬和物质鼓励。"② 1951 年 2 月 20 日，随团记者沈石在《人民日报》上刊登了一篇名为《解冤家》的社论，主要介绍了"打冤家"产生的原因、影响，以及国民党与共产党对待和处理民族纠纷的不同态度和做法，体现出中国共产党才真正是人民的政党。

除了召开座谈会、成立调解委员会，中央访问团还指导有关部门制定团结公约，这些都是为了一个目的：消除隔阂和解决矛盾，维护民族团结。

三、创立新彝文，推动文化教育发展

西康是以少数民族聚居为主的地区，他们在这块土地上创造出了灿烂的文化，语言文字就是其中之一。语言文字是文化交流的工具，通过它们的传递，人与人、民族与民族之间才能够彼此了解。各地区发展的程度不同，语言使用的范围也就不一样。有的语言使用范围广，各类人群都有使用，有的则集中在某一阶层人群中。党中央在筹备中央民族访问团时就考虑到这个问题，并抽调了当时刚成立的中国科学院语言研究所（下文简称语言研究所）中的陈士林等语言学家，前往西康地区帮助彝族同胞设计了一套拼音彝语新文字。

彝文原是一种音节文字，被称为"文""韪书"或"罗罗文""倮文""毕摩文""西波文"，这些通称老彝文，大约形成于 13 世纪。现存的老彝文大约有一万多个字形，经常使用的只有一千多个，与汉字相比，使用率较低。陈士林当时调研发现原有的彝文只是毕摩作法时使用的一些初级的、杂乱的符号。同时原彝文存在"字数太少""文字的形、音、义没有结合起来""字体结构没有规律""字体尚未定型"和"彝文不统一"等不足。对于这些问题，陈士林先汇报给了上级，中央让中国科学院语言研究所对此进行研究，并给出了意见："传统的彝文原为经典文字，不适于日常生活，在顾到本地人情感范围内，

---

① 《昭觉县彝族自治区第一届人民代表大会总结报告》，四川省档案馆，全宗号：建康 007，案卷号：59。

② 《昭觉县彝族自治区第一届人民代表大会总结报告》，四川省档案馆，全宗号：建康 007，案卷号：59。

仍以另订拼音文字为宜。"① 依据语言研究所给出的意见和当地民众的需求，以陈士林为首的语言学家设计了一个适用于本地区的拉丁化的彝文方案。"1951 年的 2 月 2 日，西昌专署召开发展彝族语文座谈会，决定对这个拉丁化的彝文方案进行试验。中共西昌地委会梁文英书记在座谈会上号召专区的汉族干部努力学习彝族语文，要长期为彝族兄弟姐妹服务。号召一出，得到各民族干部和各院校师生的响应。几个月内，在西昌和昭觉等地一带，掀起了学习彝族语文的高潮。"②

中央访问团因工作的缘故将于 3 月回京，新彝语还处在试验阶段，为了少数民族的文化教育事业，陈士林等一小组访问团成员可留在西康继续工作。语言文字的传播需要时间，陈士林规划三年的时间来发展彝族语言文字的基础工作，并对每一年工作做出详细的计划。采用循序渐进的方法对拉丁化的彝族新文字进行学习，规定每人每天学习六个文字，上半年完成 1100 个新文字的字母后，下半年根据完成的情况再进行新任务。除了学习对象、学习数量有规定外，陈士林还对教材进行了编译工作。首先编译小学语文教材，它是一切学习的基础，然后开始逐步编译历史、地理、自然等其他教材。在陈士林的指导和西昌政府的配合下，新彝文的学习工作逐步展开。

在研究彝族语言文字时，陈士林曾设计了一种"彝文号码检字法"。通过对原有的彝文尽可能地准确地编排，能够迅速查出所需要的文字。利用这种检索彝字方法，陈士林完成了彝汉字典的初稿。初稿中收录了彝族经典中具有代表性的 3284 个形体不同的彝文，因遵循语言研究所给的"传统的彝文原为经典文字"的建议，一些在其他地区流行但没有出处的彝文就没有被收入。总之，这部彝汉字典为促进新彝文学习提供了帮助，使彝族同胞们很快学会了自己的新文字。

在帮助彝族同胞设计文字时，访问团中的文艺工作者们还到每一个村落或者聚居地，给藏、彝、回等少数民族同胞带去精彩的演出。他们用动听的歌声和优美的舞蹈传达党中央和毛主席对少数民族同胞的关怀。放映人员播放经典的电影，用图像传达新中国的美好未来。同时，这些文艺工作者也真诚地拜当地少数民族兄弟为师，学习他们的民族歌曲和舞蹈，并将它们带到全国各地。

---

① 陈朝达、胡再英：《万里彝乡即故乡——陈士林先生著述及纪念选集》，西北工业大学出版社，1994 年，第 3 页。

② 陈朝达、胡再英：《万里彝乡即故乡——陈士林先生著述及纪念选集》，西北工业大学出版社，1994 年，第 6~7 页。

四、结语

一个政策能否发挥其作用，就在于它能否得以正确实施，中央民族访问团出访西康就是对《共同纲领》最好的践行。通过对西康地区的政权建设、民族矛盾的调解以及创立新文字，访问团践行了《共同纲领》中民族政策的规定，体现了"民族平等""民族团结"和"民族自治"的精神，推动了西康地区民主建设的发展，促进了民族团结与统一，为我们今天更好地实施民族政策提供了宝贵经验。

[本文原刊《西部学刊》2018 年第 8 期]

后　记

　　《西南社会历史论丛》第四辑的出版得到了四川师范大学历史文化与旅游学院"双一流学科建设"经费的资助，同时得到了四川师范大学科研处出版基金的支持。在此，编者及同仁们深表谢忱！

　　本辑共收入了已发表于《历史研究》《哲学研究》《抗日战争研究》《中国边疆史地研究》《史学史研究》《四川师范大学学报》《民国研究》等重要刊物的21篇论文。其作者有德高望重的彭久松教授、侯德础教授；有成果卓著、高山仰止的杨天宏教授、王川教授、李玉教授；有教学科研成果倍出、深孚众望的吴达德教授、邓绍辉教授、凌兴珍教授、曹成建教授；有年富力强，科研硕果累累，引人瞩目的汪洪亮研究员、黄天华教授、向玉成教授、谭刚教授、刘开军教授、王雪梅副教授；有生机勃勃、踏实上进的青年才俊黄辛建研究员、邹敏副教授、黄雪垠副教授以及谢敏和郭学诚老师等。常言道，学问做得越大者，为人处事愈谦逊守信。对此，编者在与各位学者就文章编选、引文核对过程中体会尤深。谢谢本辑的各位作者！感谢你们真诚的奉献！同时，本辑能够成书，还要鸣谢王艳彬女士在文章下载、整理、校对等方面的辛勤工作。

　　《西南社会历史论丛》第四辑是承上启下之作，感谢吴达德教授的艰辛开拓，也希望将来这一论丛办得更好！特别要感谢王川教授的高瞻远瞩，感谢他对编者无微不至的帮助与鼓励，感谢他及王晓焰书记对四川师范大学历史文化与旅游学院学科建设的鼎力支持！

　　《西南社会历史论丛》第四辑能够顺利出版，我们还要真诚地感谢四川大学出版社，特别感谢高庆梅、舒星两位编辑的信任理解、细致耐心，她们那种一丝不苟、精益求精的精神令编者肃然起敬！谢谢她们！

　　《西南社会历史论丛》第四辑汇集了四川师范大学中国近现代史专业硕

士点几代学人关于近代西南社会历史研究的精华，对近代西南社会历史研究有兴趣者而言，其学术价值和社会意义是显而易见的。然而限于篇幅，还有我们的一些学者有关西南社会历史研究的精品未能收录。这不能不说是一个遗憾！

编者

2019 年 5 月 27 日